Maestros de la felicidad

Rafael Narbona (Madrid, 1963) ha sido profesor de filosofía y hoy es uno de los críticos literarios y periodistas culturales más reconocidos de España. Es colaborador de *El Cultural*, *Revista de libros* y *Lengua*, y ha escrito también en *Letras Libres*, *Zenda*, *Quimera* y *Cuadernos Hispanoamericanos*. Actualmente, participa en el programa *Julia en la onda* (Onda Cero), y cuenta con un éxito arrollador en redes sociales, con más de 120.000 seguidores en X. Es autor de *Miedo de ser dos* (2014), *El sueño de Ares* (2015), *Peregrinos del absoluto* (2020), *El coleccionista de asombros* (2021), *Retrato del reportero adolescente* (2021) e *Ira* (2022). Vive con su mujer, Piedad, en un pequeño pueblo castellano, junto con sus perros y una biblioteca de más de 10.000 volúmenes.

@Rafael_Narbona

Maestros de la felicidad

De Sócrates a Viktor Frankl, un viaje único
por la historia de la filosofía

Rafael Narbona

rocabolsillo

Primera edición con esta encuadernación: febrero de 2025

© 2024, Rafael Narbona
© 2024, 2025, Roca Editorial de Libros, S.L.U.
Travessera de Gràcia, 47-49. 08021 Barcelona
Diseño de la cubierta: Penguin Random House Grupo Editorial
Imagen de la cubierta: © Marc Cubillas, a partir de fotografías de © iStock

Roca Editorial de Libros, S. L. U., es una compañía de Penguin Random House Grupo Editorial que apoya la protección de la propiedad intelectual. La propiedad intelectual estimula la creatividad, defiende la diversidad en el ámbito de las ideas y el conocimiento, promueve la libre expresión y favorece una cultura viva. Gracias por comprar una edición autorizada de este libro y por respetar las leyes de propiedad intelectual al no reproducir ni distribuir ninguna parte de esta obra por ningún medio sin permiso. Al hacerlo está respaldando a los autores y permitiendo que PRHGE continúe publicando libros para todos los lectores. De conformidad con lo dispuesto en el artículo 67.3 del Real Decreto Ley 24/2021, de 2 de noviembre, PRHGE se reserva expresamente los derechos de reproducción y de uso de esta obra y de todos sus elementos mediante medios de lectura mecánica y otros medios adecuados a tal fin. Diríjase a CEDRO (Centro Español de Derechos Reprográficos, http://www.cedro.org) si necesita reproducir algún fragmento de esta obra.

Printed in Spain – Impreso en España

ISBN: 978-84-10197-33-6
Depósito legal: B-21.225-2024

Compuesto en Fotoletra, S.A.
Impreso en Black Print CPI Ibérica
Sant Andreu de la Barca (Barcelona)

RB 97336

*Para Piedad,
por tantos momentos de felicidad
y por esas horas amargas que logramos dejar atrás*

Índice

De qué va este libro... 13
Prólogo.. 15

I. Las enseñanzas de la Antigüedad 27
Todo empezó en Grecia...................................... 29
Los poetas 33
Primer interludio: Javier Marías y el espesor de la vida 51
Los primeros filósofos...................................... 55
Segundo interludio: el último paseo........................... 65
Los sofistas: el hombre es la medida de todas las cosas 69
Sócrates, un samurái de la filosofía........................... 75
Platón, el primer metafísico 81
Tercer interludio: la vida de los libros 99
Aristóteles, el lector....................................... 105
La filosofía después de Alejandro Magno....................... 125
La escuela del perro.. 129
El jardín de Epicuro....................................... 133
La escuela estoica: solo el sabio es libre 139
Séneca, uno de los nuestros 143
Marco Aurelio, el rey filósofo: lo propio del hombre es amar....... 151

II. El cristianismo, una nueva imagen del mundo 159
Perder el ayer: cine de romanos y fiestas de guardar.............. 161
La Biblia, el libro que cambió la historia 165
¿Existió realmente Jesús de Nazaret?.......................... 169

Un nuevo horizonte moral 173
Pablo de Tarso, el apóstol incomprendido. 177
San Agustín: filosofar desde la fe 183
Boecio, el último romano 195
La Edad Media y la escolástica 203
Tomás de Aquino, el buey mudo 209
Esa alteridad que no entendemos 213
Francisco, juglar de Dios 217

III. El Renacimiento, un canto a la condición humana 221
Vivir es una aventura 223
Pico della Mirandola: santa ambición 229
Cuarto interludio: alfareros de la felicidad 235
Leonardo da Vinci, el genio disléxico 239
Erasmo de Róterdam: el sueño del humanismo 247
Tomás Moro: viento de utopía 259
Montaigne: el hombre que sabía demasiado 267

IV. La modernidad: entre el desengaño y la razón 279
Descartes y el siglo del método. 281
Pascal: las razones del corazón 295
Spinoza: la anomalía salvaje 311
Quinto interludio: lo que me enseñó el alzhéimer 321

V. Nuestros contemporáneos (o casi) 329
La Ilustración y el nacimiento de una vocación 331
Sexto interludio: niños heridos. 335
El Siglo de las Luces 341
Los enciclopedistas: D'Alembert y Diderot 347
Voltaire y Rousseau: ¿el mejor de los mundos posibles? 353
La Ilustración en Gran Bretaña: Locke, Berkeley, Hume 363
Las mujeres de la Ilustración 371
Kant, el paseante de Königsberg 377
El Romanticismo: la rebelión del espíritu 385
Karl Marx y el final de la historia 393

La historia de Margarete Buber-Neumann 399
La ciencia como nueva religión de la humanidad 403
La prehistoria de los derechos de los animales. 409
Séptimo interludio: historia de Nana 415
John Stuart Mill y la lucha por los derechos de las mujeres 425
Nietzsche, el filósofo que parió centauros 433
Octavo interludio: historia de Rosa 443

VI. El siglo xx: del compromiso al escepticismo. 449
La crisis de la razón 451
El papel del espíritu 455
El positivismo lógico 465
Fenomenología y filosofía de la existencia 473
La Escuela de Frankfurt. 481
Del existencialismo a la rebeldía. 491
La condición humana 505
Posmodernidad: la historia en un acelerador de partículas 511
Interludio final: la escritura desafía al olvido. 517

Epílogo. 525
Agradecimientos 539
Bibliografía sentimental 541

De qué va este libro

Concebí este libro como una larga pieza dramática dividida en seis actos, pero enseguida entendí que necesitaba varios interludios para fluir con la agilidad deseada. Aunque relata la historia de la filosofía, una novela fascinante con infinidad de personajes, no es una obra académica. Por eso ha prescindido de las notas a pie de página, limitándose a incluir al final una bibliografía «sentimental». Imagino que este proceder indignará a los que identifican el saber con la solemnidad y la grandilocuencia, pero este libro no está hecho para ellos. Estas páginas pretenden acercar la filosofía a los que buscan argumentos para celebrar la vida y afrontar con inteligencia las experiencias más dolorosas e ingratas. Entre los filósofos, hay auténticos maestros de la felicidad, pensadores que nos invitan a contemplar el mundo con optimismo y a juzgar al ser humano con indulgencia. Mi propósito es que sus ideas lleguen a todos los que se han cansado de escuchar que la vida es una porquería y nuestra especie, un error de la evolución.

He utilizado como telón de fondo mi experiencia como profesor de filosofía de enseñanza media, evocando las historias de algunos de mis alumnos, cuyos nombres he alterado por respeto a su intimidad. También he salpicado el texto con episodios de mi peripecia biográfica, que incluye una larga travesía por la depresión. A veces, llegué a pensar que mis vivencias carecían de interés y que alguno podría objetar que me tomaba a mí mismo demasiado en serio, pero mis dudas se resolvieron al reparar en que el aprendizaje del ser humano prospera gracias al contraste con las experiencias ajenas. La vida de los otros es una excelente escuela.

Mi paso por el mundo no es una epopeya, pero tampoco ha constituido un trayecto completamente anodino. Mis sesenta años acumulan muchos infortunios (pérdidas, fracasos, problemas de salud), pero también felices encuentros. He logrado sortear todas las calamidades, he aprendido de mis equivocaciones y ahora soy una persona feliz y optimista. No puedo alardear de haber visto cosas que otros no podrían imaginar, pero sí he asistido al renacer de la vida en mi interior. Desahuciado por la medicina, que auguró una estancia a perpetuidad en el pozo de la depresión, logré desprenderme definitivamente de la tristeza reeducando mis emociones. Conté con la ayuda de grandes educadores: Boecio, Marco Aurelio, Séneca, Francisco de Asís, Spinoza, Henri Bergson, Bertrand Russell. Podría citar muchos más, pero no quiero ser innecesariamente prolijo. Solo añadiré otro nombre: Etty Hillesum, una joven judía holandesa que murió en Auschwitz. Al igual que Virgilio a Dante, me guio durante mi largo peregrinaje desde la oscuridad hasta la luz. Siempre abrigaré una gratitud infinita hacia su *Diario*, que se convirtió en un faro mientras luchaba contra las tempestades desatadas en mi mente por el sufrimiento psíquico.

Me gustaría que este ensayo ayudara a transmitir esperanza, sobre todo a los que se han acostumbrado a vivir en la desesperación y han olvidado que el mundo es un surtidor de prodigios. Esta obra es mi última clase, una lección que desearía ser luminosa, alegre y nada tediosa. No sé si lo he conseguido, pero confío en la paciencia y generosidad de los que decidan acompañarme en este viaje personal por la historia de la filosofía.

Prólogo

> Tal vez cada existencia tenga su propio sentido y se necesite una vida entera para encontrarlo.
>
> ETTY HILLESUM, *Diario*

Etty Hillesum no es tan conocida como Anne Frank, quizás porque morir a los veintinueve años parece menos dramático que a los quince, pero lo cierto es que las dos ardieron en los crematorios del sistema de campos de concentración urdido por la Alemania nazi, una constelación de espanto que excede las peores fantasías de Dante. Anne Frank murió en Bergen-Belsen; Etty Hillesum, en Auschwitz. Las dos fueron deportadas desde los Países Bajos. Ambas nos dejaron unos diarios conmovedores que relataban sus penalidades y que evidenciaban la resistencia del espíritu humano a hundirse en la desesperación, el odio y el rencor, incluso cuando el viento de la historia se vuelve particularmente frío y áspero. El diario de Anne Frank vio la luz en 1947. El de Hillesum se demoró hasta 1981. Ninguna de las dos jóvenes pensó en el éxito, la fama, la gloria, todas esas quimeras que flotan en la mente de los escritores mientras trabajan en un manuscrito, dejándose llevar por pasiones pueriles. Hillesum y Frank recurrieron a la escritura para explorar sus almas y afrontar con dignidad y coraje la posibilidad nada remota de una muerte violenta y temprana. Hijas del «pueblo deicida», hostigado, segregado y diezmado durante siglos por la Europa cristiana, escribieron desde el filo del abismo, legándonos una lección de vida.

Anne Frank, escondida en la «casa de atrás», un recinto diminuto en el número 263 de la Prinsengrachtse, se negó a convertir su refugio en una «casa de melancolía». No quería pasarse todo el día llorando. Notaba un vacío muy grande oprimiendo a las ocho personas que se habían cobijado en una especie de madriguera habilitada en la antigua empresa de su padre, pero nunca perdió su capacidad de regocijarse con el pequeño campo de visión que podía observar desde su escondrijo: «Esta mañana, cuando estaba asomada a la ventana mirando hacia fuera, mirando en realidad fija y profundamente a Dios y a la naturaleza, me sentí dichosa, únicamente dichosa [...]. Mientras uno siga teniendo esa dicha interior, esa dicha por la naturaleza, por la salud y por tantas otras cosas; mientras uno lleve eso dentro, siempre volverá a ser feliz». Por entonces, Anne ya no era una niña, sino una adolescente con un espíritu valiente y lúcido que oponía al odio de los nazis su pasión por la vida: «Creo que toda desgracia va acompañada de alguna cosa bella, y si te fijas en ella, descubres cada vez más alegría y encuentras un mayor equilibrio. Y el que es feliz hace feliz a los demás; el que tiene valor y fe nunca estará sumido en la desgracia». Anne Frank reivindica valores como el coraje, el amor a la naturaleza, el cuidado de los otros y la confianza en Dios. En el mundo actual, menos trágico que el suyo, esos valores despiertan escepticismo. Casi nadie se atreve a elogiar el coraje, la fe y el sacrificio. Alguien dirá que al menos sí hay una honda preocupación por la naturaleza. Es cierto. Hasta los Gobiernos intentan luchar contra el deterioro medioambiental, pero la conciencia ecológica no suele ir acompañada de esa mirada poética que apreciamos en las palabras de Anne Frank. En nuestro tiempo, líquido y cínico, ya no se cree en la vieja tríada compuesta por el bien, la verdad y la belleza.

Etty Hillesum compartía los valores de Anne. Era una mujer valiente que confiaba en Dios y se conmovía con la luz, el silencio, el sonido del agua y los cambios de color del cielo. Podemos afirmar sin miedo a equivocarnos que las dos tenían densidad interior, es decir, una rica vida espiritual con grandes exigencias morales y una exquisita sensibilidad para las cosas bellas y sinceras. Aunque Etty contempla al ejército alemán desfilando por las calles, piensa que «el mundo creado por Dios, a pesar de todo, es hermoso». Confiesa que no podría vivir si el mundo solo fuera azar. Anhela sabiduría, no conocimiento. El conocimiento solo es acumulación, síntesis y deducción. La sabiduría es un lento aprendizaje que nos conduce a amar la vida y a ser indulgentes con nuestros semejantes. No espera que otros le proporcionen la fuerza necesaria para encarar la adversidad. Sabe que debe buscar esa fuerza en sí misma. «La gente —escribe— forja su propio destino desde su interior». Hacia finales de febrero de 1942, ya sabe que le espera la deportación y, probablemente, la muerte entre las alambradas de un campo de exterminio. Se habla de horribles matanzas en el este y de cámaras de gas. Aunque los nazis intentan obrar con discreción, los más de cuarenta mil campos repartidos por la Europa ocupada no pasan desapercibidos. Etty no se refugia en bellos sueños. Mira el mundo cara a cara y sigue amándolo: «La vida me parece bonita y me siento libre. El cielo se extiende ampliamente tanto dentro de mí como sobre mí. Creo en Dios, y creo en la gente y me atrevo a decirlo sin ninguna vergüenza». No responsabiliza a Dios de las calamidades desencadenadas por la guerra: «Dios no nos debe ninguna explicación, pero nosotros sí se la debemos a él». Su fe no se tambalea ante la expectativa de la muerte: «Creo en Dios, también cuando dentro de poco en Polonia me hayan devorado los piojos». No sueña con el martirio, como Simone Weil, pero no permite que la desgracia menoscabe sus convicciones, empujándola al nihilismo y la desesperanza. Piensa que «la vida es bella, tiene valor y está llena de sentido». No está dispuesta a que la rabia y el miedo mutilen su espíritu. No cree que la existencia sea injusta. Son injustos los que propagan la muerte y la destrucción. Cuando llega la hora de partir hacia Auschwitz, sueña con ser «el corazón pensante de los barracones» y poder actuar como «un bálsamo sobre las heridas».

No soy de los que divorcian la vida del pensamiento. Las ideas no son hijas de la especulación abstracta, sino de la experiencia. Por eso no me cuesta admitir que he pasado por muchas horas de oscuridad, he sentido en mi alma las dentelladas de la desesperación, he llegado a pensar que vivir era una condena, he deseado morir. Sin embargo, Anne Frank y Etty Hillesum siempre han acudido al rescate.

No han sido las únicas, pero su ejemplo, su apuesta por la vida desde las alambradas y el cieno, su determinación de no dejarse contaminar por el odio ni renunciar al bien, la belleza y la verdad, me han permitido reconciliarme con el mundo. Un ejemplo es una enseñanza más valiosa que cualquier teoría. Anne Frank y Etty Hillesum están en mi corazón como dos pajarillos que demandan calor y ternura. Me siento responsable de ellas, como Etty se sentía responsable de Dios, al que pretendía ayudar, pues entendía que él no podía ayudar a las víctimas de la Shoá. La vida solo cobra sentido cuando nos hacemos cargo de los otros, cuando asumimos el cuidado de los vivos y los muertos, cuando nos convertimos en memoria y palabra, en testimonio y compromiso. Al igual que Anne Frank y Etty Hillesum, yo también creo que la vida es bella y tiene sentido. Y no me cansaré de proclamarlo. A pesar de las pérdidas y los vacíos, los fracasos y los desengaños, las abominaciones de la historia y las catástrofes naturales. Renegar de la vida, afirmar que es absurda e intrascendente, asegurar que solo hay ruido y furia, me parece el mayor fracaso de la inteligencia humana.

¿Qué disciplina ha convertido el sentido de la vida en el centro de sus reflexiones? La filosofía. Yo he sido profesor de filosofía durante casi dos décadas y he encontrado en ella argumentos para exaltar la vida. También para detestarla. No prestaré atención a estos últimos. En esta obra, que reconstruirá la historia de la filosofía desde una perspectiva muy personal, hablaré tan solo de las ideas que nos ayudan a vivir mejor, a no sufrir sin necesidad o a superar el dolor cuando es inevitable. La filosofía no es un manual de instrucciones, pero sí puede utilizarse como guía espiritual y camino de sanación. A mí me ha ayudado a vencer mis demonios interiores y me ha reconciliado con la existencia. Algunos sostienen que la filosofía es un saber caduco, pero yo creo que no lo es. El ser humano nunca dejará de hacerse preguntas. Sin embargo, la vieja disciplina —cuyo origen se remonta a la antigua Grecia, lo cual no significa que no existieran formas más o menos desarrolladas de pensamiento en otras civilizaciones— no atraviesa su mejor momento. Recluida en el estrecho círculo del saber académico, cada vez está más desligada de la realidad. Como en los períodos menos inspirados de su historia, ha concentrado casi todos sus esfuerzos en el estudio y la interpretación de los textos clásicos. Parece que le inspira temor la posibilidad de aventurarse en nuevos territorios, sumando perspectivas que extiendan los límites de su imperio invisible. Casi nadie se plantea emular a los grandes pensadores del pasado, que no se contentaron con leer a sus predecesores, sino que intentaron hallar respuestas alternativas. No puedo recriminar a mis colegas lo que yo no me atrevo a hacer, pero sí quiero reivindicar que la filosofía no es un saber muerto, mera arqueología reservada a los expertos, sino una disciplina que ha luchado por hacer el mundo más amable e inteligible. La historia de la filosofía es una apasionante novela sobre la conquista de la felicidad. Sócrates buscó implacablemente la verdad hasta el extremo de inmolar su vida por defender sus ideas. No fue un fanático, ni un mártir, sino un hombre que quiso disfrutar de una conciencia tranquila y en paz, algo que solo se consigue cuando obramos con valentía, sabiduría y coherencia.

Este es un libro de filosofía, pero sobre todo es un libro sobre la esperanza. ¿Y eso qué significa? Que es un libro que se rebela contra los profetas del apocalipsis y los heraldos del pesimismo, un libro que no pretende perturbar, inquietar o desasosegar, sino confortar, serenar y curar. No es un libro ingenuo. Sabe que existen el dolor, la injusticia, la desesperación. El mundo soporta grandes calamidades: hambre, guerras, epidemias. El sufrimiento no es algo lejano que afecta tan solo a los países hundidos en una pobreza crónica y sin esperanza. Para toparse con él, a veces no es necesario salir del portal. En una de esas colmenas donde se agrupan los seres humanos, siempre hay grandes dosis de insatisfacción: soledad no deseada, miedo a perder lo que se ha conseguido con mucho esfuerzo, frustraciones que se rumian en silencio, proyectos que se quedaron a medio camino, ilusiones que ya no se sostienen en pie, incomprensión entre personas de la misma familia. En muchas novelas y películas, se elude el aspecto más prosaico de la existencia: la necesidad de trabajar para comer y disfrutar de un techo. Ya no estamos en la selva, huyendo de depredadores, pero la lucha por la supervivencia continúa. La economía sufre crisis cíclicas que arrojan una sombra de precariedad sobre nuestras vidas, recordándonos nuestra fragilidad, haciéndonos saber que todos somos vulnerables, mostrándonos con crudeza que la seguridad absoluta no existe. En el fondo, todos vivimos cerca de un volcán que puede comenzar a vomitar lava en cualquier momento, coladas imparables que pueden enterrar todo lo que amamos. Sin embargo, el ser humano no es un objeto pasivo, una criatura programada para responder a los problemas con automatismos, sino un sujeto con libertad y creatividad, capaz de razonar y buscar alternativas. No hay vidas acabadas e irreversiblemente malogradas. Siempre es posible reinventarse. Siempre cabe abrir una ventana, y no para saltar al vacío, sino para que entre el aire fresco y para que nuestra mente, la máquina más perfecta que ha existido jamás, respire y se renueve, y pueda idear nuevas estrategias.

Mi primera experiencia del dolor se remonta al 2 de junio de 1972, cuando yo tenía ocho años. Mi padre, el escritor Rafael Narbona Fernández de Cueto, hoy olvidado, sufrió un infarto de miocardio en mi presencia, mientras descansaba poco antes de comer. Sentado a los pies de su cama, yo observaba su rostro fatigado, mientras mi madre bajaba la persiana. Un estertor partió mi mundo en dos. La muerte solo necesita un breve instante para provocar un cataclismo. Diez años más tarde, otro 2 de junio, mi hermano mayor se suicidó, enviándome a una penumbra donde permanecí varios lustros, convencido de que la vida solo era eso: oscuridad, miedo, insatisfacción. ¿Escogió mi hermano un 2 de junio para oponer una absurda simetría al desorden del mundo? Nunca lo sabré. Su despedida fue silenciosa, sin una nota que aclarara los motivos de su fatal decisión. Decisión que no fue tal, pues el suicidio nunca es un acto libre y racional. Un año más tarde yo caminaba por la Gran Vía hundido en una profunda tristeza, fantaseando con reunirme con mi padre y mi hermano. A los veinte años, la perspectiva de morir no me parecía una desgracia, sino una liberación. Mi ánimo sombrío no me impedía apreciar la belleza de una noche de junio, con un cielo que me recordaba el papel pintado con el que mi padre decoraba el belén familiar. El paisaje que acompañaba a los pastores y a los Reyes en su peregrinaje hacia el portal poseía un aire de ensueño digno de *Las mil y una noches*. Era el telón de fondo perfecto para un escenario que incluía palmeras, casas de adobe, pozos, ovejas, olivos de plástico y romanos con péplum. El conjunto parecía extraído de clásicos como *Ben-Hur*, *Quo vadis* o *La túnica sagrada*, hasta entonces tres citas ineludibles en los cines durante las vacaciones de Semana Santa. Sin saber por qué, yo sentía predilección por los burros que mi padre distribuía por el belén familiar. Ahora creo saber cuál era la razón. De niño y ahora, con sesenta años, se me antojan unas criaturas incomprendidas. Los hombres no aprecian su temperamento de filósofos, reflejado en su expresión melancólica y paciente.

Mi abatimiento se alivió un poco al descubrir que en el cielo de aquella noche de junio había ecos de mi niñez, recuerdos por los que merecía vivir y que se borrarían sin remedio si yo desapareciera. Sin embargo, la sombra de un suicidio es muy amarga y mi alivio duró poco. Cuando llegué a la plaza de Callao, me acordé de la aflicción de Jerjes al contemplar sus ejércitos y saber que el tiempo reduciría a polvo su esplendor. El tiempo se encargaría de que no quedara nada de esa fuerza colosal, compuesta por miles de hombres, carros y caballos. Al pensar en esa anécdota, mil veces referida para ilustrar la impotencia del ser humano frente al poder destructor del tiempo, la muerte me pareció sumamente injusta, el «horror de la naturaleza», tal como sostenía Pascal. Apenas había pasado un año desde el suicidio de mi hermano y el dolor de la pérdida aún era como una aguja que escarbaba bajo mi piel. Me detuve un instante y experimenté una desolación sin límites, quizás algo parecido a lo que sufre Roquentin, el protagonista de *La náusea*, la novela de Sartre, cuando repara en la raíz de un castaño en un jardín público. La existencia no le parece inocente y buena, sino brutal y absurda, como esa «masa negra y nudosa» que sobresale de la tierra. Aunque su presencia parece abrumadora y definitiva, no ignora que algún día también se desvanecerá, evidenciando que el ser y la nada apenas se diferencian. Pensé que no importaba demasiado nacer o morir. Solo eran dos pasos irrelevantes en una danza pueril. Olvidé el cielo, olvidé el paisaje del belén familiar y me dejé llevar por una desesperación ciega y autocomplaciente.

Nadie elige sufrir, pero cuando aparece la tristeza, descubres que puede ser adictiva. En la pena, solo estás tú y en ese estado puedes permitirte el lujo de ignorar a los demás y limitarte a observar tu angustia, una planta hipnótica y de una belleza morbosa. Comencé a bajar hacia la Puerta del Sol, sumido en una congoja pegajosa y obstinada. De repente, unas notas de música rompieron mi ensimismamiento. Detrás de un enorme centro comercial que ya había cerrado sus puertas —serían las diez—, una orquesta de cámara interpretaba piezas de música clásica. Había logrado atraerse a un grupo heterogéneo de transeúntes que escuchaban la música con expresión de felicidad. Una señora mayor con el pelo blanco y un elegante vestido lila sonreía con un perrito blanco en brazos. Una pareja de mi edad se abrazaba, con los ojos risueños y el semblante iluminado por una alegría tranquila. Un hombre con aspecto de oficinista extenuado por una larga jornada de trabajo se relajaba con la americana doblada bajo el brazo y la corbata ligeramente desanudada. Cada uno pertenecía a un mundo diferente, pero la música los había reunido, tejiendo un lazo invisible entre ellos. Los músicos eran jóvenes. Saltaban de Bach a Vivaldi, de Mozart a Brahms, siempre seleccionando piezas festivas y coloridas. Movían el arco de los violines, el contrabajo y la viola con un frenesí dionisíaco, como si ejercieran de oficiantes en un rito ancestral que celebrase la vida. Hicieron una pausa y se presentaron como estudiantes del conservatorio. Una cesta de mimbre con algunas monedas invitaba a recompensar su esfuerzo. Aunque yo también era un estudiante con escasos recursos, deposité unas pesetas de la época. Corría el año 83. Mi ofrenda, pues eso era lo que había dejado en la cesta, me pareció insignificante, ya que el tamaño de mi gratitud era inabarcable. La música me había rescatado de unas aguas sucias y arenosas que habían intentado ahogarme. Frente a la «masa negra y nudosa» que había asaltado mis ojos al llegar a la plaza de Callao, había emergido algo etéreo y de infinita luminosidad. La música es una vibración, un temblor en el aire. Algo minúsculo que aparentemente no afecta a la marcha del mundo, pero yo sentía que había sido bendecido con un gran acontecimiento. No podía expresar con conceptos lo que había vivido. No obstante, intuía que había experimentado la conjunción del bien y la belleza, su misteriosa connivencia. Unas notas de Bach habían propagado una inesperada simpatía entre desconocidos. No me atrevería a hablar de fraternidad, pero los rostros que había visto reflejaban ese entendimiento que a veces aproxima a los seres humanos, suspendiendo sus recelos y sus miedos. La monstruosa raíz del castaño que se retorcía en mi interior, luchando por reventar los diques que aún contenían mi desesperación, había retrocedido, mostrándome que la existencia no era una abominación, sino una extraordinaria oportunidad. ¿Acaso unas notas de Bach no eran más representativas que la náusea provocada por la expectativa de la nada? ¿Se borrarían realmente esas notas o ya eran una parte indeleble de la historia del universo? ¿Acaso Einstein no había dicho que el tiempo era una ilusión y que la realidad se parecía a una sinfonía eterna? No sé si pensé todas esas cosas durante aquella noche de junio, pero sí recuerdo con claridad que mi pesar se transformó en serenidad. Seguí caminando y concluí que Jorge Guillén no se había equivocado al escribir:

> *El mundo está bien*
> *hecho. El instante lo exalta*
> *a marea, de tan alta,*
> *de tan alta, sin vaivén.*

Yo acababa de vivir un instante que exaltaba el mundo, elevándolo hasta una cúspide invisible, pero que percibía tan real como el sol que irrumpe en los ojos de los esclavos fugados de la caverna platónica. Descartes había asociado la verdad a una percepción clara y distinta. Algunos han confundido este razonamiento con una apología del saber empírico, pero lo cierto es que Descartes habla más bien de emociones. En sus *Meditaciones metafísicas*, escribe: «... si yo estoy persuadido de algo, o meramente si pienso algo, es porque yo soy [...]. Yo soy, yo existo; eso es cierto, pero ¿cuánto tiempo? Todo el tiempo que estoy pensando: pues quizás ocurriese que, si yo cesara de pensar, cesaría al mismo tiempo de existir». Se suelen despachar las emociones como experiencias subjetivas que carecen del valor de lo concreto, pero lo cierto es que Descartes convierte una emoción en una certeza. Presumir que existimos porque especulamos, aventuramos, dudamos no es un dato contrastable, sino una vivencia que verbalizamos. Vida y verdad son términos solidarios, como advirtió Ortega y Gasset. No es posible averiguar la verdad al margen de la vida y la vida acababa de mostrarme algo que no esperaba: la faz de la esperanza.

Esa noche, cuando volví a casa y la selva enmarañada del sufrimiento había comenzado a envolverme de nuevo, mis ojos se pasearon por las estanterías del pasillo, una especie de herradura de veinte metros colonizada por los libros. Gracias a mi padre, tenía a mi alcance más de diez mil títulos y yo siempre los merodeaba, con la impaciencia del que busca un oasis donde refugiarse, huyendo de las inclemencias del desierto. La tristeza es eso: un vacío donde el horizonte solo esconde más vacío, más desolación. Esa vez el azar —o quizás la providencia— me llevó a la *Ética* de Spinoza, un libro de apariencia árida, con un método de exposición basado en el rigor geométrico, pero que no cesa de invitar a la alegría. Me senté en el sofá de mi cuarto donde leía habitualmente, una especie de globo aerostático que me permitía viajar a los territorios más lejanos e inaccesibles. El libro tiene la forma de una pequeña caja, pero en realidad se parece más a un bosque, un océano o una montaña. Entre sus páginas, viven los paisajes más asombrosos. Me adentré en la *Ética* de Spinoza con la misma expectación con que había escuchado a Bach y, tras unos minutos de lectura, me topé con la proposición LXVII de la cuarta parte: «Un hombre libre en nada piensa menos que en la muerte, y su sabiduría no es una meditación de la muerte, sino de la vida». Spinoza no se conformaba con enunciar una idea. Dado que soñaba con emular a los geómetras, añadía una demostración: «Un hombre libre, esto es, un hombre que vive solo según el dictamen de la razón, no se deja llevar por el miedo a la muerte [...] sino que desea el bien directamente [...], desea obrar, vivir o conservar su ser poniendo como fundamento la búsqueda de su propia utilidad, y, por ello, en nada piensa menos que en la muerte, sino que su sabiduría es una meditación de la vida. Q. E. D.». Excomulgado por la sinagoga y execrado por su comunidad a causa de sus ideas filosóficas, Spinoza —al que la leyenda atribuye el oficio de pulidor de lentes— no se dejó abatir por la adversidad. Como Sócrates, como Epicuro, como David Hume, como Voltaire, como Ralph Waldo Emerson, conservó la alegría hasta el final. Puedo decir que aquella noche de junio, Bach y Spinoza alejaron de mi mente las ideas que me enemistaban con la vida y pude pensar en la muerte de mi hermano y de mi padre con una serenidad desconocida.

Y es que la filosofía es una de las mejores herramientas inventadas por el ser humano. Nos enseña a administrar nuestra libertad, nos ayuda a conocer quiénes somos, nos ofrece un amplio abanico de alternativas a la hora de establecer metas que dotan de sentido a nuestra existencia, nos salva de los callejones sin salida. Cioran, ferozmente nihilista, hizo apología del suicidio, pero no se suicidó. Prefirió seguir especulando hasta el fin de sus días. En *El mito de Sísifo*, Albert Camus afirma que la vida es absurda, una tarea inútil y reiterativa, pero señala que darse cuenta de ello ya nos exime de la desesperación, pues pone de manifiesto que no somos una cosa más, sino una criatura inteligente y capaz de rebelarse. La filosofía es una rebelión, una revuelta contra las razones que nos empujan a no indagar, no hacer, no esperar, no ser. Intentaré contar aquí su historia, pero no al modo tradicional, sino escarbando en aspectos de mi vida y realizando incursiones en el terreno de la literatura, el arte, la música y cualquier forma de conocimiento que ayude a justificar o clarificar la vida. La filosofía es un saber poroso, siempre abierto a otros saberes o disciplinas. Quizás el mayor error de Platón fue expulsar a los poetas de la ciudad ideal. Yo, humildemente, volveré a abrirles la puerta y los escucharé con enorme respeto, pues —como sostuvo el propio Platón— el bien y la belleza siempre han mantenido un estrecho parentesco.

I

Las enseñanzas de la Antigüedad

Todo empezó en Grecia

> Los griegos fueron los inventores de eso que se llama filosofía. ¿Por qué? Porque fueron los inventores, los descubridores de la razón, los que pretendieron que con la razón se puede hallar lo que las cosas son.
>
> Manuel García Morente, *Fundamentos de filosofía*

Siempre he recordado con afecto mis dos décadas en la enseñanza. Algunos de mis antiguos alumnos siguieron mis pasos y ahora son profesores. Otros me escriben de vez en cuando por medio de las redes sociales y me cuentan sus peripecias. Cuando les di clases, tenían entre dieciséis y dieciocho años. Por entonces, las aulas no contaban con pizarras digitales ni ordenadores. Lo más moderno era un viejo televisor de tubo con un reproductor de VHS. No creo que la tecnología me hubiera ayudado mucho. Para mi tarea, una tiza, la palabra y unos cuantos libros eran suficientes. Como no podía ser de otro modo, la primera clase estaba dedicada a Grecia, ese país hoy poco influyente pero que en el pasado sentó las bases de nuestra tradición cultural.

La civilización no empieza en Grecia, pero esa constelación de ciudades que ahora evocamos como una unidad política y que no llegaron a constituir una nación hasta mucho más tarde marca el inicio del pensar racional y sistemático. Los pueblos que vivían en ese territorio que sobresale del extremo sur de los Balcanes y termina en la península del Peloponeso se llamaban a sí mismos «helenos». Para sus vecinos orientales eran «jonios», los hijos de Javán, personaje del

Génesis que engendró cuatro hijos a los que se sitúa en el origen de cuatro grandes pueblos del Mediterráneo. Homero los llamó «argivos», «dánaos» y a menudo «aqueos». «Grecia» fue el nombre que utilizaron los romanos para referirse a los pueblos de la Hélade, y el resto de lo que hoy es Europa adoptó esa denominación. Atenas y Esparta fueron las dos ciudades que se repartieron la hegemonía de la Hélade tras enfrentarse en la guerra del Peloponeso. A pesar de sus querellas, los helenos dejaron una impronta indeleble en la historia de la humanidad.

La filosofía no se limita a lo particular. Quiere comprenderlo todo, identificar las causas primeras y las causas últimas, el origen y la finalidad de lo existente. Su meta es conocer el ser en su conjunto, desvelar todos los misterios y atar todos los cabos. Busca la razón última de los fenómenos: el logos. No se conforma con los hechos. Desea ir más allá. Su ambición es gigantesca, titánica, ilimitada. Los mitos no le parecen desdeñables. De hecho, Platón elabora muchos para explicar su pensamiento y los emplea para clarificar sus ideas. En la Antigüedad, el concepto de lo real no excluía lo fantástico o sobrenatural, pero con la filosofía los mitos ya no son simples relatos, sino formas de pensamiento. No se cuestiona la existencia de los dioses, pero se exploran sus motivaciones y se les atribuye un significado. En definitiva, el anhelo de comprender prevalece sobre cualquier otra consideración. Esa es la primera lección de la filosofía y quizás el primer paso hacia la felicidad y el optimismo.

No entender produce frustración e incrementa nuestra angustia. Los animales se aterrorizan cuando no saben interpretar una situación. A nosotros nos sucede lo mismo. Hasta hace poco, los médicos no explicaban sus procedimientos, pero ahora sí lo hacen, pues han descubierto que así sus pacientes se relajan. ¿Quién no ha temblado en el sillón del dentista, especialmente los que conocimos los tornos manuales, impulsados por el pie, que rompían las muelas con la brusquedad de un pequeño martillo? Yo desarrollé un miedo descomunal al dentista cuando me extrajeron una muela infectada y la anestesia no hizo efecto. Además, la pieza se fracturó. Tenía catorce años y juré no volver a pisar una consulta, pero una caries me impidió mantener mi promesa. Ocho o nueve años después, me atendió un odontólogo argentino de abuelos japoneses con apellido de estrella pop: Prince. Aficionado al jazz y la bossa nova, me explicó que disponía de material moderno mientras sonaba de fondo un disco de John Coltrane. Me dejó un espejito para que observara cómo el torno convertía mi caries en polvillo sin causarme apenas molestias. Un poco de anestesia ayudó a que la experiencia no resultara traumática. Mientras duró la intervención, sonaba «My Favorite Things», un tema particularmente delicioso que, en el saxofón de Coltrane, evocaba una apacible tarde de lluvia. Todo acabó muy rápido y, aunque no es agradable sentir que hurgan en tu boca, no lo pasé mal. La experiencia me pareció tan incómoda como subir las bolsas de la compra a un tercer piso. No fue placentero, pero tampoco insufrible. Desde entonces, el dentista dejó de ser una cita indeseable y se convirtió en un apetecible encuentro con un amigo que amaba el jazz y derrochaba humanidad.

Comprender, razonar, incluso negociar —elegí recibir una pequeña dosis de anestesia, si bien no era necesario—, espantó mi miedo. Superé una especie de fobia que me había hecho descuidar mi salud dental. Algún lector quizás pensará que le he hecho perder el tiempo con una anécdota banal, pero yo creo que no es así. Nuestros miedos casi siempre están provocados por no comprender, y no es razonable vivir con miedo. Es posible, claro, y muy habitual, pero se vive mal, humillado y abrumado por lo que nos desborda e intimida.

Para el instinto, solo hay estímulos y respuestas. En cambio, la razón acuña significados, teorías, interpretaciones, sistemas. No es lo mismo pensar que el entorno nos condiciona hasta el punto de anular nuestra autonomía que atribuir a la libertad la capacidad de superar cualquier determinación. Negar la libertad nos puede llevar —en el mejor de los casos— a la resignación estoica, a la impasibilidad, pero jamás nos permitirá ser felices, y yo creo que el ser humano solo logra la plenitud cuando alcanza la dicha. Un hombre infeliz nunca podrá desarrollar todo su potencial. O lo interrumpirá trágicamente, como les sucedió a Van Gogh, Sylvia Plath o Hemingway, que se suicidaron, incapaces de soportar la infelicidad.

Los poetas

Homero: la Ilíada *y la pedagogía del coraje*

> Teme, oh, Aquiles, la cólera divina; piensa en tu propio padre y ten compasión de mí, que soy tanto más lastimoso porque he tenido que hacer acopio de ánimo como nadie lo hizo antes y llevar a mis labios la mano de aquel que mató a mi hijo.
>
> Homero, *Ilíada*

Como explicaba a mis alumnos, la filosofía no habría surgido sin los poemas homéricos, que no se limitaron a narrar hechos fantásticos o reales —aún se discute sobre la historicidad de Troya—, sino que asumieron una función educativa, elaborando valores y explorando conceptos como la armonía, la proporción, el límite y la medida. Todo lo que sabemos de Homero procede de narraciones legendarias. Se ha dicho que era un hombre ciego que vivía en la isla de Quíos, «la rocosa». Ni siquiera ese dato es fiable. Muchos han conjeturado que su ceguera es un homenaje al mitológico Tiresias, el adivino ciego de la ciudad de Tebas. Todo indica que la *Ilíada* y la *Odisea* fueron escritas en realidad por autores distintos y que entre cada poema media un siglo. En realidad, se trata de dos obras que recogen y ordenan un conjunto de relatos que se había transmitido oralmente durante siglos. La *Ilíada* exalta valores propios de una sociedad jerárquica y militarizada, como la fuerza, el coraje o la destreza con las armas. El hombre virtuoso es fuerte, astuto y, como el resto de sus semejantes, mortal. Tras la muerte, su alma se hunde en el reino de las sombras. Solo se le recordará por sus actos. El ideal del hombre que no quiere ser devorado por el tiempo es Aquiles, el gran héroe de Troya.

En tiempos de la *Ilíada*, se creía que el muerto se adentraba en el reino de Hades y Perséfone, una región subterránea donde pervivía como una sombra de su vida pasada. El valor de la existencia no se medía por la duración, sino por la excelencia. Es mejor vivir poco y ser recordado por una noble acción que disfrutar de una larga existencia sin acontecimientos dignos de ser celebrados. Los héroes de Troya no se limitan a despreciar la muerte, una actitud que también hallamos en los «bárbaros», sino que intentan hacer algo bello y glorioso. Quizás por eso, Aquiles devolvió a Príamo, rey de Troya, el cadáver de su hijo Héctor, al que había matado para vengar la muerte de Patroclo, su querido amigo, y, en menor medida, para garantizar la victoria de los aqueos. Príamo besó las manos que habían arrebatado la vida a su vástago. Es una de las escenas más conmovedoras de la literatura de todos los tiempos. Aún estaba muy lejos la idea de que la vida humana poseía un valor sagrado, pero los griegos ya situaban al hombre en el centro de su pensamiento, destacando así su importancia.

¿Podemos extraer alguna lección luminosa de la *Ilíada*, un poema que exalta la guerra? Quizás que vivir con miedo nos hace morir mil veces antes de que llegue nuestra hora. La temeridad es un gesto de irresponsabilidad, pero renunciar a cualquier gesto de valentía para alargar la vida solo nos lleva a un escenario de indignidad, como le sucedió a la Francia de Vichy, que capituló ante Hitler y colaboró con los nazis. En nuestro tiempo, la palabra «heroísmo» se asocia a menudo al ardor bélico, pero el valor no implica necesariamente violencia. Me viene a la mente un ejemplo conmovedor: Sophie Scholl, joven estudiante de Biología y Filosofía, que participó con su hermano Hans en la escasa resistencia organizada contra los nazis desde el interior de Alemania. Sophie solo tenía veintidós años cuando fue ejecutada en la guillotina, y los testimonios indican que afrontó la muerte con entereza. Fue detenida el 18 de febrero de 1943 en la Universidad de Múnich, mientras lanzaba octavillas en las que se pedía el fin de la guerra y los asesinatos en masa. Los hermanos Scholl y otros miembros de su grupo de resistencia, llamado la Rosa Blanca, no liberaron Auschwitz ni acabaron con el nazismo. Sin embargo, nos dejaron un admirable testimonio de la dignidad del espíritu humano. El coraje de los héroes de la *Ilíada* no obedece a ideales humanitarios, pero nos muestra que el valor menoscaba el poder de la muerte. Los gestos admirables continúan vibrando en la posteridad, desafiando al olvido. Son un eco persistente capaz de atravesar los siglos, como ha sucedido con las peripecias de Aquiles, Héctor o Áyax. Sophie Scholl es un símbolo de valor, como antes lo fue Aquiles. Hizo algo realmente hermoso y demostró que los griegos no se equivocaban al atribuir al ser humano una excelencia singular.

La Odisea: *todo el mundo necesita un hogar*

> Yo soy Ulises, ya estoy aquí. He sufrido mucho, pero, por fin, pasados veinte años, he vuelto a mi patria.
>
> Homero, *Odisea*

La *Odisea* recrea un mundo más moderno. No es un poema épico, sino una novela protagonizada por la nobleza rural, con valores «burgueses» como la cortesía y el decoro. La virtud sigue asociada al valor en el campo de batalla, pero además se ensalzan otras cualidades, como administrar bien la hacienda, respetar la tradición, cultivar el ingenio, hallar la palabra adecuada y educar el espíritu. Ulises es valiente, pero también astuto. Las mujeres ya no son el simple descanso del guerrero, como Helena o Briseida. Penélope destaca por su prudencia e inteligencia. Su estricta moralidad y su buen gobierno de la casa familiar mantienen a raya a los pretendientes que intentan usurpar el lugar de Ulises. Al igual que en las novelas de caballerías, la mujer es tratada con escrupulosa gentileza y honrada por su papel de madre, esposa y transmisora de la costumbre y la tradición. El episodio de las sirenas muestra la vulnerabilidad del ser humano, siempre tentado por pasiones ciegas e incontrolables. Ulises hace que sus hombres se tapen los oídos con cera para no oír su canto, pero él no quiere perderse la oportunidad de conocerlo y pide que lo aten al mástil. Así podrá escucharlo y no sucumbir a su letal hechizo, como les sucedía a todos los que cometían la imprudencia de exponerse a sus voces. La seducción, si no está acompañada de un propósito ético, es una trampa letal. Enajena nuestra libertad y nos convierte en siervos de impulsos irracionales.

Para la sabiduría oriental, la mejor forma de evitar el dolor infligido por las pasiones es cultivar el ascetismo, la abolición del deseo, la renuncia. En cambio, Ulises prefiere afrontar el peligro, experimentar su encanto fatal y superarlo heroicamente. Es un ideal práctico que implica la educación de la voluntad frente a una estrategia basada en una retirada preventiva. No es racional huir del mundo. Si no aprendes a enfrentarte a él, tarde o temprano te alcanzará y te impondrá sus condiciones. No es posible negociar con algo que te supera y ante lo que te sientes insignificante.

En los tiempos homéricos, la ética era muy distinta de la nuestra. No se combatía por amor a la patria, sino por el honor asociado al propio nombre. Aquiles defiende su reputación en el campo de batalla peleando con coraje, pero cuando Agamenón le arrebata a su esclava Briseida, deja las armas. Su honor ya no le obliga a luchar, sino a exigir el fin de la afrenta, lo cual justifica que se marche a su tienda y se desentienda de sus compañeros, a los que deja en situación de desventaja, pues es el guerrero más mortífero del contingente aqueo. De hecho, los troyanos contraatacan y llegan a incendiar una nave.

Para los contemporáneos de Homero, el robo, la rapiña y el secuestro eran procedimientos legítimos en la guerra contra otros pueblos. En el ámbito doméstico, el homicidio era un asunto privado. La familia podía vengarse, pero si carecía de recursos para hacerlo, el crimen quedaba impune. No había leyes ni instituciones que velaran por los derechos individuales. Tampoco existía el amor romántico, pero se admitían la homosexualidad y la bisexualidad. Eso sí, la pasión erótica podía cegar a un héroe y hacer que se comportara de forma indigna. No se trataba de una cuestión moral, pues no se apreciaba nada nefando en el sexo. Lo deplorable era perder la soberanía sobre uno mismo, permitir que la búsqueda del placer ofuscara la capacidad de controlar los propios actos. Quizás ese es el significado del mito de las sirenas en la *Odisea*. Podemos encontrar una lección semejante en películas clásicas de lo que se ha llamado cine negro o *film noir*.

Forajidos (*The Killers*, 1946), de Robert Siodmak, basada en un relato de Hemingway, narra la historia de Ole Anderson, el Sueco (Burt Lancaster), un antiguo boxeador —un guerrero, como Aquiles, como Ulises— que se enamora de Kitty Collins, una buscavidas interpretada por una primeriza Ava Gardner, tan peligrosa como las sirenas y, según John Huston, una mujer de «una belleza áspera, primaria, elemental». En su primera aparición, Ava Gardner se encuentra de espaldas, sentada frente a un piano y con un traje de noche que se ciñe a su cuerpo como una segunda piel. Sabe que el Sueco es boxeador, pero reconoce que no le gusta un deporte basado en la violencia. «No soportaría ver cómo pegan a un hombre que aprecio», afirma con un candor poco convincente. Se aleja un momento (Siodmak busca un pretexto para mostrarnos un plano completo de un cuerpo que no admite ninguna objeción) y regresa al instante con una copa y un cigarrillo, apoyándose sensualmente en el piano para iniciar una canción con una voz susurrante que hechiza al Sueco. Es el equivalente del canto de las sirenas, pero Burt Lancaster no adopta ninguna precaución. De hecho, no escucha las advertencias que le incitan a la prudencia. Solo tiene ojos para Kitty, que se ondula como un gato y lo aturde con la mirada. Siodmak acentúa la belleza de Ava Gardner en cada plano, escogiendo encuadres que muestran todo su poder de seducción. Tendida en una cama, con el pelo suelto, un jersey ajustado y una revista entre las manos, su encanto resulta irresistible. Siodmak recurre a los contrapicados para subrayar la corpulencia del Sueco, pero también para evidenciar su fragilidad frente a las artimañas de Kitty, que juega con él fingiendo dulzura, pasión o inocencia. *Forajidos*, saturada de pesimismo y violencia, es una película sobre las pasiones insensatas, la ambición y el fracaso. Si Ulises no hubiera adoptado la precaución de atarse al mástil, habría acabado como el Sueco, que muere violentamente.

La *Odisea* nos enseña muchas cosas que nos permiten mirar la vida con optimismo. Primera lección: el ingenio humano es inagotable y siempre puede encontrar un camino para sortear una trampa o una encrucijada. Ulises lucha con los citones, los lotófagos, los cíclopes y los lestrigones, y siempre sale vencedor. Sobrevive a tempestades, naufragios y monstruos marinos (las terroríficas Escila y Caribdis). Incluso desciende al Hades. Segunda lección: no hay que dejarse desbordar por las pasiones. Seguramente, el canto de las sirenas era bellísimo, pero contenía la semilla de la destrucción. Donde escribo «sirenas» se podrían escribir los nombres de todo lo que complace a los sentidos —o a nuestro orgullo— y que, sin embargo, puede destruirnos. Como se leía en el frontón del templo de Apolo en Delfos, «nada en exceso». El vino es un excelente estímulo: complace al paladar e inhibe nuestros miedos y timideces. Pero si nos embriagamos más allá de lo razonable, podemos llegar a hacer cosas vergonzosas. La sobriedad, la templanza, no son imposiciones que mutilan nuestra libertad formulando prohibiciones absurdas o antinaturales, sino virtudes que protegen nuestra libertad. Tercera lección: todo el mundo necesita un hogar, raíces, familia. Ulises no encuentra la felicidad hasta que regresa a Ítaca. Todos necesitamos una Ítaca que nos proteja de las inclemencias y el desarraigo, un paisaje donde nuestros ojos hallen la seguridad que nos proporciona la pertenencia a algo sólido y hermoso.

Las nuevas generaciones ya no se educan leyendo a Homero, pero eso no significa que la *Ilíada* y la *Odisea* solo sean clásicos reservados a los eruditos. En sus páginas aún podemos hallar grandes enseñanzas. El amor a la vida no es algo espontáneo. Si lo fuera, se parecería a la necedad. Es la última estación de un largo aprendizaje y en ese viaje hay que hacer una escala en Homero, cuyos poemas nos proporcionan valiosas armas para no sucumbir al peor enemigo de nuestra especie: el pesimismo. Yo hice un largo viaje por aguas tan peligrosas como las que surcó Ulises —me refiero a la depresión—, pero al cabo de los años retorné a Ítaca, es decir, a la salud. No hay que temer a los cíclopes. Siempre hay una forma de engañarlos y dejarlos atrás.

Hesíodo: una oda al trabajo

> No es el trabajo lo que envilece, sino la ociosidad.
>
> Hesíodo, *Los trabajos y los días*

Solía leer en clase fragmentos de la *Ilíada* y la *Odisea*, y obtenía buenos resultados. Los jóvenes responden bien cuando les hablas de escaramuzas sangrientas y aventuras exóticas. En cambio, necesitaba esforzarme mucho para que se interesaran por Hesíodo. Les decía que sabemos pocas cosas de su vida, pero que disponemos de suficientes datos para atribuirle un periplo biográfico, algo que no podemos hacer con Homero, sumido en la leyenda. Hesíodo nació en torno al siglo VIII a. C. en Ascra, un humilde pueblo de Beocia, y se dedicó a la agricultura y el pastoreo, como su padre, oriundo de Cumas, una ciudad de la costa occidental de Anatolia. Su vocación poética nació —según nos cuenta en el prefacio de su *Teogonía*— cuando las Musas se le aparecieron mientras cuidaba su rebaño en el monte Helicón y le entregaron el báculo de rapsoda. La leyenda sostiene que se enfrentó a Homero en un certamen poético. Se cuenta que los jueces le concedieron la victoria, pues cantó a favor de la paz, no como su rival, que celebró la guerra.

Desde el siglo VI a. C., los griegos leyeron con veneración las obras de Hesíodo, al que debemos el primer relato ordenado y clarificado de la vieja mitología transmitida hasta entonces de forma oral. Sus obras más importantes son la *Teogonía*, una de las cosmogonías más antiguas y la primera genealogía sistematizada de los dioses griegos, y *Los trabajos y los días*, una oda al trabajo. Hesíodo afirma que el heroísmo no se manifiesta solo en el campo de batalla. Luchar contra la tierra también es algo épico. En un país ocupado por cadenas montañosas, con valles estrechos y sin apenas grandes llanuras de tierra fértil y cultivable, utilizar el arado es tan admirable como blandir la espada y el escudo.

Hesíodo no se hace muchas ilusiones sobre el porvenir del género humano. Descree de la vida después de la muerte. A semejanza de otras civilizaciones, los pueblos de la Hélade presuponían que el mundo surgió del caos, de lo oscuro e indiferenciado. La irrupción de la vida trajo el equilibrio, la armonía, la plenitud. ¿Por qué existe entonces la muerte, que mantiene un estrecho parentesco con el caos y representa un regreso a lo indiferenciado? ¿Por qué la muerte contamina el reino de la vida, abocando al hombre a un imparable progreso hacia el no ser? Según Hesíodo, hubo una raza de oro que no sufría penalidades ni fatigas. Vivía una eterna primavera y, cuando acontecía la muerte, los individuos se transformaban en espíritus benignos y protectores. A la raza de oro sucedió la de plata y, más tarde, la de bronce, la de los héroes y la de hierro. Cada una representa una caída. El ser humano se degrada y su existencia se vuelve frágil y efímera. Hesíodo no dejaba un resquicio a la esperanza. Pensaba que a la raza de hierro solo le cabía esperar la desintegración después de la muerte y especulaba con que Zeus tal vez acabaría con nuestra especie en ese último período de oscuridad. Al reelaborar el mito, Ovidio transformó las razas en edades.

Si algo caracteriza a Hesíodo es su alta estima por el trabajo. No niega que puede resultar árido y extenuante, pero lo cree necesario. El trabajo ayuda a vertebrar la vida social y confiere legitimidad al individuo. Es el precio que se paga para ganarse el derecho a tener sobre la mesa pan, vino, queso, higos, membrillo o aceitunas. Hesíodo habría suscrito las palabras de san Pablo en la Segunda Carta a los Tesalonicenses: «Si alguno no quiere trabajar, que no coma» (3:10). Hesíodo también le habría dado la razón a Primo Levi, el famoso químico italiano que sobrevivió a Auschwitz y que reflejó su trágica experiencia en *Si esto es un hombre*, una de las obras esenciales del siglo xx. En *La llave estrella*, una novela sobre un montador de grúas que viaja por los distintos continentes con un espíritu alegre y meticuloso, siempre hambriento de desafíos, Levi sostenía que «el amor al propio trabajo (que, por desgracia, es privilegio de pocos) constituye la mejor aproximación concreta a la felicidad en la tierra». No hay nada comparable al trabajo bien hecho. La satisfacción que se experimenta se parece al primer amor. Para Levi, el trabajo nos hace libres. Si tenemos en cuenta que ese era el lema emplazado a la entrada de distintos campos de concentración, podríamos escandalizarnos, pero el que habla es un superviviente de ese infierno, no uno de sus arquitectos. Evidentemente, Levi no se refiere al trabajo esclavo, sino al vocacional, al que nace del amor a un oficio. En distintas entrevistas, manifestó que sus dos actividades (la química y la escritura) le habían proporcionado algunos de los mejores momentos de su vida. Yo podría decir lo mismo de la escritura y la lectura.

Pasé diez años hundido en una depresión que casi acaba conmigo, pero logré salir de ese lodo pegajoso y obstinado. Me adelanto a los que tal vez tuerzan el gesto, objetando que las incursiones autobiográficas son gratuitas e innecesarias. Les recuerdo que Hesíodo no excluyó su vida privada de sus libros. En *Los trabajos y los días*, habla de sus conflictos con su hermano Perses. Werner Jaeger justifica esta forma de proceder, alegando que «eleva un suceso real de su vida, que carece por sí mismo de importancia, al noble rango y la dignidad de una verdadera epopeya». No es que yo piense que mi vida es una epopeya, pero sí creo que casi todas las vivencias pueden suscitar reflexiones valiosas y de interés general. Desgraciadamente, la depresión es algo cada vez más común. Es la pandemia que no cesa. Según algunas estadísticas, salpica al quince por ciento de la población. Otras sitúan su incidencia en un veinticinco. Yo sufrí el zarpazo de la depresión a los cuarenta años. Se acumularon una serie de desgracias que desbordaron mi tolerancia al sufrimiento. Al principio, experimenté estupor. No sabía cómo reaccionar, pero no me resignaba a vivir así. Pasé por la consulta de varios psiquiatras y lo intenté con la terapia de grupo e individual. Algunos de los especialistas que visité parecían estar peor que sus pacientes. Los antidepresivos, lejos de ayudarme, empeoraron mi estado. Quiero aclarar que no sufría tan solo un ataque de melancolía. Había perdido realmente el deseo de vivir y fantaseaba con la muerte. Sufría un insomnio pertinaz y empecé a romper los puentes que me unían con los demás, buscando un aislamiento que me pusiera a salvo de cualquier conflicto. Por entonces, ya colaboraba con la prensa cultural, pero apenas había escrito un centenar de artículos, a veces breves reseñas condenadas a un olvido inmediato y quizás merecido. Aproveché que me encontraba de baja para incrementar mi producción. Logré que varias revistas aceptaran mis colaboraciones y abrí un blog. Al principio, me costó tanto como ascender por una pared helada, pero poco a poco logré recuperar el equilibrio. La pluma

—bueno, el teclado del ordenador— se reveló tan fructífera como el arado de Hesíodo, pues extrajo de mi interior esos frutos que permanecían escondidos, esperando la oportunidad de madurar. Verdaderamente, el trabajo es el camino de la felicidad. Y, en algunos casos, el de la salud.

En la *Teogonía*, Hesíodo explica el origen del sufrimiento humano con el mito de Prometeo. Prometeo, hijo del titán Jápeto, despertó la ira de Zeus cuando le robó el fuego para entregárselo a los hombres. Zeus se vengó creando a Pandora, la primera mujer, que destapó una jarra o ánfora donde se hallaban todos los males: el trabajo, la enfermedad, la muerte. El árbol de la ciencia del Génesis es un mito similar, también con una mujer desempeñando un papel fatal. Su fruta, al igual que el fuego, representa la sabiduría, el conocimiento. Desde el albor de la civilización, la humanidad ha manifestado temor al hecho de conocer, quizás porque esa inteligencia que nos separa de otras especies también nos revela nuestra fragilidad. Muchos filósofos se han hecho eco de esa idea. Cioran fantaseaba con ser una piedra o un vegetal. Por el contrario, el neurólogo y ensayista Oliver Sacks se despidió de la vida celebrando haber sido un animal pensante. En una emotiva carta publicada el 9 de febrero de 2015 en *The New York Times*, escribió: «Mi generación se está marchando, y en cada muerte he sentido como un desprendimiento de placenta, una extirpación de una parte de mí mismo. No habrá nadie como nosotros cuando nos hayamos ido, pero tampoco habrá nadie como cualquier otra persona, nunca. Cuando las personas mueren, no pueden ser reemplazadas. Dejan agujeros que no se pueden llenar [...]. No fingiré que no tengo miedo. Pero mi sensación predominante es de gratitud. He amado y he sido amado; se me ha dado mucho y he dado algo a cambio; he leído y viajado y pensado y escrito. He tenido una relación sexual con el mundo, el coito especial de escritores y lectores. Por encima de todo, he sido un ser consciente, un animal pensante en este hermoso planeta, y ha sido un enorme privilegio y una gran aventura».

Hesíodo es más pesimista que Sacks, pero nos deja otras lecciones. Nos recuerda que vivir bajo el imperio de la ley es un privilegio, que no debe prevalecer el derecho del más fuerte (pues entre los seres humanos no hay halcones y ruiseñores, sino iguales), que el éxito requiere sudor y esfuerzo, que solo el trabajo legitima la propiedad, que siempre hay que permanecer abierto a las enseñanzas ajenas, que los dioses aborrecen a los zánganos. Pese a su pesimismo, un poco apocalíptico, no desemboca en la apatía. Sus libros nos señalan un camino muy valioso para imprimir un sentido a nuestra vida: el trabajo. Y, en su caso, no se trata de un trabajo intelectual, sino de la dura labor del campo.

Arquíloco y la gestación de la polis

> *Corazón, corazón de irremediables penas agitado, ¡álzate! Rechaza a los enemigos oponiéndoles el pecho, y en las emboscadas traidoras sostente con firmeza. Y ni, al vencer, demasiado te ufanes, ni, vencido, te desplomes a sollozar en casa. En las alegrías alégrate y en los pesares gime sin excesos. Advierte el vaivén del destino humano.*
>
> Arquíloco de Paros

La filosofía no habría surgido sin un clima de relativa libertad. No despuntó en Asia, donde la sociedad vivía sometida a un intolerante poder político y religioso que exigía obediencia incondicional. Tampoco en Esparta, donde los núcleos de población funcionaban como campamentos militares y se educaba a los hombres libres para que renunciasen a sus metas individuales y reservaran todas sus fuerzas para servir al Estado. La filosofía no se levantó y comenzó a caminar hasta que se produjeron una serie de cambios económicos y sociales entre los siglos VII y V a. C. No sucedieron en la metrópoli, sino en las colonias de Asia Menor y, un poco después, en la Italia meridional: Mileto, Samos, Éfeso, Elea. El desarrollo del comercio y la industria artesanal convirtió estos enclaves, hasta entonces sostenidos por la agricultura, en lugares prósperos y dinámicos. La circulación de mercancías, que exigía ingenio y capacidad de persuasión para lograr ventas e intercambios, propició el florecimiento de las ideas. La denostada economía de mercado se reveló desde sus inicios como una fuente de riqueza material e intelectual. Los comerciantes y artesanos presionaron para que la nobleza terrateniente renunciara al autoritarismo y se establecieran nuevas formas de gobierno basadas en la isonomía (igualdad jurídica) y la isegoría (libertad de expresión y participación en las asambleas). Más tarde, esos cambios se trasladarían a Atenas. Solón, poeta, legislador y estadista ateniense, aplicó una serie de reformas que mejoraron la situación de la clase media y aliviaron las cargas de los más humildes. Entre otras cosas, abolió la esclavitud por deudas o la posibilidad de que un hombre vendiera a su mujer y sus hijos. Se considera a Solón uno de los siete sabios de Grecia, pues sus reformas crearon un nuevo concepto de polis.

En Grecia, la democracia y la filosofía caminaron de la mano. No siempre fue un idilio fácil, pero en general la relación fue cordial y fecunda. La virtud o *areté* de la epopeya se reemplazó por la virtud ciudadana. La polis ya no se considerará un simple núcleo de convivencia, sino el único espacio donde es posible llevar una vida verdaderamente humana. El nombre propio se asociará a ella para dejar claro que el linaje no incluye solo a los ascendientes biológicos, sino también a la comunidad o familia social. La idea de comunidad prevalecerá sobre la preocupación por la fama individual. La fama ya no dependerá del coraje, sino del servicio prestado a la polis, que podrá consistir en escribir un poema, elaborar una ley o alumbrar una idea. En ese contexto surgen poetas como Arquíloco y Safo, que ironizan sobre los valores bélicos y exaltan el placer.

Arquíloco diluye lo heroico en el caldero del humor. Sabemos poco de su vida y solo conservamos fragmentos de sus obras. Nacido en Paros, contribuyó a la difusión del culto a Dionisos en la isla. A pesar de escarnecer a sus enemigos mediante poemas satíricos, empujándolos en algunos casos al suicidio, aconsejaba no prestar atención a los comentarios maledicentes, pues la vida es breve y no hay que desperdiciarla afligiéndose con chismes. Quizás es una de las lecciones más valiosas para mantener la llama del optimismo. La democratización de la sociedad griega —muy limitada si la comparamos con los estándares actuales— acarreó la irrupción de las «masas» en la vida pública, y con ellas surgieron las calumnias, los rumores, las envidias. El juicio sobre los actos no dependía ya de una minoría de espíritus nobles, sino de la crítica pública, que fue despiadada desde el primer instante. Pensamos que las redes sociales han fomentado el odio y la discordia, pero el fenómeno empezó dos mil setecientos años atrás.

Arquíloco aconseja no alardear de los éxitos ni hundirse ante los fracasos. Hay que saber disfrutar de las cosas buenas y no rendirse ante la fatalidad. Solo el hombre que conoce sus límites podrá vivir satisfactoriamente. El poeta fue cruel con sus adversarios, ridiculizándolos sin piedad, pero su poesía proporcionó al ciudadano —una figura inexistente en tiempos de Homero— un nuevo lenguaje capaz de expresar sus anhelos. La polis es una buena noticia, un argumento a favor del optimismo, pues su aparición significa que el hombre ha logrado trascender el estrecho horizonte del clan para agruparse en espacios donde se exalta —hasta cierto punto— la libertad y se tolera —relativamente— la diversidad.

Safo, la décima musa

> *Deseo morir, sinceramente.*
> *Ella me ha abandonado derramando*
> *un arroyo de lágrimas. Y me dijo:*
> *«¡Ay de mí! ¡Cuán terribles penas nos asolan!*
> *Safo, con el alma lo digo, te abandono muy a mi pesar».*
> *Y yo le respondí:*
> *«Parte contenta y acuérdate de mí*
> *pues sabes cómo te he mimado [...] y no olvides*
> *cuánto de bueno y de bello hemos pasado juntas».*
>
> SAFO DE MITILENE

Safo, a la que Platón llamó la décima musa, elaboró una poesía hedonista y sensual. A pesar de su fama, solo disponemos de fragmentos de su obra, pues el papa Gregorio VII ordenó destruir todos los manuscritos que aún se conservaban en el siglo XI, alegando que eran inmorales. No conocemos mucho sobre su vida. Al parecer, nació en

Mitilene, una ciudad de la isla de Lesbos, y murió en la isla de Léucade arrojándose al mar desde una roca por un fracaso amoroso. Su suicidio es quizás una leyenda. También está envuelta en el misterio su escuela, la Casa de las Servidoras de las Musas. Algunos sostienen que era un espacio dedicado al culto a Afrodita, donde las jóvenes nobles aprendían a recitar poesía, cantar y elaborar adornos florales. Otros afirman que era una casa de libertinaje y que Safo seducía a sus alumnas. De ahí que el nombre de la isla se utilizara posteriormente para designar el amor entre mujeres.

El «Himno a Afrodita» de Safo expresa una nueva forma de concebir la relación con los dioses. Ya no se trata de simple adoración o súplica, sino de un diálogo con un Tú invisible donde los afectos fluyen libremente, sin las inhibiciones impuestas por la presencia de otros seres humanos. Con Safo, la plegaria se convierte en un riguroso ejercicio de introspección que desemboca en lo íntimo y confesional. La subjetividad se exacerba y lo femenino se libera por primera vez de la tutela masculina. La mujer exige ingresar en el círculo de la poesía, pero no como un complemento del varón, sino como un ser autónomo y con personalidad propia. El eros no desempeña en la Casa de las Servidoras de las Musas una función meramente física. La pasión está al servicio de un ideal, no es simple concupiscencia. Puede interpretarse como un impulso hacia el bien y la belleza. Probablemente, Safo ejercía una labor educativa, una *paideia* orientada a conciliar lo espiritual y lo sensual. El eros de Safo no es el eros platónico. No incluye una metafísica, pero sí la pretensión de explorar las profundidades del alma, donde anidan los sentimientos más delicados. En una época en la que el matrimonio no se asociaba al amor, sino a la continuidad del linaje y el mantenimiento del hogar (*oikos*), los poemas eróticos de Safo crean un espacio similar al que luego aparecerá en el *Banquete*, el famoso diálogo de Platón. Un ámbito donde el amor es sinónimo de belleza y conocimiento.

El amor entre las mujeres del que habla Safo está abocado al dolor y la melancolía, pues nada contra la corriente. En su tiempo, aún había muchos que identificaban lo bello con un pelotón de guerreros o una escuadra de navíos. En cambio, Safo opinaba que lo más hermoso era el ser amado. Esa sensación de incomprensión que acompaña a su poesía pone de manifiesto una transformación radical en la civilización griega. Comienza a emerger el individuo. El ser humano ya no se considera el apéndice de un todo, sino una totalidad en sí misma, alguien capaz de elaborar un proyecto personal y llevarlo adelante, incluso cuando su propósito despierte rechazo. Safo se rebeló contra el destino que condenaba a las mujeres a vivir una existencia anónima y sumisa, casi impersonal. No quiso ser la servidora de un hombre, sino del Amor y la poesía, un ideal que presuponía independencia y libertad.

Dionisos: el arco y la lira

> Las orgías dionisíacas de los griegos tienen el significado de festividades de redención del mundo y de días de transfiguración. Solo en ellas alcanza la naturaleza su júbilo artístico.
>
> FRIEDRICH NIETZSCHE, *El nacimiento de la tragedia*

El miedo a la muerte es tan antiguo como los primeros destellos de conciencia. Todas las civilizaciones lo han combatido mediante ritos y creencias. Los egipcios momificaban a los muertos y los enterraban con sus viandas, armas, joyas o incluso carromatos para garantizar una cómoda vida de ultratumba. Los griegos no momificaban a sus muertos, pero en algunos casos creían que se alojaban en grutas o permanecían vivos en sus sepulcros, brindando su protección a territorios y ciudades. Lo esencial era preservar el hilo de la vida, no malograr la tibia esperanza de una cierta victoria sobre la muerte. Los misterios de Eleusis, una ciudad agrícola situada a unos treinta kilómetros al noroeste de Atenas, auguraban a sus participantes una vida inmortal y dichosa. Inicialmente reservados a las familias nobles, acabaron admitiendo a todos los helenos salvo a los que hubieran cometido delitos de sangre. Se especula que en sus ritos anuales en honor de las diosas Deméter y Perséfone participaron Sócrates, Platón, Sófocles y otras grandes figuras. Quizás ahí se gestó la creencia en la inmortalidad que Platón expone en el *Fedón* y otros diálogos. Nunca lo sabremos, pero sí podemos asegurar que en la Antigüedad el ser humano percibía su finitud con la misma angustia que nosotros.

Hasta la aparición del culto a Dionisos, la inmortalidad era una característica de los dioses, que a veces —magnánima y arbitrariamente— compartían con los humanos. El culto a Dionisos, un dios que nunca aparece en los poemas homéricos, surgió en Tracia, una región situada en la península de los Balcanes, al norte del mar Egeo. Se trataba, por tanto, de una divinidad extranjera. Los tracios le rendían culto mediante ritos orgiásticos. Acompañados por el sonido de cuernos de bronce, flautas y panderos, danzaban entonando cantos estridentes hasta que el agotamiento provocaba desfallecimientos y estados de enajenación. Finalmente, despedazaban a varios animales, comían su carne cruda y consumían bebidas embriagantes y sustancias alucinógenas. El objetivo último era alcanzar un éxtasis que permitiera entrar en contacto con los dioses. A los griegos de la época de Homero, estos ritos les parecían bárbaros y extraños, pero el culto a Dionisos acabó extendiéndose por la Hélade, tal vez porque sostenía que el alma era inmortal y la muerte, hermosa, ya que representaba la liberación del cuerpo, cárcel del alma. Heródoto cuenta que algunas tribus tracias lamentaban los nacimientos y celebraban las defunciones, pues nacer significaba quedar atrapado en la carne, imperfecta e impura, y morir, transitar hacia una vida nueva y perfecta.

Humanizado y helenizado, el antiguo Dionisos de los tracios se convirtió para los griegos en el protector de las cosechas y en la encarnación de la plenitud de la vida. Su culto se transformó en una exaltación de la alegría de vivir, y los coros que acompañaban a las fiestas que lo honraban inspiraron el nacimiento de la tragedia. Nietzsche emparejó a Dionisos con Apolo, dios de la belleza, la proporción, el equilibrio, la razón y la armonía, elaborando una interpretación de la cultura griega altamente especulativa, donde el culto a ambas deidades sintetizaba una actitud vital que celebraba trágicamente la existencia, sin la necesidad de trasmundos que minimizan el valor de lo terrenal. Según Nietzsche, esa filosofía se malogró con Sócrates, cuyo desprecio del cuerpo y la finitud preparó el terreno al cristianismo, una religión que consideraba fruto del resentimiento y del odio a la vida.

El culto a Dionisos ha sobrevivido bajo otras formas. ¿Acaso no seguimos organizando fiestas donde se bebe y se baila, buscando un pequeño éxtasis que nos fusione con la vida hasta el extremo de suspender temporalmente nuestra escisión con el mundo? Se acusó a Nietzsche de deformar la cultura griega para exponer sus pensamientos, pero lo cierto es que su interpretación puso el dedo en la llaga y señaló uno de los grandes temas de la filosofía: el conflicto entre el materialismo y, si podemos llamarlo de ese modo, el espiritualismo. O dicho de otro modo: la pugna entre los que piensan que no hay nada más allá de la materia y los que creen en una dimensión espiritual a la que no le afecta el tiempo y el espacio. El espiritualismo adquiere nuevos argumentos con el orfismo, una especie de herejía religiosa que cuestionaba las tradiciones de la polis griega. El orfismo asimila algunas de las creencias de los tracios, sistematizándolas y asociándolas a una cosmogonía. El ser humano está compuesto de cuerpo y alma. El cuerpo muere y se corrompe, pero el alma es indestructible y se reencarna una y otra vez (metempsicosis) hasta lograr la purificación definitiva y regresar al ámbito de lo divino. También es posible el trayecto inverso: una degradación progresiva. Esta visión se justifica con un mito que explica el sufrimiento humano como la consecuencia de una remota falta o pecado. Los antiguos titanes atrajeron al pequeño Dionisos, hijo de Zeus y Perséfone, con una serie de objetos sumamente tentadores —una peonza, un rombo, muñecas articuladas, tabas, un espejo— y lo mataron. Después, lo descuartizaron, asaron sus restos y los devoraron. Zeus castigó su crimen fulminándolos con un rayo. De las cenizas de los Titanes surgió el ser humano, con un componente titánico y otro dionisíaco. Dado que nuestra especie hereda una culpa, deberá purificarse, evitando derramar la sangre de hombres y animales. Solo así podrá liberarse de su parte titánica —el cuerpo— y permitir que su parte dionisíaca —el alma— retorne a su origen divino.

Primer interludio:
Javier Marías y el espesor de la vida

> ... cada trayectoria se compone también de nuestras pérdidas y nuestros desperdicios, de nuestras omisiones y deseos incumplidos [...], quizás estamos hechos en igual medida de lo que fue y de lo que pudo ser.
>
> Javier Marías, *Mañana en la batalla piensa en mí*

Javier Marías no habría participado en los misterios de Eleusis, pues no creía en la inmortalidad del alma y, aparentemente, no le interesaba demasiado. Asumía que su destino, como el del resto de los humanos, era caer en el olvido. No se rebelaba contra esa perspectiva. Prefería aceptarla estoicamente.

No puedo alardear de haber sido amigo de Javier Marías. Solo hablé con él por teléfono en tres ocasiones —una de esas conversaciones fue una larga entrevista—. Además, intercambiamos cuatro cartas. Yo le enviaba mensajes mediante el correo electrónico y Mercedes, su secretaria y amiga, los imprimía para que los leyera. Marías, con esa elegancia que le caracterizaba, me respondía con breves cartas de su puño y letra. Mercedes las escaneaba y me las remitía en formato PDF. Marías sugirió quedar cerca de su casa en la plaza de la Villa, y yo fantaseaba con ese encuentro no sin cierto temor, pues soy algo tímido, un rasgo que se acentúa en la presencia de las personas a las que admiro. Me consolaba pensar que Marías también lo era un poco o, al menos, eso había creído yo advertir en nuestras conversaciones. Quizás era una impresión falsa, pero yo intentaba convencerme de que era así. Los tímidos suelen entenderse bien, pues comprenden sin esfuerzo las inseguridades ajenas y contemplan con indulgencia esas torpezas que otros reprueban con una mirada de horror.

Marías siempre postergaba la cita alegando que no se encontraba bien. Nunca sospeché que le sucedía algo grave. Por eso la noticia de su muerte me provocó una conmoción. Solo tenía setenta años, pero sus pulmones llevaban un tiempo causándole graves problemas, quizás por su afición desmedida al tabaco. Nuestro encuentro ya no se producirá, y esa certeza me parece tan hiriente como una cuchillada. Siempre he experimentado la sensación de llegar tarde a todo, y una vez más se ha cumplido ese temor. Ya no compartiré un café con Marías, ni pasearemos por la calle Mayor o la plaza de Oriente. Ya no tendré la oportunidad de escucharle divagando sobre Benet, Faulkner o Conrad. Ya no podré disfrutar de esa suave ironía que salpicaba sus conversaciones, tan alejada de la solemnidad de otros escritores que se toman a sí mismos demasiado en serio. Marías era uno de esos caballeros de otra época que atienden a todo el mundo con la misma deferencia, sin dejarse impresionar por la fama o el dinero. Me recordaba mucho a su padre, don Julián Marías, un gran filósofo al que España maltrató miserablemente, escatimándole el Premio Nacional de Ensayo y vetando su acceso a las aulas universitarias como catedrático.

Javier Marías decía que la posteridad no existe, que es un concepto del pasado y que su obra, como la de casi todos los autores, salvo grandes clásicos como Shakespeare, Dante o Cervantes, caería en el olvido. Escéptico en materia religiosa, no creía en la inmortalidad del alma. Yo no sé si se seguirá leyendo a Javier Marías dentro de un siglo. Me atrevo a aventurar que sí, pero en cualquier caso tengo muy claro que la muerte deja un vacío irreversible, especialmente cuando se trata de escritores y artistas que han ampliado el mundo con sus creaciones, obras que se superponen a la realidad e incrementan el espesor de la vida. Quizás sea un ingenuo, pero yo no descarto la posibilidad de la vida eterna. Durante siglos, esa esperanza ha acompañado al ser humano. ¿Podemos asegurar que hay más clarividencia en nuestro escepticismo que en Platón, san Agustín o Kant, firmes defensores de la inmortalidad?

Julián Marías sí creía en la inmortalidad. En *La perspectiva cristiana*, un breve ensayo, afirma que la inmortalidad «está más allá de la razón, pero no contra ella». La inagotable diversidad de la existencia le parecía la prueba inequívoca de su trascendencia. Y un indicio de cómo sería la eternidad. La plenitud no puede consistir en suprimir toda esa riqueza. La eternidad no debe ser imaginada como la pervivencia de un residuo, sino como el enriquecimiento y desarrollo de lo singular: «El hombre ha acontecido de manera fecunda y complejísima sobre la tierra; no parece lícito entender su destino más alto como una simplificación». La eternidad no es algo estático, sino «una empresa infinita e inagotable» que sobrepasa todos los límites. La salvación de la persona no es la preservación de una esencia, sino la persistencia de su faceta «proyectiva, imaginativa, interpretativa, libre, dramática». Julián Marías aventura que la inmortalidad se «puede entender como la realización de las trayectorias auténticas que no se han cumplido, o solo de modo deficiente, en la vida terrenal». Dado que nos sentimos llamados a hacer algo y a ser alguien, «nuestra realidad personal, inteligente, amorosa, carnal, ligada a formas históricas, hecha de proyectos de varia suerte, articulados en trayectorias de desigual autenticidad, es la que ha de perpetuarse, transfigurarse, salvarse. No puede imaginarse ninguna mutilación ni disminución».

Vivimos en una época que sonríe con escepticismo ante la posibilidad de la inmortalidad. «Nuestros contemporáneos prefieren lo único de que se puede tener seguridad: la nada. Acaso la escasez de amor es un factor que entibia el deseo, la necesidad, de otra vida: si no se ama, ¿para qué?». En 1977, Julián perdió a su esposa, Dolores Franco. Estaba muy unido a ella, y sobrellevó la muerte de su compañera con la ayuda de la fe, convencido de que «volvería a verla y a estar con ella», pues «la persona que era Lolita no podía haberse destruido por un proceso corporal». El amor que sentía por ella exigía un mañana compartido: «En la medida en que se ama, se necesita seguir viviendo o volver a vivir después de la muerte, para seguir amando». Pensar siempre es un ejercicio intempestivo. El escepticismo de Javier Marías goza hoy de más aceptación que el optimismo metafísico de Julián, su padre. Javier era un literato, Julián, un filósofo, y le correspondía ir contra la corriente.

Los primeros filósofos

> El pensamiento es la vista y el oído espiritual del hombre. Aquellos que no lo siguen son como ciegos y sordos y se pierden en contradicciones sin salida.
>
> WERNER JAEGER, *Paideia: los ideales de la cultura griega*

Se ha explicado el nacimiento de la filosofía como el tránsito del mito al logos. Quizás sería más correcto decir que en el mito ya despuntaba el logos, pues muchas historias o narraciones poseían un significado filosófico. De ahí que el mito perviva en los primeros filósofos e incluso en el pensamiento de Platón y Aristóteles. La filosofía aportó al mito una perspectiva más ambiciosa. Sus razonamientos mitigaban la arbitrariedad de las narraciones mitológicas y dilataban la comprensión del hombre y el universo. ¿Hay alguna diferencia entre los poetas y los filósofos? Según Werner Jaeger, cierto talante espiritual. Los filósofos postergan todo —honor, familia, riqueza— para dedicarse exclusivamente al conocimiento. Son sabios, pero también extravagantes e ingenuos. Los poetas anhelan el honor, la familia, la riqueza, la fama. Tienen los pies en el suelo. Por el contrario, los filósofos viven en las nubes. Una joven criada tracia se burla de Tales de Mileto cuando cae a un pozo por caminar observando el firmamento. La muchacha se ríe y comenta que su preocupación por las cosas del cielo le impide ver lo que tiene a sus pies. Cuando a Pitágoras le preguntan para qué vive, responde que para estudiar las estrellas. Anaxágoras, censurado por descuidar a su patria y a su familia, responde que el cielo es su patria, su hogar. Solo en un clima de libertad como el que se respiraba en las *poleis* de Jonia eran posibles estas conductas heterodoxas.

La filosofía debuta como reflexión sobre la naturaleza. La naturaleza no es un caos, sino una totalidad organizada, una *physis*. No es suficiente describir los fenómenos. Hay que buscar las leyes que los regulan y, de una forma aún más prioritaria, el origen o principio de todo, el *arché*. Los presocráticos son conocidos sobre todo por sus teorías cosmogónicas, pero nos aportaron algunas ideas que podemos aprovechar para vivir mejor. Tales de Mileto se cayó en un pozo porque miraba al cielo, sí, pero no perdía el tiempo con especulaciones inútiles, sino que abría el camino a una nueva forma de habitar la Tierra en la que la inteligencia se negaba a claudicar ante lo que no comprendía. El ser humano necesita entender, clarificar, despejar incógnitas. El pensamiento es algo más que una especulación abstracta. Es nuestra forma de convertir el mundo en nuestro hogar.

Heráclito de Éfeso y Pitágoras de Samos: urbanizar el universo

> No encontrarás los confines del alma ni aun recorriendo todos los caminos; tal es su profundidad.
>
> Heráclito de Éfeso

Heráclito de Éfeso nos dejó aforismos asombrosos y de una gran profundidad. Adoptando un tono confesional, afirma: «Me he buscado a mí mismo». No se me ocurre una tarea más descomunal, como el propio Heráclito reconoce al señalar que si un viajero pudiera transitar por la psique, nunca encontraría límites. No obstante, ese viaje es necesario para averiguar hasta dónde llegan nuestras fuerzas, qué metas son razonables y cuáles no. La vida siempre será un enigma, y el papel de los filósofos consiste en descifrarla, pero sin ignorar que su destino es quedarse a medias o quizás a escasa distancia del punto de partida. No es una mala noticia. Sería peor habitar un universo semejante a la gigantesca esfera donde vive confinado Truman, el personaje de la película de Peter Weir. Un mundo con límites visibles y sin misterio se parecería a una cárcel. Es mejor pensar que hay un infinito esperando nuestras disquisiciones.

Según Heráclito, el universo es un devenir sostenido por la lucha entre los contrarios: «La guerra es madre de todas las cosas y de todas las cosas es reina». Los contrastes no son una desgracia, sino la matriz de la bella armonía cósmica, semejante a la del arco y la lira. Si no existieran, el mundo sería incomprensible. Conocemos la justicia y la salud porque hemos visto o sufrido los estragos de la injusticia y la enfermedad. Gracias a la tensa armonía que regula el cosmos, sabemos que el camino que sube y el camino que baja es el mismo; que en un círculo coinciden principio y fin; que el vivo y el muerto, el joven y el viejo, el durmiente y el insomne, son la misma cosa; que Dios es día y noche, invierno y verano, guerra y paz, saciedad y hambre; que todo es uno y del uno procede todo.

Pitágoras no escribió nada. En su época, la escritura se consideraba una forma degradada de conocimiento. Se valoraba más la palabra viva, que permite la controversia. Yo siempre intenté que mis alumnos dialogaran entre ellos y conmigo, rebatiendo mis puntos de vista si lo consideraban oportuno. Pedimos a los adolescentes que escuchen a sus profesores durante seis horas diarias, pero nuestra atención flota de un lado para otro, incapaz de permanecer mucho tiempo en una misma actividad. Abrimos un libro, lo dejamos para mirar el teléfono móvil, saltamos de un artículo a un vídeo, cambiamos de canal de televisión constantemente. Nuestra mente se ha acostumbrado a vivir bajo un bombardeo de estímulos. Por eso mi forma de dar clases se basaba en la breve exposición de un par de ideas, la lectura de un texto no muy largo y un debate donde examinábamos las teorías expuestas, contrastando opiniones. Las clases se pasaban volando.

La escuela pitagórica, próxima al orfismo, concebía el cuerpo como la cárcel del alma. El alma debía observar una serie de prácticas —no comer carne, abstenerse del sexo— para purificarse y liberarse de su unión antinatural con la realidad corporal. Por lo que sabemos, Pitágoras fue el primer filósofo en hablar de la reencarnación o metempsicosis. Debido a una culpa originaria, el ser humano está sujeto a la rueda de las reencarnaciones. Puede experimentar una trayectoria ascendente hasta lograr la liberación total o un recorrido descendente, transitando incluso por formas animales. A diferencia de los órficos, los pitagóricos creían que la purificación no se obtenía con ritos y prácticas religiosas, sino mediante el cultivo de la ciencia y un estricto código moral. Son los iniciadores de lo que se ha llamado «vida contemplativa» *(bios theoretikos)*, una forma de vivir consagrada a la búsqueda del bien y la verdad y a la comunión con lo divino.

Los pitagóricos fueron los primeros en utilizar la palabra «cosmos» para afirmar que existía un orden —o armonía de las esferas— en el universo. Con la perspectiva de los siglos, podemos sostener que Pitágoras y sus seguidores convirtieron la realidad en un lugar más habitable. Al introducir la noción de cosmos u orden, nos mostraron que el mundo es inteligible. Actualmente, son muchos los que piensan que vivimos en un universo absurdo, sin ninguna finalidad o propósito, pero el hecho de que podamos expresar su funcionamiento con el lenguaje matemático y predecir con exactitud ciertos fenómenos menoscaba la angustiosa idea de que el ser humano fue arrojado a un caos inexplicable. Algunos opinan que Dios es un matemático o que la matemática constituye en sí misma algo divino, pues ningún poder sobrenatural puede alterar el resultado de una simple suma. El tomismo dijo que Dios no puede hacer cosas absurdas y opuestas a la razón, como que dos y dos sumen cinco o que la flecha del tiempo retroceda. Tal vez esta idea sea un pobre consuelo para muchos, pero yo creo que es sumamente tranquilizadora. Podemos decir que los pitagóricos urbanizan y humanizan el universo y lo transforman en el polo de un diálogo infinito.

En cuanto a la vida contemplativa, tantas veces confundida con la estéril molicie, realmente creo que es una fuente de felicidad y un ejercicio de purificación. Perdemos el tiempo corriendo detrás de cosas innecesarias que acaban provocándonos hastío. Pienso que un libro nos proporciona mucho más que un coche deportivo o un hotel de lujo. Cada capítulo es una morada que nos anima a progresar intelectualmente, un hallazgo que nos revela nuevos territorios, un paisaje que nunca se agota. Al finalizar el recorrido, hemos incorporado un bagaje a nuestra existencia que dejará un poso duradero.

Olvidaremos muchas cosas, pero quedarán otras quizás más valiosas, como una capacidad de razonar más elaborada y una sensibilidad más despierta. La vida intelectual no es una huida de la realidad, sino una forma de vivir más intensa.

Parménides de Elea: una sinfonía infinita

> La mente es el único medio para conocer la verdad.
>
> PARMÉNIDES DE ELEA

Fundador de la metafísica, padre de la lógica, creador de los principios de identidad y no contradicción, Parménides de Elea perteneció a una familia aristocrática y, según los historiadores, participó en el gobierno de su ciudad, Elea, elaborando leyes que mejoraron su administración. Quizás fue médico, pues salpicó sus reflexiones de observaciones anatómicas y fisiológicas. Al igual que Homero, Parménides utilizó el hexámetro. Conservamos ciento sesenta versos de su poema *Sobre la naturaleza* que nos permiten hacernos una idea bastante precisa de su pensamiento. Parménides sostiene que hay dos caminos en el ámbito del conocimiento: el de la verdad o *aletheia* y el de la opinión o *doxa*. Llamamos «nada» a la extinción de algo, pero en el universo nada desaparece. Solo se transforma. Mueren los individuos, no la vida. Los individuos son efímeros, pero el ser permanece. La nada es una ilusión. Ni siquiera podemos hablar de ella, pues las palabras siempre designan algo. El cero es un concepto matemático, no una realidad física. No hay «cero» árboles.

En «Las ruinas circulares», un cuento de Borges publicado en su libro *Ficciones*, un mago engendra un hijo en sus sueños. No lo hace de forma inconsciente, sino deliberada. Quiere emular a los dioses, experimentar la ebriedad de crear una vida, pero le horroriza que su vástago pueda descubrir su condición de mero fantasma. Tarda muchas noches en lograr su objetivo. Cuando lo consigue, despierta y descubre que un incendio lo ha cercado. El fuego alcanza su carne, pero la ausencia de dolor y combustión le revelan que él también es el sueño de otro. Parménides se habría irritado con ese cuento, que insinúa nuestra condición de fantasmas o meras fantasías de una mente superior, y no se habría impacientado menos con Calderón de la Barca al escucharle proclamar que «la vida es sueño». La vida es, y, de un modo u otro, siempre permaneceremos en ella. Quizás no como conciencia, pero sí como energía, alimentando otras vidas. El cosmos es vida eterna, existencia sin fin. Parménides parece decirnos: «No pensemos en la muerte, que no es nada». La vida es un corazón que nunca dejará de latir y deberíamos celebrarlo. Formamos parte de algo grandioso y divino. Somos un latido más en ese milagro eterno que nunca se interrumpirá. Supuestamente, Heráclito explica la realidad como un devenir, mientras que Parménides niega el cambio. Lo cierto es que los dos creen que el Ser constituye una unidad esencial, una especie de sinfonía infinita con notas que introducen oposiciones y diferencias, contrastes y singularidades, pero sin interrumpir en ningún momento la continuidad de la vida.

Parménides fue el primer filósofo que inventó algo parecido a un método, estableciendo dos vías de conocimiento y un acceso gradual a la verdad. Frente a la impotencia del hombre ante el destino, el azar o el capricho de los dioses, ideó un procedimiento para apaciguar la inquietud y explicar racionalmente el mundo. Sus resultados son puramente intuitivos y especulativos, pero la física posterior ha confirmado algunas de sus ideas. Sin embargo, eso no es lo más importante, sino la conquista que representa comenzar a organizar el pensamiento. Nuestra mente siempre puede oponer al caos y la infelicidad una alternativa racional, capaz de transformar la frustración y la perplejidad en serenidad y certeza.

Zenón de Elea: somos un punto de clarividencia

Borges afirmó que Zenón de Elea era «incontestable». Si reparamos en que sus paradojas niegan el movimiento y la multiplicidad, la afirmación nos resultará chocante. ¿Quién era Zenón de Elea? ¿Un terrorista intelectual? ¿Un provocador? No conservamos ninguna de sus obras. Solo conocemos sus ideas por los comentarios de otros autores. Como otros presocráticos, su vida está rodeada de leyendas.

Dicen que era un hombre alto y apuesto. Según algunos, se implicó en una conspiración fallida. Torturado para averiguar el nombre de sus cómplices, fingió confesar, acusando a los más fieles colaboradores del tirano al que pretendía derribar. Su ardid provocó ejecuciones en cadena y la caída del déspota, que perdió sus apoyos más valiosos. El ingenio puede ser más útil que la fuerza bruta, pero ¿es un buen aliado en la filosofía?

Las paradojas más famosas de Zenón de Elea son la de la flecha y la carrera de Aquiles contra la tortuga, según las cuales el movimiento es ilusorio, pues el espacio es infinitamente divisible y no es posible recorrer una distancia sin atravesar primero la mitad de ese trayecto, pero antes hay que cubrir la mitad de esa mitad y previamente la mitad de la mitad de la mitad. Y así hasta el infinito, luego la flecha no se mueve y Aquiles nunca alcanza a la tortuga. Mis alumnos se reían con las paradojas de Zenón. Intentaban refutarlas de forma cómica, haciendo rodar una moneda. «Se mueve, ¿lo ves? Y va más rápido que una tortuga». Yo les contestaba que el movimiento es relativo y que, sin un punto de referencia, puede pasar inadvertido. ¿Cuántas veces hemos experimentado la sensación de que el vagón de tren o el coche en que viajamos se mueven, a pesar de estar quietos? El movimiento del tren situado en una vía paralela o del coche del carril contiguo produce esa ilusión.

Zenón de Elea nos enseñó que la mente y la realidad no siempre coinciden, lo cual nos puede ayudar a relativizar nuestras impresiones y emociones. Nuestra mente se parece a la caja de un ilusionista. Coge unos cuantos elementos, los agita y sale algo que nos parece real pero que solo es un trampantojo, un espejismo. Durante catorce siglos, se creyó que la Tierra ocupaba el centro del universo, y con ese dato falso se predijeron eclipses, se calcularon con exactitud los movimientos de los planetas y se elaboraron cartas de navegación. Eso sí, para realizar esos cálculos y predicciones hizo falta un increíble despliegue de ingenio matemático, que inventó curvas llamadas epicicloides y excéntricas. Esta paradoja de la historia de la ciencia nos sugiere que debemos poner siempre entre paréntesis nuestra interpretación de la realidad. Ser humildes es el primer requisito para conocer la verdad o, al menos, para aproximarse a ella.

Quizás Zenón de Elea solo quiso decirnos eso. No es un precursor de Kafka, como creía Borges, sino de Karl Popper, según el cual una teoría solo es verdadera mientras resiste nuestros intentos de refutarla.

Aristóteles reprochó a la escuela de Elea que hubiera exaltado la razón hasta el extremo de haber desarrollado tesis irracionales que bordeaban la «locura» y la «embriaguez». Creo que Aristóteles no advirtió que las paradojas de Zenón evidencian el poder de la razón. Gracias a esta, podemos darle la vuelta a cualquier argumento. Saberlo puede aplacar el sufrimiento y la ofuscación. La vastedad del universo nos hace sentir insignificantes, pero nuestra capacidad de comprenderlo y explicarlo revela que no somos algo irrelevante en la historia del cosmos, sino una forma de trascendencia. Exista o no exista Dios, el universo se piensa mediante nosotros. Somos un punto de clarividencia en una inmensidad fría y silenciosa. Quizás haya otras inteligencias que hacen lo mismo, pero todo indica que la vida racional no es un fenómeno frecuente. Formar parte de algo excepcional es un buen motivo para sentirse optimista, y saber que esa racionalidad que nos hace tan especiales puede llegar a reírse de sí misma nos ayuda a contemplarnos con una mezcla de asombro e ironía.

Empédocles y Demócrito: vivir sin miedo ni prejuicios

> Todo está perdido cuando los malos sirven de ejemplo y los buenos de mofa.
>
> Demócrito de Abdera

Friedrich Hölderlin escribió una obra de teatro inacabada sobre Empédocles de Agrigento que narra su suicidio. Según la leyenda, Empédocles se arrojó al Etna, incapaz de soportar el desengaño que le había producido el ser humano. Empédocles compuso una obra titulada *Sobre la naturaleza* y un *Poema lústrico*. Solo nos han llegado fragmentos. Al igual que Parménides, niega el movimiento y la muerte. Todo lo que existe procede de cuatro elementos eternamente iguales e indestructibles: el agua, el aire, la tierra y el fuego. Son las raíces de todas las cosas. Empédocles afirma: «Fui un joven y una muchacha, un arbusto, un pájaro y un pez mudo en el mar». No es una desgracia, pues en el Ser todo es divino: los cuatro elementos, el amor y la discordia, las almas. Cada vez que una conciencia se apaga, vuelve a encenderse en otra parte. Empédocles creía que el pensamiento no es una facultad exclusivamente humana. El cosmos es una totalidad viva y cognoscente, no materia inerte.

Los atomistas explicaron el universo como una conjunción de átomos, vacío y movimiento, y excluyeron cualquier finalidad o propósito. Su visión anticipa la concepción del universo del hombre contemporáneo, que ya no cree en la providencia o el destino, sino en un azar ciego regido por las leyes naturales y la intervención humana. Todo lo que existe procede de la agregación y disgregación de los átomos. Las distintas combinaciones que se producen por azar explican la diversidad de lo real. Se trata de un modelo mecanicista sin ningún componente sobrenatural o teleológico. Este planteamiento libera al hombre del capricho de los dioses. No hay que temer su ira, pero tampoco esperar su protección. El ser humano es infinitamente responsable, pues está solo frente al universo y nadie más que él posee la capacidad de interpretar, razonar y fijar normas morales.

Demócrito de Abdera es el máximo representante de la escuela atomista. Precursor del epicureísmo y de las ideas ilustradas, se mofaba de la ignorancia y consideraba que el objetivo de la sabiduría debía ser la alegría. Está claro que se trataba de un filósofo optimista. Se dice que vivió cien años, que viajó por Egipto, la India y toda la Hélade, y que se arrancó los ojos para que el mundo no le distrajera de sus especulaciones, algo poco compatible con su exaltación de la alegría. Se afirma que fue un autor prolífico y el hombre más culto de su tiempo. Fue el primer filósofo en negar cualquier forma de inmortalidad. Dado que somos agregados de átomos, cuando morimos los átomos vuelven a circular y la persona desaparece. No hay nada más allá de la muerte. Ni siquiera una sombra o un pálido reflejo de lo que fuimos. Con esa perspectiva, lo más sensato es cultivar la ataraxia, la serenidad que solo aparece cuando logramos dominar nuestras pasiones. Ya que no podemos aguardar la eternidad, aprendamos a vivir con calma, sin dejar que nos perturbe el deseo o la adversidad. No somos dioses, pero sí podemos ser sabios.

Cuando aboga por la felicidad, Demócrito no piensa en los placeres mundanos. La auténtica dicha procede de la *euthymía*, es decir, del ánimo tranquilo que solo puede proporcionar el cultivo de la inteligencia. Demócrito hubiera despreciado la consigna del movimiento contracultural, según el cual la felicidad surge de la combinación de sexo, drogas y rock and roll. Ese lema le habría parecido tan bárbaro como las fiestas dionisíacas, que obnubilan el juicio y nos devuelven al terreno del instinto. La inteligencia es nuestro bien más preciado. Nos orienta en todos los aspectos de la vida. Nos ayuda a vivir sin miedo ni prejuicios. Nos hace amar la libertad y odiar la guerra. Nos revela que la patria del hombre sabio es el mundo entero, no un territorio acotado por fronteras.

Demócrito niega la posibilidad de la inmortalidad, pero nos muestra la importancia del ser humano. Somos los administradores del cosmos. Carecemos del poder de los dioses, pero podemos esculpir el futuro. No debemos sentir nostalgia de la omnipotencia divina, pues nuestra inteligencia creadora es una fuerza asombrosa que —entre otras cosas— ha alumbrado las bellas artes. Cuando alguien denigre a la especie humana por sus errores e infamias, siempre podemos recordarle que ha creado maravillas como las sinfonías de Beethoven, los poemas de Keats, la Capilla Sixtina o el pensamiento presocrático.

Segundo interludio: el último paseo

> Por tu pecho bajaba una cascada luminosa de bondad, que tocaba luego mi rostro y bañaba mi cuerpo aún infantil, que emergía de tu fuerza tranquila...
>
> Vicente Aleixandre, «Padre mío», en *Sombra del paraíso*

Siempre que leo los fragmentos de los presocráticos, recuerdo el último paseo con mi padre. Mi padre era un hombre enamorado de la vida. Cuando murió, un amigo escribió en la prensa que el niño que todos llevamos dentro seguía muy vivo en su interior y, a veces, como un pájaro tímido, se asomaba por una esquina, sonriendo desinhibido. No he olvidado la noche anterior a su muerte. Vivíamos en Argüelles, un barrio céntrico de Madrid, y salimos juntos a pasear poco antes de la cena. Yo tenía ocho años, casi nueve, y mantenía una relación muy estrecha con él. Algunas veces jugábamos al fútbol, pero los dos lo hacíamos francamente mal y no durábamos demasiado. Preferíamos hablar de cualquier cosa. Yo le hacía preguntas sin parar y mi padre, que había sido profesor, siempre tenía una respuesta. En ocasiones, repasábamos los accidentes geográficos de España o los grandes hechos de la historia, prestando especial atención a las figuras más populares de entonces: el Cid, Agustina de Aragón, Isabel la Católica, Hernán Cortés. Mi padre eludía los aspectos más cruentos y deplorables, intentando preservar esa imagen de la realidad que los niños necesitan para no sentir que han comenzado a ser expulsados del paraíso. Esa noche, repasamos la tabla de multiplicar y algunos ríos. Mi padre me enseñó algunas constelaciones y me habló del orden del cosmos, haciéndome sentir que el universo no era un caos, sino un lugar ordenado y racional. Cuando me dijo que la luz de las estrellas a veces llegaba después de que hubieran muerto, no experimenté la sensación de que la vida se extinguía sin remedio, sino de que se propagaba indefinidamente, como una de esas plantas invasoras que sobreviven a todos los intentos de ser extirpadas.

Calculo que serían las diez de la noche, pues ya había oscurecido y las farolas iluminaban las aceras. A esas horas, el paseo del Pintor Rosales parecía un muelle con gigantescas sombras cabeceando sobre el agua. Mi padre y yo caminamos hasta llegar al Templo de Debod, recién inaugurado. Un rectángulo de agua reflejaba el cielo de junio, creando la ilusión de un firmamento adornado con construcciones del antiguo Egipto. Una nota de eternidad vibraba en el aire, cuestionado el poder del tiempo para borrarlo todo. Nos detuvimos unos momentos delante de un mirador abierto sobre la Casa de Campo, una enorme masa boscosa sobre la que se desplazaban lentamente cabinas de color rojo. El teleférico creaba la ilusión de que el mundo crecía hacia el oeste, expandiéndose como una ola que no encuentra resistencia. Los edificios más cercanos tenían las terrazas iluminadas. Muchas familias tomaban el aire, ocupando ese lugar intermedio entre la intimidad y la exposición pública donde nos sentimos libres y seguros a la vez. Mi padre y yo dimos varias vueltas alrededor del Templo de Debod y regresamos por la otra acera del paseo del Pintor Rosales, rebosante de terrazas ocupadas por una multitud bulliciosa. Entre las mesas, serpenteaban los mendigos, pidiendo la voluntad. Algunos parecían profetas, con largas barbas esparcidas sobre el pecho. Hablaban con la gente, recitaban poemas o tocaban un instrumento musical, casi siempre con bastante torpeza. Otros, simplemente, parecían hombres vencidos por la adversidad que se limitaban a extender la mano y evitaban confrontar las miradas. Los camareros exhibían su maestría con las bandejas, realizando malabarismos que desafiaban la ley de la gravedad. Parecían bailarines sobre un alambre, ejecutando pasos de alto riesgo.

Cuando mi padre hablaba conmigo, nunca empleaba ese tono condescendiente que se utiliza habitualmente con los niños. Antes de volver a casa, nos sentamos en un parque con unos columpios y un enorme elefante cuya trompa servía de tobogán. Yo pregunté por mi abuela Esperanza, que había muerto unos meses atrás y con la que había pasado muchas horas en ese parque. Le dije a mi padre que la echaba mucho de menos y que la muerte me parecía muy injusta. Me contestó que todo tenía una razón de ser, que la vida y la muerte se complementaban, que las cosas solo adquirían sentido porque empezaban y acababan, y que todo lo que irrumpía en la existencia persistía de un modo u otro. Quizás mi imaginación añade cosas, quizás sus explicaciones fueron más sencillas, pero creo que mi memoria es fiel a lo esencial. Fue la última lección de mi padre. No podía imaginar que no volveríamos a conversar, que al día siguiente, un fatídico 2 de junio, un infarto acabaría con su vida, pero ahora que recuerdo esas palabras pienso que Heráclito y Empédocles se hallaban más cerca de la verdad que los atomistas. El universo es una totalidad viva, no un simple agregado de átomos. La conciencia parpadea incansablemente, sacando las cosas de la indeterminación y la oscuridad. Y la conciencia, de un modo u otro, permanece. Sin una presencia objetiva del pasado, la existencia nos resultaría incomprensible, tal como apunta el filósofo Hans Jonas en su artículo «El pasado y la verdad», incluido en su obra *Pensar sobre Dios y otros ensayos*. El pasado no existe físicamente y es necesario que sea así. Si no desapareciera, el presente no podría despuntar y el devenir se colapsaría, pero lo que ha existido no se desvanece. Sigue ahí, sosteniendo el flujo del tiempo. El pasado, el presente y el futuro solo son fragmentos de un mosaico que no puede dividirse. Me gustaría pensar que los pitagóricos no se equivocaban al postular la inmortalidad de la existencia, pero si morimos del todo, como decían los atomistas, albergo la convicción de que el pasado perdurará en una memoria infinita, brillando como esas constelaciones que contemplé con mi padre durante nuestro último paseo.

Los sofistas:
El hombre es la medida de todas las cosas

> El poder de la palabra en relación con los asuntos del alma está en la misma relación del poder de los medicamentos en relación con los asuntos del cuerpo.
>
> GORGIAS DE LEONTINOS

La posteridad ha maltratado a los sofistas. La palabra «sofisma» hoy se utiliza para designar un argumento falso pero tan astuto que podría pasar por verdadero. Sin embargo, su etimología no alude a esa impostura, sino a la sabiduría. *Sophía* y *sophós* significan «sabiduría» y «sabio». Inicialmente, los sofistas eran expertos en el saber, pero Platón y Aristóteles los acusaron de utilizar el conocimiento para propagar ideas falsas y manipular a la opinión pública. En realidad, los sofistas protagonizaron una revolución. Desplazaron el interés de la filosofía desde el cosmos y la *physis* al hombre y la sociedad. Maestros ambulantes de retórica, cobraban por sus clases, lo cual escandalizaba a Sócrates, pero lo cierto es que se les puede considerar los primeros maestros de la historia de la educación. Muchos procedían de familias humildes, como Protágoras, que trabajó un tiempo como estibador, lo cual explica que no enseñaran gratuitamente.

Los sofistas contribuyeron al desarrollo de la vida democrática, impartiendo clases de oratoria y retórica. Se conoce este período como la «ilustración griega», pues se caracterizó por un florecimiento cultural que afianzó la influencia de la filosofía y la ciencia. El sofista Hipias de Élide propuso una forma de conocimiento enciclopédico e ideó distintos procedimientos nemotécnicos. Criticó las desigualdades entre hombres libres y afirmó que las leyes eran convenciones, no absolutos. Antifonte, otro sofista, fue más lejos. No solo se mostró en desacuerdo con las diferencias basadas en el linaje y la sangre, sino que afirmó que griegos y bárbaros eran iguales y esbozó un ideal cosmopolita e igualitario. Por desgracia, esa perspectiva siempre ha sido minoritaria, pues aún hoy las naciones se miran con desconfianza y establecen jerarquías arbitrarias. En *El hombre que pudo reinar*, una deliciosa adaptación cinematográfica de un relato homónimo de Rudyard Kipling, dos aventureros ingleses se internan en lo que hoy es Afganistán y se topan con un *gurja*, que les pregunta si son dioses: «Casi —contestan—. Ingleses». Pienso que podríamos cambiar el gentilicio por el de cualquier otro país sin alterar el significado de esta anécdota.

La sofística no fue un movimiento homogéneo. Suele dividirse en tres grupos: los grandes maestros de la primera generación, que gozaron de un respeto generalizado, incluido el de Platón; los eristas, que utilizaban la oratoria para derrotar a sus adversarios mediante trampas dialécticas, sin preocuparse de averiguar cuál era la verdad; y los políticos, que explotaron la retórica para justificar políticas inmorales. Entre estos últimos, despuntan Critias, Calicles y Trasímaco. Critias, discípulo de Sócrates y tío materno de Platón, fue el más cruel e implacable de los Treinta Tiranos. Solo le interesaba la filosofía para consolidar su poder y despreciaba todo lo que pudiera menoscabarlo. Trasímaco definió la justicia como aquello que conviene al más fuerte. No está claro si Calicles existió o solo es un personaje del *Gorgias*, un diálogo de Platón. En esta obra defiende la ley del más fuerte, una norma de la naturaleza *(physis),* y critica la ley *(nómos)* como una venganza de los débiles, que intentan hacer valer sus derechos de forma artificial, apelando a principios abstractos. Esta clase de razonamientos explican la mala fama de los sofistas. En nuestros días, podríamos decir que los sofistas cultivaron la posverdad, pues consideraban que la verdad es una construcción social, no un hecho objetivo. La veracidad es una cuestión secundaria. Lo esencial son las emociones y la posibilidad de utilizarlas para manipular a los otros.

Protágoras de Abdera fue el más célebre y respetado de los sofistas de la primera generación. Pericles, con el que mantuvo una estrecha relación de amistad, redactó una constitución para la colonia de Turios que establecía una educación gratuita y obligatoria. Fue la primera vez que se abogó por lo que hoy se considera uno de los pilares de una sociedad democrática. Protágoras se declaraba agnóstico, pues aseguraba que carecía de argumentos sólidos para afirmar o negar la existencia de los dioses. Acusado de impiedad, tuvo que abandonar Atenas y se embarcó rumbo a Sicilia. La nave naufragó y Protágoras murió ahogado. No sabemos hasta qué punto es cierta esta peripecia, pues la historia no era una disciplina científica en aquella época. Leyenda y realidad convivían sin estorbarse. Se han perdido todos los libros de Protágoras. Solo conservamos alusiones y citas de su obra principal, las *Antilogías*, donde explicaba un método de razonamiento basado en el fortalecimiento de los argumentos más débiles para sortear cualquier objeción.

Protágoras es conocido sobre todo por un axioma: «El hombre es la medida de todas las cosas». Se puede interpretar esta frase como una exaltación del humanismo, pero lo cierto es que más bien es una apología del relativismo, pues convierte la experiencia individual en una referencia absoluta. Si alguien tiene frío, hace frío. Si tiene calor, verdaderamente hace calor. En el campo de la moral, el bien y el mal se determinan por lo útil y lo perjudicial. Para un tirano, la debilidad del pueblo es algo bueno. Para el pueblo, en cambio, es inequívocamente malo. El relativismo y el pragmatismo de Protágoras pueden utilizarse para justificar conductas reprobables, pero también constituyen una invitación a contemplar las cosas desde la óptica del otro. Si olvidamos que no todos ven las cosas como nosotros, caeremos en una percepción distorsionada de la realidad y nunca lograremos entender a los que piensan y sienten de otra manera. Ensimismarse nos aísla y nos hace intolerantes. Cierta flexibilidad es necesaria, pero el relativismo siempre debe ser acotado por ciertas convicciones irrenunciables. De lo contrario, acabaríamos aceptando que el canibalismo es una costumbre legítima, una peculiar gastronomía que choca con nuestros hábitos. Eso sí, si interpretamos el relativismo de Protágoras como perspectivismo, es decir, como la idea de que el conocimiento siempre acontece en forma de perspectiva y de que las perspectivas, diversas y singulares, son complementarias, tendremos que concluir que su teoría es fecunda, pues nos indica que todas las visiones e interpretaciones aportan algo, incluso las que no nos gustan. La comprensión no es un ejercicio de afinidad, sino una forma de distanciarse de nuestra propia mirada.

Gorgias de Leontinos, maestro de retórica, es el segundo sofista más célebre de esa primera generación que gozó del beneplácito de la mayoría de sus contemporáneos. Vivió más de cien años. En *De lo que no es o de la naturaleza*, una obra perdida reconstruida en parte con testimonios de otros autores, expuso tres famosas tesis que se consideran una expresión de escepticismo radical: no existe el ser; si existiera, no podríamos conocerlo; si lo conociéramos, no podríamos explicarlo mediante el lenguaje. Dicho de otro modo: la verdad absoluta *(aletheia)* es inalcanzable. Solo podemos conocer perspectivas, opiniones *(doxa)*. Parece un planteamiento desolador, pero sirve de fundamento a lo que se denomina «ética de la situación». Si no hay verdades inconmovibles, lo correcto se determina en función de las circunstancias. Matar es inadmisible, pero conspirar contra un tirano como Hitler no se puede considerar éticamente reprobable. Es un planteamiento valioso, pero que entraña un gran peligro, pues un desaprensivo siempre puede encontrar razones para justificar actos abominables. La colonización de África se justificó con el pretexto de la evangelización, pero lo cierto es que los europeos solo querían apropiarse de sus recursos naturales y no les causó problemas esclavizar a la población para llevar a cabo su saqueo.

Gorgias alaba el engaño poético *(ápate)*, la capacidad de suscitar emociones mediante ficciones. Afirma que la capacidad de engañar de ese modo constituye una virtud, y que la disposición de dejarse engañar no es menos admirable, pues revela sensibilidad e imaginación. El engaño poético no es un simple artificio, sino una forma de catarsis. Nos permite liberar emociones, purificarnos, desprendernos de los sentimientos que ensombrecen nuestro ánimo, buscar nuevas perspectivas. No me parece casual que esta teoría aparezca en la sofística, un movimiento filosófico centrado en el ser humano.

No podríamos vivir si no nos dejáramos engañar por la ficción. La ficción no es un lujo, un simple entretenimiento, sino una necesidad. En mis clases de ética, proyectaba una película por trimestre y después organizaba un debate. *El show de Truman*, de Peter Weir, suscitaba mucho interés. Algunos alumnos se planteaban si merecía la pena conocer la verdad o era mejor vivir engañado. La esfera en la que vive confinado Truman se parece a un útero. Es un entorno protector y seguro, pero que le impide madurar y conocer la libertad. Yo insistía en que es imposible vivir al margen del peligro y la incertidumbre. La sobreprotección es una forma de agresión, pues mantiene al individuo en una minoría de edad artificial. Es mejor luchar en la intemperie que dormitar en una jaula de oro. No sé si fui un buen o un mal profesor. Ese juicio corresponde a mis alumnos, pero me gustaría pensar que mis clases los ayudaron a madurar y a desprenderse de miedos. Al final de *El show de Truman*, Christof (Ed Harris), creador de programas televisivos, intenta convencer a Truman de que no será feliz en el exterior. Fuera de ese mundo ilusorio que han creado para él, todo será más difícil. Sus necesidades no estarán cubiertas y tendrá que esforzarse para hacerse un hueco en la sociedad. Truman sonríe, repite la frase que solía decir a sus vecinos («Y por si no nos vemos, ¡buenos días, buenas tardes y buenas noches!») y abre la puerta que le separa del mundo real. Los sofistas, tan difamados, intentaron que sus clases ayudaran a los seres humanos a abrir esa puerta, huyendo de tutelas indeseables. Yo los imité, no sé si con éxito, pero al mirar atrás, pienso que la mayoría de mis alumnos habrían hecho lo mismo que Truman: escoger la libertad en vez de la seguridad, y eso me reconforta.

Sócrates, un samurái de la filosofía

> El camino más noble no es someter a los demás, sino perfeccionarse a uno mismo.
>
> Frase atribuida a Sócrates

Sócrates fue un sofista. Es decir, un sabio. Y también un ejemplo, casi un mito. Sin embargo, no escribió nada. Sus obras no se han perdido, como sucedió con otros filósofos griegos. Simplemente, nunca existieron. Su enseñanza fue exclusivamente oral. Hoy en día, con una inflación desbocada de novedades editoriales, los maestros orales despiertan perplejidad y asombro. Dado que Sócrates se abstuvo de cultivar la escritura, resulta inevitable preguntarse quién era realmente. ¿El notable metafísico que nos ha descrito Platón o el bufón escarnecido por Aristófanes en *Las Nubes*? ¿Era un maestro o un impertinente, un sabio o un farsante? Sabemos que nació en Atenas en el 469 a. C., en el seno de una familia humilde. Su padre trabajaba como cantero y su madre realizaba tareas de comadrona. En su juventud, Sócrates combatió con coraje en la guerra del Peloponeso. No le interesaban los bienes materiales (nunca cobró por sus clases), pero no era un severo moralista. De carácter alegre y burlón, tuvo que abandonar la enseñanza durante la tiranía de los Treinta Tiranos. Cuando se restauró la democracia, fue condenado a muerte por impiedad y conspiración. Se había ganado el aprecio y el respeto de los jóvenes aristócratas de Atenas (entre los que se hallaba Platón), y había cuestionado la visión de los dioses de sus conciudadanos, atribuyendo a lo sagrado una dimensión moral. Ambas cosas habían suscitado muchas antipatías. Tras ser sentenciado de forma injusta, tuvo la posibilidad de escapar a la condena, pero no lo hizo por respeto a la ley. En el verano de 399 a. C., bebió la cicuta con entereza, asegurando que nada podría destruir su alma, la cual era inmortal y eterna. Mis alumnos se conmovían con su historia. ¿Cómo es posible aceptar una sentencia injusta cuando existe la posibilidad de huir? Morir por las ideas produce perplejidad, pero también admiración. Lo cierto es que Sócrates no actuó así por soberbia, sino por anhelo de felicidad. Sabía que sería muy desgraciado si traicionaba sus principios. La felicidad no reside en el placer, siempre efímero, sino en una conciencia satisfecha. Solo el que ama mucho la vida está dispuesto a morir por conservar la alegría de hacer lo correcto.

Sócrates opinaba que la letra era saber muerto. La escritura carece de la tensión creadora de un intercambio verbal. Una discusión puede desembocar en un hallazgo inesperado. El diálogo no es un simple duelo, sino un proceso creativo. Produce conocimiento. Para Sócrates, el punto de partida de la sabiduría siempre debe ser el reconocimiento de los límites del saber. Es un ejercicio de humildad, pero también de optimismo, pues presupone que el ser humano puede aprender. Sócrates aprendió a repudiar el dogmatismo tras visitar el oráculo de Delfos. La Pitia le comunicó que era el más sabio de los hombres, porque era el único que conocía y admitía su ignorancia. Si deseaba aprender algo, no debía perder el tiempo con políticos, artistas, científicos o artesanos, sino escarbar en su interior. «Conócete a ti mismo, sé humilde, cultiva la duda», le recomendó la sacerdotisa de Apolo. Armado con esas enseñanzas, Sócrates se acercó al ágora y proclamó desafiante: «Solo sé que no sé nada». No presumía de poseer la verdad, sino un método, cuyo primer paso era la ironía. La mejor forma de refutar un argumento consiste en reducirlo al absurdo. Esa manera de actuar le acarreó muchas enemistades y quizás alguna agresión física. Nos han contado que Sócrates era feo como un sileno, con los pies enormes, una barriga prominente y una nariz abultada. Sin embargo, no era un hombre débil. Le salvó la vida a Jenofonte en la batalla de Delio. Si peleaba con la misma contundencia que razonaba, sus rivales debieron de marcharse más de una vez escaldados y jurando venganza.

El segundo paso del método socrático implicaba una vocación pedagógica: guiar al interlocutor mediante preguntas. «Yo no sé, pero tú sí sabes», aducía Sócrates con astucia. ¿Cabe algo más optimista? ¿No es esperanzador pensar que la verdad mora en el interior de cada ser humano y solo espera la ocasión de salir a la luz? Las preguntas socráticas no pretendían construir un discurso, sino guiar hacia la verdad como antorchas que iluminan un camino. Todo indica que Sócrates no formuló la teoría de las ideas o formas que expone Platón en sus diálogos. En cambio, la teoría de que el mal brota de la ignorancia es genuinamente socrática. Sócrates pretende enseñar el arte del buen vivir. De ahí que señale que el hombre virtuoso experimenta felicidad, no frustración. El bien no es una obligación, sino un apetito racional que reconforta el espíritu. No sucede así con el mal, que esclaviza al ser humano. El sabio halla la recompensa en la rectitud de su conducta. Nunca pierde la satisfacción que le produce obrar libre y racionalmente, aunque la adversidad le golpee. Cuando Sócrates se defiende ante el tribunal que lo juzga, proclama que su principal inquietud no es vivir o morir, sino ser justo y no hacer cosas malas o indignas. Se vanagloria de haber recomendado a sus conciudadanos que se preocuparan por el bien y no por las riquezas, que cuidaran su alma y no se dejaran llevar por la venganza, el egoísmo o la cobardía, que cumplieran escrupulosamente la ley. Sabe que es molesto como un tábano, pero no le pesa. Piensa que la impertinencia contribuye a la salud de la polis. Afirma que su pobreza pone de manifiesto su honestidad. Asegura que en su interior hay «algo divino y demónico», una voz o *daimon* que le acompaña desde niño, lo cual suscita las burlas de sus acusadores.

Las leyes atenienses permitían que los hijos del acusado se dirigieran al tribunal para suplicar clemencia, pero Sócrates, que ya había probado su coraje como soldado, descartó esa baza. No quería exponer a sus hijos a una situación tan humillante. Además, opinaba que no era ético intentar influir en los jueces mediante chantajes emocionales. También descartó la posibilidad del exilio. Siempre había vivido en Atenas. Solo se había alejado de la polis para defenderla de sus enemigos y no concebía la vida fuera de ella. Desafiante hasta el final, advirtió al tribunal de que condenar a muerte a un hombre por hablar sin miedo no impediría que otros alzaran su voz para acusar a los que viven o razonan de forma equivocada e injusta. Sócrates confesó que no le inquietaba la perspectiva de morir. Si la muerte es un tránsito, no hay nada que temer, salvo la incertidumbre que produce lo desconocido. Si la muerte se parece a un sueño profundo, no hay por qué temblar de miedo ante su proximidad, como no lo hacemos ante la perspectiva de un descanso reparador y sin perturbaciones.

Según nos cuenta Platón en el *Fedón*, Sócrates no se derrumbó ante la inminencia de la muerte. Rodeado de sus discípulos, habló sobre la inmortalidad del alma, exponiendo distintos argumentos o pruebas. Después, se retiró a una estancia a lavarse y expulsó a su mujer y sus hijos para que no presenciaran la agonía. El guardián que le entregó la copa de cicuta, sobrecogido por su valor, rompió a llorar y le suplicó que lo perdonara. Sócrates bebió el veneno sin inmutarse, exigiendo calma a sus seguidores, que lloraban o gritaban. Después de caminar un rato para favorecer la circulación de la cicuta por la sangre, se tumbó y se cubrió la cara para ocultar las muecas y convulsiones. Poco antes del fin, se dirigió a Critón para pedirle que llevara un gallo al templo de Asclepio, dios de la medicina. ¿Quiso decir con eso que la muerte era una especie de curación, pues liberaba al ser humano del sepulcro del cuerpo?

Sócrates sostenía que el mal nace de no conocer el bien. Si eso es así, siempre es posible reeducar al malvado, que fundamentalmente es un hombre equivocado. Yo intentaba explicar esta teoría a mis alumnos proyectando en el aula *Pena de muerte* (Tim Robbins, 1995), un extraordinario film que narra la historia de la monja católica estadounidense Helen Prejean, famosa activista contra la pena capital, interpretada por Susan Sarandon, que obtuvo un merecidísimo Óscar por su trabajo. Prejean acepta ser la consejera espiritual de Matthew Poncelet (Sean Penn), condenado a morir mediante inyección letal por el asesinato de una pareja de adolescentes. La trama altera algunos hechos y cambia algunos nombres, pero es fiel a la realidad, y reproduce la iniciación de Prejean en una actividad que nunca ha abandonado, pues ha acompañado a otros reos de muerte hasta su ejecución. Hay muchos momentos memorables en la película, pero yo destacaría el intercambio de miradas entre la hermana Helen y Matthew en la sala donde se administra el cóctel letal de fármacos. Como en todos sus encuentros, los separa un cristal, pero hay una cercanía muy real, una especie de comunión en el sufrimiento. Matthew ha comprendido al fin que ha hecho algo abominable y se avergüenza del dolor ocasionado, pero la sociedad le niega la posibilidad de cambiar y transformarse en otro. La pena de muerte nace de un pesimismo feroz según el cual hay seres humanos irrecuperables. El intelectualismo moral socrático no comparte esa percepción. Siempre es posible cambiar. Nunca dejamos de aprender. No somos esclavos de nuestros errores. Podemos salir de los pozos más oscuros, dejando atrás la ira y el rencor. Sócrates podría haber odiado a sus verdugos. Prefirió compadecerlos, y eso le permitió abandonar el mundo con serenidad y esperanza.

Se ha comparado a Sócrates con un «samurái de la sabiduría» (Yvon Belaval). No se me ocurre mejor definición. Nos enseñó que lo esencial del ser humano es su vida interior, no el poder, la belleza o la prosperidad material. Su mensaje, que ha sobrevivido dos mil quinientos años, es indudablemente hermoso. Y optimista. Ojalá los maestros siguieran su ejemplo e incitasen a sus alumnos a examinar su interior para hallar la verdad. Sócrates nunca dio clases magistrales, pues siempre pensó que el sentido de la enseñanza era enseñar a pensar y no acumular datos abocados al olvido. La erudición es estéril si no está al servicio de una mente capaz de hilar argumentos y objeciones.

Platón, el primer metafísico

> Un hombre a quien veas irritarse por ir a morir, ese no es un filósofo.
>
> Platón, *Fedón*

$\mathcal{P}$latón no fue el primero en hablar de lo que está más allá de lo físico y que, por tanto, resulta invisible a los sentidos, pero sí fue el primero en sistematizar esa interpretación dual de la realidad. Desde su punto de vista, lo que vemos y palpamos solo es un barniz superficial, una mera sombra de lo verdaderamente real, que es inmutable y eterno. Es imposible deslindar la figura de Platón de la de su maestro, Sócrates, que practicó la insolencia no por afán de molestar, sino con el propósito de enseñar a los hombres a ejercitar su propia razón, tal como señaló Condorcet en su *Esbozo de un cuadro histórico de los progresos del espíritu humano*. No sabemos hasta qué punto Platón atribuyó teorías propias a Sócrates, distorsionando su pensamiento. Platón es un misterio. Conocemos bastantes cosas sobre su vida, pero muy pocas sobre su intimidad. Aparentemente, no se casó ni tuvo hijos. O tal vez no lo mencionó por considerarlo irrelevante. Tampoco podemos descartar la posibilidad de que abrazara un ideal ascético para consagrar todo su tiempo al estudio. Quizás pensó que los lazos sentimentales solo eran un estorbo. Diógenes Laercio cuenta que su verdadero nombre era Aristocles y que «Platón» era un apodo que aludía a su corpulencia o a la anchura de su frente. Se lo puso su profesor de gimnasia. Nadie cuestiona la importancia de su filosofía, una bisagra entre Occidente y Oriente. Es conocida la frase del filósofo y matemático inglés Alfred North Whitehead, según el cual la historia de la filosofía europea solo es un conjunto de notas a pie de página del pensamiento de Platón.

Un sabio obstinado

Platón nació en Atenas en el 427 a. C. De linaje aristocrático, nunca creyó en las bondades de la democracia (el primo de su madre, Critias, fue uno de los Treinta Tiranos). Siempre se mostró partidario de que gobernasen los mejores, una élite de sabios y guerreros. Se especula que fue alumno de Crátilo, seguidor de las enseñanzas de Heráclito. En 407 se produjo el acontecimiento capital de su vida: conoció a Sócrates. Durante ocho años, fue su discípulo. Sócrates le enseñó que la filosofía no es un certamen agonístico, sino una divagación de resultado incierto. Esa perspectiva no agradó a sus conciudadanos, que entendían el debate filosófico como un concurso entre oradores que arrojaba vencedores y vencidos. No comprendían que se pudiera discutir tan solo para tantear, explorar, esbozar. Platón aprendió de Sócrates que la filosofía es autodominio, una victoria sostenida sobre uno mismo. La sabiduría no es un saber positivo y empírico, sino una interminable especulación. Platón muestra a Sócrates buscando inútilmente una definición universal del valor (en el *Laques*), la piedad (en el *Eutifrón*) o la moderación (en el *Cármides*). En el *Hipias mayor*, no se atreve a definir la belleza, pues no sabe con claridad en qué consiste, y no oculta sus vacilaciones y dudas: «Ando errante por todas partes en perpetua incertidumbre». Sócrates no presume de certezas, pero no es un hombre sin convicciones. Piensa que no hay que responder a la injusticia con otra injusticia. Hay que hacer el bien por sí mismo, sin esperar recompensa. No es pesimista. Entiende que hacer lo correcto engendra alegría. La virtud no es una pasión triste. Nuestra naturaleza nos inclina a hacer el bien, y solo cuando obedecemos ese impulso logramos paz y serenidad. El mal solo es insuficiencia, carencia, deficiencia.

En el 399, cuando Sócrates fue condenado a quitarse la vida con una copa de cicuta, Platón huyó a Megara, pues temía sufrir alguna represalia. No presenció la muerte de su maestro, pero, en el *Fedón*, reconstruyó sus últimos momentos basándose en los testimonios de los testigos presenciales. En los años siguientes, Platón viajó a Egipto, a la Cirenaica (una meseta situada en la costa noroeste de lo que hoy es Libia) y a la Italia meridional, donde se relacionó con los círculos pitagóricos. Se dice que Filolao le vendió los escritos secretos de Pitágoras. En esas fechas, comenzó a escribir sus primeros diálogos: *Apología de Sócrates*, el *Protágoras*, el *Gorgias*, el *Menón*.

En el 388 viaja a Siracusa para asesorar a Dionisio I, soñando con instruirlo hasta convertirlo en rey-filósofo, pero el tirano se harta de sus consejos y lo vende como esclavo. Rescatado por un amigo, vuelve a Atenas y, en el 387, funda la Academia, la primera gran escuela de la Antigüedad, con aulas y biblioteca. La institución se mantendría en funcionamiento hasta que el emperador Juliano ordenó cerrarla en el 529 d. C., alegando que todas las escuelas paganas representaban un peligro contra el cristianismo. En esa época, Platón escribe sus grandes diálogos, el *Fedón*, el *Banquete*, el *Fedro* y comienza la *República*. A la muerte de Dionisio I, su sobrino Dion habla con Platón y le pide que vuelva a Siracusa para educar a Dionisio II el Joven, asegurando que es más razonable y receptivo que su padre. Cuando Platón desembarca en la isla, descubre que Dion, caído en desgracia, ha sido desterrado. Platón se convierte en un huésped no deseado. Durante un año, vive casi como un prisionero. De regreso en Atenas, escribe el *Parménides*, el *Teeteto*, el *Sofista*, el *Político* y el *Filebo*. Dionisio II el Joven invita de nuevo a Platón, y este acepta. No podemos negarle el don de la tenacidad. El resultado será catastrófico. Tras vivir confinado en una villa, Platón logra a duras penas abandonar Siracusa. Ya a salvo, declara en su célebre *Carta séptima* que jamás volverá a inmiscuirse en cuestiones políticas. Sin embargo, su última obra, las *Leyes*, que quedó inconclusa, redunda en el asunto del gobierno de la polis. Platón murió en el 347 a. C. Su vida sigue envuelta en el misterio y solo conocemos su filosofía de forma incompleta, pues descartó plasmar por escrito sus especulaciones sobre los principios primeros. Al parecer, impartió cursos que tituló «Acerca del bien», que contenían enseñanzas orales sobre las realidades últimas y que Platón excluyó del dominio público. Se dice que no quería escribir sobre esas cuestiones, pues solo debían estar al alcance de una minoría de sabios.

Mis alumnos se burlaban de la obstinación de Platón, empeñado en convertir Siracusa en una república perfecta o ciudad ideal, pero alababan su valor. A los jóvenes casi siempre les admiran los hombres dispuestos a sacrificarse por una idea. Eso sí, me preguntaban si tenía sentido seguir hablando de un pensador que había muerto hacía veintitrés siglos, cuando la ciencia apenas había despegado y aún no se cuestionaban hechos que hoy nos parecen abominables, como la esclavitud, la guerra o la discriminación de la mujer. «¿Qué puede enseñarnos Platón?», me preguntaban. «¿En qué se diferencia de un fósil? ¿No sería mejor dejarlo en un museo y hablar de cosas actuales?». Yo les respondía que Platón no es una rareza arqueológica, sino un hombre que se hacía las mismas preguntas que nosotros: ¿cuál es el sentido de la existencia?, ¿hay algo más allá de la muerte?, ¿cuál es el origen del universo?, ¿qué es la virtud?, ¿cómo encontrar la felicidad?, ¿cuál es el camino de la sabiduría?, ¿cómo ser justo? No son preguntas banales ni anacrónicas y todas se orientan a un fin: hallar la felicidad, vivir bien, adquirir la paz interior que solo se logra cuando se obra éticamente. Esa meta no es un simple ideal teórico, sino un objetivo terapéutico. La salud del alma —y, en buena medida, del cuerpo— no es posible sin un horizonte claro que guíe nuestros pasos. Cuando caminamos a ciegas, sin saber adónde nos dirigimos, solemos desembocar en la angustia, el miedo o el hastío.

En la época de Platón se gestaron algunos de los aspectos esenciales de lo que hoy denominamos civilización. La Atenas que él conoció legó al mundo una novedosa forma de gobierno: la democracia. No es simplemente un tipo de organización social, sino el fundamento de lo que actualmente consideramos ético y razonable. ¿Quién no está a favor de tomar las decisiones de forma democrática, contrastando opiniones y buscando la legitimidad que proporciona la mayoría? Somos hijos de la cultura griega, vástagos de un milagro que sigue irradiando vitalidad y clarividencia. Eso sí, Platón no fue demócrata. Pensaba que el poder debía estar en manos de un rey-filósofo o de un consejo de ancianos, pues el pueblo podía ser manipulado por demagogos elocuentes. La alternativa no era que un tirano ejerciera el mando sin someterse a ningún control, sino que un grupo de sabios asumiera las decisiones mediante deliberación conjunta. Frente a unas masas embrutecidas por oradores con gran poder de persuasión, un gobierno de filósofos siempre constituiría una garantía de racionalidad.

Dialogar para acercarse a la verdad

Platón inventó un género literario: el diálogo. Sus obras poseen una enorme belleza, no son simples exposiciones teóricas. En sus textos, filosofía y literatura se hallan fundidas. La posteridad no respetó ese matrimonio. El saber filosófico prefirió divorciarse de la belleza, lo cual provocó que muchas veces se despeñara por el academicismo más árido o el galimatías más intrincado. A veces, por ambas pendientes de forma simultánea. Ortega y Gasset escribió filosofía con un bello estilo, buscando la proximidad de lo literario y plástico. En nuestros días, pocos se han animado a seguir su ejemplo. Platón es un poeta —algo que nunca pretendió— y es capaz de combinar la controversia teórica con la nota lírica o fantástica y la introspección psicológica, tejiendo un texto de gran vigor narrativo en el que los conceptos se acomodan a escenarios atractivos, como un banquete, una reunión informal en el ágora o un paseo por la orilla de un arroyo. Sin embargo, su hallazgo más formidable no es una forma literaria para encauzar la especulación filosófica, sino una interpretación de la realidad que desborda lo meramente físico o empírico y que señala la existencia de una región de carácter espiritual. Más allá del agua, el aire, la luz y el fuego, más allá del Sol, la Luna y las estrellas, más allá del cuerpo que habitamos y sus sentidos, que no cesan de invadir nuestra conciencia con sensaciones, impresiones e imágenes, hay otra realidad que es la verdadera y eterna. Frente a la materia, que declina y se deteriora hasta descomponerse, hay otro mundo que es el auténtico Ser y donde la muerte pierde su cetro. No podemos conocerlo por medio de la percepción, que nos engaña, sino mediante la razón. La filosofía es esencialmente metafísica, una palabra que no existía en tiempos de Platón, pero que apunta a lo trascendente e imperecedero, a ese trasmundo que solo podemos ver con «los ojos del alma», por utilizar una expresión de santa Teresa de Jesús. Platón no inaugura la perspectiva religiosa, sino la tradición espiritual. Una tradición que ha llegado hasta nuestros días y que suscita adhesiones y rechazos.

Se esté de acuerdo o no con Platón, no se le puede negar el mérito de haber realizado un esfuerzo descomunal para justificar sus teorías descartando el argumento de autoridad basado en una supuesta revelación. Platón solo cree en la autoridad del logos, de las palabras que se encadenan hasta componer un discurso. Expone su filosofía mediante el diálogo, muchas veces sin un punto de partida claro y sin llegar a una conclusión definitiva. No hay que buscar la confrontación, sino el contraste. Y cuando se desea desmontar un argumento, no hay que atacarlo frontalmente, sino de forma tangencial, empujando al interlocutor a descubrir por sí mismo las contradicciones escondidas en su punto de vista. De esta forma, el saber se convierte en dialéctica, pues todos los implicados en la controversia se enriquecen mutuamente y logran hallazgos que de otro modo jamás habrían alcanzado.

Vivimos para el encuentro

No fui de esos profesores que no se desaniman cuando sus alumnos contraen los músculos para evitar bostezar. El aburrimiento se mastica en el aula. Es algo muy evidente y se propaga rápidamente. No hay nada más antipedagógico que una clase sumida en el tedio. Por lo que sabemos, Sócrates era insolente, provocador, intempestivo, pero no soporífero. Siempre buscaba pretextos para suscitar un debate, y yo intentaba seguir sus pasos. Aunque no siempre lo conseguía, los alumnos solían mostrar interés en participar cuando hablaba de las teorías de Platón. Su filosofía les resultaba chocante. Les costaba comprender el concepto platónico de idea —un ente inmutable, inmaterial y eterno—, pero sí les llamaba poderosamente la atención que un filósofo hubiera ampliado el marco de lo real al postular la existencia de un trasmundo. La mente humana puede aceptar la necesidad de la muerte, pero siempre la percibirá como un límite doloroso. Vivimos para el encuentro, no para las despedidas. La perspectiva espiritual de Platón solía despertar en mis alumnos evocaciones nostálgicas y reflexiones de carácter terapéutico. Yo, que había hecho psicoterapia de grupo para superar el duelo por mi padre y mi hermano, comprobaba que la palabra no solo es el camino hacia la verdad, sino también la llave de la curación, especialmente si se trata de la palabra compartida. Los monólogos interminables son empobrecedores. En cambio, el diálogo siempre es fructífero. Esa es una de las enseñanzas primordiales de Platón, pedagogo del alma, maestro de las emociones, conversador inagotable.

¿Cómo es ese mundo suprasensible del que habla Platón? Platón consideraba que los filósofos anteriores solo habían realizado una primera navegación por el Ser al buscar las causas físicas y mecánicas de los fenómenos. En el ámbito náutico, se llama «primera navegación» a la que se lleva a cabo con las velas y el viento. La «segunda navegación» se hace con los remos, cuando el viento ha cesado de soplar y las velas son inútiles. Platón utiliza la primera expresión para explicar que ha prescindido de las muletas de la tradición y ha recurrido solo a sus propias fuerzas. En el *Fedón*, confiesa que temió quedarse intelectualmente ciego si se limitaba a emplear los sentidos. Sorteó ese obstáculo apelando a la razón, mucho más perspicaz, y esta le reveló que cuando algo es justo, no lo es porque acate la ley, sino porque participa de una idea universal e inteligible —no material— que todos los hombres pueden llegar a conocer. Sucede lo mismo con lo bello. No es la proporción, la forma o el color, sino la relación con la idea de la Belleza, que no está sujeta a contingencias ni modas, la que determina que algo pueda ser calificado de bello. Las ideas a las que se refiere Platón son causas primeras, esencias, formas; no conceptos. No son construcciones de la mente, sino modelos, paradigmas, sustancias. Tienen un carácter absoluto, no relativo. Platón recusa la idea de Protágoras según la cual el hombre es la medida de todas las cosas. El ser humano no determina qué es el Bien o la Belleza. El Bien y la Belleza son «en sí y por sí». No están sujetos a la opinión o el juicio. Platón llamará «lugar supraceleste», «llanura de la verdad» o «hiperuranio» a la morada de las ideas, pero no es un lugar físico, sino un ámbito inteligible, suprafísico. Solo la razón puede acceder a ese dominio.

El mundo de las ideas está organizado jerárquicamente. En la *República*, Platón sitúa en la cúspide la idea del Bien. El Bien no es una idea más, sino el origen del ser. El Bien —o el Uno, como lo llama en otros diálogos— introduce en la multiplicidad orden, equilibrio, armonía, medida y perfección. Según el *Sofista*, el siguiente escalón lo ocupan cinco ideas supremas: el Ser, la Quietud, el Movimiento, la Identidad y la Diversidad. En el mismo plano se hallan otras ideas similares, como la Igualdad, la Semejanza, la Desigualdad, la Desemejanza, etc., y los números ideales, que son arquetipos, modelos, y que no deben confundirse con los números matemáticos, múltiples y diversos. Platón planteó muchas cuestiones técnicas sobre el mundo de las ideas, especialmente en sus diálogos de madurez, como el *Parménides*, el *Teeteto* o el *Sofista*. Ser profesor de enseñanza media me eximía de entrar en estas cuestiones, cuya complejidad habría desconcertado a mis jóvenes alumnos. Sin embargo, sí podía destacar los aspectos centrales de la metafísica platónica. En una ocasión, le preguntaron a un astronauta que se hallaba en el espacio exterior si se sentía más cerca de Dios. Contestó que no, pues solo el pensamiento primitivo sitúa lo divino en el firmamento o las alturas. De hecho, hoy sabemos que las nociones de centro, derecha, izquierda, arriba o abajo son estrictamente relativas. No se corresponden con ningún lugar específico del universo. Dios, lo espiritual o lo inteligible nunca ocuparán una posición en el mundo físico. No son objetos, estructuras, tramas o formas que se ubiquen en el espacio o el tiempo, sino en otra realidad que podemos deducir pero no conocer sensorialmente. Platón fue el primero que formuló esta perspectiva. No es un pensador religioso, a pesar de que sus contemporáneos pensaron que las ideas de las que hablaba pretendían usurpar el trono de los dioses. Tampoco es un humanista que sitúa al hombre en el centro del cosmos. Simplemente, expone una interpretación de la realidad que abre un horizonte inédito.

Gracias a los avances de la tecnología (microscopios, telescopios, rayos X, escáneres), hemos dilatado nuestra percepción, pero muchos aún sospechan que hay algo más allá de lo visible, una dimensión que ningún aparato puede detectar y explorar, pero que tal vez constituye el fundamento de todo lo que hay. Heidegger, que rompió con el catolicismo de su juventud para instalarse en un ateísmo no materialista, esbozó una teoría similar. Confundimos la realidad con el ente, con lo que podemos tocar, examinar, clasificar, pero lo real es el Ser, inasequible a esos procedimientos. El ente es finito. Nace, se desarrolla, muere, desaparece. El Ser es infinito. Permanece, alumbra nuevas formas, se disemina. Para muchos, la intuición platónica solo es una ilusión, una quimera, pero otros han encontrado en ella una fuente de esperanza. Que haya algo más allá de lo físico parece imposible, pero para algunos filósofos —como Julián Marías o Javier Gomá— es necesario. Necesario para no chapotear en el cieno de lo posible, mediocre e inmediato. Sin la expectativa de lo imposible, el ser humano solo es barro efímero, un capricho de la evolución. Se podría decir lo mismo de la vida, que quedaría rebajada a un accidente abocado a disolverse en el no-ser. Platón nos rescata de ese mundo hostil y frío, donde todo parece obra de una fatalidad muda. Su metafísica es un canto a la vida, a la permanencia, si bien bajo formas espirituales, no biológicas.

Platón nos dice que el ser procede del Bien. El universo es un lugar con indudables carencias, pero en él hay armonía, equilibrio, orden. Solo un insensato afirmaría que vivimos en un cosmos al que no puede plantearse ningún reparo. Si el cosmos procede del Bien, ¿por qué es imperfecto? Según Platón, porque la materia de que está compuesto solo participa de lo inteligible de un modo insuficiente y oscuro. Para explicar este fenómeno, recurre a un mito que expone en el *Timeo*. Un demiurgo o artífice plasmó en la materia el mundo de las ideas, lo que significa que el universo solo es una copia deficiente de un modelo eterno y perfecto. Si el demiurgo sabía esto, ¿por qué creó el cosmos? Platón responde que por bondad y amor al bien. ¿Qué existía antes del universo? Es una pregunta absurda, pues el tiempo comienza con el universo. Hablar de un antes o un después carece de sentido. El tiempo es la imagen móvil de la eternidad, no algo independiente o autónomo, o una medida absoluta, externa al mundo físico. El demiurgo de Platón no es un dios omnipotente. Forja el cosmos con la materia preexistente y ha de adaptarse a sus limitaciones. No lo puede todo, pero siempre actúa movido por la bondad. Platón no cuestiona el politeísmo. De hecho, conserva algunos de los dioses tradicionales y acepta la existencia de demonios mediadores, como Eros. También afirma que la Luna, el Sol y las estrellas son seres divinos. Incluso el cosmos tiene un alma divina. El mayor mérito de Platón no es rebajar o menoscabar el politeísmo, sino introducir en lo divino una dimensión moral, pues los dioses homéricos actuaban de forma inmoral: mentían, robaban, cometían adulterio, asesinaban.

Si el mundo inteligible es la verdadera realidad, ¿por qué la mayoría de los hombres desconoce su existencia? Porque la mayoría no usa la razón. Se deja guiar por los sentidos, que confunden y distorsionan, ocultando las verdades últimas, esas que solo podemos captar mediante la razón. En el libro séptimo de la *República*, Platón recurre una vez más a un mito. Me refiero a la famosa alegoría de la caverna, según la cual nuestro conocimiento de las cosas se parece a la visión de un grupo de hombres encadenados en una cueva subterránea. Obligados desde la infancia a mirar al fondo de la cueva, contemplan en la pared las sombras proyectadas por un desfile ininterrumpido de objetos que sobresalen por encima de un muro semejante al de los titiriteros. Un fuego hace posible el artificio, creando una ilusión que recuerda al cine. Si uno de esos prisioneros lograra escapar y salir al exterior, y descubriera el cielo, el sol, los astros, la luna y las estrellas, comprendería que su existencia había constituido un prolongado engaño. Si regresara con sus compañeros y les contara lo que había visto, no le creerían y, probablemente, se irritarían con él. Incluso podrían llegar a matarlo, pues a nadie le agrada admitir que ha vivido en el error. Inequívocamente, Platón alude a Sócrates.

Platón compara el engaño en que viven los presos de la caverna con el olvido. Todos tenemos la verdad en nuestro interior, pero no reparamos en ella. En el *Menón*, explica cómo un esclavo sin conocimientos de matemáticas llega a resolver un complejo problema geométrico. Aunque desconoce el teorema de Pitágoras, razona como si se hallara familiarizado con él. Sócrates guía sus pasos formulando preguntas que estimulan el razonamiento deductivo. Para explicar la reminiscencia, Platón combina dos argumentos: uno de carácter mítico y otro de carácter lógico. Asumiendo los mitos de la tradición órfico-pitagórica, sostiene que el alma existió antes de alojarse en un cuerpo. La caída en la materia, fruto de una imprecisa falta originaria, provocó el olvido de lo que el alma había contemplado en el mundo de las ideas. Gracias a la mayéutica, el alma rescata esos conocimientos, sepultados por su unión antinatural con una realidad corporal. Saber es recordar. Platón llama a este proceso anamnesis, pero no se limita a atribuirle una dimensión mitológica. El ser humano posee, además, una capacidad innata de razonar y de reconocer la verdad. No solo en el plano moral y estético, sino también en el plano lógico y psicológico. El esclavo soluciona el problema de geometría deduciendo el teorema de Pitágoras porque su mente está organizada de tal forma que le permite inferir verdades matemáticas. Todos los principios racionales se hallan en nuestro interior, esperando que los extraigamos como piedras preciosas escondidas bajo tierra. El saber aflora porque nuestra mente es una estructura inteligente, no materia pasiva.

Educar las pasiones

Influido por el orfismo, Platón afirma en el *Gorgias* que vivir tal vez sea morir, y morir, una liberación, el inicio de la verdadera vida. Siempre me ha irritado esa perspectiva. El cuerpo es nuestra vía de inserción en el mundo, el medio gracias al cual podemos participar en la corriente del devenir. Sin él, no podríamos disfrutar de la sombra de una arboleda o de la intimidad con otra persona. Debemos cuidarlo y agradecer las posibilidades que nos ofrece, pero sin convertirlo en un fetiche. Y, sobre todo, debemos saber gobernarlo. En el *Fedro*, Platón expone una famosa alegoría que —por su plasticidad y colorido— solía gustar mucho a mis alumnos. El alma humana se parece a un carro alado arrastrado por dos caballos, uno blanco y otro negro. El blanco encarna los impulsos espirituales y morales, incluidas emociones tan vibrantes como la ira ante la injusticia. El negro, los apetitos carnales y terrenales. La razón, representada por el auriga, debe ser capaz de guiar a los caballos para que asciendan al mundo de las ideas. Su papel no consistirá en reprimir los impulsos del caballo negro y favorecer los del blanco, pues en el ascenso al Absoluto hay que saber combinar lo espiritual y lo corporal. Lo esencial es el equilibrio. Es ilusorio pensar que el ser humano superará algún día el conflicto entre las tendencias divergentes de su alma, pues la caída en el mundo sensible nos abocó a vivir en lucha permanente contra nosotros mismos.

La alegoría del carro alado inspiró a una de mis alumnas un dibujo de estilo manga, con una joven de rasgos orientales en el papel de auriga y dos corceles con aspecto de unicornios. Cuando los mitos trascienden las diferencias culturales se pone de manifiesto que han pulsado sentimientos elementales. La idea de que convivimos con un ángel bueno y otro malo, siempre enfrentados para determinar nuestros actos, se repite en muchas tradiciones y ha inspirado fábulas como *El extraño caso del Dr. Jekyll y Mr. Hyde*, de Robert Louis Stevenson, publicado en 1886. ¿Quién no ha experimentado la sensación de que en su interior bullen dos o quizás más personalidades con inclinaciones radicalmente opuestas? ¿Quién no ha fantaseado con instalarse más allá del bien y del mal y liberar los deseos reprimidos por varios siglos de civilización? Stevenson derribó el mito del hombre unidimensional con una sola faz exenta de paradojas y contradicciones. A fin de cuentas, «persona» significa «máscara», un concepto que procede del teatro. Platón descartó que el ser humano mutilara sus impulsos y buscase una ficticia unidad. La pluralidad no es mala, pero hay que saber combinar sus distintos elementos para alcanzar el equilibrio. Aparentemente, el caballo negro de la alegoría representa la parte diabólica, pero Platón nos advierte que no debemos sofocar totalmente sus fuerzas. Las pasiones terrenales también son necesarias para culminar nuestro ascenso a lo inteligible, espiritual y perfecto. No debemos reprimir, sino educar nuestras pasiones encauzándolas conforme a la virtud que les corresponde. En el caso de los impulsos terrenales o apetitivos (representados por el caballo negro), debe prevalecer la templanza, que impone sobriedad y moderación y contiene su aspecto destructivo. En cuanto a los impulsos espirituales (simbolizados por el caballo blanco), deben ser regulados por el coraje o fortaleza, que vence la tendencia al desánimo, la tibieza y la apatía. La virtud del auriga es la razón, pero no una razón fría y abstracta, sino una razón que actúa con flexibilidad, buscando conciliar las distintas tendencias del alma. Si la razón ignora este dato, se desemboca en la frustración y el resentimiento. Es el caso de Henry Jekyll, cuya vida ejemplar esconde el malestar de nuestra cultura, provocado por una constelación de dolorosas inhibiciones.

Stevenson se muestra escéptico acerca de nuestra capacidad para elegir. El ser humano no es libre. De alguna forma misteriosa, todo está escrito. Nadie puede escapar al destino y, si lo intenta, «le vuelve a caer con un peso aún mayor y más extraño», como dice Jekyll en la novela. Platón sí cree en la libertad, en nuestra capacidad de elegir. Piensa que, al igual que el auriga de su alegoría, tenemos en las manos las riendas de nuestras vidas. El problema es que a veces se oscurece nuestra capacidad racional y nos dejamos arrastrar por el instinto, y entonces caemos en abismos terroríficos. Otras veces, una comprensión deficiente de las cosas, una ofuscación pasajera o una distorsión provocada por una experiencia traumática colapsa nuestra capacidad de decidir. Durante mi depresión, yo era una marioneta en manos de mis emociones. Afortunadamente, logré recuperar el control de mi vida. Mis terapeutas fueron Platón, san Agustín, Pascal, Spinoza, Bergson. La razón me reveló que la tristeza es un desperdicio, que la inteligencia siempre tiende a la alegría, que el pesimismo solo es una perspectiva parcial e insuficiente, que es posible distanciarse de las propias emociones y revertir su curso, que el amor cura. Amor a la vida y amor al otro, a tu pareja, que no es simple compañía, sino lo complementario y, por tanto, algo necesario.

Platón afirma que, en su origen, los sexos no estaban escindidos y que, a raíz de su división, surgió el deseo del fundirse con la mitad perdida. En el *Banquete*, Sócrates explica su concepción del amor mediante la historia de Poros (la Abundancia) y Penia (la Pobreza). No se atribuye a sí mismo las conclusiones que expone, sino a la sacerdotisa Diotima, cuya existencia real aún es objeto de debate. Poros, hijo de Zeus y Metis, acudió a la boda de Afrodita. Mientras se celebraba el banquete, apareció Penia, una mendiga, pidiendo las sobras. Sus ruegos fueron atendidos y se hartó de comer y beber. Después sedujo a Poros, vanidoso y engreído, empleando la adulación. La pareja se escondió en el jardín y allí engendraron a Eros, un dios alado que puso en contacto a los seres humanos, hasta entonces aislados en una subjetividad exenta de curiosidad por los otros. El amor no es un sentimiento restringido a la pareja. Podemos amar la vida, celebrando el hecho de estar en el mundo. Pienso que cuando lo hacemos, superamos esa sensación de estar solos o incompletos de la que habla Platón. Sin amor, la existencia se parece a una tierra baldía.

El río de la vida

Platón sitúa nuestra capacidad de decisión incluso más allá de la vida. En la *República*, explica que las almas se reencarnan sucesivamente, pero sus nuevas vidas terrenales no son fruto del azar o la voluntad de los dioses, sino de una elección personal. Según la mitología griega, las tres Moiras, unas divinidades menores temidas incluso por Zeus, tejían, extendían y cortaban el hilo de la vida. Cloto, la hilandera, componía el hilo con una rueca y un huso. Láquesis, la que echa a suertes, medía con una vara su longitud. Átropos, la inexorable, lo cortaba en un punto determinado. Las tres Moiras se aparecían durante los tres días siguientes al nacimiento de un niño. Platón, sin cuestionar su poder, opina que la existencia del ser humano no depende solo de las Moiras. Al final de la *República*, saca a escena a Er, hijo de Armenio y soldado de Panfilia, una antigua región geográfica de la costa sur de Asia Menor. Er cae en el campo de batalla, y, cuando se encuentra en la pira funeraria, los dioses lo resucitan. Es devuelto a la vida para que comunique a los hombres el destino de las almas después de la muerte. Er debe anunciar que los justos serán recompensados en un lugar rebosante de dicha y belleza y que, en cambio, los malvados serán arrojados al Tártaro, un paraje subterráneo y oscuro. Después, volverán a la Tierra para iniciar un nuevo ciclo de reencarnaciones.

Aunque Platón critica a los poetas, actúa como uno de ellos, añadiendo más personajes a su relato, como Láquesis, que pronuncia un discurso en el que explica que las almas echarán a suertes su turno y podrán elegir qué clase de vida quieren llevar en sus próximas reencarnaciones. Esa posibilidad exime de cualquier responsabilidad a los dioses. Son los seres humanos quienes determinan su destino. Platón señala que algunos escogen lo opuesto a lo que vivieron: Agamenón y Orfeo, por odio a la humanidad, eligen ser águila y cisne respectivamente. Ulises, abrumado por las fatigas de su viaje, se decanta por la existencia de un hombre sencillo, sin fama ni privilegios. Las almas, después de su elección, desfilan por el campo del Olvido, soportando un calor abrasador. La sed los empuja a beber del río que cruza ese paisaje, cuyas aguas borran todos los recuerdos, incluida la elección realizada. Er no bebe del río y por eso puede contar todo lo que ha contemplado. Platón finaliza la escena con el fragor de una tormenta, evidenciando una vez más su condición de literato. Ante la previsible objeción de que los últimos en escoger quizás ya no tendrían la oportunidad de acceder a un tipo de existencia digna y razonable, contesta que siempre se podrá realizar una buena elección si se obra con cuidado y prudencia. Es un razonamiento optimista, pero si lo trasladamos al ámbito de la historia y asumimos la perspectiva de un ser humano atrapado en circunstancias particularmente adversas, como un campo de concentración, ¿queda entonces algún margen de elección, alguna forma de libertad?

Viktor Frankl, superviviente de Auschwitz, Dachau y otros campos de exterminio, sostenía que al ser humano se le podía arrebatar todo, menos la capacidad de elegir la forma de afrontar los hechos. No se limitaba a teorizar. Su mujer, Tilly Grosser, había muerto en Bergen-Belsen el día de su liberación. Debilitada por las penalidades, fue aplastada por una multitud que se abalanzó hacia la puerta de entrada al descubrir la presencia de tropas británicas. El ser humano no es una cosa entre las cosas, sino un sujeto racional. No se limita a existir, sino que decide. Frankl cita un aforismo de Nietzsche: «Quien tiene un porqué para vivir, encontrará casi siempre un cómo». Sin una meta o un porqué, no se puede sobrevivir a las penalidades. No hay que esperar algo de la vida. Es «la vida la que espera algo de nosotros». No podemos eludir esa responsabilidad, salvo que estemos dispuestos a destruir nuestra propia esencia moral y racional. Frankl incorporó lo que había aprendido en el *Lager* a su trabajo como psiquiatra y creó la logoterapia, según la cual lo que caracteriza al ser humano no es la búsqueda de placer (Freud) o de poder (Nietzsche), sino la búsqueda de sentido. Lo verdaderamente humano es la capacidad de pensar y realizar un proyecto. El sentido aparece cuando experimentamos una tensión hacia un fin noble y racional: «El sufrimiento deja de ser en cierto modo sufrimiento en el momento en que encuentra un sentido, como puede serlo el sacrificio». Frankl niega que el ser humano esté totalmente condicionado o determinado. Las circunstancias nos imponen límites, pero siempre existe la posibilidad de trascenderlos o afrontarlos de una forma digna, inteligente y creativa. Platón cree en la libertad y, por eso, atribuye a cada ser humano la responsabilidad de sus actos. Las reflexiones de Viktor Frankl le habrían parecido acertadas.

Un legado que abre horizontes

Platón nos enseña a mirar la realidad con más profundidad. Nos hace pensar que lo visible no agota el universo. La creencia en lo invisible puede parecer irracional, pero ha sostenido la esperanza de muchas generaciones. No me parece razonable demoler esa perspectiva. Son muchos los que se consideran portadores de un alma inmortal y eso alivia sus miedos y aflicciones. De niño, al escuchar la *Sinfonía n.º 39 en mi bemol mayor* de Mozart, intuí que había una realidad impalpable y alada que trascendía las limitaciones de la vida. Mientras oía las notas mezcladas con el chisporroteo provocado por la fricción de la aguja sobre el vinilo, sentí —pues a esa edad el pensamiento aún no está deslindado de las emociones— que el mundo no se agotaba en lo visible. Había algo más allá, más puro y eterno, una belleza indestructible como esos paisajes que se sueñan y no están sujetos al lento estrago de las horas. Se trataba de un milagro inexplicable. Aquella sinfonía parecía el eco de un paraíso perdido que aún perduraba en la memoria de la humanidad. No eran simples armonías y contrastes, sino la huella de un tiempo fuera del tiempo, donde la muerte y la fatiga aún no ensombrecían los días.

Recuerdo a mi madre escuchando el disco de Mozart, con la frente apoyada en el cristal del balcón y la mirada encendida por la experiencia de la música. Era una mujer elegante, de ojos azules y manos delicadas, que solía encender la radio a media tarde para buscar alguna pieza de cámara que la acompañara hasta el anochecer. Fue ella quien compró la sinfonía de Mozart en una versión de Karl Böhm, un austriaco de rostro adusto que movía la batuta con la exactitud de un relojero. Lo sorprendente es que aquel maestro no moldeaba ninguna forma de materia, sino algo etéreo, invisible, espiritual. La sinfonía de Mozart proclamaba que nuestras vidas acaban, pero la música perdura, pues está hecha de formas puras, como las que describió Platón en sus diálogos. Kant afirmó que Platón se había dejado llevar por la imaginación y había excedido de forma ilegítima los límites de la razón, pero quizás dijo eso porque no amaba la música, a la que situó por debajo de la poesía, sin entender que todas las artes anhelan ser forma, es decir, música.

Han pasado muchos años, pero cuando vuelvo a escuchar la *Sinfonía n.º 39* de Mozart, siempre aparece el rostro de mi madre, con su frente alta, sus labios finos y sus mejillas rebosantes de vida, y su imagen, asombrosamente nítida, me hace comprender que el río que nos arrastra, desprendiéndonos de cada instante, no nos lleva hacia la nada, sino hacia una plenitud que la música nos anticipa. La muerte ha borrado el rostro de mi madre, pero yo estoy convencido de que ha reaparecido en otro sitio, donde el ayer ya no es barro viajando hacia el olvido, sino un ahora que nunca se disipa.

Una filosofía como la de Platón, que abre horizontes, que mira más allá de la muerte, que no reduce al ser humano a la impotencia de una finitud irreversible, que tiende puentes entre los siglos y las geografías, es una filosofía luminosa, optimista, aunque en algunos momentos se deje llevar por consideraciones sombrías.

Tercer interludio: la vida de los libros

> El mundo, según Mallarmé, existe para un libro; según Bloy, somos versículos o palabras o letras de un libro mágico, y ese libro incesante es la única cosa que hay en el mundo: es, mejor dicho, el mundo.
>
> Jorge Luis Borges, «Del culto de los libros»,
> en *Otras inquisiciones*

*P*latón consideraba que los libros carecen de la profundidad de la enseñanza oral. Afortunadamente, esa idea no le impidió escribir más de treinta obras. En la biblioteca de mi padre había unos pocos títulos de Platón editados por Austral, una colección de bolsillo que se desencuadernaba con extrema facilidad. Aún recuerdo mi desesperación cuando se desprendía una hoja. Nunca he entendido a las personas que maltratan los libros o contemplan con indiferencia su deterioro. A finales de los setenta, compré una edición casi completa de los diálogos de Platón en la editorial Porrúa, con un estudio introductorio de Francisco Larroyo. Era un volumen con las tapas blandas, un papel endeble y una portada bicolor, que combinaba el blanco y el verde, creando un contraste algo estridente. Habría que esperar a 1981 para que la editorial Gredos comenzara a publicar su magnífica edición de los diálogos completos de Platón en unos volúmenes azules de pasta dura y papel de alta calidad. Sus excelentes traducciones siempre iban acompañadas de rigurosos estudios introductorios e infinidad de notas. Por desgracia, esas ediciones hoy solo pueden comprarse de segunda mano a precios desorbitados. Las reediciones realizadas posteriormente han empleado materiales de peor calidad y a veces se han eliminado los prólogos y las notas.

Compré mi ejemplar de la editorial Porrúa en el puesto callejero de Manolo. Manolo era un librero que colocaba dos expositores en la esquina entre Princesa y Altamirano, dos calles del madrileño barrio de Argüelles. Tenía el pelo blanco, fuerte y rizado. Sus enormes gafas cuadradas, que descansaban sobre una nariz ancha y gruesa, diluían el azul de sus ojos, casi siempre chispeantes de gozo, si bien algunos días parecían sumidos en la melancolía. Debía sobrepasar los sesenta años, pero se movía como un hombre más joven mientras comprobaba una y otra vez la colocación de los libros, como si fuera un director de cine que verifica un encuadre. Solía vestirse con rebecas de punto o americanas con coderas, y a veces se anudaba un pañuelo amarillo al cuello. No pretendía ser un exquisito, pero su imagen desprendía una elegancia sencilla y espontánea. Aunque no era muy alto, su corpulencia le confería una presencia formidable.

El mal tiempo no le desanimaba. Si llovía, cubría los libros con un plástico y se protegía con un enorme paraguas negro. Cuando el calor se volvía agobiante, se preparaba una jarra de limonada y se secaba el sudor de la frente con un pañuelo blanco. En los años setenta del pasado siglo, un caballero siempre llevaba un pañuelo cuidadosamente planchado y perfumado con colonia, aunque solo fuera para poder ofrecerlo a quien lo necesitara. Durante la dictadura de Franco, Manolo vendía libros prohibidos, fundamentalmente ensayos de Marx, Gramsci, Althusser y Sartre, a veces en otros idiomas. Solía esconderlos en una caja de cartón y colocaba encima libros de autores como Donoso Cortés, Muñoz Seca o Ramiro de Maeztu, nombres tan respetables que parecían acreditar la fidelidad al régimen y disipar cualquier sospecha de que en aquel puesto se comerciaba con textos subversivos. Era una estratagema demasiado sutil, pues la policía no era muy ilustrada, pero aparentemente le funcionaba, quizás porque los agentes asociaban esos nombres a calles de Madrid y eso les hacía pensar que el librero era un hombre de orden. Sin embargo, en una ocasión un policía se escandalizó al descubrir un libro titulado *República*. El agente cogió el ejemplar y le preguntó qué era aquello. «Una obra de Platón», contestó Manolo con gesto serio y solemne. Aunque tal vez el agente no sabía muy bien quién era Platón, su nombre le impresionó y no incautó el libro ni multó a Manolo. Platón es algo más que un filósofo. Su nombre irradia el mismo respeto que uno de esos mitos asociados a la fundación de una larga tradición cultural.

Manolo, un hombre de buen corazón, daba la oportunidad de pagar a plazos y hacía descuentos. Imagino que muchos abusaron de su buena fe, pero yo agradecía su generosidad, que —entre otras cosas— me permitió adquirir el volumen de Porrúa a un precio irrisorio. He buscado el ejemplar en mi biblioteca y lo he encontrado en una de esas baldas reservadas para las ediciones por las que se siente poca estima. La letra es tan pequeña que apenas puedo leerla, pero no he olvidado lo que me aportó a los dieciocho años. Allí descubrí que no es posible pensar sin contrastar opiniones, que la discrepancia humaniza las ideas, que no se puede alcanzar la madurez sin averiguar cómo piensan los otros. Hojeando la edición de Porrúa acudieron a mi mente las discusiones con mi amigo Gabriel, que comparaba la existencia humana con las sombras de la caverna platónica. «Hay dos mundos», repetía a menudo. «El ser y la nada. Creemos pertenecer al primero, pero siempre estamos al filo del segundo. Nuestro destino es desaparecer, como la hoja seca de un árbol». Gabriel era un chico delgado, de mediana estatura, con el pelo negro y los ojos azules. Tenía un perfil perfecto, de estatua antigua, con rasgos simétricos y armoniosos. Gracias a la edición de Porrúa, puedo evocar su rostro con nitidez, pues apenas leo unas líneas aparece su imagen, hablando de las ideas platónicas. Los libros son embalses que retienen grandes fragmentos de vida para que podamos contemplarlos. Manolo solía repetir que el libro es un anciano ciego y venerable, una especie de Homero que ha asumido la responsabilidad de ser la memoria del género humano.

Gabriel despreciaba la literatura contemporánea. Le gustaba decir que nunca leería a un escritor vivo. Su breve existencia (se suicidó con veinte años) le impidió presenciar el declive de los clásicos en las librerías. En nuestros días, han sido desplazados por las novedades, que han usurpado su espacio en los expositores. Los clásicos, confinados en una sección minúscula, parecen una tribu nativa que sobrevive de mala manera en una reserva. Se les asigna un lugar porque añaden algo de color y porque aún gozan de cierta aura mítica, como las pinturas rupestres, que nos hablan de un pasado remoto y casi desconocido. En las librerías de segunda mano, los clásicos vuelven a ser un pueblo orgulloso que deambula libremente por las grandes llanuras, acampando en tierras fértiles y bajo cielos que parecen extraídos de la eternidad.

Manolo no despreciaba a los autores contemporáneos, pero concedía prioridad a los clásicos de la literatura y la filosofía. La vasta biblioteca de mi padre sufría muchas bajas, pues los libros que prestaba casi nunca regresaban. A su muerte, busqué inútilmente alguna edición de la *Ilíada* y la *Odisea*, pero no encontré nada. Remedié esa carencia con dos libros de la colección Austral que compré en el puesto de Manolo. Aún los conservo, pero deshojados y con las páginas amarillentas. Parecen dos ejércitos diezmados por un poderoso rival.

Aún recuerdo el día en que subí por la calle Altamirano y no vi el puesto de Manolo. Pensé que había enfermado, pero pasó el tiempo y no aparecía. Pregunté en un comercio cercano y me dijeron que el librero había fallecido de repente. Después de beber un vaso de limonada, había comenzado a toser y se había desplomado sobre los libros. Intenté consolarme diciéndome que había muerto en acto de servicio, ocupando el puesto que había elegido para recordar al mundo la trágica peripecia de Antígona, el desconsuelo de Electra o la ambición de Aquiles. No creo que le moviera el afán de lucro. Imagino que sobrevivía a duras penas con lo que vendía. Alguien desmontó sus expositores y se llevó los libros. Nadie se instaló en su lugar. Siempre que pasaba por allí y veía la acera vacía experimentaba un alfilerazo en el corazón. Una parte de mi vida había desaparecido con Manolo y su puesto de libros. La calle Princesa no es París, pero su puesto no desmerecía nada de los «buquinistas» que venden libros en las orillas del Sena.

La muerte es un hachazo en el tiempo, pero el libro restaña esa herida. Gracias a las palabras, los muertos continúan cerca de los vivos. Entre mis manos, la vieja edición de los diálogos de Platón publicada por Porrúa revive las conversaciones que mantuve con Gabriel en los jardines de la facultad de Filosofía de la Complutense. Manolo ha contribuido a ese milagro. Presumo que no soy el único que le recuerda. En mi memoria, suele aparecer colocando los libros con la delicadeza del que cuida un huerto plantado en una tierra yerma y reacia a la vida. Hasta que alguien como él vuelva con un nuevo puesto, la esquina de Princesa y Altamirano seguirá siendo un desierto. Los libros son las flores de este mundo, pero muy pocos lo saben.

Aristóteles, el lector

Cuando existe la prudencia, todas las otras virtudes están presentes.

Aristóteles, *Ética a Nicómaco*

*P*latón llamaba a Aristóteles «el lector», pues al parecer leía papiros y pergaminos de forma incansable. Durante el siglo XIII, la Europa cristiana le adjudicó el sobrenombre de «el Filósofo», pues estaba considerado el sabio más grande de la Antigüedad. En *El nombre de la rosa*, Umberto Eco fantaseó con que un monje ciego —una versión medieval de Borges— asesina a varios de sus compañeros para ocultar un libro perdido de la *Poética* de Aristóteles en el que se hablaba de la comedia. Una obra del Filósofo sobre la risa podría ser nefasta para la fe, pues se utilizaría para escarnecer las verdades sagradas.

Aunque Aristóteles fue el discípulo más aventajado de Platón, impugnó las teorías metafísicas de este alegando que la amistad no era tan hermosa como la verdad. El afecto y el respeto no podían ser un obstáculo para expresar una discrepancia. Esa convicción no debe confundirse con un carácter adusto o inflexible. En el testamento de Aristóteles se aprecia preocupación y afecto por su familia, algo que no era muy frecuente, pues en la Antigüedad esto se consideraba un gesto de debilidad. De hecho, Sócrates se burlaba de su mujer, y Platón, Epicuro y Zenón el estoico prefirieron quedarse solteros, pues consideraron que el matrimonio era un estorbo para una existencia dedicada a la especulación filosófica. La sensibilidad de Aristóteles no se circunscribe a su círculo familiar. Antes de morir, dejó dispuesto que se liberara a sus esclavos cuando alcanzaran la edad suficiente. Aunque afirmaba que la esclavitud era una institución natural, siempre se mostró partidario de la benevolencia.

Aristóteles no destacaba por su presencia física. Carecía de la envergadura atlética de Platón. Según sus contemporáneos, era calvo y tenía piernas cortas y delgadas, ojos pequeños y voz balbuciente. Se dice que era un hombre observador, pragmático, magnánimo, elegante y poco propenso al ascetismo. Según Diógenes Laercio, poseía ingenio y agudeza, lo cual le convertía en un excelente conversador.

Aristóteles nació entre el 384 y el 383 a. C. en la ciudad de Estagira, perteneciente al reino de Macedonia. Creció en una familia de médicos que afirmaban ser descendientes de Asclepios, dios de la medicina y la curación. Su padre, Nicómaco, fue médico del rey Amintas III, abuelo de Alejandro Magno. A los diecisiete años, Aristóteles partió hacia Atenas para estudiar en la Academia platónica, donde permaneció dos décadas. Se dice que se sintió muy frustrado cuando Platón dispuso en sus últimas voluntades que su sobrino Espeusipo lo sucediera al frente de la Academia, y que debido a esto abandonó Atenas. Esta historia parece poco probable, pues los macedonios no podían heredar bienes atenienses. Sin embargo, si no fue por despecho, ¿por qué se marchó de la ciudad? ¿Quizás por miedo a los sentimientos hostiles a los macedonios, recrudecidos en esas fechas? El odio al otro, al diferente, al extranjero, es una vieja pasión humana.

Aristóteles se refugió en Asia Menor, aceptando la hospitalidad de Hermias, tirano de Aso y antiguo condiscípulo en la Academia. Se casó con Pitia, su sobrina. Cuando su protector fue asesinado, huyó a la isla de Lesbos, donde realizó estudios de zoología y biología marina en compañía de Teofrasto. En 343 a. C, Filipo II de Macedonia lo convocó para nombrarle tutor de su joven hijo Alejandro, un muchacho de trece años. Le instruyó sobre el mar y los vientos, las estrellas y los planetas, el origen del mundo y su antigüedad. Le familiarizó con las leyes y le explicó los secretos de la retórica. Se sabe poco de la estancia de Aristóteles en la corte macedonia, y el filósofo ni siquiera menciona a su alumno y futuro conquistador en su *Política*. Todo indica que no influyó demasiado en Alejandro. Aristóteles no era partidario de helenizar a los bárbaros, y su marco de referencia era la ciudad-Estado. Alejandro, con una visión más ambiciosa, creó un imperio que trascendió el horizonte de la polis. No me parece disparatado afirmar que fue el primer heraldo de la globalización. Imagino que en el siglo XXI habría acariciado la idea de crear un Estado mundial. Gracias a Aristóteles, Alejandro pensaba como un griego, pero eso no le impidió hacer la guerra como un bárbaro. Tebas se resistió a su ejército y cuando finalmente la conquistó, la redujo a escombros. Se dice que Filipo pagó una pequeña fortuna al preceptor de su hijo e hizo reconstruir su patria, Estagira, arrasada años atrás por los ejércitos macedonios. Algunos historiadores cuestionan esta historia.

Filosofar paseando

A Alejandro Magno no le tembló la mano a la hora de ordenar la ejecución de Calístenes de Olinto, sobrino de Aristóteles, al que acusó de traición. Como los macedonios solían ejecutar a las familias de los reos, el filósofo se refugió en su localidad natal y esperó a que el incidente se olvidara. Hacia el 335 a. C. se trasladó a Atenas acompañado de Teofrasto para fundar el Liceo, que competiría con la Academia platónica. Se escogió ese nombre porque el templo que se habilitó para la docencia y la investigación se encontraba en un recinto dedicado al dios Apolo Licio. El Liceo no era un centro privado. Muchas de sus clases eran públicas y gratuitas, y se empleaban gráficos y esquemas. Se llamó «peripatéticos» a sus miembros por su costumbre de discutir caminando por los jardines colindantes. Ese apodo se extendió a la propia institución, que empezó a ser denominada «Peripatos» («paseo» en griego). La mayoría de los estudiantes eran extranjeros y debían hacerse cargo de su propia manutención. A diferencia de la Academia, que daba prioridad a las matemáticas, en el Liceo se hacía especial hincapié en las ciencias de la naturaleza. Se calcula que la biblioteca del Liceo llegó a reunir diez mil papiros.

A la muerte de Alejandro, en el 323 a. C., Atenas se convirtió en un lugar peligroso para todos los que habían establecido vínculos con el conquistador. Aristóteles, que había compuesto un himno funerario en honor del tirano Hermias, aliado de Filipo II, fue acusado de impiedad, por lo que decidió huir de Atenas para que esta no cometiera un nuevo crimen contra la filosofía, como ya había sucedido con Sócrates. Se instaló en Calcis, en la isla de Eudeba, donde permaneció hasta su muerte en el 322 a. C.

Dos siglos de clandestinidad

Gran parte de la obra de Aristóteles se ha perdido, lo que ha provocado que nuestra imagen del filósofo se haya deformado y se haya creado la impresión de que era un autor árido, académico y sin talento artístico. Las «obras exotéricas», textos con forma literaria —probablemente diálogos—, se extraviaron durante la confusión de los primeros siglos de la era cristiana. Cicerón elogió su suavidad y comparó su fluidez a la de un «río de oro». Al parecer, Aristóteles sostenía en esas obras tesis platónicas, a veces exacerbadas, como sucedía en *Eudemo o Del alma*, donde afirmaba que la unión del cuerpo con el alma era tan antinatural como el suplicio infligido por los piratas del Tirreno, que encadenaban a sus prisioneros a cadáveres antes de arrojarlos al mar. Conocemos la existencia de estas obras por las listas, citas e imitaciones de otros autores, pero solo nos han llegado fragmentos, a veces de dudosa autenticidad. Podemos citar algunos títulos: *Sobre la filosofía, Gryllos o De la retórica, Sobre la justicia, Banquete, Del buen nacimiento*.

Conservamos los apuntes que elaboraba Aristóteles para impartir sus clases. Se dijo que eran notas de sus alumnos, pero se ha descartado esta posibilidad. Estos manuscritos se denominan «obras esotéricas» (destinadas al uso interno del Liceo) o «acroamáticas» (concebidas para la enseñanza oral). Circuló la leyenda de que los escritos de Aristóteles y Teofrasto permanecieron ocultos en una cueva durante más dos siglos hasta que, por una serie de azares, acabaron en manos del gramático y bibliotecario Tiranion. Las condiciones de almacenamiento provocaron que muchos textos se deterioraran irreversiblemente, víctimas de la humedad y el polvo. Tiranion vendió los manuscritos a Andrónico de Rodas, el último escolarca o director del Liceo, que los ordenó temáticamente, les asignó títulos y los publicó en el año 60. El profesor francés Pierre Aubenque, uno de los grandes estudiosos de la filosofía aristotélica, se muestra escéptico acerca de esta historia y apunta que las obras del fundador del Liceo continuaron circulando durante esos dos supuestos siglos de clandestinidad, como demuestran las alusiones de estoicos, epicúreos y neoplatónicos. No se puede negar, no obstante, que la labor de ordenación de Andrónico de Rodas permitió retomar el estudio de la obra de Aristóteles de una forma más sistemática y rigurosa. De hecho, su labor fructificó en una larga tradición de comentarios y estudios que se prolonga hasta nuestros días.

El pasado, una invención de la posteridad

La Metafísica es quizás la obra más conocida de Aristóteles, pero lo cierto es que originalmente no era un libro, sino catorce pequeños tratados sobre las diversas significaciones del ser, la teoría de las causas, la relación acto-potencia, la doctrina hilemórfica (según la cual todo está compuesto de materia-forma) y otros temas similares. Andrónico de Rodas escogió el título *Metafísica* porque estimó que debía leerse después de la *Física*. Entre las obras a las que la posteridad ha concedido más atención cabe mencionar —además de las ya citadas— la *Ética a Nicómaco*, la *Política* y la *Poética*. Los cursos de Platón para la Academia, que no se han conservado, debían de ser tan «escolásticos» como las notas de Aristóteles. Si solo conociéramos esa parte de su obra, hoy no consideraríamos a Platón un gran literato, y si los diálogos de Aristóteles no se hubieran perdido, probablemente celebraríamos su bello estilo. La historia, con sus avatares, transforma la imagen de las cosas y provoca que algo bello adquiera una faz adusta o que algo hermoso se desdibuje y adopte una apariencia árida. El pasado es una invención de la posteridad, no un hecho objetivo. Este razonamiento se vuelve más veraz a medida que retrocedemos en el tiempo y nos adentramos en edades de las que solo conservamos vestigios, fragmentos, ruinas. Imagino que muchos atenienses disfrutaron con los diálogos de Aristóteles y los compararon con los de Platón. Quizás el estilo del discípulo poseía una calidad lírica superior a la de su maestro. Nunca lo sabremos. El pasado es un enigma indescifrable. Es poco probable que se recuperen los diálogos literarios de Aristóteles, pues los pergaminos y los papiros son soportes precarios y con escasas posibilidades de sobrevivir a los agentes que conspiran contra su perdurabilidad, como el agua, el polvo o el calor, pero quizás algún día un arqueólogo abra un recinto cerrado, como un sepulcro o una gigantesca ánfora, y descubra lo que hoy se considera irremisiblemente perdido. Sería como hallar el santo grial de la filosofía.

A mis alumnos les fascinaba la historia de los manuscritos perdidos y el hecho de que Aristóteles hubiera sido preceptor de Alejandro Magno. Les sorprendía que una gran parte del saber de la Antigüedad hubiera desaparecido a consecuencia de guerras, incendios, disputas teóricas. También les causaba estupefacción que se desconociera el paradero de la tumba de Alejandro. Aparentemente, nuestra época le ha dado la espalda al mundo antiguo, preocupada tan solo por el presente y el porvenir, pero el interés que despiertan las civilizaciones desaparecidas, como la egipcia o la inca, revela que el vínculo con el pasado persiste en la memoria colectiva. Necesitamos conocer nuestros orígenes para saber quiénes somos. Necesitamos saber de dónde venimos para trazar una hoja de ruta y determinar adónde nos dirigimos. No es fácil ser optimista cuando el pasado está sumido en la oscuridad. En ese estado, el futuro parece más incierto. A mis alumnos les quedaba muy lejos Indiana Jones, pero las aventuras del arqueólogo los seguían cautivando. No les parecía un héroe más, sino un símbolo del viejo anhelo humano de averiguar qué sucedió realmente en tiempos remotos. ¿Quiénes construyeron las pirámides? ¿Existió realmente Troya? ¿Quién era Jesús de Nazaret? ¿Un simple carpintero o el Hijo de Dios? A lo largo de mis años de docencia, me plantearon muchas veces estas cuestiones. También me preguntaron por qué se pelearon Platón y Aristóteles. Yo les explicaba que no se produjo una pelea, sino una discrepancia. Aristóteles consideraba que su maestro había duplicado innecesariamente la realidad al atribuir a la esencia de las cosas una existencia independiente. En su opinión, las ideas solo eran ficciones que distraían a la filosofía de lo esencial: comprender el cosmos, elaborar un método de conocimiento que permita discriminar entre la verdad y el error, fundamentar la ética y la política, conocer al ser humano, averiguar a qué podemos llamar Dios.

Un dios lejano

Hablando en puridad, Aristóteles no suprime el dualismo ontológico. Solo lo desplaza al señalar que en el cosmos existen dos regiones cualitativamente distintas: el mundo celeste o supralunar y el mundo terrenal o sublunar. El mundo celeste se caracteriza por la regularidad inmutable de los movimientos. En cambio, el mundo terrenal está sometido al azar y la contingencia. En él, nada es inmutable. Todo es perecedero y efímero. ¿Significa eso que Aristóteles niega la existencia de Dios? Aristóteles no cuestiona la existencia de Dios, pero le despoja de cualquier emoción o principio moral. Situado en la periferia del universo, es el primer motor inmóvil, el origen del movimiento de los astros. No es una fuerza mecánica, sino una esencia que no ocupa ningún lugar en el espacio ni en el tiempo. Dado que está separado del cosmos, no mueve por fricción o contacto, sino por atracción. Su perfección actúa como un imán. Las cosas se mueven porque se sienten atraídas hacia él. No es un deseo recíproco. El dios aristotélico no ama ni sufre pasiones. No es causa eficiente, sino final. Es decir, no ha creado el universo ni vela por su funcionamiento. Motor lejano y trascendente, se limita a impulsar los movimientos regulares de los astros, la sucesión de las estaciones y los ciclos biológicos de la vida. Desconoce la fatiga, la vejez y la muerte. Su única actividad es pensar en sí mismo, contemplarse intuitivamente. No es valeroso porque carece de enemigos. No es sobrio porque no desea nada. No es justo porque ignora la injusticia. No tiene amigos porque es totalmente autosuficiente. En definitiva, no busca el amor ni la amistad del ser humano.

Mis alumnos se deprimían un poco con esta descripción de Dios. Muchos pensaban que Dios no existía, que creer en él era tan absurdo como creer en unicornios, sirenas o elfos, que solo era una fantasía infantil, como el amigo invisible, pero la posibilidad de un Dios frío e impasible que solo se ocupaba de sí mismo les parecía desmoralizadora o incluso terrorífica. Me preguntaban si Aristóteles tampoco creía en la inmortalidad del alma. Yo les contestaba que Aristóteles describía el alma como la forma del cuerpo, como su principio vital, no como algo inmortal que pudiera vivir de forma independiente. Les explicaba que también rechazaba la teoría de la preexistencia y la reencarnación del alma.

—Para Aristóteles, el alma es al cuerpo lo que la función al órgano —precisaba, sabiendo que ese punto de vista, incluso en un tiempo teñido de escepticismo, despertaba cierta sensación de vacío y desamparo.

—Entonces el alma sería al cuerpo algo así como la visión al ojo —preguntaba Greta, una alumna de segundo de bachillerato a la que recuerdo con cariño.

—Sí, eso es.

—¿Y después? Según Aristóteles, ¿qué sucede con el alma tras la muerte?

—Nada. El alma no puede vivir sin el cuerpo. Cuando este muere, desaparece.

—Como en *Matrix* —concluía Greta, mordisqueando un bolígrafo—. Es lo que le dice Morfeo a Neo.

Greta había perdido a su padre y no tenía hermanos. Su madre era una mujer inteligente y bastante joven que mantenía largas conversaciones con ella. Ambas eran aficionadas al cine y la literatura. Mi alumna era una apasionada de los Beatles, de la película *Quadrophenia* y de Julio Cortázar. Vestía al estilo «mod»: peinado *bob* —pelo liso con flequillo—, chaquetas de estampado Madrás, polos de colores, mallas, zapatos planos y, en invierno, una gabardina o un abrigo de cuero. Sus compañeros la consideraban un bicho raro, pues nadie vestía así en esa época. Su madre había sido «mod» a principios de los ochenta y le había inculcado el amor por esa subcultura, y a Greta no le preocupaba el estupor que despertaba su atuendo. Su sueño era comprarse una Vespa y llenarla de espejos. Echaba de menos a su padre, que había fallecido en un accidente de coche.

—Yo dejé de creer en Dios ese día —me dijo en una ocasión, pues solíamos hablar a menudo en los pasillos, algo que no comprendían algunos de mis compañeros, partidarios de mantener un trato distante e impersonal con los alumnos—. Nos llamaron por teléfono para contarnos lo sucedido. Creo que fue la Guardia Civil. Mi madre se lo dijo a mi abuela en voz baja, intentando conservar la serenidad, pero enseguida empezó a llorar. Nos abrazamos las tres y permanecimos así mucho rato. Yo tenía diez años.

¿Qué será de Greta? A estas alturas, debe ser una mujer de unos cuarenta años e imagino que ya no viste al estilo «mod», pero estoy seguro de que no ha cambiado de gustos musicales y, probablemente, conserva en su atuendo algún detalle que evoca su pasión por esa subcultura. Presumo que habrá seguido el ejemplo de su madre y, si ha tenido hijos, hablará con ellos de todo lo humano y lo divino. Me cuesta trabajo imaginar los cambios que se habrán producido en ella, pues los profesores —imagino que los padres también— contemplamos con asombro y cierta incredulidad cómo envejecen nuestros alumnos.

El mundo a la luz de la lógica

Para intentar borrar la pobre impresión que les había causado Aristóteles a mis alumnos con sus ideas sobre Dios y el alma, yo destacaba el orden y la claridad de su pensamiento. Les explicaba que Aristóteles había inventado la lógica, pero aclaraba que la lógica aristotélica no se corresponde con el lenguaje formal que habían estudiado el año anterior.

—Para Aristóteles —les decía—, la lógica se ocupaba del lenguaje, que es el rasgo diferencial del ser humano. Somos animales racionales porque hemos creado la palabra. Podemos construir argumentos, justificarlos, analizarlos, refutarlos. Eso sí, Aristóteles afirmaba que debemos utilizar ese recurso de forma ética, no como los sofistas, que solo se preocupaban de persuadir y no de averiguar la verdad.

Aristóteles fue el fundador de la lógica como propedéutica o herramienta preparatoria para el desarrollo de cualquier ciencia. Fue el primero en formalizar los razonamientos utilizando letras como símbolos. Estableció como referencia de un juicio válido el silogismo, un argumento que —tras establecer ciertas premisas— infiere una conclusión que aporta un conocimiento nuevo. Desarrolló las nociones de concepto, proposición, definición, prueba y falacia. Además, destacó la importancia del razonamiento inductivo como base de la ciencia experimental. No se limitó a desarrollar cuestiones formales. Su propósito fue fundamentar las bases del pensamiento dialéctico o dialógico. Frente al monólogo retórico, la dialéctica siempre busca el contraste con un interlocutor crítico. Intercambiar argumentos siempre es una garantía de rigor y progresión hacia la verdad. Un interlocutor constituye un freno o límite a la especulación individual. Eso no significa que debamos renunciar a pensar individualmente. De hecho, Aristóteles aprueba la definición platónica de la dialéctica como un «diálogo del alma con ella misma». Dialogar con uno mismo como paso previo al diálogo con los otros. Ese es el camino del conocimiento.

Aristóteles remata su edificio del saber lógico señalando que la deducción solo es posible gracias a la existencia de axiomas indemostrables. Hay ciertas verdades cuya necesidad se manifiesta de forma inmediata e intuitiva y que son los pilares de nuestra capacidad de argumentar.

—¿Eso significa, por ejemplo, que todo tiene un principio? —preguntaban los alumnos, interrogándome sobre el origen del universo.

Yo les contestaba que aparentemente todo tiene un principio, pero en el caso del cosmos algunos físicos han apuntado que tal vez carezca de origen o punto de partida. La física moderna vuelve a flirtear con la idea aristotélica de que el universo haya existido siempre y de que jamás tenga un fin, lo cual no implica inmovilidad, sino un devenir indefinido. Todo seguirá fluyendo, pero bajo formas diferentes. Quizás sea un error aplicar a la realidad las categorías humanas de principio y fin, pero, si no lo hacemos, ¿podríamos elaborar un conocimiento inteligible? Puede que haya otras formas de interpretar el mundo, pero constituyen una imposibilidad lógica para nuestra forma de razonar. No podemos pensar desde fuera de nuestra mente, como advertirá Kant más tarde. Nuestro conocimiento no es una invención, algo subjetivo sin un correlato empírico, pero sí una representación con las formas y categorías inherentes a nuestra peculiaridad biológica. Por eso, no está de más presuponer que hay territorios desconocidos a los que tal vez nunca podremos llegar.

¿Qué es la felicidad?

Al comienzo de la *Ética a Nicómaco*, leemos que todas las actividades (la medicina, la construcción naval, la estrategia militar…) tienden hacia un bien, que es su fin. Aristóteles se plantea cuál es el fin último del ser humano, el fin con relación al cual los otros fines solo serían medios. Todos los individuos coinciden en que el fin último del hombre es la felicidad, pero ¿qué es la felicidad? ¿El placer? Si fuera así, nada diferenciaría al ser humano de los animales. ¿Será entonces la riqueza o los honores? No, pues ambas cosas solo son medios, bienes particulares, no el bien último. El bien supremo no es un bien en sí, escindido de los bienes particulares. A diferencia de lo que creía Platón, Aristóteles sostiene que el Bien no existe por sí mismo. Solo se realiza en situaciones particulares y es distinto cada vez. Se atribuye tres rasgos al Bien supremo o soberano: autarquía o autosuficiencia, perfección y funcionalidad. Aparentemente, se ajusta al ideal griego según el cual el hombre feliz se parece a un dios. No necesita nada ni a nadie. No precisa bienes particulares, que no añadirían nada a su felicidad. Sin embargo, Aristóteles introduce varias precisiones. No se puede hablar de felicidad hasta que una vida haya llegado a su término. Una golondrina no hace primavera y la dicha no se gesta en un instante o en un breve espacio de tiempo. Tampoco es suficiente la virtud, pues la felicidad no es posible sin ciertos bienes corporales, como la salud y una buena apariencia, y bienes exteriores como una buena posición social, una familia o una reputación sin mácula. No es posible ser feliz si eres pobre, posees una apariencia poco grata y no tienes mujer ni hijos.

Aristóteles considera mera palabrería sostener que el sabio es feliz hasta bajo tortura. Lejos del idealismo socrático, admite que las circunstancias ejercen una influencia determinante en el estado de ánimo. Algunos opinan que ese planteamiento es mucho más mediocre que el heroísmo de Sócrates, capaz de afrontar la muerte con serenidad e incluso con cierta alegría, pero se trata de un reproche injusto, pues Aristóteles no incita a la claudicación, sino al coraje. El hombre virtuoso sabe sacar partido de las circunstancias y actúa con la mayor nobleza posible. Se parece al general que utiliza sus tropas con inteligencia y realismo, o al zapatero que trabaja con el cuero disponible, intentando aprovecharlo al máximo. Frente a absolutos ilusorios que postulan una irrealizable impasibilidad ante la desgracia, Aristóteles nos propone ser eficaces y realistas, modulando humanamente las circunstancias.

La felicidad no consiste en ser, sino en hacer. Solo cuando un ser humano actualiza sus potencialidades, alcanza el bienestar interior. ¿Es posible vivir sin una meta? Sin duda, pero esa vida no será una existencia totalmente humana. Los animales pueden experimentar dicha tan solo con sensaciones. Sensaciones físicas y psíquicas de placer y seguridad que neutralicen el peligro y la incertidumbre. Su instinto los mantiene apegados al instante. Su capacidad de previsión puede anticipar los cambios de estación, pero no se plantean el futuro, ni formulan balances retrospectivos. En cambio, el ser humano necesita hallar un sentido a su vida y solo lo consigue elaborando proyectos, fijándose metas. No es necesario que sean metas ambiciosas, pero sí dignas. Pienso en Terry Malloy, el personaje interpretado por Marlon Brando en *La ley del silencio* (*On the Waterfront*, Elia Kazan, 1954). Terry, hermano de Charley el señorito (Rod Steiger), muñidor del gánster Johnny Friendly (Lee J. Cobb), de joven boxeó y apuntaba maneras de campeón, pero le obligaron a hacer tongo para asegurar unas apuestas. A partir de ese momento, su vida se convierte en algo vacío y absurdo. Se limita a holgazanear y, ocasionalmente, hace de chivato de Friendly, pero el amor de Edie Doyle (Eve Marie Sant) y la mala conciencia por haberse implicado en el asesinato de su hermano Joe lo llevan a pensar que no puede continuar así. Su oportunidad de triunfar en el ring ha pasado, pero ahora tiene otra meta más ambiciosa: ganarse el pan, trabajar honestamente. Quiere ser un hombre virtuoso, no un golfo, pero no puede lograrlo sin redimirse de sus culpas testificando contra la mafia que controla los muelles. Friendly y sus matones le propinan una brutal paliza, pero eso no impide que se levante y avance tambaleándose por el muelle para reclamar un puesto de trabajo como estibador. Con la cara deformada por los puñetazos, la vista nublada y las piernas a punto de fallarle, culmina un recorrido que evoca el viacrucis de la pasión. Su cuerpo está maltrecho, pero ha recuperado la autoestima. Tiene una razón por la que vivir, una meta, y eso le infunde fuerzas. Se ha convertido en un hombre virtuoso. Pero ¿en qué consiste la virtud?

El justo medio

En el libro segundo de la *Ética a Nicómaco*, Aristóteles define la virtud como «un justo medio relativo a nosotros». Sin una situación, sin un conjunto de circunstancias, no podremos determinar el justo medio, que no es una medida exacta o una posición. La virtud no es un don, algo innato, sino un hábito adquirido. Exige conocimiento y voluntad. Los socráticos sostenían que una vez que se conoce el bien resulta imposible obrar el mal, pero la experiencia nos enseña que no es así. Las pasiones nos desvían de la virtud. Aristóteles ilustra su teoría con el caso del alcohol. Sabemos que beber en exceso afecta a nuestra conducta y nos induce a comportamientos indignos, pero el placer que nos proporciona nos hace reincidir en un vicio degradante. El borracho no desconoce el bien, pero prefiere ignorarlo porque concede prioridad a una gratificación inmediata. Cuando citaba este ejemplo en el aula frente a jóvenes de dieciocho años, parecía inevitable establecer analogías con las drogas. A fin de cuentas, yo había vivido los ochenta. No con la intensidad de algunos de mis amigos, que inmolaron sus vidas en turbios paraísos artificiales, pero sí con el vértigo del que se acerca al filo del abismo para contemplar su incomprensible seducción. Aún recuerdo a Lou Reed pinchándose heroína —o fingiendo hacerlo— en una de sus primeras actuaciones en España. En los colegios y los medios de comunicación se hablaba constantemente contra las drogas, pero eso solo lograba incrementar el mito que las rodeaba y estimular el consumo. Los más tímidos y convencionales nos libramos de esa tentación. Nos influyó más el miedo que la voluntad o la convicción.

¿De qué serviría que yo les dijera a mis alumnos que las drogas podían causar infinitos males? Los adultos hace tiempo que perdieron su autoridad moral. Se los considera represores o conformistas, no ejemplos a seguir. Todo lo que suene a moralismo despierta rechazo. En la literatura, el arte, el cine, la vida. No se reprocha a Oscar Wilde que flirtee con lo perverso, ni a Cioran que maldiga la existencia, pero cuando un escritor se atreve a esbozar reflexiones morales, se le acusa de incurrir en un burdo didactismo. Quizás la única manera de postular el bien consista en cultivar el ejemplo, como Aristóteles ya previó al ensalzar al hombre prudente que sabe escoger en cada caso lo óptimo. El bien no es algo inamovible, sino la mejor alternativa en una situación. Se aprecia claramente en determinados casos. El coraje es el punto medio entre la cobardía y la temeridad. La generosidad es la respuesta adecuada frente a la avaricia y la prodigalidad. Aristóteles destaca la importancia de la ejemplaridad. La autoridad moral no la proporciona la teoría, sino la vida. Hoy podríamos decir que Nelson Mandela evitó un baño de sangre en Sudáfrica porque su trayectoria inspiraba respeto incluso entre sus adversarios. Gandhi no logró neutralizar la violencia entre hindúes, musulmanes y sijs en el proceso de independencia de la India, pero sin su influencia se habrían perdido más vidas.

Aristóteles no cree que la humildad sea una virtud. En cambio, exalta la magnanimidad o grandeza de ánimo. Subestimarse es tan dañino como sobrevalorarse. El magnánimo reconoce sus méritos y no siente la necesidad de minimizarlos. Es de necios e insensatos negar las propias cualidades. Eso no significa despreciar a los otros. La autoestima no es sinónimo de altanería o insolencia. La magnanimidad prohíbe exagerar los logros o ser grosero con los débiles. Aristóteles se habría escandalizado con los gestos de humildad de Teresa de Jesús y san Juan de la Cruz, que en sus escritos se acusan reiteradamente de ruindad y no desperdician la ocasión de subrayar sus defectos. La humildad es inútil. Lo importante es ser justo. La justicia es equilibrio, medida, proporción. La ley no siempre la garantiza, pues los preceptos legales son rígidos e inflexibles y no pueden prever todos los casos. Solo la prudencia y la equidad pueden determinar en cada situación lo que es justo. Aristóteles reivindica la virtud popular de la prudencia o *phrónesis*. Así como la sabiduría se ocupa de lo necesario, la prudencia se refiere a lo contingente. No es ciencia, sino discernimiento. Es la capacidad de deliberar, una sabiduría práctica que no existe entre los animales ni entre los dioses.

Sin amigos, nadie querría vivir

La prudencia nos incita a cultivar la amistad. En el libro octavo de la *Ética a Nicómaco*, Aristóteles afirma que la amistad es «lo más necesario para la vida». Es más, dice: «Sin amigos nadie querría vivir». Incluso los que disfrutan de poder y grandes riquezas necesitan amigos. La amistad ayuda a los más jóvenes a no cometer errores y alivia la vulnerabilidad de los más viejos. Y en los momentos de plenitud, contribuye a que prosperen los buenos proyectos y las nobles acciones. Aristóteles cita un célebre pasaje de la *Ilíada*: «Dos marchando juntos». Y añade: «Con amigos, los hombres están más capacitados para pensar y actuar». La amistad es una oportunidad de «hacer el bien». Crea lazos entre las personas y mantiene la paz en las ciudades: «Cuando los hombres son amigos, ninguna necesidad hay de justicia». La amistad no es solo necesaria. Además, «es hermosa». Hay distintos tipos de amistades. Algunas nacen del interés, de la esperanza de obtener algún beneficio. En esos casos, se busca la compañía del amigo porque resulta útil o agradable. Aristóteles llama a estas relaciones amistades por accidente, porque en ellas «uno no es amado por lo que es, sino por lo que procura, ya sea utilidad o placer». Tales amistades se disipan con facilidad. Basta que deje de advertirse placer o utilidad. Es lo que suele suceder con los jóvenes, que se hacen amigos rápidamente y se alejan de repente. A veces, un solo día es el escenario de una historia de afecto y ruptura.

Frente a esas amistades, precarias y efímeras, la amistad de «los hombres buenos e iguales en virtud» es duradera y sólida, pues el aprecio no se basa en algo accidental, sino en lo que el otro es en sí mismo. «La virtud es algo estable», escribe Aristóteles, y produce beneficios mutuos: «Los buenos no solo son buenos en sentido absoluto, sino también útiles recíprocamente». Esa clase de amistad exige tiempo. Tardamos en comprobar que una persona es digna de nuestra confianza. La amistad es un tapiz que se elabora lentamente, no algo que brota de forma espontánea.

Aristóteles afirma que la amistad entre malvados es imposible, pues ese tipo de hombres solo anhela el beneficio propio. No son capaces de amar y no conocen la generosidad. No se fían los unos de los otros y conceden credibilidad a las calumnias. Los hombres buenos no se dejan influenciar por la maledicencia, pues confían en sus amigos. Eso sí, no son inmunes a la distancia y a la falta de trato, que diluyen los afectos. La amistad con alguien malvado o indigno constituye una aberración, pues el mal y la indignidad no pueden amarse en ningún caso. Y si se hace, se corre el riesgo de acabar participando de ellas. Si descubrimos que uno de nuestros amigos es un malvado, debemos alejarnos de él, salvo que apreciemos la posibilidad de corregirlo.

Para escoger un amigo, no es suficiente que no sea malvado. Además, es necesario compartir los mismos gustos y alegrarse por las mismas cosas. De no ser así, la relación sería penosa y conflictiva. «El amigo es otro yo», escribe Aristóteles. La amistad es algo que nos permite objetivar nuestros afectos y explorar nuestro interior. Se parece a una obra de arte, que purifica nuestras pasiones. También es una forma de amor a uno mismo: «El hombre bueno debe ser amante de sí mismo porque se ayudará a sí mismo haciendo lo que es noble y será útil a los demás». El hombre bueno se guía por el intelecto. Al realizar «una acción hermosa y grande», como dar la vida por la patria o los amigos, «elige para sí el bien mayor». La convivencia con los hombres buenos es un inmejorable estímulo para la virtud. «La vida es buena por naturaleza», pero a veces lo olvidamos. La cercanía de amigos de espíritu noble y justo nos permite vivir otras vidas, salir de nosotros mismos y enriquecernos con las virtudes ajenas. En los momentos de infortunio, su proximidad nos alivia. No debemos pedir que gimoteen con nosotros —algo que Aristóteles considera propio de mujeres y hombres débiles, conforme a los prejuicios de la época—, sino que nos acompañen con serenidad, compartiendo nuestra pena dignamente.

La amistad nos depara placer, pero el placer no es el bien soberano. Eso sí, acompaña legítimamente a la felicidad. La felicidad más elemental consiste en encontrar un equilibrio entre las diferentes funciones del hombre (vegetativa, sensitiva, intelectual), pero dado que lo más elevado del ser humano es el intelecto *(nous)*, la felicidad perfecta consistirá en la vida contemplativa. De nuevo, el ideal que ya exaltaron los pitagóricos y que cuenta con la ventaja de constituir un fin en sí mismo, sin la necesidad de una intervención exterior que posibilite su ejercicio. Cualquier individuo puede seguir ese camino que nos conduce a nuestra parte divina, pues Dios es pensamiento, y que nos ofrece la posibilidad de inmortalizarnos mediante nuestras obras. Para Aristóteles, la inmortalidad solo es el recuerdo que dejamos en las generaciones sucesivas y se puede adquirir mediante las obras de la inteligencia (los hallazgos científicos y filosóficos), las obras de la vida práctica (las conductas ejemplares) y las creaciones de la sensibilidad (cualquier actividad artística). La inteligencia es lo mejor que hay en nosotros. Aunque sea una parte pequeña de nuestra naturaleza, sobrepasa a todas las demás en dignidad y excelencia. Aristóteles advierte que sin una educación que inculque disciplina y constancia, no llegará a desarrollarse, pues es fácil dejarse arrastrar por la pereza o la búsqueda de placeres primarios. Por eso es importante que los legisladores protejan el saber. La felicidad perfecta está en la vida contemplativa, pero esta no será posible sin salud, seguridad, leyes y ciertos bienes que garanticen una existencia digna. Aristóteles aboga por una prosperidad moderada, sin la cual la dicha resulta inalcanzable.

En una polis sin justicia y equidad, la felicidad es una meta ilusoria. Aristóteles define la política como la ciencia de los fines más elevados. El ser humano es un «animal social» dotado de lenguaje y solo puede realizarse en estrecha convivencia con sus semejantes. Aristóteles no plantea una utopía como la platónica, donde los sabios asumen la dirección de la ciudad-Estado o república, sino un gobierno que se atenga a la historia y la geografía. La política no puede basarse en exigencias atemporales, sino en las condiciones concretas de cada grupo humano. Un buen gobernante hace lo posible, no lo perfecto. Lo excelente en el plano teórico puede no ser deseable en determinadas circunstancias. En teoría, el mejor gobierno es la monarquía, pues reproduce el orden de la familia, con un rey que asume las tareas de un padre, pero si el monarca carece de prudencia y se deja dominar por las emociones, puede convertirse en un tirano. La democracia no es una fórmula ideal, pues el hombre común es muy inferior al rey que ha sido educado para gobernar, pero siempre es mejor que la monarquía, pues el pueblo como conjunto arroja una suma de prudencia superior a la de un hombre solo, sea cual sea. Además, es más fácil corromper a un individuo que a una multitud. Aristóteles está muy lejos de la desconfianza de Sócrates y Platón hacia la ciudadanía. Eso sí, coincide con ellos en mostrar preferencia por las comunidades pequeñas capaces de autoabastecerse, librándose así de la dependencia del exterior. Ese objetivo contrasta con la situación de Atenas, que comerciaba con otras ciudades. Aristóteles no reparó en que las sociedades que se aíslan se parecen a las habitaciones llenas de aire enrarecido, donde casi no es posible respirar. La amistad entre los pueblos es tan necesaria como la amistad entre los seres humanos. Las islas desiertas solo son lugares felices en la imaginación.

Un héroe ambiguo

En la *Poética*, Aristóteles teoriza sobre la poesía y la epopeya. Como ya señalé, falta el libro dedicado a la comedia. Se cree que los actuales registros digitales garantizan la preservación de las obras, pero, así como ardió la Biblioteca de Alejandría, los sistemas de almacenamiento pueden colapsarse, especialmente en un contexto de guerra, donde los ataques ya no son únicamente operaciones militares sobre el terreno, sino también asaltos cibernéticos. Los discos duros físicos tampoco son invulnerables. ¿Conservará el ser humano dentro de dos mil años los libros que hoy nos parecen esenciales, o se perderán algunos títulos? ¿Cómo sería leer *En busca del tiempo perdido* de Proust si se extraviara alguno de los siete volúmenes de la novela? ¿Qué lectura haríamos del *Ulises* de Joyce si la fatalidad destruyera el monólogo de Molly Bloom? Es imposible saberlo, pero la sensatez nos aconseja no ser engreídos. Las catástrofes naturales y las guerras son mucho más poderosas que cualquier sistema de seguridad. La inmortalidad de las grandes obras no está garantizada, lo cual nos recuerda que nuestra imagen del pasado está mutilada y nos invita a ser humildes, a no realizar juicios definitivos e inflexibles. No hay que descartar que dentro de quinientos años nuestra imagen de Grecia sea diferente gracias a hallazgos arqueológicos o a estudios basados en fuentes que hoy desconocemos.

Aristóteles define la poesía como mímesis, imitación, pero no imitación mecánica e irreflexiva, sino imitación creativa. Dicho de otro modo, la poesía no copia; recrea. La historia cuenta lo que sucedió. La poesía, más filosófica, universaliza los acontecimientos y les imprime importancia simbólica, transformando el pasado en una clave del presente y un signo del porvenir. Según Aristóteles, una tragedia solo logrará la perfección como expresión artística cuando conste de un todo acabado, con un principio, un nudo y un desenlace. La acción no debe abarcar un período excesivamente largo. Solo lo necesario para provocar en el espectador «temor» y «piedad», dos sentimientos que solo se obtienen narrando la peripecia de un héroe ambiguo, un personaje ni totalmente culpable ni totalmente inocente, que comete un error y cae en desgracia. Su peripecia nos conmueve especialmente porque entendemos que su sufrimiento es desmedido, pero no completamente inmerecido. Es el caso de Edipo, que mata a su padre sin conocer su identidad y yace con su madre sin saber quién es. Cuando descubre lo que ha hecho, se arranca los ojos y se lanza a los caminos para errar como un mendigo. Ha infringido un tabú primordial y sus hijos, fruto de una aberración, sufrirán las consecuencias, soportando toda clase de reveses. Su dolor nos aflige, pero entendemos que ha hecho algo horrible y que habría sido indigno que finalizara sus días sin alguna clase de castigo. Aristóteles asigna a la tragedia una función terapéutica. Debe producir una catarsis o purificación. Al vivir imaginariamente las pasiones de los personajes, el espectador se libera de tensiones. Es un procedimiento homeopático. Una afección se trata por medio de algo semejante. Entendemos la ira de Medea, pero nos horroriza que mate a sus hijos. El sentimiento de espanto se convierte en reflexión y desactiva nuestras fantasías vengativas, afilando y depurando nuestro sentido ético.

Optimista, templado y sabio, Aristóteles nos enseña que la vida no es caos y azar, sino algo bello y digno de estima, como lo demuestra la existencia de la amistad, la poesía o la ciencia. La metafísica aristotélica nos sitúa a ras de tierra, pero su ética nos eleva, culminando en una búsqueda inteligente de la felicidad. Sus ideas políticas nos recuerdan que la convivencia no es un simple fruto de la necesidad, sino aquello que nos convierte en humanos. Un hombre solo se equivoca. En cambio, una comunidad tiene más probabilidades de hallar la verdad al contrastar opiniones. La poesía no es un mero adorno, sino una forma de cultivar nuestro equilibrio interior. Aristóteles no se deja intimidar por la perspectiva de la muerte. Desde su punto de vista, el alma individual no es inmortal, pero nuestra capacidad de pensar e interpretar acredita el valor de nuestra especie. No debemos lamentar nuestra finitud, sino preocuparnos de dejar un legado que mejore la vida de las siguientes generaciones. Las palabras de Aristóteles, lejos de haber caído en el olvido, siguen escuchándose como ese rumor áureo del que habló Cicerón, recordándonos que nuestra civilización se forjó en Atenas, esa pequeña ciudad donde el espíritu sopló con la delicadeza de una lira y la fuerza de una tempestad.

La filosofía después de Alejandro Magno

La gesta de Alejandro Magno, interrumpida por una muerte prematura, transformó radicalmente la mentalidad griega. A mis alumnos siempre les sorprendía su juventud. Con solo dieciséis años reprimió una insurrección armada. Dice la leyenda que Aristóteles intentó disuadirlo de participar en las escaramuzas, pero Alejandro le contestó que quería aprovechar la audacia de su juventud. Lo cierto es que nunca perdió esa audacia. No solo en el campo de batalla, sino también en el terreno de las reformas políticas. Ambicioso y visionario, reemplazó el ideal de la polis, que había contado con el respaldo de filósofos, estadistas, historiadores y hombres libres, por la meta de una monarquía universal y divina que integrara a distintos pueblos y tradiciones.

Mis alumnos no recordaban la película realizada en 1955 por Robert Rossen sobre Alejandro Magno, con Richard Burton en el papel de conquistador, pero aun así habían oído hablar mucho del héroe macedonio y solían preguntarme por qué era tan famoso. Yo les contestaba que había creado uno de los imperios más grandes de la Antigüedad. Heredero del trono de Macedonia, sometió a las ciudades-Estado de la Hélade y, tras cruzar el Helesponto, hoy estrecho de los Dardanelos, se apoderó del Imperio persa tras derrotar al rey Darío III. Su ejército, compuesto por 35.000 soldados de infantería y 5.000 jinetes —un contingente insignificante comparado con los 200.000 soldados del sátrapa persa—, llegó a dominar un territorio que se extendía por la Hélade, Egipto, Anatolia, Oriente Próximo y Asia Central, y a levantar sus campamentos más avanzados en las orillas de los ríos Indo y Oxus. Alejandro llegó hasta la India, donde derrotó al rey Poro en la batalla del Hidaspes, pero sus tropas se rebelaron y se negaron a continuar hacia Oriente. Desilusionado, el emperador macedonio, que se había proclamado hijo de Zeus, regresó a Babilonia, donde murió sin consumar su proyecto de conquistar la península arábiga. Se especuló que había sido envenenado, pero hoy se considera más probable que falleciera a causa de una pancreatitis. Los herederos de su imperio se enredaron en disputas que sembraron el caos y la división y destruyeron su obra.

Con solo treinta y dos años, Alejandro llegó a dominar una extensión de tres millones de kilómetros cuadrados. Fundó setenta ciudades, cincuenta de las cuales aún llevan su nombre. Gracias a su influencia, la historia del caballo de Troya llegó hasta los habitantes del Punjab. Los griegos no se limitaron a exportar su civilización. También asimilaron las tradiciones y creencias de los territorios conquistados. El prestigio de Alejandro fue tan grande que sus generales incluso imitaban su gesto de inclinar la cabeza hacia un lado. Julio César lloró al leer su biografía, abrumado porque él tenía su misma edad y aún no había logrado ningún éxito notable. La fama de Alejandro se propagó desde Islandia hasta China. Según una leyenda judía, el oro que el rey Melchor ofrendó a Jesús procedía de las arcas del joven conquistador. Amante de la poesía, la música y el arte, Alejandro podía recitar de memoria a Eurípides y Homero, pero también estaba interesado por la botánica, la medicina, la canalización, el riego y la ganadería. Uno de sus amigos le describió de forma muy elocuente: «Es el único filósofo al que he visto siempre armado». Fascinado por Aquiles, soñaba con una gloria imperecedera. Quería ser recordado por sus hazañas, aunque el precio fuera una muerte prematura.

Greta no comprendía la fascinación que aún despierta Alejandro.

—Según cuentas, era un carnicero. Subió al trono asesinando a sus rivales, incluidos algunos familiares, destruyó varias ciudades, mató a uno de sus lugartenientes... ¿Cómo se llamaba?

—Clito el Negro. Durante una disputa, le atravesó con una lanza.

—¿Y no era el que le había salvado la vida en un río?

—Sí, en el Gránico.

—En definitiva, era un salvaje. Además, ¿por qué conquistar

otros territorios? ¿No es mejor visitarlos, conocer sus costumbres, aprender cosas nuevas?

—Alejandro también hizo esas cosas.

Greta meneó la cabeza, indicando que esos gestos no compensaban el dolor causado con sus campañas militares. He de decir que sus comentarios, lejos de molestarme, me agradaron. Saber que a los jóvenes ya no les deslumbraban las hazañas bélicas me resultó esperanzador. En mi infancia, casi todos los niños soñaban con parecerse a Hernán Cortés o al Cid. O, en el caso de las niñas, a Isabel la Católica o a Agustina de Aragón. Al igual que sus compañeras, Greta tenía otras metas. Menos épicas, pero más humanas. Solía hablar con una nuez en la mano. Decía que se parecía mucho a un cerebro y que acariciar sus pliegues le ayudaba a pensar. Ese hábito evidenciaba que el viejo culto a la espada, vigente hasta las vísperas de la Segunda Guerra Mundial, cuando algunos jóvenes llegaron a suicidarse por ser rechazados en su caja de reclutas y no poder combatir en el frente, había sido sustituido por el amor a la sabiduría y la paz.

Las monarquías helenísticas que surgieron tras la muerte de Alejandro acabaron con las libertades ciudadanas, lo cual creó desafección hacia el Estado. Surgió de este modo el individualismo. Cuando, en 146 a. C., Grecia se convirtió en una provincia romana, se abrió paso la idea de que la patria del ser humano no era su lugar de nacimiento, sino el mundo como totalidad. El culto a la polis fue sustituido definitivamente por el cosmopolitismo y por la búsqueda individual de la felicidad y del bien. La asimilación de los bárbaros, promovida por Alejandro al fomentar los matrimonios entre oficiales macedonios y mujeres persas, puso en tela de juicio instituciones como la esclavitud. La aparición de nuevos centros de cultura como Pérgamo, Rodas y, sobre todo, Alejandría, con su biblioteca y su museo, debilitó aún más los prejuicios tradicionales y sembró nuevas inquietudes morales. Las escuelas filosóficas que surgirán en este período tendrán como prioridad reflexionar sobre la ética y hallar un estilo de vida capaz de proporcionar dicha, armonía y paz interior. La nueva meta es cultivar y perfeccionar el arte de vivir.

La escuela del perro

Antístenes: la desobediencia puede ser una forma de virtud

> Se debe convertir el alma en una fortaleza inexpugnable.
>
> ANTÍSTENES

Sócrates, en su alegato contra los jueces que lo condenaron a muerte, afirmó que los atenienses se libraban de sus críticas, pero no de las de sus discípulos, que se multiplicarían y serían más jóvenes y enérgicos. No se equivocaba. Sus enseñanzas fueron continuadas por figuras tan notables como Jenofonte, Platón y Antístenes. Se ha dicho que Platón fue el cisne con el que soñó Sócrates. Antístenes no pretendió ser un cisne. Prefirió ser un perro, un «cínico». Nunca le interesaron el lujo, el confort o el prestigio. En griego, *kyon* significa «perro». Los perros viven frugalmente, y eso es lo que pretendía Antístenes. Un hombre solo es libre cuando no se deja dominar por la ambición material y aprende a dominar el placer y el dolor.

Para Antístenes, el placer es un mal. De los escasos fragmentos que se conservan de su obra, despuntan dos breves aforismos. En uno, afirma que prefiere la locura al placer. En otro, asegura que dispararía flechas contra Afrodita para acabar con ella y no sucumbir a sus malas artes. Sócrates no considera al placer ni bueno ni malo. Solo aconseja manejarlo con inteligencia para no convertirse en su esclavo. En cambio, Antístenes opina que el placer nunca es bueno, pues atenta contra nuestra libertad. Sucede lo mismo con la fama, la gloria, la riqueza. Un sabio no debe vivir sometido a las leyes de los hombres, sino a las leyes de la virtud. Si la ley de la polis es injusta, solo cabe desobedecerla, como hizo Antígona, que fue condenada a muerte por enterrar a su hermano Polinices, al que sus conciudadanos consideraban un traidor y, por tanto, indigno de un sepelio.

Para los griegos, el trabajo era una obligación penosa. Antístenes pensaba de otro modo. El trabajo, lejos de ser una carga, es la actividad más noble del ser humano. En él encuentra su dignidad. Todas las tareas poseen valor. Para subrayar esa opinión, Antístenes dedicó su escuela a Hércules, el héroe de los trabajos legendarios. El amor al trabajo debe inculcarse. Sócrates intentó formar una élite. Antístenes, imitando a los médicos, prefirió acercarse a todos, incluso a los malvados. El sabio no es un maestro selectivo, sino un pedagogo que no contempla exclusiones. Conviene aclarar que Antístenes no relaciona la sabiduría con la ciencia, sino con un determinado estilo de vida. Su escuela, situada en el gimnasio del Cinosarges, ha pasado a la posteridad con el nombre de «escuela del perro». Aparentemente, por el lugar en el que se encontraba, pero, más probablemente, por la forma en que vivían sus discípulos. Solían ser de origen humilde, albergaban un agresivo resentimiento y a veces se comportaban como perros: comían y copulaban en público, caminaban descalzos, dormían sobre el suelo, «ladraban» a sus enemigos. Tal vez por eso Antístenes se definía como un «auténtico perro». Esta forma de vivir explica que despreciara las ciencias, hasta el extremo de recomendar no aprender a leer ni escribir.

Diógenes de Sinope: busco al hombre

> Las personas que se entregan al lujo son como esas higueras que nacen al borde de los precipicios. No son los hombres los que recogen los frutos, sino los cuervos y los buitres.
>
> Frase atribuida a Diógenes de Sinope por Diógenes Laercio

Diógenes de Sinope es el representante más radical de la filosofía cínica o «escuela del perro». Contemporáneo de Alejandro, algunas fuentes apuntan que murió en Corinto el mismo día que el conquistador macedonio. Se dice que recorría Atenas con un candil a plena luz del día, repitiendo la frase «busco al hombre». Se refería al hombre auténtico, al que vive de espaldas a las convenciones sociales sin dejarse afectar por el azar o la desgracia, libre de ambiciones materiales y sin otras necesidades que las impuestas por la naturaleza. Diógenes despreciaba las ciencias y las artes. Los conceptos le parecían inútiles y solo consideraba importante vivir conforme a sus convicciones. Se dice que vivía en un tonel y que, en una ocasión, cuando Alejandro le preguntó si deseaba algo, recordándole que poseía el poder necesario para satisfacer cualquier petición, Diógenes contestó que solo necesitaba que se apartara, pues le estaba privando del calor y la luz del sol. Alejandro, admirado, comentó que, si no fuera Alejandro, desearía ser Diógenes.

Hay otras anécdotas que redundan en la independencia y descaro del filósofo. Acostumbraba a satisfacer todas sus necesidades a la luz del día, incluidas las que se refieren al placer y la evacuación de los intestinos. Cuando le recriminaban que se masturbara en público, respondía que ojalá se pudiera calmar el hambre frotándose la barriga. Durante un banquete, le arrojaron huevos, como si fuera un perro, y Diógenes respondió a la humillación levantando una pierna y orinando sobre ellos. Una vez visitó la mansión de un rico y este le pidió que no escupiera. Aclarándose la garganta, Diógenes le escupió en la cara, alegando que no había encontrado un lugar más sucio. Si se cruzaba con algún filósofo que negaba el movimiento, se arrojaba al suelo y rodaba entre carcajadas. «Me esfuerzo en hacer en la vida lo contrario que todo el mundo», repetía a menudo para explicar su extraña existencia. Si le llamaban perro, contestaba: «Meneo alegremente la cola ante quien me da algo, ladro contra el que nada me da, muerdo a los bribones». Proclamaba que su patria era el mundo y afirmaba que los filósofos son los hombres más ricos, pues no están atados a nada.

No conservamos ni una frase de Diógenes. Solo conocemos su pensamiento por referencias de otros autores. Eso sí, sabemos que sus ideas impresionaron a sus contemporáneos, pues en Paros se erigió una columna en su memoria con la siguiente inscripción: «El bronce cede ante el tiempo y envejece, pero tu gloria, oh, Diógenes, permanecerá intacta durante la eternidad, porque solo tú enseñaste a los mortales la doctrina según la cual la vida se basta a sí misma y señalaste el camino más fácil para vivir».

¿Qué lecciones nos han dejado los cínicos? En primer lugar, que el ser humano no es un peón de la fatalidad zarandeado por las circunstancias, sino el protagonista de su propia historia. Puede gobernar su vida y labrar su felicidad mediante decisiones libres e inteligentes. En segundo lugar, la dicha no consiste en acumular bienes o experimentar placer, sino en no depender de lo innecesario. Solo debemos preocuparnos de lo esencial. En *Historias de cronopios y de famas*, Julio Cortázar narra las reflexiones de alguien que recibe un reloj como regalo. Se trata de una pieza valiosa y exige cierta supervisión. Su propietario se desvive por evitar que se lo sustraigan y por garantizar su funcionamiento. Su preocupación no tarda en convertirse en obsesión. Poco después descubrirá que en realidad el regalo ha sido él, pues le han convertido en el esclavo del reloj. Antístenes y Diógenes habrían asentido. Quiero objetar que prestar demasiada importancia a las cosas superfluas es absurdo, pero eso no significa que no tengan ninguna relevancia. En *La conquista de la felicidad*, Bertrand Russell ya señaló que albergar una pasión nos ayuda a vivir. El que se ilusiona coleccionando sellos, cultivando y podando rosales o elaborando mermeladas siempre tendrá una motivación adicional para afrontar la existencia. Sucede lo mismo con el placer. No hay que despreciarlo. El frescor de un río en verano, el sabor de una buena fruta o la intimidad con un ser querido nos pueden proporcionar gratísimos momentos de dicha. El placer solo es malo cuando se convierte en una compulsión.

Por último, los cínicos nos enseñan que la virtud es la mayor recompensa. Antígona muere por enterrar a su hermano Polinices, pero la satisfacción de hacer lo correcto le proporciona paz interior. La virtud es una de las grandes proveedoras de felicidad. Eso sí, a veces prodiga una felicidad áspera, teñida de dolor, como la que experimentó Sócrates al beber la cicuta o Jean Moulin, héroe de la resistencia francesa, al no delatar a sus compañeros pese a las brutales torturas. La búsqueda de la virtud puede llevar en ocasiones a conductas grotescas, como las provocaciones de Diógenes, pero siempre implica esa tensión de superar los límites que acompaña a las grandes hazañas. La felicidad no es algo material, sino espiritual.

El jardín de Epicuro

No dependas de nada superfluo

> Bien más preciado que el mismo amor a la verdad resulta la sensatez, de la que se derivan todas las demás virtudes, porque enseña que no es posible vivir gozosamente sin hacerlo sensata y hermosamente.
>
> Epicuro, *Carta a Meneceo*

«Epicúreo» no es un adjetivo habitual, pero suele ser utilizado como sinónimo de «hedonista», y ambos poseen una connotación negativa. Se asocia con la búsqueda egoísta del placer y la elusión del esfuerzo, el riesgo o el compromiso. Es famosa la frase de John Stuart Mill, que considera preferible ser un «Sócrates insatisfecho» que un necio feliz y satisfecho.

El epicureísmo es la primera de las grandes escuelas helenísticas. Apareció en Atenas a finales del siglo IV a. C. Su fundador fue Epicuro, hijo de un maestro de escuela. Nacido en Samos, heredó la ciudadanía ateniense de su padre. Dedicó su existencia a filosofar y se atrajo muchos discípulos. Fue un pensador tan popular como denostado. No se casó y no se le conocen hijos. Murió a los setenta y un años, víctima del mal de piedra. Dicen que, a pesar del dolor, se mantuvo alegre y tranquilo hasta el final. Si realmente fue así, su temple era admirable. Yo he sufrido varios cólicos nefríticos y puedo asegurar que causan un malestar muy agudo. En una ocasión me hospitalizaron y comprendí el comentario platónico de que el dolor ahuyenta el alma. El sufrimiento físico nos deshumaniza. No quiero decir que nos haga peores, sino que nos rebaja a cuerpos atormentados con una hebra de conciencia. Retrocedemos hacia lo estrictamente biológico y abandonamos la razón, que se diluye o minimiza. Nos alejamos deliberadamente de la lucidez, pues solo agrava la sensación de impotencia. Epicuro no transigió con esas tentaciones. Mantuvo su conciencia hasta el final. Sus contemporáneos le acusaban de vividor y bufón, pero agonizó con enorme dignidad.

Según Diógenes Laercio, Epicuro escribió trescientas obras, pero solo conservamos cuarenta máximas y tres cartas: la *Carta a Heródoto* (no el historiador), que habla de gnoseología y física; la *Carta a Pítocles*, que aborda cuestiones de cosmología, astronomía y meteorología; y la *Carta a Meneceo*, centrada en la ética. ¿Habría entristecido a Epicuro esta terrible pérdida? Es difícil saberlo, pero lo cierto es que el filósofo concibió su pensamiento como una fórmula para ahuyentar la tristeza. Firme defensor del optimismo, Epicuro opina que la melancolía es un sentimiento antifilosófico, pues brota de una comprensión deficiente de la vida. Un pensamiento correctamente orientado nos conduce siempre al equilibrio, al sosiego y a la entereza.

Epicuro eligió un lugar atípico para fundar su escuela: un jardín o, más exactamente, un huerto. A diferencia de liceos y academias, un espacio alejado del tumulto de la polis. En el silencio de la campiña, que solo producía indiferencia a sus predecesores, más atraídos por el gimnasio, símbolo de la Grecia clásica, Epicuro invitó a su escuela a nobles y plebeyos, ciudadanos y esclavos, hombres y mujeres. Incluso admitió hetairas que anhelaban otra forma de vida. Sus enseñanzas eran más asequibles que las de Platón y Aristóteles y poseían un carácter práctico. Epicuro sostenía que la realidad no era un misterio impenetrable, sino algo inteligible. Los sentidos no nos engañan y nuestra inteligencia dispone de los recursos necesarios para garantizarnos una existencia feliz. El mundo puede satisfacer todos nuestros anhelos si sabemos adoptar la actitud adecuada. La felicidad no es placer exacerbado, sino ausencia de dolor y de inquietud. El ser humano solo tiene necesidad de sí mismo. Puede ser totalmente autárquico. No precisa de ciudades, instituciones, riquezas. Ni siquiera necesita a los dioses.

Epicuro suscribe las teorías de los atomistas. No existe una necesidad ineluctable; solo azar y procesos físicos. El ser ha existido siempre y siempre existirá. Es infinito y está compuesto de cuerpos y de vacío. No es que simplemente carezca de límites. Es que hay infinitos universos que aparecen y desaparecen sucesivamente en el tiempo. Solo son inmutables los elementos que componen la realidad. Se combinan para que haya mundos. Mundos que nacen y mueren. En cambio, el Todo permanece intacto. Está más allá de cualquier evento, pero eso no significa que obedezca a ningún propósito o finalidad. Detrás del cosmos, no hay un proyecto diseñado por alguna clase de inteligencia. Epicuro no niega la existencia de los dioses, pero sostiene que no han creado el mundo ni se ocupan de los asuntos humanos. El alma no es inmortal. Solo es un agregado de átomos y, por tanto, hay que descartar cualquier esperanza de sobrevivir de una forma u otra. Cuando morimos, desaparecemos completamente. Esa perspectiva no debe inspirarnos temor. Al morir, se extingue cualquier sensación. No experimentamos sentimiento de pérdida, vacío o aflicción. Y la eternidad no añadiría nada a la dicha del filósofo, que ha descubierto que el placer —y, por lo tanto, el bien— es ausencia de dolor *(aponía)* y de cualquier tipo de perturbación *(ataraxia)*. El placer es sobriedad, no opulencia; moderación, no desenfreno; medida, no desmesura. Epicuro aconseja rehuir los goces intensos y momentáneos. Solo son provechosos los placeres naturales y sencillos, como comer, descansar o beber. No incluye en esta categoría el placer sexual y el amor, que crean zozobra y agitación. Cuando los placeres naturales se desvían de su justa medida, pierden su carácter beneficioso. Comer en exceso, beber hasta embriagarse, dejarse llevar por la pereza, produce frustración. Epicuro no dice que se trate de vicios, sino de hábitos que destruyen nuestra tranquilidad e independencia. El anhelo de riqueza y poder son aún más dañinos. La auténtica riqueza es no depender de nada superfluo.

Aristóteles describió al ser humano como un «animal político». Epicuro discrepa enérgicamente. La política es antinatural. Dispersa y disipa. Hay que apartarse de las multitudes. «Vive oculto», recomienda. La ataraxia solo es perfecta cuando nos cobijamos en nuestro interior y permanecemos ahí, disfrutando de la corona que se obtiene ejerciendo el mando sobre nuestras pasiones. Somos un imperio y debemos aprender a gobernarnos y a levantar empalizadas que no dejen pasar el mundo exterior. El derecho, la ley y la justicia solo tienen valor y sentido en la medida en que resultan útiles para lograr la ataraxia. La polis no es un absoluto moral, sino una institución con un valor relativo. Surge de un contrato que se puede romper cuando ya no resulta útil. El Estado solo es un instrumento, no algo sagrado. Epicuro desliga al ser humano de su condición de ciudadano y subraya su perfil como individuo. No debe estar al servicio de los intereses de la polis, sino que ha de forjar sus propias metas para buscar su propia felicidad. Frente a los lazos de ciudadanía, Epicuro exalta los lazos de amistad, un vínculo que se establece libremente con personas de ideas y estilos de vida similares. El amigo es casi como un espejo. En él nos vemos a nosotros mismos. La amistad es una fuente de alegría. Epicuro la describe como «el bien más grande». Es una fuerza que recorre la tierra, conectando unas vidas con otras y ayudándonos a sortear el desánimo y la impotencia.

En su *Carta a Meneceo*, Epicuro condensa su filosofía vital en cuatro principios: 1) no temas a los dioses, pues no se entrometen en los asuntos humanos; 2) no temas a la muerte, pues no es nada, salvo un anonadamiento total; 3) los placeres sencillos, que son los únicos valiosos, están al alcance de todos; 4) el mal no dura mucho y se puede soportar con facilidad. Siguiendo este cuádruple fármaco o «tetrafármaco» —una fórmula magistral, atemporal y universal—, el ser humano se convertirá en sabio y será feliz incluso en mitad de los más horribles tormentos, como el del toro de Falaris, una estatua de bronce hueca que se colocaba bajo un fuego para quemar lentamente a los condenados introducidos en su interior.

¿Tiene alguna utilidad a estas alturas el «tetrafármaco» de Epicuro? Vivir sin miedo a los dioses ni a la muerte, cultivar los placeres sencillos y soportar el mal con paciencia, sabiendo que —en la mayoría de los casos— pasará pronto, no parece una mala forma de vivir. Prescindir de los dioses no lleva necesariamente a la desesperación. Lo sagrado y místico enriquecen la vida, pero cuando se convierten en una muleta, nos devuelven a la fragilidad de la niñez. La muerte es terrible, pero allí donde comienza su reinado, nuestra vida se desvanece. Nunca conviviremos con ella.

El epicureísmo concitaba la simpatía de mis alumnos, que no sentían demasiado aprecio por la política, valoraban mucho la amistad y no advertían nada malo en el placer. Mi generación creció abrumada por el sentimiento de culpa, pero la pérdida de influencia de la religión liberó a las conciencias de ese peso. Cuando relataba en clase la represión ejercida por la censura franquista, despertaba sonrisas y gestos de incredulidad. «¡Qué época más triste!», comentaban algunos. Sí lo fue, y no solo por las absurdas prohibiciones que obligaban, entre otras cosas, a introducir cortes en películas, omitiendo besos o frases encendidas, sino porque aquellas restricciones surgían de una interpretación pesimista del ser humano. Supuestamente, todos los individuos nacían con la mancha del pecado original y, por lo tanto, propendían al mal. De ahí que fuera necesario ejercer una estricta vigilancia sobre las conciencias y poner freno a su perversidad innata. Por fortuna, mis alumnos crecieron con una perspectiva diferente. Estaban más cerca de Epicuro, optimista hasta el final de sus días y siempre dispuesto a celebrar la vida. En el buen sentido de la palabra, se sentían hedonistas y no se avergonzaban de ello.

La escuela estoica: solo el sabio es libre

A partir del siglo IV a. C., Zenón de Citio fundó en Atenas una nueva escuela: la Stoa. Zenón no era ciudadano ateniense, pues Citio se encontraba en la isla de Chipre. Al ser extranjero, no podía comprar un edificio. De ahí que decidiera impartir sus enseñanzas en un pórtico o *stoá*. La Stoa partió de la idea de que la verdadera moralidad se asienta en el conocimiento. Es imposible practicar la virtud sin el concurso de la sabiduría. Sin reflexión teórica y sin una incansable búsqueda de la verdad, la conducta naufraga en la mediocridad y acaba desembocando en el mal. El alma humana, al nacer, es «como una tablilla sin escribir». La virtud no es un impulso espontáneo, sino algo que se adquiere mediante el conocimiento. Sin la seguridad que proporciona el saber objetivo, la conducta será ciega y errática. Las convicciones solo son certezas cuando nacen de una investigación rigurosa. La lógica es el fundamento de cualquier ciencia, pues sus enunciados poseen el grado de necesidad que marca la diferencia entre la verdad y el error. Al aplicar este modelo a la interpretación del universo, descubrimos que el cosmos es lo único real. Todo lo que existe es la manifestación de una misma sustancia originaria y creadora que «siempre ha sido, es y será».

Los estoicos son monistas y materialistas, y no creen en el azar. Hay un logos o fuerza racional que penetra y vivifica la materia, ordenándola hacia un *telos* o finalidad. Frente al materialismo mecanicista de los atomistas, los estoicos creen que el universo está gobernado por un alma inteligente, racional y providente *(prónoia)*. El sabio acepta esa providencia sin rebelarse contra ella, pues sabe que el todo es armónico y actúa conforme a una indestructible cadena de causas y efectos. Desde una perspectiva individual, la realidad puede parecer imperfecta o caótica, pero *sub specie aeternitatis* todo es perfectamente lógico y necesario. Aunque la muerte parece un mal, solo es un momento del orden cósmico. No hay inmortalidad individual, sino un retorno a la fuerza originaria de la que procedemos. Los organismos perecen, pero no mueren del todo. Simplemente cambian de estado. Las catástrofes naturales o las deformaciones congénitas no son anomalías en una totalidad armónica, sino incidencias necesarias. Las calamidades cumplen una función y se compensan mediante otros fenómenos. No debemos confundir nuestra comprensión insuficiente de las cosas con un presunto mal. Solo el sabio es libre, pues es el único que acepta la inexorable necesidad del universo. El resto de los hombres son esclavos, pues se rebelan contra el orden del cosmos cuando destruye sus expectativas de felicidad. La autarquía no implica poder sobre el mundo exterior, sino control de las propias pasiones. El sabio acepta la muerte de un ser querido como un hecho natural y necesario. El necio se rebela contra las pérdidas, sin lograr otra cosa que incrementar su dolor. La ataraxia estoica no consiste en refugiarse en un jardín, como hacen los epicúreos, sino en comprender el cosmos y la naturaleza humana desde el punto de vista del logos. Solo la razón puede proporcionarnos independencia y tranquilidad interna y librarnos de la perturbación e inestabilidad inherentes a los afectos y pasiones.

El sabio estoico no cultiva el retiro, pues cree que todos los hombres pertenecen a una polis universal y deben practicar la justicia y el amor a los demás. Cada individuo es un ciudadano de la comunidad de los racionales. Hay un parentesco natural entre todos los seres humanos. Por eso, la esclavitud es inaceptable. Crisipo de Solos, segundo fundador de la Stoa y creador de la gramática como disciplina específica, abogó por un solo Estado y una sola ley soberana. La comunidad de los racionales es incompatible con una religión basada en criterios antropomórficos. La idea de un Dios personal es una ficción. Dios es solo la causa inmanente originaria y rectora de la naturaleza.

Quizás el aspecto más antipático del estoicismo es su doctrina de la apatía. A diferencia de los epicúreos, los estoicos no creen que las pasiones, principal causa de infelicidad del ser humano, se puedan controlar o moderar. Si queremos librarnos de sus estragos, debemos erradicarlas. El sabio, consagrado al estudio del logos, no consentirá que broten en su interior. Apenas aparezcan, las extirpará de raíz. La misericordia es un vicio de almas necias y superficiales. Solo debemos preocuparnos por lo justo. No hay que dejarse conmover por la desgracia ajena. El sabio es impasible. Ni siquiera se tambalea en presencia de la muerte.

Se ha dicho que los estoicos no aman la vida, y algo hay de eso. Epicuro celebra hasta el último instante de su existencia. En cambio, Zenón de Citio parece aliviado cuando sufre una caída que casi acaba con él. Mis alumnos se indignaban cuando les explicaba el desdén de los estoicos hacia la compasión, pero a veces yo lamentaba no ser menos emotivo, especialmente a la hora de poner notas. Cada suspenso me costaba un disgusto. Siempre buscaba la forma de reducir la tasa de fracaso al mínimo. A veces aprobaba a alumnos que no lo merecían y la inspección me llamaba la atención. Ahora pienso que me equivocaba. Hay que compadecerse del dolor ajeno, pero sin olvidar que el fracaso también es una experiencia necesaria. Un suspenso justo puede ser un estímulo. No se trata de algo irreversible. Con trabajo y esfuerzo puede revertirse.

Greta no disimulaba el desagrado que le producía la impasibilidad estoica.

—Epicuro me parece más humano que los estoicos. Elogiar la ausencia de compasión es horrible y pensar que todo sucede por necesidad no me parece un consuelo.

—¿No crees que la serenidad es una virtud? Por ejemplo, cuando se suspende un examen.

—Eso está bien. No hay que tomarse las cosas a la tremenda. Fracasar te obliga a esforzarte más. Al equivocarnos, aprendemos. Desmoralizarse no lleva a ninguna parte.

Greta tenía razón al decir que no es un consuelo pensar que todo sucede por necesidad. Sin embargo, gracias a esa idea, una figura de la talla de Simone Weil soportó las convulsiones de su tiempo, que incluyeron la Shoá y la Segunda Guerra Mundial. En su opinión, había que amar el destino, incluso en sus aspectos más trágicos. Ciertamente, es una actitud heroica que no transige con el desánimo. De hecho, Weil nunca se cansó de exaltar la vida. En la penúltima carta que escribió a sus padres, cuando ya sabía que sus días se agotaban, descartó cualquier queja o lamento. «No perdáis la esperanza. Sed felices», anotó con firmeza. Vivir bien implica saber morir, y Simone Weil no se dejó vencer por el miedo o la desesperación. Algunos dicen que su muerte fue un suicidio, pues apenas comía para compartir las penalidades de la Francia ocupada, pero lo cierto es que no buscaba morir, sino estar a la altura de las estrictas exigencias éticas que siempre se impuso a sí misma. Ahora que el estoicismo se ha vuelto a poner de moda, pienso que conocer la biografía de Simone Weil es la mejor forma de comprender lo que significa asumir sus enseñanzas hasta las últimas consecuencias.

SÉNECA, UNO DE LOS NUESTROS

El esplendor de Roma

*L*a Roma clásica era algo más que una ciudad. Durante siglos, fue el centro del mundo, la apoteosis del poder, el arte y la ciencia. Visitar Roma constituía un acontecimiento, una experiencia que marcaba un antes y un después. Al acercarse a sus puertas, el viajero se topaba con hileras de tumbas. Algunas eran espectaculares, como la que se había construido con forma de pirámide el magistrado Cayo Cestio, y no era infrecuente cruzarse con cortejos fúnebres acompañados por flautistas y plañideras. Cerca de las murallas, había postas para abrevar los caballos, letrinas para satisfacer las necesidades básicas y posadas para aplacar la sed con vino o agasajar el paladar con jamón, queso y aceitunas. No muy lejos se hallaba el puerto fluvial, el llamado *Emporium*, provisto de inmensos almacenes donde se depositaban los cargamentos de la India y Arabia, los tejidos de Babilonia, los mármoles griegos y africanos, el aceite de Hispania y las toneladas de trigo de Sicilia y Egipto. Cerca del puerto proliferaban los hornos de pan, así como los mercados, bien abastecidos de carne, fruta y verduras.

El bullicio del puerto contrastaba con las aristocráticas villas del monte Aventino, salpicado de viejos templos y santuarios. El refinamiento de estas residencias ofrecía un discreto contrapunto a las gigantescas y populares termas de Caracalla, que podían acoger a 8.000 personas al día, y al frenesí del circo Máximo, con espacio para que 385.000 espectadores pudieran presenciar las carreras de cuadrigas. El teatro de Marcelo, capaz de albergar a 20.000 espectadores, se reservaba para las representaciones dramáticas y los ritos religiosos, mientras que el Coliseo o Anfiteatro Flavio ofrecía peleas de gladiadores, recreaciones de célebres batallas, algunas de carácter naval, y cacerías de animales exóticos (rinocerontes, jirafas, leones, avestruces, hipopótamos, hienas). Algunas fuentes estiman que en el Coliseo murieron cuatrocientos mil seres humanos y un millón de animales. Salvo Séneca, ningún literato o filósofo deploró esas muertes. De hecho, se consideraba que contemplar la agonía de un gladiador o una bestia constituía un placer legítimo. En el centro de la ciudad se hallaba el Foro Romano. Allí se encontraban el mercado, los templos y las instituciones de gobierno. Entre esos edificios, se comerciaba, se hacían negocios, se administraba justicia, se celebraban los oficios sagrados, se cometían hurtos y se ejercía la prostitución.

El estoicismo renació en Roma y se convirtió en una doctrina muy popular durante el período imperial. En esta nueva etapa, pasaron a segundo plano los problemas lógicos y físicos, perdió importancia la política e irrumpió un fuerte sentimiento ético y religioso. Eso sí, la moral de la época era muy distinta de lo que hoy entendemos por correcto. El padre no asistía al parto de su esposa, pero tenía el derecho de aceptar o repudiar al recién nacido. A diferencia de egipcios, germanos y judíos, que criaban a todos sus hijos, los romanos abandonaban a los vástagos en vertederos públicos o a la puerta de sus hogares, permitiendo que cualquiera se apropiara de ellos. Las niñas solían ser «expuestas» con más frecuencia. El desprecio hacia la mujer se manifestaba en todos los aspectos de la vida. Una banda de adolescentes podía asaltar la vivienda de una mujer de mala fama y violarla sin tener que rendir cuentas ante la ley. El poder de los hombres era absoluto. El padre de familia podía matar a cualquiera de sus hijos mediante una sentencia privada. Ese privilegio se mantenía hasta el fin de sus días, lo cual implicaba la sumisión total de su progenie. Las esposas no se elegían por amor, sino para garantizar el linaje. En el mejor de los casos, el matrimonio se consideraba un pacto de amistad. Nadie cuestionaba la esclavitud, una situación en la que se hallaba una de cada tres personas en la península itálica.

La dignidad no se asociaba a la honradez, sino al poder y la riqueza. Los gestos de generosidad, como repartir comida u organizar espectáculos, no nacían de sentimientos de piedad, sino del deseo de ostentación y de conseguir el favor de la plebe. El trabajo no se consideraba algo meritorio. La vida ociosa era el signo de distinción de los nobles. Los romanos estaban de acuerdo con el griego Jenofonte, según el cual los oficios manuales afeminaban, pues obligaban a permanecer sentados a la sombra y junto al fuego. Las relaciones con menores, un concepto por entonces inexistente, estaban muy extendidas, especialmente con los del sexo masculino. Se consideraba que el placer obtenido con un muchacho siempre era más sereno y menos perturbador que la pasión por una mujer. Sería absurdo condenar a los romanos por sus costumbres. No eran peores que nosotros. Simplemente, sus circunstancias eran diferentes. El progreso moral es una buena noticia, pero no debe utilizarse como argumento para descalificar a nuestros antepasados.

Solo la muerte es nuestro juez

> Pobre no es el que tiene poco, sino el que mucho desea.
>
> SÉNECA, *Epístolas morales a Lucilio*

Séneca ha pasado a la posteridad como una voz ética que prefigura el cristianismo. Se dijo que intercambió cartas con su contemporáneo Pablo de Tarso. Unas epístolas apócrifas alimentaron la leyenda. Por contraste, su vida pública, que incluyó las astucias de la política y las miserias de las intrigas palaciegas, puso en tela de juicio la supuesta ejemplaridad de su figura. Quizás Séneca concibió su existencia como un camino hacia la virtud porque conocía sus propias flaquezas e imperfecciones. Si hubiera sido un hombre santo, tal vez no habría cultivado la filosofía, la mejor escuela para una conciencia que desea educarse y superar sus debilidades. No fue un pensador sistemático, sino un escritor que se dejó llevar por intuiciones y reflexiones puntuales. Su sabiduría consistió en meditar sobre el bien, el buen gobierno, la libertad, la dignidad, la belleza y la muerte, empleando un criterio flexible, lejos de postulados dogmáticos. Al igual que Sócrates y Platón, entendió que la filosofía es una preparación para la muerte. En las *Epístolas morales a Lucilio*, escribe:

> Me preparo animosamente para aquel día en el que, apartado de todo artificio, me juzgaré a mí mismo y mostraré si mi valor estaba en el corazón o en los labios, si fue simulación o comedia mi reto a la suerte. Nada cuenta la estimación de los hombres, siempre dudosa y que se prodiga indistintamente al vicio y la virtud; no cuentan los estudios de toda una vida: solo la muerte es nuestro juez. Las disputas filosóficas, las doctas conversaciones, los preceptos de la sabiduría no demuestran el verdadero temple del alma: hasta los hombres más viles pueden hablar como los héroes. Tu valor individual se revelará únicamente en tu último suspiro. Acepto estas condiciones: no temo al tribunal de la muerte.

Séneca nació en una época en que los dioses paganos ya no gozaban del fervor popular y el Dios cristiano aún sufría persecuciones. La perspectiva de la finitud abrumaba a las conciencias con la idea de una muerte triunfante e irreversible. La esperanza parecía algo absurdo y lejano. Séneca entiende la búsqueda del placer moderado y racional de los epicúreos, según los cuales los dioses no existen o contemplan con indiferencia el sufrimiento humano, pero la concepción del ser de aquellos le produce desánimo: «Yo mismo soy de la opinión de que los preceptos de Epicuro son venerables, rectos y, si se los mira más de cerca, tristes». Julián Marías se preguntaba si esa tristeza no es la misma de hoy en día, cuando el avance científico y tecnológico, lejos de resolver nuestros problemas, ha agravado la soledad y la incomunicación. Dado que nuestra aflicción se parece a la de los primeros siglos de nuestra era, «vale la pena resucitar a Séneca —afirma Julián Marías—; pero eso significa darle nueva vida, la nuestra, con una mirada que recree su actitud, su esfuerzo, su temblor humano, y mida la enorme distancia que nos separa de él. Eso es precisamente lo que puede enriquecernos, ayudarnos a ser quienes somos».

Lucio Anneo Séneca, llamado Séneca el Joven para distinguirlo de su padre, nació —según la tradición— en Corduba —actual

Córdoba— en torno al año 4 de nuestra era. Su padre, Marco Anneo Séneca, fue procurador imperial y notable retórico. Se sabe muy poco de su juventud. Siempre luchó con una mala salud que puso a prueba su resistencia física y psíquica. Atormentado por las crisis de asma, llegó a pensar en el suicidio, pero lo descartó para no dañar a sus padres. En *Consolación a Polibio,* expresa una visión trágica de la existencia, fruto de sus malas experiencias en el terreno de la política: «Toda nuestra vida es un suplicio», «no hay nada eterno y pocas cosas duraderas», «el muerto es bienaventurado o es nada». Acusado de estar implicado en una conjura contra Nerón, fue condenado a muerte. Cuando se le comunicó la sentencia, decidió suicidarse y asumió su destino con serenidad. Se abrió las venas, bebió cicuta y se introdujo en una bañera. Murió después de una penosa agonía. Corría el año 65. Sus restos fueron incinerados sin ninguna ceremonia.

Adulador, intrigante, ambicioso, a veces cobarde y tal vez corrupto, Séneca fue eximido de sus flaquezas por la tradición cristiana, que consideró sus enseñanzas compatibles con las del Evangelio. San Agustín lo cita con frecuencia, Tertuliano lo llama «uno de los nuestros» y san Jerónimo lo incluye en su *Catálogo de santos*. La Edad Media lo situó casi a la altura de Aristóteles, el Filósofo. El Renacimiento continuó celebrando su figura, pues halló en su pensamiento una perspectiva humanista y racional. Conservamos muchas de las obras de Séneca: diálogos morales, cartas, tragedias y epigramas. En ese legado, destacan el tratado *Sobre la providencia*; *Consolación a Helvia*, un diálogo que escribió para su madre; las *Cuestiones naturales*, un tratado sobre la naturaleza que combate las supersticiones, y las *Epístolas morales a Lucilio*, su obra maestra. Hoy en día no hay consenso sobre la identidad de Lucilio. Durante mucho tiempo se creyó que fue un procurador romano. Ahora se duda incluso de su existencia.

Nada de lo humano me es ajeno

Las *Epístolas morales a Lucilio*, escritas durante los tres últimos años de vida de Séneca, exaltan la libertad y la igualdad de todos los hombres, cuestionan la esclavitud, piden compasión con los inferiores, exigen respeto hacia la naturaleza, advierten sobre la rápida decadencia de las naciones, reflexionan sobre la enfermedad —justificando el suicidio para huir de un sufrimiento inútil—, elogian la austeridad y previenen sobre la influencia de las masas en la vida política. La mirada de Séneca conecta con la sensibilidad contemporánea y revela una visión premonitoria del porvenir y un aprecio por lo humano que se opone a cualquier forma de autoritarismo. Desde su punto de vista, lo esencial no es comprender la realidad, sino aceptar virilmente sus designios. A la filosofía le debemos pedir que nos enseñe a ser más fuertes, más firmes, a estar por encima de los acontecimientos. La naturaleza nos golpea y nos hiere con frecuencia, pero debemos permanecer invictos y dignos, sin dejarnos afectar: «No sentir la propia desgracia es impropio del hombre, no soportarla es impropio del varón». La filosofía nos permite modelar nuestros actos hasta alcanzar la virtud: «La filosofía no rechaza a nadie [...]. A nadie está vedada la virtud, a todos es accesible, a los libres y a los libertos y a los esclavos, a los reyes y a los desterrados». Séneca cree en la dignidad de todos los hombres, con independencia de sus actos: «Incluso el criminal sigue siendo hombre, y en cuanto tal digno de respeto, por lo que es inhumano echarlo a las fieras». Ningún moralista clásico se enfrentó al tema de la esclavitud con un espíritu tan crítico como Séneca, según el cual los esclavos son «hombres», «camaradas», «amigos humildes» y, por tanto, no están obligados a obedecer las órdenes que repugnen a la razón. La excelencia de un hombre no se mide por sus bienes, sino por su bondad: «Deja a un lado la riqueza, la casa, la dignidad, si quieres pesarte y medirte a ti mismo». Nadie llegó tan lejos como Séneca en la exaltación de lo humano: «*Homo, sacra res homini*» («el hombre es cosa sagrada para el hombre»). No se mostró menos radical en su talante cosmopolita: «¡Qué ridículas son las fronteras del hombre!».

Séneca se aproxima al cristianismo al hablar de conciencia, voluntad, pecado y culpa. El hombre es un pecador por naturaleza, pero su conciencia no se cansa de recriminarle sus errores y faltas y de apelar a su voluntad para que se corrija y expíe su culpa. Séneca formula una máxima que evoca el espíritu evangélico: «Compórtate con los inferiores como quisieras que se comportasen contigo aquellos que se hallan por encima de ti». No está menos cerca del talante cristiano su reflexión sobre la hermandad entre los hombres: «La naturaleza nos hace hermanos, engendrándonos de los mismos elementos y destinándonos a los mismos fines. Puso en nosotros un sentimiento de amor recíproco mediante el cual nos ha hecho sociables, ha otorgado a la vida una ley de equidad y de justicia y, según los principios ideales de su ley, es más lesivo ofender que ser ofendido. Dicha ley prescribe que nuestras manos estén siempre dispuestas a hacer el bien. Conservemos siempre en el corazón y en los labios aquel verso: "Soy humano, y nada de lo humano me es ajeno"».

Solo la virtud nos hace dichosos

Séneca señala que los bienes materiales no proporcionan la felicidad. Solo la virtud nos hace dichosos. Cuando perdonamos a alguien que nos ha injuriado, experimentamos una legítima satisfacción interior. Nuestra conciencia nos ordena servir a los hombres y no incurrir en el odio: «Allí donde hay un ser humano hay lugar para la benevolencia». No debemos atesorar riquezas, pues no podrán acompañarnos cuando muramos. Es mejor buscar el afecto y el reconocimiento: «Mira que todos te amen mientras vivas y que puedan lamentarse cuando mueras». En ocasiones, Séneca habla de la muerte como una liberación, afirmando en términos platónicos que el cuerpo es la prisión y la tumba del alma: «El día de la muerte es verdaderamente para el alma el día del nacimiento eterno». En las *Epístolas morales a Lucilio*, sostiene que la verdadera riqueza consiste en una decorosa pobreza y que «sin compañía no es grata la posesión de bien alguno». El sabio huye de la multitud, pues solo le interesa el «aplauso interior». Debemos ser nuestros propios amigos, amándonos a pesar de nuestros defectos. No hay que deplorar la vejez: «¡Qué dulce resulta tener agotadas las pasiones y dejadas a un lado!». Es inútil buscar a Dios en el exterior: «Dios está cerca de ti, está contigo, está dentro de ti». Por eso, «todos somos nobles» y «todos los hombres pertenecen al mismo linaje», incluidos los esclavos, que «gozan del mismo cielo, respiran de la misma forma, viven y mueren como tú». La sabiduría nos enseña que la amistad es «vivir en comunión». No conoceremos la dicha si solo vivimos para nuestro provecho: «Has de vivir para el prójimo, si quieres vivir para ti». El filósofo está llamado a salir en defensa de «los desgraciados, los náufragos, los enfermos, los cautivos, los reos, los necesitados». No puede encerrarse en disquisiciones teóricas y estériles.

Séneca encarna la perplejidad del ser humano frente al cosmos. No pretende entenderlo todo. Se conforma con aprender a vivir. Su meta es discurrir por la vida con serenidad y entereza. La filosofía no puede protegernos de las calamidades, pero nos ayuda a sobrellevarlas. La patria del sabio es el ser humano. No hay que cerrar la puerta a nuestros semejantes. Los malvados solo son individuos equivocados y nuestros antagonistas pueden ser los mejores maestros. Coherente con este planteamiento, Séneca sitúa a Epicuro entre Sócrates y Zenón de Citio y acepta su magisterio. Lejos de los ídolos paganos, Séneca siente devoción por el Dios padre, testigo íntimo de nuestros actos y benefactor de la humanidad, desdeñando los ritos solemnes: «¿Quieres ser grato a Dios? Sé bueno; imitarlo es rendirle culto, y eso no se consigue realizando sacrificios, sino con voluntad piadosa y recta». Su juicio sobre la sociedad de su tiempo no es indulgente: «Es una reunión de bestias de toda especie, con la diferencia de que estas son cariñosas entre sí y no se muerden, mientras los hombres se destrozan mutuamente». Es imposible leer a Séneca y no sentir que es nuestro contemporáneo. Sus palabras proceden de muy lejos, pero nos ayudan a habitar el ahora.

Marco Aurelio, el rey filósofo:
lo propio del hombre es amar

> Cuando te levantes por la mañana, piensa en el privilegio de vivir, respirar, pensar, disfrutar, amar.
>
> Marco Aurelio, *Meditaciones*

Marco Aurelio no fue un simple emperador romano, sino la realización histórica del viejo sueño platónico de que los filósofos asumieran el control del Estado. No obstante, este hecho no alumbró una utopía. Guerras, rebeliones, intrigas: Marco Aurelio no conoció la paz, ni siquiera en su vida familiar. Su esposa Faustina le fue infiel e instigó la traición de Gayo. Su hijo Cómodo lo detestaba por haberle impuesto una educación severa que le impedía satisfacer sus caprichos. La atribulada vida de Marco Aurelio finalizó en el año 180, víctima de la viruela, mientras luchaba en la convulsa frontera del Danubio. Tenía cincuenta y nueve años. Su desaparición significó el fin de la *Pax Romana*, la época de mayor prosperidad del imperio. Herodiano honró su memoria afirmando que fue «el único de los emperadores que dio fe de su filosofía no con palabras ni con afirmaciones teóricas de sus creencias, sino con su carácter digno y su virtuosa conducta». Marco Aurelio no hizo realidad la república o ciudad ideal postulada por Platón, pero su inteligencia e integridad preservaron el equilibrio político durante unos años especialmente turbulentos. Su gobierno puede interpretarse como una lúcida síntesis de los imperativos éticos y las consideraciones pragmáticas. «No sigas esperando la república de Platón —escribe Marco Aurelio—, mas queda satisfecho con el más pequeño progreso, y piensa que lo que resulta de esa pequeñez no es nada pequeño».

Marco Aurelio escribió sin intención de publicar sus reflexiones. De hecho, agrupó sus escritos bajo el título *Cosas para uno mismo*. Conservamos algunas de sus cartas y sus apuntes filosóficos. Hay un agudo contraste entre sus epístolas y sus reflexiones. Las primeras se escribieron antes de asumir la dirección del impero o quizás inmediatamente después. En esas fechas, estaba hambriento de saber e intentaba saciar su apetito con el mayor número posible de lecturas. Las *Meditaciones* se gestaron durante sus últimos diez años y expresan la convicción de que había llegado la hora de abandonar los libros para contrastar la introspección con la experiencia adquirida. No se trata de una reacción antiintelectual, sino del tramo final de una evolución orientada hacia la frugalidad vital y existencial. La verdadera libertad consiste en reducir las necesidades al mínimo. Solo puede llamarse sabio el que ha aceptado vivir conforme a la naturaleza, prescindiendo de lo superfluo.

Marco Aurelio siempre se muestra partidario de la piedad y la indulgencia, incluso hacia los que nos agravian y perturban: «Lo propio del hombre es amar incluso a los que nos dañan». No se trata de una sentencia retórica, sino de algo real, pues como emperador y padre de familia perdonó ofensas y traiciones. Si combinamos esa actitud con su ascetismo, su austeridad y su filantropía nos topamos con la concepción cristiana de la vida. Eso sí, Marco Aurelio nunca abrigó la esperanza de la inmortalidad personal. Consecuente con sus convicciones estoicas, se fortificó en el ideal aristocrático de autarquía, aceptando los reveses con entereza, lo cual no evitó cierta tendencia a la melancolía. Su escepticismo metafísico también afecta a su percepción de la sociedad y la historia. No sin cierta decepción, comenta una y otra vez que la vida es repetición y olvido. Es absurdo afanarse por la gloria, pues al cabo de varias generaciones nadie recuerda al que ayer fue honrado y celebrado.

La pérdida prematura de su padre convirtió al joven Marco Aurelio en un muchacho meditativo y melancólico. Solo fue la primera pérdida de una larga serie de desgracias. En los años siguientes vería morir a su padre adoptivo, a su abuelo, a su madre, a su hermano adoptivo Lucio Vero, a su esposa y a la mitad de sus hijos. Estas pérdidas le afectaron más que los estragos de la guerra y la peste. Sus preceptores dejaron en él una profunda huella y consolidaron su temperamento íntegro y benevolente. Diogneto, pintor, filósofo y músico, lo instruyó en el arte de conversar y en la pasión de filosofar. Rústico, filósofo estoico, lo alejó de la sofística, la retórica y el refinamiento cortesano y le mostró la necesidad de escuchar y perdonar. Apolonio de Calcis, otro filósofo estoico, fomentó su aprecio por la razón y la libertad de criterio, destacando la importancia de sobrellevar los duelos con entereza. Sexto de Queronea lo adiestró en la benevolencia, la dignidad sin afectación, la lealtad y el saber polifacético, pero sin alardes. Catulo, filósofo estoico escasamente conocido, lo aleccionó en el elogio cordial de los maestros y el amor verdadero por los hijos. Claudio Severo, filósofo peripatético cuyo hijo se casó con la segunda hija de Marco Aurelio, le infundió optimismo y sinceridad subrayando que no podía haber justicia en el imperio si no se garantizaba una ley igual para todos y un escrupuloso respeto por las libertades civiles. Máximo, de nuevo un filósofo estoico, lo educó en la moderación, el buen ánimo en la adversidad, el dominio de sí mismo y la responsabilidad. El primer libro de las *Meditaciones* incluye todas estas enseñanzas y elogia a los maestros que se las inculcaron. No se trata de una simple enumeración, sino de una constelación moral que revela la visión del mundo de Marco Aurelio. Su exquisita moralidad se refleja en las palabras dedicadas a su esposa Faustina. A pesar de los rumores de infidelidad y traición, agradece a los dioses haber disfrutado de una esposa «tan obediente, tan cariñosa, tan sencilla».

Marco Aurelio fue contemporáneo del brillante resurgir de la cultura griega, que alumbró las grandes figuras de la Segunda Sofística, entre las que destacan Filóstrato, Luciano de Samosata, Filón de Alejandría, el emperador Juliano el Apóstata y Plutarco. Algunos de sus maestros intentaron arrastrarlo en esa dirección, destacando la importancia de la retórica y la gramática, pero Marco Aurelio prefirió seguir la senda de la filosofía platónica y estoica, más afín a su carácter discreto y austero. Su maestro Rústico le descubrió la filosofía de Epicteto, que lo cautivó desde el principio. Epicteto, esclavo manumitido, no escribió nada, pues su modelo era el filosofar socrático. Conservamos sus enseñanzas gracias al historiador Flavio Arriano, que las reunió en los ocho libros de las *Diatribas;* solo cuatro han llegado hasta nosotros. Epicteto rechaza un criterio abstracto de verdad y establece como fundamento de la moral la *prohairesis* (preelección, predecisión). La *prohairesis* no es un juicio, sino un acto de razón. Surge de la identificación socrática del bien con el conocimiento: «No eres carne y huesos, sino elección moral, y si esta es bella, tú serás bello». Epicteto afirma que Dios es inteligencia, ciencia, recta razón, bien, providencia. Obedecer al logos y hacer el bien significa acatar la voluntad divina. La libertad consiste en someterse al querer de Dios, que nunca es ciego o arbitrario. Marco Aurelio nunca olvidaría estas enseñanzas, que incorporaría a su vida y que reflejaría en sus escritos intentando mantenerse fiel al concepto de virtud de Epicteto, que exalta la ataraxia (imperturbabilidad), la apatía (desapasionamiento) y las *eupatías* (buenos sentimientos).

Conservamos algunas cartas latinas de Marco Aurelio por azar. En cambio, hemos perdido las cartas escritas en griego. En las cartas que han sobrevivido al paso de los siglos apreciamos la sinceridad de un hombre que reconoce con humor su dificultad para abandonar el lecho, pues le gusta demasiado dormir. En su vejez, esa propensión se transformaría en un insomnio tenaz. A pesar de su elogio de la impasibilidad, Marco Aurelio se despide de uno de sus maestros con enorme ternura: «Adiós, alma mía, ¿no he de arder de amor por ti, que me has escrito esto?». En otra carta, le agradece con humildad sus enseñanzas: «Tus críticas o, más bien, tus azotes enseñan al punto el camino mismo sin engaño ni palabras falsas. De modo que debería estarte agradecido con que me hubieras enseñado tan solo a decir la verdad, más todavía cuando me enseñas a escuchar la verdad». Marco Aurelio era un hombre emotivo. Cuando murió uno de sus preceptores, se echó a llorar. Algunos cortesanos censuraron su conducta, pero el emperador Antonino Pío lo excusó y pidió comprensión: «Dejadle ser humano; que ni la filosofía ni el trono son fronteras para el afecto». Antonino Pío, que no era un filósofo ni un retórico, le dio un único consejo antes de morir: «Ecuanimidad», y

Marco Aurelio nunca lo olvidó, como se aprecia en los trescientos textos legales que promulgó; la mitad de ellos orientados a mejorar las condiciones de vida de los esclavos, las mujeres y los niños. Conservamos una estatua ecuestre de Marco Aurelio. Aparece con una toga y con la mano extendida, un gesto de pacificación y clemencia. Sin armas ni armadura, manifiesta su voluntad de gobernar el imperio con la menor violencia posible. La propagación del cristianismo causó la destrucción de la mayoría de las estatuas de emperadores, a las que se consideró ídolos paganos. La de Marco Aurelio se salvó porque fue confundida con una estatua de Constantino, el emperador que acabó con la persecución del cristianismo y convocó el primer Concilio de Nicea, donde se clarificaron y unificaron los dogmas de la religión cristiana.

Las *Meditaciones* de Marco Aurelio no son un ejemplo de originalidad filosófica, pero sí un fiel reflejo de su pensamiento. No me parece equivocado compararlas con las *Confesiones* de San Agustín. En ambos casos, el saber nace de un viaje hacia el interior y de una escrupulosa búsqueda de la verdad. Los apuntes del emperador romano, inspirados en todo momento por las enseñanzas del estoicismo, corroboran las palabras de María Zambrano: «El estoicismo muestra la única filosofía que lleva consigo la piedad ya humanizada hasta esta última forma que es la tolerancia». Marco Aurelio exhorta a la comprensión de la debilidad humana: «Cuando alguien te haga mal, procura discurrir enseguida qué juicio habrá hecho del bien o del mal para portarse así». Al examinar las motivaciones del que nos ha agraviado, tendrás más fácil perdonarle, pues entenderás que «pecó por ignorancia». El hombre ha nacido para hacer el bien. «Ama a la humanidad y sigue a Dios», clama Marco Aurelio. A pesar de su adhesión al estoicismo, el emperador promovió en Atenas las actividades de la Academia platónica, el Liceo aristotélico y el Jardín epicúreo. Frente a la supuesta infalibilidad estoica, admitió que el ser humano solo llega a conocer verdades probables y no le causó ningún problema citar a Epicuro en sus apuntes.

Para Marco Aurelio, el mundo es un organismo compuesto de sustancia y alma. No hay un mundo inteligible. Solo hay una sustancia, una ley y una única razón para todos los seres racionales.

Lo individual está al servicio del todo. Darle la espalda al universo es una imperdonable defección. Lo particular es pequeño e inestable. Su destino es ser absorbido por la totalidad que lo engendró. La muerte solo es un cambio de estado. No volvemos a lo que fuimos, sino que enriquecemos el ser con nuestra aventura individual. No cabe esperar la inmortalidad personal, pero sí una inmortalidad impersonal. La gran sinfonía de la naturaleza obedece al logos, no es mera aleatoriedad. El mundo es una gigantesca ciudad. A ella pertenecen como ciudadanos todos los seres racionales. Dado que «formamos parte del mismo cuerpo político» y «estamos hechos para la cooperación», el deber primordial de todos los hombres es practicar «un pensamiento justo» orientado al bien de la comunidad. Marco Aurelio agradece a sus preceptores que le enseñaran a renunciar a todo lo bajo e irracional y a conservar la entereza ante las calamidades: «Quien teme los dolores teme lo que debe ocurrirle en el mundo. Y eso es impío». El hombre está dividido en cuerpo *(soma)*, alma o principio vital *(psyché, pneuma)* e inteligencia *(nous)*. Solo la última es específicamente humana y se identifica con el dios o *daimon* que vive en nuestro interior. Si hacemos caso tan solo a nuestro *daimon*, como hizo Sócrates, seremos invencibles, incluso en el infortunio, pues comprenderemos su necesidad.

Como emperador, Marco Aurelio intentó ser justo, sabio y benévolo, y sirvió con abnegación a su pueblo: «Es propio del alma racional amar al prójimo, lo cual es verdad y humildad». Siempre pensó que para gobernar hay que ser filósofo, pues es la única forma de neutralizar los males humanos. La vida cortesana es una madrastra; en cambio, la filosofía es una madre que siempre nos ofrece su regazo. La filosofía nos enseña «a no ser esclavo ni tirano de ningún hombre». Marco Aurelio no se conformó con no ser un déspota. Quiso que todos los ciudadanos del imperio fueran filósofos, una fantasía que creó cierto malestar en Roma y que a veces le hizo plantearse si no estaba incurriendo en un error. Sin embargo, siempre pensó que habría sido el mejor camino para establecer «una ciudad igualitaria *(politeia isonomos)*, que se rige por la igualdad *(isotês)* y la libertad de palabra *(isêgoria)*, y de una monarquía que honra por encima de todo la libertad de los gobernados». Este planteamiento convive con la idea expresada por Epicteto: «El todo es más importante que la parte, y el Estado que el ciudadano».

¿En qué consiste la grandeza de Marco Aurelio? En que es un ejemplo de estoicismo vivido, encarnado. Nos enseñó que «la naturaleza del bien es lo bello, y la del mal es lo vergonzoso»; que «obrar como adversarios los unos de los otros es contrario a la naturaleza»; que «no hay que ser esclavo de los instintos egoístas»; que «el que peca con placer merece mayor reprobación que el que peca con dolor». Abrumado por las muertes que se produjeron en su círculo más íntimo, meditó sobre nuestra fragilidad y concluyó que «el que ha vivido más tiempo y el que morirá más prematuramente sufren idéntica pérdida. Porque solo se nos puede privar del presente, puesto que este solo posees, y lo que uno no posee no lo puede perder». El cuerpo es «un río»; el alma, «sueño y vapor»; «la vida, guerra y estancia en tierra extraña; fama póstuma, olvido. ¿Qué, pues, puede darnos compañía? Única y exclusivamente la filosofía». ¿Cómo se consigue eso? ¿Apartándose de la sociedad? ¿Retirándose al campo o a la costa? Marco Aurelio contesta que esos gestos son innecesarios, pues el hombre solo encuentra la paz retirándose a su interior, a la intimidad de su alma. No es casual que Marco Aurelio cuente con infinidad de lectores en nuestros días. Sus reflexiones son una magnífica receta para afrontar estos tiempos recios que nos han tocado vivir, con crisis económicas recurrentes, pandemias, catástrofes naturales y guerras que desvanecen el espejismo de una paz prolongada.

II

El cristianismo, una nueva imagen del mundo

Perder el ayer:
cine de romanos y fiestas de guardar

Mi infancia estuvo marcada por las fiestas religiosas. Las navidades y la Semana Santa rompían la rutina del curso escolar y creaban pequeños oasis donde las clases, los deberes y los exámenes ya no constituían un agobio, sino algo lejano y casi irreal. Las navidades significaban un paréntesis de dos semanas que incluía tradiciones como los belenes, las cenas familiares, la misa del gallo y la noche de Reyes. Evidentemente, los regalos de Reyes eran lo más atractivo para los niños. Los padres escenificaban visitas imaginarias de los magos de Oriente preparando viandas, bebidas y a veces cigarrillos, pues entonces aún no se había disparado la alerta sanitaria sobre los riesgos de la nicotina. Por una noche, los adultos dejaban paso a la ficción, quizás porque entendían que el ser humano no podía vivir sin ciertas dosis de fantasía. La realidad, por lo general previsible y reiterativa, no colma nuestras expectativas de hechos maravillosos.

En los años sesenta, la sociedad española vivía más modestamente que ahora. Los niños no recibían la actual avalancha de juguetes, que anula su capacidad de sorprenderse y de celebrar con júbilo la irrupción de algo inesperado. Un Scalextric, la marca española de *slot*, era un acontecimiento familiar y vecinal, capaz de concentrar a un buen número de niños, pues solo unos pocos privilegiados podían adquirir un juguete tan caro. El Scalextric ponía de manifiesto que compartir no era un gesto de simple generosidad, sino una necesidad. Un niño solo no podía disfrutar de un circuito y sus coches. Contemplar los movimientos de un seiscientos —yo tuve dos, uno rojo y otro gris— sobre la pista, sin la tensión de competir con otro vehículo parecía tan triste e infructuoso como disfrutar de una abundancia de bienes en una isla desierta. El *slot* socializaba (por cierto, un verbo que entonces no se empleaba), algo que no sucede con los juegos de ordenador de nuestros días, que aíslan, a veces menoscaban las habilidades sociales y crean un ensimismamiento que adquiere un carácter trágico con el fenómeno de los *hikikomori*, un término japonés creado para designar a los individuos —casi siempre adolescentes— que se encierran en sus habitaciones durante años y cortan los vínculos con el exterior.

Las navidades eran unas fechas para el encuentro. Con la familia, los amigos, los vecinos. Además, albergaban un mensaje de fraternidad y esperanza. Con el tiempo, la connotación religiosa se ha debilitado hasta convertirse casi en algo marginal. ¿Dejarán algún día los niños de creer en los Reyes Magos? ¿Será mejor así? ¿No es necesario dislocar la realidad y abrir una perspectiva a lo que desborda lo estrictamente racional? ¿Podemos estar seguros de que nuestras percepciones y conceptos agotan el horizonte de la comprensión? La Semana Santa también convocaba a las familias, pero se trataba de un período menos luminoso. El Viernes Santo era el momento más sombrío de una civilización que se había levantado sobre la pasión de un joven judío con la pretensión de ser el hijo de Dios. Durante esa semana de reflexión y duelo, la visita al cine era obligada. Mis padres me llevaban a ver *Quo Vadis* (Mervyn LeRoy, 1951), *La túnica sagrada* (Henry Koster, 1953) o *Ben-Hur* (William Wyler, 1959). A veces, si había suerte con la cartelera y las entradas, nos metíamos las tres entre pecho y espalda, pero de forma discontinua. Era lo más parecido a una de esas trilogías que hoy enloquecen al público y que estiran las tramas hasta lo inverosímil.

En los años sesenta, el barrio de Argüelles estaba lleno de cines, y los fines de semana había que hacer cola para conseguir una butaca. En la puerta siempre había algún revendedor que agotaba enseguida sus existencias. Recuerdo aquellas sesiones con la sala a rebosar y el clima de impaciencia que se respiraba durante el NO-DO, con un Franco cada vez más deteriorado inaugurando obras públicas de aspecto faraónico. Si la memoria no me engaña, el grado de inclinación de las salas era ínfimo o quizás inexistente, lo cual provocaba que los niños perdieran la visibilidad si un adulto de cierta envergadura ocupaba las butacas de la fila anterior. En esos casos, se plegaba la butaca para utilizar como asiento el filo. Se quedaban las piernas suspendidas en el aire y las posaderas acababan doloridas, pero el placer de ver bien la pantalla ayudaba a sobrellevar las incomodidades con alegre resignación. Conservo un recuerdo difuso de *Quo Vadis*, pero no he olvidado la interpretación de Peter Ustinov en el papel de Nerón, tocando la lira mientras ardía Roma. Sus gestos afectados y sus ojos de chiflado provocaban más risa que espanto. Con su túnica morada y su corona de falso laurel, Nerón no dejaba de lloriquear quejándose de su soledad y de la repugnancia que le inspiraba la plebe. Adulado por el refinado e irónico Petronio (Leo Genn), se consolaba escribiendo poemas deleznables que recitaba con grotesca fruición, convencido de poseer un genio similar al de Homero, Píndaro o Virgilio. Los niños nos reíamos mucho con esta exhibición de majadería. Ahora, como adulto, pienso que es un impecable retrato de los tiranos, casi siempre fatuos e inmaduros.

Mi recuerdo de *La túnica sagrada* también es impreciso, pero no he olvidado la impresión que me causó su calidad audiovisual. Había algo especial que yo no sabía explicar. La gran pantalla mostraba todo su poder frente a la pantalla minúscula de los televisores en blanco y negro de la época. Años más tarde, leí que fue la primera película realizada en cinemascope y con sonido estereofónico magnético de cuatro pistas. Al margen de las innovaciones técnicas, la historia ejercía una poderosa seducción, con la túnica de Cristo funcionando como un eficaz y nada artificioso *MacGuffin*. Hollywood no ha dejado de filmar películas de péplum, pero desde hace varias décadas solo consigue producir bochornosas versiones de los clásicos o insípidas cintas con mucho ruido, mucha furia y muy poca inspiración. Ya no hay cines de barrio, y el calendario cristiano empieza a ser irrelevante. El tiempo pasado quizás no fue mejor, pero la nostalgia lo idealiza para aplacar la tristeza que nos produce perder el ayer. Todo ese mundo resultaba muy lejano para alumnos que habían nacido treinta años después. ¿Cómo hablarles de la revolución cultural que significó el cristianismo? ¿Cómo explicarles el pensamiento de san Agustín, santo Tomás de Aquino o las cartas de Pablo de Tarso, el «apóstol de los gentiles»?

La Biblia,
el libro que cambió la historia

> No sé si creo en Dios. Creo que algo, no nosotros, está detrás de las cosas. Pero respecto a Dios... tengo miedo de creer en Dios porque los humanos siempre creemos en Dios más por autocompasión que por otra cosa.
>
> Jorge Luis Borges

Mis alumnos no reaccionaban con indiferencia cuando surgía el tema de Dios, pero sentían —salvo casos aislados— una notable antipatía hacia el legado cristiano, particularmente en su dimensión institucional. Cuando aparecí un día con una Biblia para hablarles de la novedad que representó el cristianismo, suscité miradas de perplejidad y rechazo, pero les dije que ese libro había cambiado la historia y que era necesario conocerlo. Les expliqué que *biblia* en griego significa «libros». La razón de que ese plural se hubiera transliterado en singular obedecía a que se consideraba el libro por antonomasia. Ya en los noventa, me sorprendía el desconocimiento de mis alumnos sobre cuestiones religiosas. Algunos no sabían nada de Moisés, Abrahán, Isaac o Josué. Nuestra cultura es una cultura cristiana. Desconocer las historias e ideas que han forjado esa tradición implica limitar nuestra comprensión de la literatura, el arte, la filosofía, la historia, la política y la ética.

Todos los años explicaba que la Biblia se divide en dos grandes grupos: los libros del Antiguo Testamento, redactados entre el 1300 y el 100 a. C., y los textos del Nuevo Testamento, todos ellos del siglo I d. C. En total, setenta y tres libros según el canon de la Iglesia católica, y sesenta y seis según el canon protestante. Los cinco primeros libros del Antiguo Testamento reciben el nombre de Pentateuco y contienen la Ley o Torá, la base doctrinal del judaísmo. Los Evangelios, las cartas de san Pablo y otros apóstoles y el Apocalipsis son el fundamento de la revelación cristiana. Los textos de la Biblia fueron redactados en tres idiomas: hebreo (la mayor parte del Antiguo Testamento), arameo (una pequeña parte, que incluye probablemente la primera versión del evangelio de Mateo) y griego (todo el Nuevo Testamento y una parte del Antiguo). A partir del siglo II d. C., la Biblia se tradujo al latín. La traducción que realizó Jerónimo de Estridón entre el 390 y el 406 por encargo del papa Dámaso I se convertiría en la Vulgata, la versión que, en 1546, el Concilio de Trento consideró la auténtica y definitiva hasta 1979, cuando apareció la Nova Vulgata, una edición crítica.

La Biblia, inspirada o no por Dios, introdujo cambios radicales en la civilización occidental. Ponía fin al politeísmo y la idolatría, imponiendo la idea de un Dios único, omnipotente y absolutamente trascendente. Descartaba que Dios hubiera utilizado algo preexistente para engendrar el mundo. Impugnaba el desdén platónico hacia lo sensible y establecía que el universo no era algo defectuoso, sino la manifestación de la sabiduría y la bondad de Dios, el único ser que subsiste por sí mismo. Elevaba al ser humano a la cúspide de la naturaleza al afirmar que había sido engendrado a imagen y semejanza de su creador. Alumbraba una nueva moral basada en diez mandamientos intemporales e incondicionales. Creaba un vínculo íntimo entre lo sobrenatural y el individuo.

Los griegos hablaban de una remota e imprecisa falta original para explicar el origen del mal. La Biblia convierte esa especulación en un relato donde los padres de la humanidad desobedecen a Dios porque no aceptan los límites y anhelan ser dioses. Su transgresión pone fin al paraíso, situado fuera del tiempo, y marca el inicio de la historia, donde imperan el dolor, el mal y la muerte. El sacrificio de Jesús en la cruz no restaura el orden original, pero introduce la expectativa de la resurrección, salvando al ser humano de la desesperanza. La imagen del Dios crucificado les parecía una necedad a los gentiles y un escándalo a los judíos. Por eso el cristianismo sitúa la fe por encima de la ciencia. La comprensión total solo se consigue aceptando la verdad revelada. Los griegos apelaban a Eros para ascender hasta lo divino. En cambio, el amor cristiano es un don que cae del cielo. Dios, que es padre, desciende hasta sus hijos y acepta ser humillado, torturado y crucificado porque ama al ser humano, incluso en sus debilidades. La cruz pone fin al concepto circular del tiempo. La idea del eterno retorno condenaría a Cristo a morir una y otra vez. El tiempo es lineal: creación, caída, redención, juicio final. El ser humano no está abocado a la repetición, sino a la libertad, y su destino no es disiparse en la nada.

Muchas de estas creencias ahora solo despiertan escepticismo o rechazo, pero durante siglos regularon la vida de los países europeos y sus colonias. Algunas perviven en el inconsciente colectivo. Son mitos o arquetipos que afloran recurrentemente. La idea de haber perdido el paraíso y el anhelo de reencontrarlo ha inspirado a filósofos ateos como Marx, que profetizó un porvenir utópico y aseguró que las leyes de la historia garantizaban su advenimiento. Podemos repudiar el cristianismo, pero si renunciamos a conocerlo, nuestra realidad se volverá más incomprensible. El pasado no es arqueología, sino el cimiento del presente y una de sus claves.

¿Existió realmente Jesús de Nazaret?

> Por tanto, no os agobiéis por el mañana, porque el mañana traerá su propio agobio. A cada día le basta su desgracia.
>
> Evangelio de Mateo 6:34

Cuando mis alumnos me preguntaban si había servido para algo el cristianismo además de para inculcar mala conciencia, yo les respondía que el cristianismo invirtió los valores del mundo antiguo al exaltar la humildad, la sencillez, la pobreza, la compasión, el perdón. El cristianismo fue una buena noticia para todos los que sufrían violencia y menosprecio. Jesús compartió la mesa con los humillados y ofendidos. Se rodeó de mujeres y habló despreocupadamente con ellas, ignorando los prejuicios de su tiempo. Las mujeres no se hallaban discriminadas entre sus seguidores. De hecho, san Pablo habla de «Junia, destacada entre los apóstoles» (Romanos 16, 17), a la que la posteridad convirtió en hombre. Se afirma que no hubo mujeres en la última cena, pero en la celebración de la Pascua participaban igualmente los dos sexos. ¿Habría permitido Jesús que su madre y las mujeres que le seguían quedaran excluidas de ese último encuentro? No parece probable.

El cristianismo es un hito en la historia del optimismo, pues situó en el centro de su mensaje la fraternidad, la justicia y la esperanza. ¿Por qué las iglesias se desviaron de esa perspectiva y llegaron a bendecir guerras y cruzadas? La historia nos da la respuesta. En Antioquía, alrededor del 110, se establecen los cargos de obispo, presbítero y diácono. La división entre clero y pueblo se impone, desviándose así de la praxis establecida por Jesús. Pese a que la Iglesia como institución jerárquica sustituyó al proyecto de una comunidad de iguales, ni siquiera en tiempos de san Agustín se atribuía al obispo de Roma una autoridad infalible. La autoridad suprema se reservaba al concilio ecuménico. Durante la Edad Media, el talante de los pueblos germánicos que invadieron Roma afectó a la Iglesia, introduciendo cambios muy notables: bautismo de los recién nacidos, una liturgia solemne en latín, confesiones auriculares y no públicas, veneración de santos y reliquias, dogmatismo en vez de teología reflexiva, abolición de la ordenación de mujeres como diaconisas. Frente a la libertad de los seguidores de Jesús, que no vivían sujetos a normas ni a ritos, surgió una Iglesia rígida y dogmática que levantó barreras, creó divisiones y organizó crueles persecuciones contra los disidentes. La Inquisición solo puede interpretarse como una traición al espíritu del Evangelio.

Mis alumnos solían preguntarme por Jesús. Me pedían que aclarara si existió realmente o solo fue un mito. Lo cierto es que las fuentes históricas no cristianas sobre su existencia no ocupan ni media cuartilla. Casi todas se escribieron algo más de cien años después de su muerte y se limitan a mencionar brevemente los tumultos causados por sus seguidores. Plinio el Joven envía una carta al emperador Trajano en la que explica que ha absuelto a un grupo de cristianos, pues no le consta que hayan hecho ningún mal salvo cantar «himnos a Cristo». Sabemos que en otras ocasiones no fue tan indulgente y los condenó a muerte. Tácito apunta en sus *Anales* que, tras el incendio de Roma, el emperador Nerón ordenó severas penas para los partidarios «de un tal Cristo que en época de Tiberio fue ajusticiado por Poncio Pilato». Suetonio consulta una nota policial para referir que el emperador Claudio expulsó de Roma a los judíos por sus «hábitos escandalosos». Instigados por un tal «Cresto», presuntamente causaban disturbios. No explica de qué naturaleza. Se supone que «Cresto» es un error de transcripción de «Cristo», pero no se descarta que en realidad sea el nombre de un agitador judío de la época.

El testimonio del historiador judío fariseo Flavio Josefo es algo anterior. Flavio Josefo luchó contra los romanos, pero logró ser perdonado y escribió varias obras orientadas a mejorar la imagen del pueblo judío, lo cual no evitó que sus compatriotas lo consideraran un traidor. En *Antigüedades judías* relata la lapidación de Santiago o

Jacobo, «hermano de Jesús, quien era llamado el Cristo». Más adelante, habla de «Jesús, un hombre sabio», crucificado por Pilato. Y añade: «La tribu de los cristianos no ha cesado de crecer desde ese día». Se conservan varias copias de la obra. En la versión latina, se describe a Jesús como «hacedor de milagros impactantes», se afirma que «era el Cristo», que «atrajo a muchos judíos y muchos gentiles», y que «resucitó a los tres días». Muchos historiadores consideran que estas observaciones no son auténticas, sino interpolaciones posteriores. De hecho, ninguno de los Padres de la Iglesia cita a Flavio Josefo.

Las fuentes cristianas tienen un valor apologético, no histórico. Los Evangelios se redactaron en griego. No ha podido identificarse a sus autores y no se descarta una autoría colectiva. El Evangelio de Marcos es el más antiguo. Se estima que se escribió alrededor del año 70 de nuestra era. Las cartas paulinas son anteriores y apenas hacen referencia a la vida de Jesús. Algunas de las epístolas se consideran falsas. ¿Significa todo esto que Jesús de Nazaret es un personaje ficticio, un mito? No parece probable. Para los romanos, Jesús fue solo un agitador más en una provincia pequeña, bárbara y conflictiva. Es normal que no le prestaran mucha atención. Su crucifixión, un castigo reservado a esclavos y rebeldes, solo acredita el desprecio —o, más exactamente, el menosprecio— que les inspiraba su figura. En cuanto a los Evangelios, hay un indudable contenido mitológico (la anunciación, el parto virginal, la adoración de los Magos, la matanza de inocentes, los milagros) que esconde y distorsiona al personaje histórico. La teóloga alemana Uta Ranke-Heinemann, la primera mujer que obtuvo un doctorado y una cátedra en Teología Católica, apunta en *No y amén. Una invitación a la duda* que «los Evangelios divinizaron a Jesús. No quisieron presentar al hombre Jesús ni su vida real. Más bien, su intención fue la de interpretar su figura bajo unas directrices teológicas. Por eso llegó a ser del todo indiferente para ellos, por ejemplo, la evolución psicológica humana de Jesús, vertiente indispensable de toda biografía de Jesús. Este es, pues, en lo que atañe a su vida concreta, el gran desconocido del cristianismo. Como hombre, Jesús se ha perdido o extraviado en el edificio teológico con el que se le ha recubierto».

Solía comentar a mis alumnos que ciertamente los Evangelios

no profundizan en la psicología de Jesús, pero nos transmiten sus enseñanzas. Se trata de un mensaje innovador, original y optimista que convoca a vivos y muertos para disfrutar de una plenitud cósmica donde las heridas serán reparadas y la justicia no será una meta inalcanzable, sino una realidad efectiva. No parece probable que esa doctrina surgiera como fruto de una falsificación colectiva. Todo indica que detrás había un hombre con una idea del bien y de la justicia. Todos los testimonios apuntan a que Jesús de Nazaret mostró preferencia por el débil, el enfermo, el pobre y el oprimido, que exaltó el perdón sin límites y la reconciliación con el adversario, que se rebeló contra las normas e instituciones que actuaban como un yugo y no como un servicio, que predicó la fraternidad universal y el desapego a los bienes materiales, que afirmó que Dios es Padre y que como tal solo busca el bien del ser humano, no una adoración servil. El amor cristiano, según apunta Hans Küng en su ensayo *Ser cristiano*, no es «sensiblería ni sentimentalismo, sino una decidida actitud de efectiva benevolencia hacia el prójimo, incluido el enemigo: un estar alerta, con apertura y disponibilidad, en el marco de una actitud creadora, de una fantasía fecunda y de una acción que sabe amoldarse a cada caso y situación. En él caben todos: hombre y mujer, amigo y amiga, compañeros, vecinos, conocidos y extraños». La piedra angular del mensaje de Jesús es la fraternidad, la comunión con el otro, particularmente cuando sufre las formas más graves de precariedad. «Quien niega al hermano —escribe Leonardo Boff en *Jesucristo el Liberador. Ensayo de cristología crítica para nuestro tiempo*— niega la causa de Cristo, aun cuando tenga siempre a Cristo en los labios y se declare públicamente a su favor». Si nos atenemos a los Evangelios, seguir a Jesús significa caminar con los excluidos y marginados, compartiendo sus penas y humillaciones, y en ningún caso debería implicar abominar la carne y cultivar un ascetismo absurdo y estéril. «Dios —apunta Boff— amó de tal modo la materia que quiso asumirla, y de tal modo amó a los hombres que quiso ser uno de ellos a fin de liberarlos». El Dios de Jesús, continúa Boff, «no es únicamente el Dios trascendente e infinito, llamado Ser o Nada, sino el Dios que se hizo pequeño, que se hizo historia, que mendigó amor, que se vació hasta el anonadamiento (Filipenses 2, 7-8)».

Un nuevo horizonte moral

Cuando mis alumnos mostraban actitudes de rechazo, indiferencia o escepticismo hacia el legado cristiano, yo no rebatía sus objeciones racionales al dogma del parto virginal o la resurrección, pues compartía sus reparos, pero les explicaba que Jesús abolió el ojo por ojo y estableció un nuevo horizonte moral: «Amad a vuestros enemigos y rezad por los que os persiguen» (Mateo 5, 44). Estas palabras nunca han dejado de escandalizar e irritar. Ninguna Iglesia ha respetado este mandato. Por el contrario, se ha invocado el nombre de Jesús para torturar, quemar y exterminar. Sin embargo, sería injusto atribuir al mensaje cristiano estas conductas, que no han surgido de ideas potencialmente dañinas, sino de intereses materiales. Se ha instrumentalizado las religiones para crear cohesión social y proporcionar legitimidad al poder político. Esos objetivos solo pudieron materializarse institucionalizando la fe, pero lo cierto es que Jesús no fundó ninguna Iglesia ni organizó una estructura jerárquica. Al contrario, dijo que para ser el primero había que ser el último y el servidor de todos. En *No y amén*, Uta Ranke-Heinemann afirma que «con la doctrina del infierno, la Iglesia puso boca abajo la doctrina de Cristo. De este modo, la buena nueva se convirtió en una mala noticia y el Dios del amor se transformó en el Dios de la crueldad. En el mensaje del amor de Dios, carece de sentido la doctrina de la posibilidad del infierno. La predicación de Jesús es la superación de toda predicación del infierno». Ranke-Heinemann afirma que la idea de la inmolación de un justo para salvar a la humanidad es una invención pagana. Ni Jesús quiso morir ni Dios le exigió un final tan horrible: «Dios no es ningún verdugo. Dios se entristece por esta muerte [...]. Los cristianos deberían celebrar la eucaristía como una comida en recuerdo de Jesús, como una acción de gracias», no como una ceremonia en que se come el cuerpo y la sangre del cordero sacrificado. La eucaristía que conmemora un sacrificio humano está más cerca de las deidades aztecas que del Dios de Jesús, que está lleno de ternura y compasión.

La eucaristía como evocación de un sacrificio alimenta el sentimiento de culpa e invita al martirio. Teresa de Lisieux, conocida como santa Teresa del Niño Jesús, escribe en su autobiografía: «¡Y lo que más deseo es ser mártir! ¡El martirio! He aquí el sueño de mi juventud». A continuación, manifiesta que desea ser flagelada, desollada, sumergida en aceite hirviendo, crucificada y quemada en una pira. Pienso que el Dios cristiano no quiere nada de eso. Quiere que el pobre coma, que el enfermo sane, que la viuda y el huérfano hallen consuelo, que los bienes de la tierra se repartan, como pidió al joven rico que deseaba ser perfecto y renunció seguir a Cristo: «En modo alguno murió Jesús por los pecados —escribe Ranke-Heinemann—, sino tan solo mediante los pecados de los hombres». La imagen cristiana de Dios «sigue siendo en el fondo una imagen de Dios pagana, primitivamente pagana [...]. Los cristianos no deben glorificar un patíbulo, sino que deben sensibilizarse para percibir el terror de la pena de muerte, de las guerras, de la violencia, de las torturas, de las represalias militares».

Ranke-Heinemann sostiene que es un error considerar que la humillación y la mortificación expresan la voluntad de Dios. Jesús dijo: «Misericordia quiero y no sacrificio» (Mateo 9, 13). No es una idea completamente nueva. El profeta Oseas ya había dicho: «Quiero misericordia y no sacrificios» (6, 6). Ranke-Heinemann, teóloga alemana excomulgada por la Iglesia católica en 1987 por sostener que María de Nazaret solo fue la madre de Jesús y no la madre de Dios, afirma que el pecado original es una fábula y que Dios no exigía un sacrificio para limpiar esa supuesta mancha. «¿Cómo podría Dios gozarse de los tormentos de una criatura e incluso de su propio hijo, cómo podría ver en ellos la moneda con la que se compraría la reconciliación? [...] Lo que cuenta no es el dolor como tal, sino la amplitud del amor [...]. Si no fuese así, los verdugos serían los auténticos sacerdotes [...]. El hecho de que cuando apareció el Justo por excelencia fuese crucificado y ajusticiado nos dice despiadadamente quién es el hombre: eres tal que no puedes soportar al justo; eres tal que al Amante lo escarneces, lo azotas, lo atormentas».

La crítica histórico-teológica de Ranke-Heinemann no destruye el cristianismo. Por el contrario, su objetivo es rescatar la misericordia de Dios, «la única verdad y la única esperanza», de las fábulas eclesiásticas donde yacía sepultada. La misericordia es lo que queda después del largo camino recorrido. Una misericordia que se hizo visible con Jesús. Jesús no es importante por su muerte, sino por su vida. El mensaje de amar a los enemigos es la verdadera redención, pues rompe el círculo vicioso de la violencia. La humanidad solo conocerá la paz cuando deje de rendir culto a los bienes materiales —«no se puede servir a Dios y la riqueza»— y deseche la venganza, asumiendo que el perdón no tiene límites: «Jesús dice de sí mismo que es el camino, la verdad y la vida. No el camino a una vida pequeña que el tiempo se lleva, sino a una vida verdadera y eterna que conserva toda su validez para siempre». El Dios cristiano, aclara Ranke-Heinemann, no es un dios de muertos, sino de vivos: «Dios es el que viene. Él es nuestro futuro». Es una buena noticia. Una noticia optimista. Sea uno creyente o no, esa noticia dibuja un horizonte donde la expectativa del juicio final, con sus premios y castigos, se remplaza con la promesa de una desconocida plenitud.

Pablo de Tarso, el apóstol incomprendido

> [El amor] todo lo excusa, todo lo cree, todo lo espera, todo lo soporta. El amor no pasa nunca.
>
> Pablo de Tarso, Primera Epístola a los Corintios (7, 8)

Se ha acusado a Pablo de Tarso de deformar las enseñanzas de Jesús y de convertir su mensaje de fraternidad en una doctrina represiva y conformista. Nietzsche afirma que fue «un genio del odio, de la visión del odio, de la lógica inexorable del odio». En sus epístolas justifica la esclavitud, la obediencia a las autoridades y el sometimiento de la mujer al hombre. Pablo, fariseo de estricta observancia antes de su conversión al cristianismo, albergaba los prejuicios de su entorno y necesitaba demostrar que la buena nueva no atentaba contra el orden establecido. Si hubiera invitado a liquidar la esclavitud, el Imperio romano habría interpretado sus palabras como un acto de sedición. Debemos leer a Pablo de Tarso como lo que es: un judío que se educó en el ámbito cultural helenístico. Eso explica su aversión a la homosexualidad, duramente condenada en la epístola a los romanos. Aunque se toleraba las relaciones con adolescentes en el mundo griego, las relaciones sexuales entre hombres adultos se consideraban aberrantes. En las *Leyes*, Platón afirma que la homosexualidad es contraria a la naturaleza. La relación entre Sócrates y Alcibíades, exaltada en el *Banquete*, pertenece al terreno de lo pedagógico y filosófico, no al dominio del amor carnal. Pienso que Pablo se plantea «urbanizar» la libido, sujetarla a normas para impedir que su voracidad destruya todos los límites, lo cual acarrearía cosificar al otro y reducirlo a mera fuente de goce. Eso sí, habla según el punto de vista de su época y su cultura. Los tiempos han cambiado y sus palabras hoy nos parecen ofensivas, pero nos lanzan una advertencia que no ha perdido vigencia. Si aspiramos a un sexo sin prohibiciones ni tabúes, nos encontramos con el gabinete de Sade. Freud dijo muy claro que no vale todo. La sexualidad solo puede llamarse humana cuando reconoce límites y observa ciertas normas.

Pablo de Tarso soportó toda clase de penalidades por ser testigo de ese Cristo al que supuestamente solo conoció ya glorificado, cuando lo derribó del caballo y lo llamó por su nombre, preguntándole por qué lo perseguía. En *Grandes pensadores cristianos. Una pequeña introducción a la teología*, Hans Küng elogia la entereza del apóstol y destaca que su «incesante sufrimiento» no menoscabó «el optimismo, la esperanza y la alegría, que reaparecen en él una y otra vez». Azotado, apedreado, encarcelado, logró que «el cristianismo se transformara en la religión universal de la humanidad». Gracias a él, los gentiles pudieron convertirse sin pasar por la circuncisión ni acatar los preceptos de la Ley. Küng señala que Pablo es el punto de partida de la Iglesia en tanto comunidad y su rica tradición filosófica. Su influencia se aprecia desde san Agustín hasta el teólogo Karl Barth. Es el fundador del «cristocentrismo». No fue un sabio, sino un profeta y el primer místico de la tradición cristiana. Sus epístolas se dirigen a todos, sin distinguir entre señores y esclavos. Para los bautizados en Cristo, «no hay judío y griego, esclavo y libre, hombre y mujer, porque todos vosotros sois uno en Cristo Jesús» (Gálatas 3, 28).

Pablo no organizó jerárquicamente las primeras comunidades cristianas, pues creía que lo esencial no era el orden sino la adhesión a los principios de libertad, fraternidad y servicio. «Todos somos hermanos en Cristo», repitió una y otra vez. Sus epístolas son anteriores a los Evangelios. Los Evangelios salen a la luz setenta años después de la muerte de Jesús. En cambio, las epístolas paulinas circulaban desde treinta años atrás, lo cual significa que durante mucho tiempo las comunidades cristianas desconocían al Jesús de la historia. Después de escandalizarse como fariseo con la idea de un mesías crucificado que situaba lo sobrenatural a la misma altura que los parias de la tierra, Pablo descubrió que el antiguo orden se había invertido. Dios había demostrado que los denigrados y los menospreciados serían los primeros. A partir de entonces, abandonó sus privilegios y comenzó a buscarse el sustento fabricando tiendas. Trabajó con sus manos y predicó en su taller. Se ganó el pan con sudor y fatiga, pues no quería ser una carga. En el mundo antiguo, el trabajo se consideraba una actividad de seres inferiores y carentes de dignidad. Pablo asumió ese estigma. Al igual que Jesús, que se rebajó voluntariamente, se hizo siervo y adoptó una dura existencia. Realizaba trabajos pesados, dormía poco y sufría toda clase de privaciones: «Pasamos hambre y sed y falta de ropa; [...] nos agotamos trabajando con nuestras propias manos» y «nos tratan como a la basura del mundo, el desecho de la humanidad» (1 Corintios 4, 11; 4, 13).

Cuando soy débil, soy fuerte

A los esclavos, Pablo les pide obediencia, pero, paradójicamente, sigue a Jesús de Nazaret, que murió como un esclavo, y en sus cartas pide la estricta igualdad entre todos los miembros de las comunidades cristianas. En la Epístola a los Filipenses, escribe: «No obréis por rivalidad ni por ostentación, considerando por la humildad a los demás superiores a vosotros. No os encerréis en vuestros intereses, sino buscad todos el interés de los demás» (2, 3-4). Pablo pide obediencia al poder político —por entonces, representado por el Imperio romano—, pero anuncia el reino a las naciones despreciadas, asegurando que Dios es *Abba*, Padre de toda la humanidad. A la mujer, le demanda sumisión, pero al mismo tiempo destaca el papel de las mujeres que «lucharon a mi lado por el Evangelio» (Flp 4, 3). Pablo no oculta que la cruz invierte todos los valores del mundo antiguo al ensalzar la debilidad, la pobreza, la humildad y el trabajo manual. El Dios cristiano, al sentar a Jesús a su derecha, se pronuncia a favor de las víctimas de la ley romana, injusta y opresiva. Resucitar a un convicto ejecutado de forma deshonrosa convierte en «locura la sabiduría de este mundo» y escandaliza a romanos y judíos. ¿Cómo se explican las contradicciones de Pablo de Tarso? ¿Qué pensaba realmente? Muchos investigadores opinan que el párrafo que insta a obedecer al poder político en la Epístola a los Romanos solo es una glosa posterior. Y que los fragmentos que justifican la esclavitud y la sumisión de las mujeres son añadidos de los diferentes copistas.

La dureza de algunas afirmaciones de Pablo contrasta con la humildad que exhibe en otros momentos. En la Segunda Epístola a los Corintios pide que nadie le cierre las puertas: «Dadnos cabida en vuestros corazones. A nadie ofendimos, a nadie arruinamos, a nadie explotamos» (7, 2). Y añade: «Porque cuando soy débil, entonces soy fuerte» (12, 10). Al parecer, Pablo era un orador mediocre y en persona causaba una pobre impresión. En sus epístolas, no intenta combatir esa imagen. Prefiere ser honesto y admitirlo. ¿Quién era Pablo de Tarso en realidad? ¿Qué pensaba? Su enseñanza puede condensarse en una frase que ha traspasado los siglos: «Si tuviera fe como para mover montañas, pero no tengo amor, no sería nada» (1 Corintios 13, 2). Pablo es una de las grandes voces de la Antigüedad. No es solo el «apóstol de los gentiles», sino un pensador decisivo en la configuración de nuestra tradición cultural. Todo sugiere que ha sido víctima de una posteridad que manipuló su legado. Karen Armstrong le considera «el apóstol más incomprendido» y opina que se escandalizaría si contemplara a los papas ocupando el lugar de los emperadores después de la caída del Imperio romano. «Pablo ha sido culpado de ideas que nunca predicó —escribe Armstrong—, y algunas de sus mejores percepciones sobre la vida espiritual han sido ignoradas por las Iglesias».

Pablo merece un lugar en la historia del optimismo por su exaltación del amor. Nos ha dejado uno de los textos más hermosos de la Antigüedad: «Y aún os voy a mostrar un camino más excelente. Si hablara las lenguas de los hombres y de los ángeles, pero no tengo amor, no sería más que un metal que resuena o un címbalo que aturde. Si tuviera el don de profecía y conociera todos los secretos y todo el saber; si tuviera fe como para mover montañas, pero no tengo amor, no sería nada. Si repartiera todos mis bienes entre los necesitados; si entregara mi cuerpo a las llamas, pero no tengo amor, de nada me serviría. El amor es paciente, es benigno; el amor no tiene envidia, no presume, no se engríe; no es indecoroso ni egoísta; no se irrita; no lleva cuentas del mal; no se alegra de la injusticia, sino que goza con la verdad. Todo lo excusa, todo lo cree, todo lo espera, todo lo soporta. El amor no pasa nunca» (1 Corintios, 12, 31; 13, 1-8). Verdaderamente, el amor es el mejor camino y el fundamento del optimismo. Veinte siglos después, pervive esa convicción en el inconsciente colectivo. No en vano los Beatles afirmaron: «*All you need is love*».

San Agustín: filosofar desde la fe

> Amar y ser amado era la cosa más dulce para mí.
>
> Agustín de Hipona, *Confesiones*

San Agustín es uno de los personajes más fascinantes de la Antigüedad. Nació en 344 en el seno de una familia bereber de Tagaste, antigua ciudad del norte de África, el cual era por entonces provincia del Imperio romano. Creció en un hogar donde solo se hablaba latín. Patricio, su padre, era un pequeño comerciante que se convirtió al cristianismo al final de su vida. Su madre, santa Mónica, inculcó a sus hijos la fe cristiana y, cuando Agustín empezó a pasar de una escuela filosófica a otra buscando la verdad, rezó para que regresara a la Iglesia. Agustín, aficionado a la literatura y poseedor de una elocuencia natural, solo conoció el griego de forma superficial. Ejerció la docencia en Milán, donde frecuentó las celebraciones litúrgicas del obispo Ambrosio, que le puso en contacto con los escritos de Plotino y con las epístolas de Pablo de Tarso. Seducido por la elocuencia del apóstol de los gentiles, se convirtió al cristianismo y se bautizó en el 387. Tras dar ese paso, interrumpió su actividad como profesor y se retiró con su madre, su hermano y un grupo de amigos a Casiciaco, cerca de Milán. Al cabo de un tiempo, decidió regresar a África. Durante el viaje, murió su madre, cuyos restos quedaron en Ostia. Siempre la recordaría como un ejemplo de abnegación y piedad. Cuando al fin retornó a Tagaste, vendió los bienes familiares, repartió los beneficios entre los pobres, fundó una pequeña comunidad y adoptó una vida monacal. Con el tiempo sería nombrado obispo de

Hipona y se haría famoso por sus disputas contra herejes y cismáticos. Muchos de sus conciudadanos le consideraban un santo. Murió en 430 en Hipona durante el asedio de los bárbaros de Gensérico, profundamente abatido por la caída del Imperio romano.

El itinerario intelectual de san Agustín fue configurado por personas, libros y escuelas filosóficas. Aunque santa Mónica era una mujer con una cultura modesta, su vigorosa fe y su fuerte temperamento influyeron de forma decisiva en él. Si su madre le condujo a la conversión, la lectura del *Hortensio*, un diálogo perdido de Cicerón, le infundió el amor a la filosofía. Eso sí, le desanimó no encontrar en la obra ninguna referencia a Cristo. De ahí que acudiera a la Biblia en busca de la verdad que anhelaba, pero le desilusionaron su estilo tosco —tan alejado de la prosa elegante, sencilla y elocuente de Cicerón— y su visión excesivamente antropomórfica de Dios. Durante un tiempo, se sintió atraído por el maniqueísmo, una doctrina que explicaba la realidad como un conflicto entre el bien y el mal, dos principios ontológicos y no simples distinciones morales, pero sus enseñanzas acabaron decepcionándole y se aproximó al escepticismo, tal vez movido por las perplejidades e incongruencias que no lograba resolver. El escepticismo es una tentación permanente. Es atractivo dudar de todo, refutar las ideas que otros veneran, no comprometerse con nada. Sin embargo, esa actitud crea una sensación de vacío que conduce a la insatisfacción. De ahí que san Agustín explorara otras posibilidades.

Su encuentro con san Ambrosio fue determinante, pues le enseñó a leer la Biblia de una forma distinta. Hasta entonces, se había limitado al sentido literal, lo cual le había hecho pensar que el Dios del Antiguo Testamento y el del Nuevo no podían ser el mismo. San Ambrosio le explicó que se equivocaba. El Dios del Antiguo Testamento había alentado una esperanza en el ser humano al prometerle enviar a un salvador que vencería a la muerte y al pecado. Y había cumplido su promesa, lo cual revelaba que siempre le había guiado el amor al ser humano. La lectura de Pablo de Tarso acabó con las dudas de san Agustín. Sus epístolas le hicieron comprender que las enseñanzas del cristianismo no necesitaban justificarse con grandes argumentaciones conceptuales, pues Jesús había revelado la verdad a los humildes y sencillos con parábolas y frases transparentes. No está de más señalar el efecto descorazonador que produce el hermetismo, uno de los grandes lastres de la filosofía. Apostar por la claridad, como hicieron Sócrates o Jesús, dos maestros orales, es un gesto de optimismo, pues presupone que lo esencial no es un saber reservado a unos pocos, sino una enseñanza al alcance de todos. Así lo entendió Agustín, cuya prosa no es árida y oscura, sino fluida y elegante. Sus libros están a medio camino de la filosofía y la literatura. Quizás eso explica la fascinación que han ejercido incluso entre los escépticos, pues un bello estilo casi siempre denota el deseo de llegar a todos.

Escoger un camino

Se comparta o no la fe de san Agustín, su actitud de búsqueda es una lección de optimismo. Cuando escoges un camino y, después de un tiempo, descubres que te has equivocado, lo más sencillo es renunciar a nuevas tentativas. Siempre es más fácil no hacer nada que apostar por algo y admitir el riesgo de equivocarse. Imagino que causará sorpresa decir que hay cierto paralelismo entre las trayectorias vitales de san Agustín y de la escritora Carmen Laforet, separados por quince siglos, pero no hay que esforzarse demasiado para reparar en que los dos vivieron etapas históricas sumamente agitadas y que tuvieron que transitar por el hastío, el desencanto, la perplejidad y la fe. En su primera novela, *Nada*, Laforet nos describe una Barcelona desoladora, con personajes que viven a la deriva, incapaces de fijarse metas y crear vínculos. Corre el año 1944 y aún están abiertas las heridas del enfrentamiento fratricida entre los partidarios de la República y sus adversarios. Presumo que la atmósfera que se respiraba durante la decadencia del Imperio romano debía tener cierto parentesco con el clima de la posguerra española: ruinas físicas, miedo, incertidumbre, precariedad, desorientación moral. Muchos se sentían huérfanos y desamparados. *Nada*, que obtuvo el Premio Nadal y el Premio Fastenrath, está protagonizada precisamente por una huérfana, Andrea, una joven que intenta imprimir un nuevo rumbo a su existencia al cursar estudios universitarios en Barcelona. En un mundo sacudido por la violencia y la penuria, urge encontrar sentido a las cosas. Sin embargo, Andrea, que se aloja en la calle Aribau con su abuela y sus tíos, solo encadenará fiascos y desengaños. *Nada* es una novela existencialista que evoca la atmósfera de *El extranjero*, de Albert Camus. Hombres y mujeres sin creencias ni valores que actúan de forma irracional y que a veces toman decisiones fatales. Se puede decir que la novela recoge el desaliento de una generación. Los ciudadanos del Imperio romano, que contemplaban con temor la inminente llegada de los bárbaros, experimentaban el mismo desánimo. La filosofía había claudicado en su búsqueda de respuestas a los grandes problemas de la metafísica. Ya solo circulaban las fórmulas eclécticas que intentaban aliviar la creciente desmoralización sin caer en el cinismo.

En 1955, once años después de *Nada*, Laforet publicó *La mujer nueva*, que logró el Premio Nacional de Literatura. La obra refleja su evolución espiritual. La protagonista, Paula, abraza el catolicismo después de cometer adulterio y abandonar el hogar. Durante un viaje en tren, experimenta una especie de iluminación. Dios comparece en forma de luz y alegría, convirtiendo su insatisfacción en clarividencia y serenidad. Es la misma alegría que advertimos en san Agustín después de su conversión religiosa. En el caso de Laforet se trata de una dicha efímera. Su fe apenas dura un lustro. Decepcionada por el nacionalcatolicismo, se aleja de la Iglesia y se instala en el escepticismo, una posición que ya no abandonaría. Al mismo tiempo, su escritura languideció hasta extinguirse. ¿Se puede concluir que su itinerario vital constituyó un fracaso? Lo que caracteriza verdaderamente al optimismo no es el éxito, sino el movimiento, algo común a san Agustín y Laforet, pero el silencio final de la escritora, que implicó la interrupción definitiva de su actividad intelectual, se parece al fracaso. No obstante, si observamos su vida y su obra como conjunto, solo cabe afirmar que dejó un rastro fructífero, y eso es lo que cuenta.

Todos necesitamos ser perdonados

El paso de san Agustín por distintas escuelas filosóficas, semejante a los vaivenes religiosos de Laforet, no es un gesto de inconstancia, sino de tenacidad. Nunca dejó de escribir ni de reflexionar. Insatisfecho con las ideas que había suscrito en el pasado, continuó avanzando con pasión, como lo demuestra su polémica con distintas herejías. Su enfrentamiento con los donatistas es muy revelador. Los seguidores de Donato sostenían que los obispos y sacerdotes que hubieran cometido un pecado carecían de autoridad para administrar los sacramentos. San Agustín alegó que la validez de los sacramentos no dependía de la pureza de sus administradores, sino de la gracia de Dios. Aunque parece un razonamiento meramente teológico, se puede trasladar al ámbito de las teorías de cualquier índole. La validez de una idea no depende de la integridad de su portavoz, sino de su coherencia y veracidad. Es absurdo distanciarse de una visión del mundo —cristianismo, socialismo, liberalismo— porque algunos de sus líderes actúen de forma incongruente. Los ejemplos son necesarios. Estimulan la imitación, pero conviene no olvidar que no hay seres humanos perfectos. El pacifismo de Martin Luther King ayudó a acabar con la segregación racial sin grandes explosiones de violencia. La guerra sucia del FBI contra el líder de la lucha por los derechos civiles sacó a la luz que había cometido adulterio en varias ocasiones. Solo un necio puede cuestionar su legado por su vida privada. El donatismo argumentaba *ad hominem*, como el FBI. Es decir, argumentaba mal. Los sacramentos pueden rechazarse como ritos. Se puede decir que no son actos sagrados, que no son más que convenciones, pero su significado no depende de la rectitud de quien los administra. Si hacemos que el valor de las ideas dependa de las personas, siempre caeremos en el pesimismo. Anhelar ídolos es la mejor forma de precipitar los desengaños. La perfección es literalmente inhumana y sumamente peligrosa. Sin conocer la debilidad, el error, la flaqueza, la culpa, parece improbable llegar a desarrollar indulgencia o magnanimidad. El perdón, si es sincero, nace de la intuición de que todos necesitaremos ser perdonados en algún momento.

San Agustín también combatió el pelagianismo. Según Pelagio, la salvación solo requiere el concurso de la voluntad y las buenas obras. No hace falta la mediación de la gracia. Este planteamiento surge del ideal de autarquía tan extendido en la Antigüedad. San Agustín objetó que sin la intervención de la gracia era imposible realizar buenas obras y, menos aún, salvarse. Para algunos, este razonamiento, que adquirió el respaldo de la Iglesia, marcó el final de la ética pagana y el comienzo de la Edad Media. No puedo compartir el fatalismo de san Agustín. Si el ser humano pierde su autonomía, si no puede hacer el bien por sí mismo, si todo depende de algo externo, su libertad desaparece y, lo que es peor, su capacidad de afrontar la adversidad. Para los antiguos, el destino era una fuerza inexorable. Si trasladamos ese poder a Dios, si el hombre solo es siervo de un poder sobrenatural, la sensación de impotencia será terrible. No resultaría descabellado comparar su situación con la de un náufrago en una isla que no aparece en las cartas de navegación y al que solo podría salvar la aparición accidental de un barco. Sin embargo, no es menos cierto que existe la necesidad de poseer una referencia permanente, un valor que nos permita determinar qué es el bien o la belleza.

Si todo es relativo, el crimen puede llegar a considerarse virtud, como sucedió en Esparta o en la Alemania nazi. Sucede lo mismo con la belleza. Si lo bello solo es una impresión relativa y subjetiva, puede atribuirse a cualquier cosa, como sucedió en 1961, cuando el artista conceptual Piero Manzoni puso a la venta noventa latas cilíndricas de metal con treinta gramos de heces y afirmó que se trataba de creaciones artísticas. Manzoni tituló su obra: *Mierda de artista*. Su precio era el mismo que el de treinta gramos de oro. Todas las latas se adquirieron y, hoy en día, cuando alguna vuelve al mercado, suscita pujas encarnizadas. En Milán se llegó a pagar 275.000 euros por una de ellas. Al parecer, solo contienen yeso, pero si alguien comete el error de abrirlas, destruye su valor, pues altera su condición original. Manzoni pretendía escarnecer el mercado del arte, donde el todo vale ha llevado a que treinta gramos de heces puedan ser consideradas una obra valiosa. San Agustín habría reaccionado con perplejidad ante la provocación del artista italiano, pues identificaba la belleza con el equilibrio, la proporción, el orden, la armonía. Pienso que el teólogo cristiano no se equivocaba al apuntar que sin un valor de referencia, el bien y la belleza naufragan en lo indeterminado. La filosofía lleva varios siglos dando vueltas a esta cuestión. Es indiscutible que hacen falta valores de referencia, pero no creo que la unanimidad constituyera una buena noticia. La diversidad es una de las principales fuentes de riqueza de la cultura. Allí donde no existe, triunfa la mediocridad, como sucedió en la Unión Soviética con el arte y la literatura, subyugados por criterios políticos.

Comprender lo que somos

San Agustín fue un autor muy prolífico, pero se le recuerda sobre todo por las *Confesiones* y por la *Ciudad de Dios*. Las *Confesiones* inauguran un género literario: la autobiografía. Divididas en trece libros, narran los cuarenta primeros años de vida del filósofo. No son un frío tratado de teología, sino una mirada ardiente sobre lo vivido. Tampoco son literatura del yo o «autoficción», pero se aproximan a ese género que ha alcanzado tanta popularidad en nuestros días. San Agustín aporta a la historia del optimismo un hallazgo esencial: la introspección, el examen minucioso de nuestro mundo interior, la exploración implacable de nuestras propias emociones. No es un ejercicio estéril o gratuito, sino un paso ineludible para comprender lo que somos, fijarnos un rumbo y rectificar lo que no nos gusta. Desde antiguo, el ser humano había reflexionado sobre sí mismo, pero hasta entonces no lo había hecho mediante una escritura autobiográfica tan ardiente y sincera. En vez de cultivar el pudor y el autodominio, san Agustín se desinhibe, mostrando sin tapujos sus dudas y vacilaciones, sus debilidades y miserias, sus temores y esperanzas. ¿Por qué lo hace? ¿Solo porque tiene un temperamento apasionado? Es innegable que es vehemente, pero su conducta no obedece únicamente a una expansión emocional, sino a la convicción de que la palabra sana y cierra heridas.

Para san Agustín, el lenguaje es algo más que una herramienta de comunicación. Es logos, racionalidad, creación. De hecho, en el Evangelio de Juan, al principio de los tiempos el Logos está con Dios y es Dios. La Palabra, el Logos, el Verbo no es una simple convención, sino la llave que nos desvela los misterios del mundo, que transforma la oscuridad en algo inteligible y clarificador. El lenguaje introduce el sentido en el cosmos y, en cierta manera, crea todo lo que existe, pues hasta que surgen el conocimiento y la comprensión no hay nada. El acto de conocer es lo que saca las cosas de lo indiferenciado y caótico. En lo que respecta a nuestra psique, podemos decir que la palabra, en la medida en que nos permite conocernos, nos hace existir y nos proporciona una identidad. Pero no solo posibilita el autoconocimiento: además, nos ayuda a cerrar las grietas que resquebrajan nuestro yo y que destruyen su equilibrio. Ya en el siglo xx, los psicólogos descubrieron que la escritura era un excelente recurso para mejorar la clarividencia y asumir nuevas pautas de conducta. Las palabras espantan las sombras y despejan los caminos. El que escribe sobre sí mismo crece y madura. Cuando la oscuridad se apodera de nuestra existencia, una mano que corre sobre el papel —o que realiza filigranas sobre un teclado— abre ventanas y deja pasar la claridad y la esperanza. Anne Frank soportó su encierro sin caer en la desesperación gracias a su diario. San Agustín no se enfrentó a una experiencia tan terrorífica como permanecer escondido durante más de dos años para no ser deportado a un campo de concentración, pero sí conoció la insatisfacción desde temprano. De niño, se dejaba guiar por impulsos hedonistas y hacía lo primero que se le antojaba. Tardó en comprender que el autocontrol, lejos de ser un ejercicio de opresión, representa una forma de libertad. Aficionado a la literatura profana, descuidaba la lectura de la Biblia, provocando el enfado de sus maestros y el empobrecimiento de su formación espiritual. El ejemplo puede parecernos pueril o arcaico, pero esconde una enseñanza sumamente valiosa. La pereza es uno de nuestros mayores enemigos. Cuando nos dejamos arrastrar por placeres inmediatos, comprometemos la realización de proyectos más ambiciosos y, a la larga, la gratificación instantánea se transforma en frustración. Mirar a corto plazo siempre es una forma de conspirar contra el futuro.

La muerte de Abel

San Agustín nos cuenta en el segundo capítulo de sus *Confesiones* que robó una pera en un huerto vecino. No lo hizo por necesidad.

Su familia poseía un huerto con peras más sabrosas. Simplemente, robar le produjo un placer perverso, que se incrementó al arrojar los restos de su hurto a los cerdos. Siempre me he preguntado si Agustín pretendió establecer paralelismos entre la pera sustraída y la manzana de Eva. ¿Quizás el hurto es una ficción, una figura retórica? Sea como sea, tanto en el caso de la manzana como en el de la pera, hay una desproporción entre el acto y las consecuencias. No creo que el enojo de Yavé responda al simple hecho de que le arrebataran una manzana. La manzana es un símbolo que alude a la armonía original. Casi todos los grandes relatos religiosos buscan una causa para explicar la ruptura de ese equilibrio mítico. En el caso del judaísmo y el cristianismo, la infracción de Adán y Eva constituye esa catástrofe que explica las miserias de la historia y la biología. El ser humano se resiste a situar el caos en su origen. Parece más tolerable soportar la imperfección por una culpa remota que por una deficiencia intrínseca. Si prescindimos de una perspectiva teológica, podemos identificar el pecado original con la irrupción de la violencia. Pienso en la famosa escena de *2001: Una odisea del espacio*, la película de Stanley Kubrick, cuando una especie de homínido descubre el poder destructor de un fémur. No creo que nuestra especie haya sido pacífica en sus orígenes. La violencia es un aspecto de la evolución. Ejerce un poder regulador, pero también puede ser una fuerza sumamente dañina. Mientras nuestra especie utilizaba la violencia de una forma puntual y contra otras especies, no se planteaba ni lejanamente convertirla en un tabú, pero cuando empezó a emplearla contra sus semejantes y, especialmente, contra los individuos de la propia familia o clan, surgió la conciencia de haber traspasado una línea que no se debería haber cruzado. La muerte de Abel, fruto del pecado original, es la muerte del hermano, del que se debería querer y cuidar. Quizás el pecado original simboliza la guerra en su versión más abominable: la lucha contra el padre, la madre, el hermano. En el mundo griego, ese conflicto se refleja en la historia de Edipo, Electra, Eteocles y Polinices. En la historia de Roma, en el asesinato de Remo por su hermano Rómulo. Esta clase de horrores no son cosa del pasado. Enrique VIII de Inglaterra decapitó a dos esposas y varios primos. Cleopatra planeó el asesinato de dos hermanos (uno de los cuales era, además, su esposo). Pedro el Grande, zar de Rusia, ordenó torturar hasta la muerte a su hijo mayor, al que acusó sin pruebas de conspirar contra él. Hay un pecado atemporal y primigenio en nuestro ADN: el impulso de matar al otro, que muchas veces es el más próximo. Pensemos en la Shoá, planificada por una nación cristiana. Se decía que el judío era un cuerpo extraño, un bacilo, pero en realidad era el hermano mayor, una de las matrices de nuestra civilización.

La amistad, una razón para vivir

San Agustín comenta que no habría robado la pera si no hubiera podido compartir su pecado con sus amigos. El mal necesita espectadores, pues siempre es un desafío. Los amigos pueden ser los testigos de una indignidad, pero su papel no es ese. En realidad, están para embellecer y dignificar la vida. En las *Confesiones*, san Agustín nos cuenta cómo perdió a un amigo y condiscípulo, con el que compartía lecturas, paseos, especulaciones. Su amigo era cristiano, y él, que aún no se había convertido, intentaba desviarlo hacia otras doctrinas. A veces discutían y se enfadaban, pero las discrepancias no lograban enturbiar los afectos. Cuando el amigo murió por culpa de unas calenturas, el joven Agustín se hundió en la desesperación. Lloró, perdió el interés por todo, deambuló de un lado para otro sin hallar un instante de paz. Aunque pensaba que la muerte solo era una nada aterradora, deseaba morir para reunirse con su amigo. Esa idea solo retrocedía cuando reparaba en que los difuntos no mueren del todo mientras permanecen en la mente de los vivos.

Al releer los capítulos que san Agustín dedica al amigo perdido, siempre pienso en *Retorno a Brideshead*, la novela de Evelyn Waugh. Publicada en 1945, narra la amistad entre el pintor Charles Ryder y el aristócrata Sebastian Flyte. Al igual que san Agustín y su amigo, son condiscípulos, pues ambos estudian en Oxford. Sebastian es encantador y algo frívolo. Le gusta disfrazarse, su atuendo es sofisticado y provocativo, bebe en exceso, ama la belleza y siempre le acompaña Aloysius, su osito de peluche. En una ocasión, realiza una excursión en coche con Charles, aprovechando un día primaveral. Se tumban a la sombra de un árbol, comen fresas y beben vino. Mirando al cielo, Sebastian comenta: «Me gustaría enterrar algo precioso en los lugares donde he sido feliz y así cuando sea feo, viejo y miserable, volver a desenterrarlo y recordar». Presumo que la amistad entre san Agustín y su amigo, cuyo nombre omite, incluyó momentos así. La amistad no es un accidente, sino un acontecimiento y una poderosa razón para vivir. O, si se prefiere, un motivo de felicidad y, por lo tanto, una invitación al optimismo.

Plotino, autor de las *Enéadas* y fundador del neoplatonismo, había recomendado retirarse del mundo y buscar la verdad en el interior. Siguiendo esta reflexión, había explorado su propia alma («no busques fuera de ti…; entra en ti mismo»), pero lo había hecho desde una perspectiva impersonal, evitando cualquier referencia autobiográfica. En cambio, san Agustín vincula el análisis de su intimidad a la evocación de sus padres, su patria y los acontecimientos más notables de su existencia. Se puede decir que anticipa la principal enseñanza de Ortega y Gasset: el yo es incomprensible sin su circunstancia, es decir, sin la historia, los paisajes, las ideas. La vida nunca es abstracta. Para el ser humano, no hay hechos, sino vivencias. San Agustín convierte el yo en algo problemático, debatiéndose entre los impulsos subjetivos que le hacen sentirse esclavo de las pasiones irracionales, y el anhelo de acatar la voluntad de Dios. La conciencia del yo como un conflicto desemboca en un hallazgo que adquirirá el rasgo de certeza indubitable con Descartes. En la *Ciudad de Dios*, escribe: «No me engaño en el conocer que soy […]. Al igual que conozco que soy, también conozco que me conozco». Y añade: «Amo estas dos cosas». En otro momento, afirma: «Si fallo, soy». La vida no es sueño ni ficción.

Un buen amigo me advirtió que no hallaría muchos argumentos a favor del optimismo en san Agustín, pero su declaración de amor a la vida y al conocimiento desmiente esa fama de pesimista. Su fervor se extiende al mundo, que no considera perverso ni deleznable. En la *Ciudad de Dios*, leemos: «Aun dejando de lado los testimonios de los profetas, el mundo en sí mismo, con su ordenadísima variedad y mutabilidad y con la belleza de todos los objetos visibles, proclama tácitamente que ha sido creado, y creado por un Dios inefable, invisiblemente grande e invisiblemente bello». A diferencia de Aristóteles, san Agustín no busca a Dios para completar su explicación del cosmos, sino para superar la insatisfacción y el miedo, para no vivir afligido, para conseguir la felicidad. Su exaltación del mundo y su visión de Dios como fuente de dicha revelan un vibrante optimismo.

Conviene aclarar que san Agustín asocia la felicidad a la inmortalidad del alma. Si nada permanece, si solo nos espera el no ser, no cabe hablar de bien, belleza o verdad, pues todo está abocado a la destrucción y, por tanto, la vida es un fenómeno fútil e insignificante. Gracias a Dios, el tiempo fluye con un sentido. Como pasado, es memoria. Como presente, intuición. Como futuro, espera. La exaltación de la inmortalidad no significa que el cristianismo desdeñe la vida, como creía Nietzsche. Más bien siente tal apego hacia ella que no soporta la idea de que se acabe. Para Agustín, la muerte es una de las consecuencias del pecado original. Jamás habría aceptado la idea de que sea una necesidad en el orden natural para garantizar la renovación de la vida y, por tanto, un bien. Su utopía es la Ciudad de Dios, donde la existencia no se acaba y reina el amor. Amor a Dios, claro, pero ese amor no es simple adoración. Para san Agustín, Dios es la perfección, la paz, la armonía, el equilibrio, la plenitud. Si disociamos estas cualidades de un ser sobrenatural, nos encontramos con un anhelo universal. Todos aspiramos a esas cosas. San Agustín dedicó su vida a encontrarlas. Pensó que en este mundo solo existían de forma incompleta. De ahí su fe y su esperanza. No hay que compartir esa esperanza para admitir que esperar siempre es una actitud optimista. Los pesimistas no esperan nada, salvo la repetición de todo lo que les produce insatisfacción. Creo que es mejor dejar el futuro en estado de indeterminación, sin excluir ninguna posibilidad.

Boecio, el último romano

> ¿Por qué huis como cobardes? Dominad la tierra y ganaréis el cielo.
>
> BOECIO, *Consolación de la filosofía*

Yo que siempre canté a la alegría

Se recuerda a Boecio por su *Consolación de la filosofía*, una obra compuesta al pie del cadalso. Condenado a muerte, pasó un año escribiéndola para explicar su concepción de la virtud, el bien, la felicidad y la providencia. Mientras esperaba el hacha del verdugo, imaginó un diálogo con la Filosofía, caracterizada como una mujer venerable y de una inquietante belleza: los ojos ardientes, la mirada profunda, la tez joven a pesar de sus siglos de historia. Lleva unos libros en la mano derecha y un cetro en la izquierda, y viste unas ropas finísimas e indestructibles que ha elaborado ella misma. Su atuendo está adornado por dos letras. En la cenefa inferior, la primera letra de *praxis*. En la superior, la primera de *theoria*. Boecio nos da a entender que la Filosofía es la mejor compañía cuando la suerte nos da la espalda y necesitamos consuelo. En apariencia, es una disciplina teórica y altamente especulativa, pero en realidad sus enseñanzas se orientan a la vida y nos preparan para la muerte. Un verdadero filósofo sabe vivir y sabe morir.

¿Por qué fue condenado a muerte Boecio? Estadista, traductor del griego, autor de tratados de aritmética, astronomía y música, procedía de una noble familia romana —los Anicios— que lideraba a la minoría cristiana del Senado. Nacido en Roma en el 480, estudió filosofía y retórica en Atenas, donde se impregnó de neoplatonismo. Cónsul y *magister officiorum* —cargo equivalente a primer ministro— del rey ostrogodo Teodorico el Grande, fue acusado de conspirar a favor del Imperio bizantino. Confinado en el Ager Calventianus, una finca rural al norte de Pavía, el hacha del verdugo cayó sobre su cabeza en el 524. La Iglesia católica lo declaró mártir y la ortodoxa lo venera. Se le considera el último romano y el primer escolástico. Boecio se planteó traducir y comentar todas las obras de Platón y Aristóteles, pero su muerte prematura le impidió culminar el proyecto. Sus estudios de lógica lo convirtieron en una gran autoridad en la materia durante la Edad Media. Sin embargo, no se le recuerda por sus tratados sobre categorías, silogismos y proposiciones, sino por su *Consolación de la filosofía*. ¿Por qué se hizo tan famoso este libro? ¿Aporta algo importante a la genealogía del optimismo? ¿Nos ayuda a encontrar la felicidad?

En la *Consolación de la filosofía*, se aprecia claramente la huella de Platón. Boecio utiliza el diálogo y, aunque en algunos momentos su estilo se complica con razonamientos extraídos de la lógica, su prosa se lee con agrado. Esa forma de escribir convirtió la obra en un libro muy popular. El paso de los siglos no ha rebajado su atractivo. No es un tratado árido, sino un texto sincero, luminoso y vibrante. Exaltar la felicidad en el umbral de una horrible ejecución constituye un gesto sumamente alentador. Eso no significa que Boecio esperara la muerte con indiferencia y que su ánimo no se tambaleara en muchos momentos. Al comienzo de la obra, exclama: «Yo que siempre canté a la alegría, hoy entono estas tristes cadencias». No alude a las penalidades de su encarcelamiento, sino al declive de la edad y a las intrigas políticas que lo han enviado al destierro. Quizás quiso evitar al lector la atmósfera sombría de la celda de un reo de muerte, pero a cambio deslizó otra idea no menos inquietante. Todos estamos condenados, todos tenemos los días contados. La decrepitud del cuerpo y el dolor de las enfermedades que surgen con la vejez se parecen a los quebrantos del condenado a morir en un patíbulo.

Cuando la Filosofía visita a Boecio, lo primero que hace es expulsar a las Musas de la poesía, que se habían acercado al lecho del filósofo. Indignada, las califica de «cortesanas» y afirma que, lejos de remediar el dolor, solo lo agudizan con sus «dulces venenos». Manipulan las emociones para aniquilar «la fructífera cosecha de la razón» y crean una peligrosa adicción a la melancolía y el pesimismo. Es imposible no leer estas reflexiones y no recordar la seducción que ejercen los poetas fatalistas, como Sylvia Plath, Alejandra Pizarnik o Anne Sexton. Sus poemas rebosan desesperación, ansiedad, angustia. No es una pose. Su sufrimiento es real y, de hecho, las tres se suicidaron. Su literatura no deja un resquicio a la esperanza. Paradójicamente, su desconsuelo suscita la fascinación de muchos lectores, casi siempre muy jóvenes, y no pocas veces ha servido de modelo a nuevos poetas, que han imitado su trágico universo. Pienso que la razón, siempre partidaria de la vida, es un camino mucho más fructífero. La última estación del fatalismo es la nada. Los poetas suicidas interrumpen su canto de forma prematura, privándonos de su talento y siembran la idea de que vivir es un gesto inútil. ¿Por qué escribir entonces? ¿No sería más coherente refugiarse en el silencio? Plath, Pizarnik y Sexton son grandes poetas, pero su horizonte estético es limitado y redundante. El pesimismo, si es honesto, tiende al minimalismo. Si solo es una impostura, se despeña por la retórica y, en ocasiones, por lo cómico, como sucede con Cioran.

La Filosofía, que no ignora estas cosas, advierte a Boecio de que la mente se oscurece ante la adversidad. El fatalismo suele alardear de clarividencia, pero en realidad es un estado de ofuscación y pérdida de libertad. Cualquiera que haya transitado por el yermo de la depresión sabe que en esa región no existen la clarividencia ni las decisiones libres, pues todo se contempla desde una perspectiva deformada y sombría. En cambio, el optimismo, cuando nace de la reflexión y la serenidad, cuando es fruto de un meditado sí a la vida y no de una fútil inconsciencia, nos permite elegir libremente la forma de afrontar los golpes del destino. Para ser dueño de uno mismo, para no ser un pelele sacudido por las tempestades del azar, hay que emanciparse del miedo y del deseo, dos cadenas que nos confinan en un pequeño círculo de insatisfacciones e inseguridades. La Filosofía le aclara a Boecio que no ha sido desterrado, sino que se ha extraviado, pues ha perdido su verdadera patria: la sabiduría, simbolizada por esos libros cuyo recuerdo aún flota en su memoria. La única forma de volver a casa es recobrar el buen uso de la razón. La razón conduce a la verdad, una morada invulnerable a las calamidades, pues el que posee la virtud hallará la paz en el simple hecho de hacer lo correcto, aunque eso despierte la ira de los malvados. La Filosofía reivindica la fórmula estoica de renunciar a todas las pasiones, incluida la esperanza y la alegría, para lograr esa impasibilidad que garantiza un ánimo sereno e inmune al dolor.

Construir en el interior: una conversación con Greta

Boecio solo era una nota a pie de página en el programa de filosofía de bachillerato, pero yo incluía la *Consolación de la filosofía* entre las lecturas optativas que podían mejorar la nota. Greta seleccionó la obra y tardó una semana en leerla. Cuando al fin lo hizo, se reunió conmigo en la sala de profesores y contrastamos opiniones. Normalmente, se trataba de un trámite sin muchos alicientes, pues la mayoría de los alumnos se limitaban a resumir el libro escogido, pero ella siempre adoptaba un punto de vista crítico y convertía el control de lectura en una experiencia estimulante.

Greta me dijo que no estaba de acuerdo con eso de renunciar a las pasiones, que no apasionarse por nada era como estar muerto, pero que le había gustado lo que Boecio decía sobre los bienes materiales. Abrió el libro y leyó una frase: «Aunque el dios atendiera todos los votos, prodigara oro y colmara de honores a los ambiciosos, todo lo conseguido parecería nada, pues la codicia más quiere cuanto más devora y nunca se sacian sus fauces abiertas». Greta añadió que Boecio tenía razón cuando aconsejaba construir en el interior, no en paisajes idílicos expuestos a las inclemencias del tiempo. De nuevo, leyó una cita: «El prudente que desee fundar una casa duradera, a salvo del viento y el furioso oleaje del mar, no elegirá las cumbres ni las arenas movedizas donde la azotarán torbellinos impetuosos hasta que termine desmoronándose. Huye de los lugares peligrosos por idílicos que parezcan y asienta tu casa sobre una firme roca humilde».

—Hay otra frase que me gusta mucho —continuó Greta, mordisqueando un bolígrafo, un gesto que repetía a menudo—. Deja que la busque.

Consultó los papelitos amarillos que había introducido en el libro como guías, metiendo sus dedos entre las páginas. Llevaba pintadas las uñas con cuadraditos negros y blancos. Presumí que había utilizado una plantilla para realizar ese dibujo. Advirtió que miraba sus uñas y comentó:

—¿Te gusta? Boecio diría que es una tontería, pero estas pequeñas cosas también proporcionan felicidad y no esclavizan.

Asentí, convencido de que su argumento era irrebatible.

—Aquí está la frase —dijo Greta—. Te la leo: «Si uno acumulara todo el dinero del mundo, haría pobres al resto». Es una frase revolucionaria.

Sorprende la actualidad de las reflexiones de la *Consolación de la filosofía*. Actualmente, hay personas que reducen su consumo al mínimo para no depender excesivamente de lo material. Incluso se han realizado experiencias de cómo vivir sin dinero. Boecio apunta que las necesidades naturales son escasas: «La naturaleza se conforma con poco, incluso con muy poco, de modo que cuando quieres saciar superfluamente la satisfacción de tus necesidades lo único que consigues es añadir algo desagradable, o incluso nocivo». Poseer muchos bienes multiplica las necesidades, creando una absurda servidumbre. ¿Qué sentido tiene vivir esclavizado por «adornos sin alma»? No me refiero a unas uñas pintadas con un dibujo ajedrezado, sino a artículos de lujo. Boecio afirma que para conseguir riquezas muchas veces hay que humillarse, mendigar favores, obrar vilmente, dejar de lado la dignidad. La opulencia no puede ser buena, pues perjudica al que la ostenta y lastra su alma. El ser humano debería volver a los orígenes, cuando el afán de poseer no rugía en las conciencias como un Etna enfurecido: «¿Quién fue, ay, el primero que desenterró montañas de pepitas de oro y gemas que yacían ocultas, esos preciosos peligros que tan caros hemos pagado?».

—Me ha gustado lo que comenta Boecio sobre la fama —prosiguió Greta, buscando una cita—. Aquí está: «Quien tenga por bien supremo la celebridad debería contemplar las vastas regiones celestiales y compararlas con la reducida magnitud de la Tierra: descubriría avergonzado que su fama ni siquiera puede extenderse por esa diminuta esfera». Más adelante, Boecio dice que la fama siempre acaba desvaneciéndose. Con los años, todo se olvida. Es cierto. Ya casi nadie recuerda a The Mamas & the Papas. Pregúntale a alguien de mi edad y se encogerá de hombros. Yo sé quiénes son porque le gustan a mi madre. Perder el culo por la fama... Ay, perdona. Preocuparse por la fama es una idiotez. ¿Has visto *Notting Hill*? Anna Scott es una actriz muy famosa, pero no es feliz. Solo consigue serlo cuando se enamora de un joven desconocido que tiene una librería de guías de viaje. Quizás es un cuento de hadas, pero creo que confirma lo que dice Boecio.

—¿Piensas que Boecio acierta cuando dice que el deseo del bien verdadero se encuentra en todos los seres humanos, pero se desvían de él por un error de apreciación?

—Claro que sí. En *Notting Hill*, Anna Scott desea encontrar un amor verdadero, alguien con quien compartir la vida, pero su trabajo de actriz se lo impide. Tiene fama, dinero... pero le falta lo esencial. ¿Has visto *About a Boy*? Un joven que vive de los derechos de autor de una canción compuesta por su padre se hace amigo de un niño de doce años y descubre que su vida carece de sentido. Siempre ha rehuido el compromiso. No le importa nadie y él no le importa a nadie, pero finge que no le preocupa. Su existencia está vacía. Se limita a comprar cosas. Vive en una casa muy chula, con muchos vinilos, pero no tiene con quien compartirlos. Finalmente, descubre que se ha equivocado y que la felicidad consiste en amar y ser amado. Como dice Boecio, el amor gobierna la tierra y los mares. Si también gobernara las almas, el ser humano sería mucho más feliz. El dinero es importante, pero no te garantiza la felicidad.

—¿Y qué opinas de esos cargos que dan prestigio y reconocimiento?

—¿Te refieres a los políticos?

—Boecio fue cónsul y se enorgullecía de eso.

—La vida de los políticos no me parece nada envidiable. Siempre tienen que moverse rodeados de guardias. Cuando hace unos años visitó el colegio la reina Sofía, la policía registró el instituto de arriba abajo un día antes y colocó agentes en todas partes. Yo, que no soy nadie, puedo ir adonde me dé la gana. No quisiera perder eso por nada.

Boecio sostiene que el poder, tan anhelado, suele ser una fuente de problemas y desengaños. Distorsiona la realidad y crea falsas impresiones. Los amigos que se adquieren cuando se disfruta de una situación ventajosa suelen convertirse en enemigos al perder los privilegios. La popularidad, que es una forma de poder, no es menos engañosa. Boecio afirma que la mayoría de las veces no se debe a méritos objetivos, sino a «las opiniones equivocadas del vulgo». Ser elogiado por una multitud ignorante no debería ser motivo de orgullo, sino de vergüenza. Quizás por sus circunstancias, a las que no pudo sustraerse pese a su ideal de no depender de ellas, Boecio se muestra pesimista en relación con la paternidad. Afirma que los hijos, aunque dan satisfacciones, acaban convirtiéndose en verdugos de sus padres. Desde su punto de vista, la felicidad solo es posible hallarla confiando en Dios. Todos los temores se disipan cuando te encomiendas a su providencia. Nada sucede de forma arbitraria. Todo obedece a un designio o plan preestablecido que no anula la libertad humana. Eso determina que los buenos siempre sean dichosos, pues actúan conforme a la virtud, y los malos, desdichados, pues viven lejos del bien. Un sabio sabe que el bien supremo es la verdadera fuente de la felicidad. ¿Era feliz Calígula, con su rutina de excesos y extravagancias? ¿No parecía más dichoso Sócrates, incluso ante la inminencia de su muerte? La auténtica sabiduría es un bien que no puede arrebatarse, pues no depende de nada externo. Es el fruto de un largo aprendizaje y se aloja en nuestro interior. La sabiduría nos hace más humanos. Por el contrario, la maldad nos rebaja y nos deshumaniza. Boecio aconseja no odiar a los malvados, pues su malicia es una enfermedad. El mal forma parte de la providencia. Dios lo utiliza para conseguir cosas buenas. Si pudiéramos comprender sus designios, aceptaríamos su necesidad. Hay un orden que lo abarca todo, nada queda abandonado al azar.

—Existe una frase genial pero que no entiendo muy bien —dijo Greta, abriendo un pequeño cuaderno adornado con una pegatina con la escarapela tricolor de la RAF, uno de los iconos del movimiento mod—. «¿Por qué huis como cobardes? Dominad la tierra y ganaréis el cielo». Antes cita a Hércules como ejemplo de heroísmo y coraje. Yo detesto la cobardía. El miedo te quita la libertad. Eso sí, me interesa más la tierra que el cielo.

—Boecio piensa que el que controla su miedo obtiene la más alta victoria que se puede imaginar. En cuanto al cielo, si no te interesa o no crees en él, puedes cambiarlo por tu concepto de la felicidad.

—¿Mi concepto de felicidad? Una mañana luminosa en el Rastro o un disco de los Jam. Bueno, las dos cosas a la vez. Tampoco estaría mal una buena nota. Creo que me la merezco.

A pesar de algunas reflexiones sombrías, Boecio es un maestro de la felicidad. Considera que el cosmos tiene un orden y que no es una simple combinación de ruido y furia. Opina que el bien es lo que hace dichosos a los seres humanos, pues el mal y la injusticia acarrean siempre insatisfacción. Aconseja no perder el tiempo en la búsqueda de poder, riquezas o fama. Lo verdaderamente importante es cultivar el autodominio, no ser esclavo de las pasiones. El cielo, símbolo de nuestros anhelos más ardientes, está en nuestro interior y es un reino sobre el que podemos ejercer una razonable soberanía, cultivando lo esencial: la serenidad, el valor, la libertad, el conocimiento.

Por supuesto, le puse una buena nota a Greta. Se la merecía.

La Edad Media y la escolástica

> No hay progreso, no hay revolución de las épocas en las vicisitudes del saber, sino, a lo sumo, permanente y sublime recapitulación.
>
> Umberto Eco, *El nombre de la rosa*

El concepto de Edad Media fue una creación del historiador alemán del siglo XVII Cristóbal Cellarius para denominar un período supuestamente de escaso valor entre la Antigüedad grecolatina y el Renacimiento. La Edad Media comienza en el año 476 con la caída del Imperio romano y concluye —según algunos historiadores— en 1492. Otros prefieren la fecha de 1453, el año en que los turcos otomanos toman Constantinopla, se inventa la imprenta y finaliza la guerra de los Cien Años. Hoy en día se considera que la Edad Media no fue un período tan oscuro como se había creído. Durante esos siglos, se transitó de la economía rural a la capitalista, lo cual provocó la aparición de grandes núcleos urbanos y el auge de una nueva clase social: la burguesía. Se produjeron grandes migraciones que repoblaron zonas deshabitadas; se restauraron las viejas calzadas romanas, muy deterioradas; se construyeron puentes; los caminos se llenaron de mercaderes, peregrinos, estudiantes, guerreros, goliardos y toda clase de viajeros, lo cual hizo que se popularizara la metáfora espiritual de la vida como un viaje *(homo viator)*. En este contexto, aparecieron nuevas formas políticas, como el califato islámico, los Estados Pontificios, el Imperio bizantino, los reinos eslavos, las pequeñas repúblicas y las monarquías absolutas, que serían el germen del Estado moderno. Muchas novedades para un período presuntamente estéril.

La Edad Media estuvo marcada por el choque de civilizaciones. La cristiandad y el islam se disputaron el dominio del Mediterráneo desplegando una política exterior muy agresiva. Fue la época de las Cruzadas, de la Reconquista española y de la expansión del Imperio otomano. Los conflictos militares convivieron con el intercambio cultural, el cual dio lugar a centros como la Escuela de Traductores de Toledo o la Escuela Médica Salernitana. Isidoro de Sevilla cita en sus *Etimologías* un enorme número de obras antiguas, lo cual indica que Sevilla era un importante centro cultural. Suele omitirse que los árabes no habrían podido traducir a Aristóteles en Andalucía si las bibliotecas de la España visigoda no hubieran albergado sus obras. La Edad Media no fue fecunda tan solo en la recuperación de los filósofos de la Antigüedad. En el campo de la creación literaria, nació la lírica del amor cortés, cultivada por el gran poeta Guillermo de Aquitania, una lírica cuyos valores se expresaron en las novelas de caballería, que exaltaban el ideal de un caballero culto, refinado, fiel a la palabra dada y consagrado al amor de una mujer.

El arte también se renovó con una rica gama de estilos: prerrománico, románico, gótico, gótico internacional. Estilos que en las regiones fronterizas se mezclaron con el arte islámico y bizantino. Los monasterios benedictinos se convirtieron en un baluarte de la herencia de la Antigüedad, amenazada por las guerras y las convulsiones políticas y sociales. Entre 1200 y 1400 se construyeron cincuenta y dos universidades en Europa. La primera fue la de Bolonia. Después vendrían Oxford, Cambridge —una escisión de la anterior—, París, Salamanca, Alcalá de Henares —fundada por el cardenal Cisneros—, Heidelberg, Colonia, Lovaina y Basilea. En el campo del saber científico y tecnológico, se realizaron grandes inventos: los molinos de viento y de agua, los relojes mecánicos y de arena, el arado de reja, las herraduras, el uso del lúpulo, la pintura al óleo, la manivela compuesta, el alto horno, el jabón, los anteojos, la prensa de vino. De Oriente, llegaron el papel y el ajedrez, y se idearon nuevas técnicas de construcción: grúa de rueda, bóveda de crucería, pozo artesiano. Jean Buridan y Nicolás Oresme desarrollaron la teoría del ímpetu, precursora del principio de inercia. La literatura se hizo menos inaccesible gracias a la invención del códex o códice, que sustituyó al rollo de pergamino. La Edad Media no fue, por tanto, un páramo intelectual y artístico.

En cuanto a la existencia cotidiana, ¿se vivía peor que en otras épocas? ¿Existía la alegría o todo eran lamentos? Como afirma Johan Huizinga en su clásico *El otoño de la Edad Media*, «son los infortunios los que pasan a la historia», pero lo cierto es que la conjunción de alegría y desconsuelo, tranquilidad y desasosiego, no suele diferir mucho de una época a otra. ¿Acaso fue peor la guerra de los Cien Años que la Segunda Guerra Mundial? Eso sí, en el siglo xv los teólogos consideraban de mal gusto celebrar la vida. Se pensaba que el mundo estaba contaminado por el pecado y se esperaba el apocalipsis. Las órdenes mendicantes y los flagelantes así lo anunciaban, invitando a la penitencia y el arrepentimiento. Sin embargo, los juglares y trovadores exaltaban la belleza, el heroísmo, la vida bucólica, y, cuando llegaba el carnaval, las gentes sencillas comían y bebían con desmesura. A pesar de las plagas y las epidemias, los temores apocalípticos y las guerras, las hambrunas y los incendios, se intentaba disfrutar de la existencia y se organizaban festejos para borrar los sinsabores del día a día.

Se ha descrito la servidumbre feudal como una horrible lacra, pero lo cierto es que los siervos disfrutaban de una vida mucho mejor que la de los esclavos de la antigua Roma. El señor feudal debía protegerlos y no podía maltratarlos, expulsarlos de sus tierras o matarlos. Las mujeres tampoco se hallaban en una situación tan desventajosa como se cree. Las actas y documentos de la época demuestran que podían votar en las asambleas y las comunas rurales, abrir tiendas a su nombre, ejercer el comercio sin autorización del marido y desempeñar distintos oficios. En el París de finales del siglo xiii había boticarias, médicos, maestras, copistas, miniaturistas, yeseras, encuadernadoras. Algunas abadesas disfrutaban de la misma consideración social que los señores feudales y muchas religiosas superaban en conocimientos a los monjes. La enciclopedia más popular del siglo xii, *Hortus deliciarum* (*El jardín de las delicias*), fue redactada por Herrade de Landsberg, una abadesa. Todos estos privilegios empezaron a desaparecer en el siglo XIII. La causa principal fue que las leyes tomaron como modelo el derecho romano y expulsaron a la mujer de la vida pública y social.

La antigua filosofía pagana interrumpió su andadura en el 529 d. C., cuando el emperador Justiniano prohibió a los que aún no se habían convertido al cristianismo ocupar cargos públicos y, por lo tanto, dirigir escuelas y ejercer la enseñanza. En realidad, el edicto solo oficializó algo que ya era una realidad. El mensaje cristiano se había propagado hasta convertirse en la religión del Imperio romano. Tras el ocaso de la patrística, la escolástica se convertiría en la corriente dominante. El término «escolástica» proviene de *scholasticus*, que era como se denominaba al que enseñaba en una escuela. A principios de la Edad Media, el *scholasticus* era el maestro de siete artes liberales. Las siete artes liberales se dividían en *trivium* (gramática, lógica y retórica) y *quadrivium* (aritmética, geometría, astronomía y música). Se las llamaba liberales por oposición a las «artes serviles», oficios viles y mecánicos reservados a esclavos y siervos. Más tarde, se amplió su significado para designar al que enseñaba filosofía o teología en una escuela monacal o en una universidad. Dado que los manuscritos aún eran costosas rarezas, los maestros escolásticos elaboraban colecciones o sumas de sentencias comentando aspectos de la Biblia, la patrística, Aristóteles o Boecio. Surgió de este modo un nuevo género literario y didáctico: la suma.

Los filósofos medievales hablan del pecado y la redención, pero sobre todo afirman que el fin de la vida es la felicidad. Incluso en las supuestas tinieblas de la época persiste el optimismo, subrayando que lo auténticamente racional es la dicha y no la melancolía. El ser humano tiende a la felicidad. Solo ejerciendo violencia sobre su naturaleza se desvía de ese impulso. Las religiones, el nacionalismo, las ideologías, el imperialismo han malogrado a veces esa inclinación, pero nunca lo han conseguido. Al cabo del tiempo, reaparece el placer de vivir. Incluso en los escenarios más sombríos, la alegría despunta en el momento más inesperado. En *Cadena perpetua* (Frank Darabont, 1994), el astuto abogado Andy Dufresne (Tim Robbins), condenado por un doble crimen que no ha cometido, consigue que un celador brutal y corrupto suministre tres botellines por cabeza a una cuadrilla de presos encargados de impermeabilizar una azotea con alquitrán. A cambio, le ahorrará los impuestos de una herencia mediante una argucia legal. Por unos instantes, los desdichados convictos se sienten hombres libres y olvidan que aún les quedan largos años de encierro. La cerveza fresca, un sol tibio y unos minutos de descanso los ayudan a recobrar esa pasión por vivir que ya habían olvidado o que reprimían, pues sabían que en una cárcel esa pasión solo exacerba el sufrimiento. La infelicidad es una desviación, un ultraje. Atenta contra nuestro espíritu. Por eso retrocede ante los placeres sencillos. La felicidad no es una quimera, sino el estado natural del ser humano.

Tomás de Aquino, el buey mudo

> Mejor es un amigo que el honor. La amistad disminuye el dolor y la tristeza.
>
> Tomás de Aquino, *Suma teológica*

Tomás de Aquino es la figura más importante de la escolástica. Nació en 1224 en Roccasecca, el Lacio, en el seno de una familia noble. Cuando, a los diecinueve años, anunció que deseaba ingresar en los dominicos, sus hermanos lo secuestraron, lo confinaron en un castillo y le ofrecieron los servicios de una prostituta para que renunciara a su vocación. Teodora, su piadosa madre, le ayudó a fugarse, gracias a lo cual pudo estudiar en la Universidad de París y, más tarde, en la de Colonia, donde fue discípulo de Alberto Magno. Tras graduarse, compatibilizó la actividad docente y el ensayo filosófico, participando en vehementes polémicas contra los averroístas y los franciscanos. Silencioso, grave y con una envergadura tan superlativa como la de Chesterton, recibió el apodo de «el buey mudo». En 1273, experimentó una visión mística e interrumpió definitivamente su actividad como escritor. Afirmaba que sus obras solo eran paja en comparación con esa experiencia. Murió en 1274 cuando se dirigía a Lyon para participar en el concilio. De su vasta obra, se recuerda especialmente la *Suma teológica*, que quedó inacabada, y la *Suma contra gentiles*.

Toda la producción filosófica de Tomás de Aquino está dedicada a conciliar fe y razón. No es un pensador pesimista. Piensa que el mundo, a pesar de sus imperfecciones, no es un lugar deleznable. No puede considerarse perverso algo que surgió de un Dios misericordioso.

Frente al neoplatonismo, que tanto influyó en los padres de la Iglesia, Tomás alaba la materia, fruto de la providencia divina. «La materia —escriben Giovanni Reale y Dario Antiseri en su *Historia del pensamiento filosófico y científico*— hace referencia a la composición de las cosas, al principio de individuación y a la relación con el mundo espiritual, pero Tomás la separa de aquel fondo tenebroso y obscuro, típico del mundo griego y, sobre todo, la libera de aquel aspecto dualista y pesimista característico de la cultura helenística. Para Tomás, el cuerpo es tan sagrado como el alma». Desde su punto de vista, el alma solo alcanza la perfección natural al unirse con el cuerpo, que le permite desarrollar todas sus posibilidades. El despliegue de ese potencial debe estar orientado a la felicidad, que es el sentido de la vida, y no a la penitencia. Eso sí, como buen intelectual, Tomás de Aquino afirma que la felicidad solo se logra plenamente con la vida contemplativa. No parece una conclusión gratuita si reparamos en su convicción de que para un animal, existir consiste en sentir, y para un ser humano, en entender.

Tomás de Aquino sostiene que el alma es inmortal, y aporta varios argumentos para intentar probarlo. Cita el razonamiento del *Fedón*, donde Platón afirma que el alma no puede morir porque alberga en sí misma la idea de vida eterna. Su deseo de existir es un indicio o signo de inmortalidad y un deseo natural no puede ser fruto del azar o algo inútil y carente de sentido. Tomás de Aquino no ignora que ese argumento es rebatible, pero se apoya en la fe para disipar cualquier objeción. Hoy en día sorprende la audacia de atribuir a una creencia irracional el fundamento último de lo verdadero. «Es indudable —escribe Felipe Martínez Marzoa en su *Historia de la filosofía*— que una revelación divina no puede ser falsa, pero es absolutamente indemostrable que la Escritura sea, efectivamente, una revelación divina, y de eso tenían que darse perfecta cuenta Tomás y todos los pensadores cristianos».

Todos los argumentos de Tomás de Aquino proceden de la fe. Cuando se enfrenta al problema del mal, una de las objeciones más vigorosas contra el optimismo, asegura que no procede de Dios, sino de nuestro mal uso de la libertad. El mal surge de un acto de desacato contra el orden natural establecido por Dios. Por ambición de poder, el ser humano alteró el equilibrio original. Eso no significa que el mundo sea un lugar malvado. Todas las cosas son buenas. Tanto individualmente como en su conjunto. El cristiano siempre es un optimista radical. Contempla con asombro lo creado y se siente copartícipe de su bondad. Dios crea amando y exaltar su obra no constituye una humillación, sino un motivo de júbilo. El ser humano ama las cosas, el mundo, la naturaleza, porque son buenas en sí mismos.

El optimismo de Tomás de Aquino le convence de que es posible demostrar racionalmente la existencia de Dios. No cree en el famoso argumento ontológico de san Anselmo de Canterbury, según el cual si Dios es el ser más perfecto, debe existir necesariamente, pues si no existiera, ya no sería el ser más perfecto. Para Tomás de Aquino, esencia y existencia se confunden en Dios. Dios no precisa de una causa externa que preceda y explique su ser, pues su ser consiste precisamente en existir. No conocemos a Dios por intuición, sino por reflexión. Se llega a él a partir de las cosas sensibles, rastreando su origen o causa inicial. Tomás de Aquino formula cinco pruebas basadas en el principio causal, siempre remontándose del efecto a la causa, pues no es posible un conocimiento directo de Dios, salvo mediante la experiencia mística. Siguiendo este esquema, inferimos en primer lugar que el movimiento no es una cadena infinita. Tiene que existir un principio, un primer motor inmóvil, una causa primera, y esa causa es Dios. En segundo lugar, advertimos que el universo no puede ser causa eficiente de sí mismo, pues tendría que ser anterior a sí mismo como causa para producirse a sí mismo como efecto. Solo Dios puede ser causa eficiente del cosmos. Tomás de Aquino no habla de una serie infinita extendida en el tiempo, sino de «un orden ontológico de dependencia», por utilizar una expresión del historiador de la filosofía y jesuita Frederick Copleston. En tercer lugar, hemos de reconocer que el mundo es meramente posible. Podría perfectamente no ser, no haber existido. De hecho, muchos filósofos se preguntan por qué hay algo en vez de nada. Dios es la causa necesaria que explica la existencia de un cosmos contingente. En cuarto lugar, apreciamos grados de perfección en el mundo, lo cual supone la existencia de un absoluto que nos sirve de referencia para establecer el valor de las cosas. Ese absoluto es Dios. En quinto y último lugar, advertimos una finalidad en la naturaleza. Todos sus procesos apuntan a un fin y no parecen fruto del azar. Ha de existir un arquitecto que ha creado el proceso y lo regula mediante leyes. Ese arquitecto es Dios.

¿Sirven estas pruebas para demostrar la existencia de un Dios personal o simplemente acreditan que hay un principio configurador en el cosmos? Para Bertrand Russell, las vías tomistas carecen de valor probatorio: «Todos los argumentos utilizados por Tomás de Aquino, excepto el de la teleología en las cosas inanimadas, se basan en la supuesta imposibilidad de una serie que no tenga primer término. Todo matemático sabe que no hay tal imposibilidad; la serie de enteros negativos que termina en menos uno es un ejemplo de lo contrario. Pero tampoco aquí es probable que ningún católico abandone la creencia en Dios, aun en el caso de que se convenza de que los argumentos de santo Tomás son malos; inventará otros argumentos o se refugiará en la revelación».

Para Tomás de Aquino, Dios es el existir puro, la plenitud absoluta del ser y, por consiguiente, el infinito. El lenguaje apenas puede explicar un misterio de esta magnitud. Lo inconmensurable no cabe en un concepto o una palabra. Solo es posible especular mediante aproximaciones parciales. Por exclusión, podemos deducir los rasgos que no pueden pertenecer a Dios, como el movimiento, el cambio, la pasividad, la composición. De ahí concluimos que Dios es un ser inmóvil, inmutable, perfectamente en acto —no alberga ninguna potencialidad por desarrollar— y absolutamente simple. En realidad, no podemos saber lo que es, sino lo que no es. Este planteamiento es lo que se ha llamado vía negativa o apofática. Sin embargo, hay otra vía que nos permite saber algo más de Dios. Es la vía de la analogía. Dado que somos la imagen de Dios, podemos atribuirle todas nuestras perfecciones en grado superlativo. Eso nos permitirá sostener que Dios es perfecto, soberanamente bueno, único, inteligente, omnisciente, voluntario, libre y todopoderoso. Hay que aclarar que cuando afirmamos que Dios es bueno o inteligente, no queremos decir que Dios es bueno, sino que es la esencia de la bondad. Del mismo, podemos asegurar que no es racional, sino la razón en sí misma. Por eso no puede querer cosas imposibles. No puede hacer verdadera una contradicción. No puede engendrar a un ser humano desprovisto de alma, ni hacer que la suma de los ángulos de un triángulo no valga dos rectos. No puede cambiar el pasado, ni hacer que Él mismo no exista. No puede odiar o ser infeliz.

Esa alteridad que no entendemos

¿Nos ayuda la idea de Dios a ser más felices, o solo constituye un lastre? Indudablemente, se ha utilizado la religión para oprimir, culpabilizar, manipular. La democracia no existiría si la sociedad no hubiera desalojado a las Iglesias del poder político. Los países teocráticos son verdaderos infiernos. En el pasado y en el presente. No hay más que pensar en la situación de las mujeres en Afganistán o en cualquier reino de la Europa medieval, especialmente a partir del siglo XIII. Sin embargo, Dios es algo más que la historia de las religiones. Algunos opinan que si Dios no existiera, todo carecería de sentido. Vivir sería correr hacia la muerte, hacia la insignificancia. Yo no creo que la vida pierda valor por estar sujeta a una fecha de caducidad, pero sí pienso que el ser humano necesita una dimensión espiritual. Especular sobre Dios no es perder el tiempo, sino una forma de ampliar nuestra perspectiva sobre la vida. El Dios de Tomás de Aquino nos ayuda a comprender mejor la realidad. Que la serie de enteros negativos finalice con menos uno no anula las cinco vías. Los procesos naturales no son números. Todo tiene un origen, un principio y a ese principio solemos llamarlo Dios, sin que eso implique que nos refiramos al Dios de cualquiera religión. Vivimos en un mundo meramente posible. Si alteráramos algunas de sus variables fundamentales, el universo quizás no habría abandonado esa indeterminación primigenia que precedió a la aparición de la materia, la gravedad, la inercia y otros fenómenos. La razón nos dice que ha de existir una causa necesaria, una razón que explique la sucesión de formas que desfila ante nuestros ojos. No hablo de un diseño inteligente, sino de una matriz fructífera que renueva la vida sin descanso.

Preguntar siempre es algo positivo. Sin preguntas, el mundo caería en lo informe y oscuro. El conocimiento hace existir las cosas. La conciencia, accidente o no de la evolución, introduce la noción de sentido. Solo existe lo que es percibido, y su existir se incrementa en la medida en que es objeto de reflexión. El arte añade realidad. No es simple recreación. Los paisajes de la Martinica están más vivos porque Paul Gauguin los capturó con el pincel y los inmortalizó en el lienzo. Puede decirse lo mismo de los paisajes de Arlés, pintados por su amigo Van Gogh. La filosofía de Tomás de Aquino es un paisaje más. Intenta captar el fundamento de la vida y la estructura de la realidad. Durante siglos, su interpretación de Dios y el mundo fue la predominante en los países católicos. Hoy en día, muchos rechazan ese paisaje, pero persiste la nostalgia de Dios, quizás porque el ser humano es consciente de su fragilidad y se siente perdido en la vastedad de un universo donde su existencia parece algo fútil y minúsculo.

Los poetas no han dado la espalda a lo divino, pero ya no lo buscan en la Biblia, sino en la poesía, la música o la intuición. Por ejemplo, Rilke no cree en un Dios padre omnipotente y omnisciente, sino en un Dios menesteroso indiscernible de la vida. Desde su punto de vista, Dios no es algo acabado, sino un devenir que fructifica en nuestro corazón, creciendo con la cosecha del tiempo. Rilke cree en la oración, pero no como un gesto de adoración o súplica, sino como «una irradiación de nuestro ser repentinamente incendiado». No importa que Dios no exista, pues la «plegaria lo creará». Dios es una metáfora de nuestra vida interior. En una carta dirigida a Lotte Hepner, Rilke se pregunta: «¿No se podría tratar la historia de Dios como una parte nunca explorada del alma humana?». Dios es lo otro, esa alteridad que no entendemos. En ese sentido, se parece a la muerte. De hecho, la muerte está en Dios como un aspecto primordial de la vida. Dios no es un ser externo al mundo, como el demiurgo platónico o el Primer Motor aristotélico, sino algo absoluta, abrumadoramente presente. La experiencia religiosa no es un sentimiento elaborado, sino algo «infinitamente simple, ingenuo». Desde la perspectiva del «despliegue total del universo», constituye «una dirección del corazón». Solo el corazón comprende que Dios es tierra, cielo, vida, soplo, creación, silencio, luz, oscuridad, misterio.

Tomás de Aquino no era un integrista. De hecho, su síntesis de fe y razón fue condenada por la Iglesia y hasta 1325 no se levantó la sanción. Su pensamiento está impregnado de optimismo. Nos habla de un Dios racional y compasivo cuya existencia podemos deducir por medio de la razón. Lejos de denigrar al ser humano, destaca su predisposición a la virtud y elogia la sociedad como una institución necesaria para perfeccionarnos. El «buey mudo» sigue hablando desde sus obras. Aunque su estilo es árido y no busca la belleza, merece el esfuerzo de navegar por su prosa, pues detrás de sus fríos razonamientos se esconde una sincera celebración de la vida.

Francisco, juglar de Dios

> Comienza haciendo lo que es necesario, después lo que es posible y de repente estarás haciendo lo imposible.
>
> Francisco de Asís

No es posible hablar de la Edad Media sin hablar de Francisco de Asís. No es un santo más, sino un modelo de humanidad que ha inspirado a creyentes y no creyentes. Su amor a la naturaleza constituye un ideal de armonía entre el ser humano y el resto de los seres vivos. Francisco amó ardientemente la vida. De ahí que sostuviera que nada es insignificante. Una bandada de golondrinas, ruidosa, alegre y aparentemente pueril, purifica nuestro espíritu. La puerta estrecha se abre para lo pequeño, no para lo severo y solemne. Fascinado por su figura, Hermann Hesse señala que su sed de infinito crea un puente entre la tierra y el cielo y transforma nuestro incierto peregrinar por el mundo en un camino de esperanza. Pienso que la mejor semblanza del *poverello d'Assisi* se halla en *Francisco, juglar de Dios* (*Francesco giullare di Dio*, 1953), la hermosa película de Roberto Rossellini. La cinta comienza con los títulos de crédito imprimiéndose fugazmente sobre un fondo terroso mientras se escucha un coro de voces. Al mismo tiempo, se recita el *Laudes Creaturarum* o *Cántico de las criaturas*, que alaba a Dios por haber creado el Sol, la Luna, las estrellas, el viento, el aire, las nubes, el agua, el fuego y la noche. La Madre Tierra es un don que el ser humano debe celebrar y cuidar. Sus criaturas y sus elementos son sus hermanos. Esa relación de fraternidad se extiende a todo, incluso a la muerte: «Loado seas, oh, Señor, por nuestra hermana la muerte corporal, / a la que ningún ser vivo puede escapar». Cuando finaliza el cántico, aparece una cita de la Primera Epístola a los Corintios de san Pablo: «Lo necio del mundo lo ha escogido Dios para humillar a los sabios, y lo débil del mundo lo ha escogido Dios para humillar a lo poderoso. Aún más, ha escogido la gente baja del mundo, lo despreciable, lo que no cuenta, para anular a lo que cuenta» (1, 27-28). Una voz lee la sentencia paulina y nos presenta a Francisco y sus hermanos, que caminan bajo la lluvia: «Y Francisco, para vencer al mundo, se hizo pobre y humilde; se hizo niño para merecer el reino de los cielos. El mundo se burló de él y lo llamó loco». Después de entrevistarse con el papa Inocencio III, que, no sin reticencias, había aprobado la primera regla de la orden, los Hermanos Menores, como se hacían llamar a sí mismos, se dirigen a Rivotorto, con la intención de trabajar como campesinos, atender a los leprosos y alabar a Dios con sus rezos.

Rossellini, que ya se había consagrado con *Roma, ciudad abierta* (1945) y *Alemania, año cero* (1948), aplica las enseñanzas del neorrealismo: actores desconocidos (el hermano Nazario Gerardi interpreta a Francisco; será su única aparición en la pantalla), austeridad en la puesta en escena, escenarios naturales, planos largos, iluminación minimalista, fotografía en un blanco y negro sucio, casi documental. Los frailes caminan bajo una intensa lluvia con unos hábitos extremadamente pobres y sencillos. Sus pies descalzos se hunden en el barro. Su fatiga no les impide detenerse un momento para debatir sobre la forma de predicar al pueblo. Bernardo di Quintavalle, primer discípulo de Francisco, afirma que deben ser heraldos de la alegría, la paz y la caridad. Después de departir, reemprenden el camino, llenos de júbilo, como niños que no se dejan atribular por el mañana. La lluvia no cesa. Al cruzar un río, uno de los hermanos cae al agua, pero apenas se inmuta. Dirigiéndose a Francisco, le pregunta por qué todos le siguen, por qué Dios lo ha escogido a él, si no es noble, cultivado, ni agraciado. Francisco responde con sencillez: «Porque Dios no ha encontrado a alguien más humilde en la tierra».

Cuando llegan a Rivotorto, la mísera choza que habían construido para vivir en comunidad y protegerse de los elementos se halla ocupada por un campesino y su asno. El intruso los expulsa de malos modos amenazándolos con una estaca. Francisco no se lamenta. Por primera vez han prestado un servicio a los demás. Dado que la lluvia no amaina, se refugian en unas ruinas: unas simples paredes sin techo. Francisco, abrumado por el sufrimiento de sus compañeros, se acusa de abusar de su obediencia y de imponerles una penitencia excesiva. Se tumba en el suelo y pide que le pisen el cuello y la boca para castigar su soberbia, pero los frailes se niegan, lo ayudan a levantarse y afirman que ese día han aprendido a amar realmente su vocación. Emocionados, forman un coro con Francisco en el centro y comienzan a cantar. Es la primera estampa de una película que no pretende ser una hagiografía respetuosa con el mito. Rossellini quiere acercarse al hombre y comprender el espíritu franciscano para descubrir por qué ha ejercido una influencia tan perdurable y ha inspirado incluso a los que carecen de fe. Hermann Hesse, en su breve ensayo sobre *il poverello d'Assisi*, afirma que Francisco, con su honda espiritualidad y su amorosa sensibilidad, fue uno de esos espíritus que «construyeron de manera inconsciente aquella maravillosa obra monumental que llamamos Renacimiento». La cultura se renueva y expande a partir del genio «insoldable y eterno» de figuras que abren los ojos a sus contemporáneos, señalándoles caminos hasta entonces inexplorados.

En la película de Rossellini, veremos a Francisco rezar, hablar con los pájaros, acoger a un anciano medio chiflado, prodigar su amor a todas las criaturas, cocinar, barrer, recibir a Clara de Asís (Arabella Lemaitre), enviar a sus hermanos a predicar por el mundo, abrazar a un leproso en mitad de la noche, rezar el padrenuestro mientras los pájaros lo interrumpen constantemente. Un jilguero se posa en su hombro y el santo, con una sonrisa afectuosa, le pide silencio en voz baja, animándole a volar de nuevo. En otra ocasión, el fuego de una fogata empieza a trepar por su hábito. Uno de los frailes apaga el fuego y Francisco se lo recrimina: «¿Por qué tratas así al hermano fuego? Yo lo amo porque es bello, alegre, robusto y fuerte».

Francisco de Asís encarnó de forma radical el amor. Su mensaje de compasión y fraternidad no es un alarde de ingenuidad, sino un ideal práctico orientado a educar nuestra sensibilidad en el amor a la vida. Sus palabras esbozan una hermosa utopía: «Oh, Señor, haz de mí un instrumento de tu paz. Donde hay odio, que yo lleve amor. Donde hay discordia, que yo lleve unión. Donde hay dolor, que yo lleve gozo y haz que lleve la esperanza donde hay desesperación. Oh, Maestro, haz que yo no me preocupe tanto de ser amado como de amar».

En definitiva, ¿contiene el cristianismo enseñanzas capaces de promover la felicidad? Creo que sí. La fe prodiga esperanza. Frente a la finitud, irreversible y arbitraria, habla de una plenitud que desborda los límites de la biología, preservando la existencia de todo lo bello y hermoso. Sea o no cierto, su anhelo de perennidad constituye una celebración de la vida. Además, no se limita a cuestionar el reinado de la muerte. Con enorme audacia, rompe el vínculo entre lo sagrado y la violencia al asegurar que Dios no es un poder terrible que prohíbe y castiga, sino un padre indulgente al que se puede interpelar con palabras sencillas. La parábola del hijo pródigo refleja esa transformación. El Dios del Evangelio siempre perdona, sin pedir explicaciones ni imponer penitencias, algo que no han hecho las Iglesias constituidas en su nombre. Al margen de cuestiones teológicas, el cristianismo es un humanismo radical que prohíbe la venganza y ordena envainar la espada. Ante los agravios, propone ofrecer la otra mejilla, inaugurando una nueva sensibilidad según la cual el ser humano, como imagen de Dios, merece ser tratado con respeto y compasión.

Los valores cristianos han atravesado los siglos y han inspirado a figuras como Lev Tolstói y Martin Luther King, apologistas de un mundo sin violencia ni desigualdad. El filósofo esloveno Slavoj Žižek se define como «materialista paulino». Se muestra escéptico sobre la existencia de Dios, pero cree en la necesidad de preservar el legado cristiano bajo una nueva interpretación que desmonte los relatos clásicos de la teología católica, ortodoxa y protestante. Žižek señala que el mandato de «amar al prójimo» va más allá de cualquier exigencia legal. No se trata solo de respetar los derechos del Otro, sino de amarlo. Es sencillo amar a un niño, un anciano o un amigo, pero los Evangelios, los Hechos de los Apóstoles y las cartas paulinas nos piden que amemos a nuestros enemigos. Nadie debería proclamarse cristiano sin reparar en lo que significa realmente esa herejía del judaísmo.

III

El Renacimiento,
un canto a la condición humana

Vivir es una aventura

Se ha cuestionado el Renacimiento como concepto, señalando que implica el menosprecio de los hallazgos científicos, artísticos y filosóficos de los siglos anteriores. Cuando Giorgio Vasari empleó por primera vez la palabra «renacimiento» *(rinascita)* para describir la ruptura con los «tiempos bárbaros de la escolástica» y con el estilo que más tarde se llamó gótico, creó un falso contraste entre dos épocas. En la Edad Media, como ya hemos visto, se leyó y estudió a los clásicos griegos y latinos. De hecho, sin los monasterios benedictinos se habría perdido gran parte de ese legado cultural. El Renacimiento no consumó una ruptura, sino una transición. Lo que caracteriza al Renacimiento no es el redescubrimiento de los poetas, historiadores y filósofos de Grecia y Roma, sino una nueva forma de leer a esos autores. Jacob Burckhardt abundó en la tesis de la ruptura en *La cultura del Renacimiento en Italia*, sin mencionar que a partir del siglo XI —y, especialmente, durante los siglos XII y XIII— se rescataron y tradujeron muchas obras de la Antigüedad clásica. Erwin Panofsky escribe en *Renacimiento y renacimientos en el arte occidental*: «La herencia de la Antigüedad clásica, por muy tenues que fueran los hilos de la tradición, no llegó nunca a perderse de manera irrecuperable [...], siempre hubo algunos vigorosos movimientos renovadores de tono menor antes de la gran renovación que culminaría en la época de los Médici».

Quizás lo más justo sería señalar que el Renacimiento representó la aparición de una nueva perspectiva sobre el mundo antiguo y la condición humana. Desde el punto de vista cultural, no constituye un paso de la oscuridad hacia la luz, pero es indudable que sí acontece un cambio de mentalidad. El Renacimiento no busca tan solo rescatar una civilización parcialmente olvidada, sino afrontar la vida con otro espíritu y refutar el pesimismo antropológico que salpicó la Edad Media. En *De contemptu mundi (Desprecio del mundo)*, el diácono Lotario de Segni, más tarde Inocencio III, manifiesta un hondo desprecio hacia la condición humana, inferior —en su opinión— incluso a los vegetales: «Andas investigando yerbas y árboles; pero estos producen flores, hojas y frutos, y tú produces liendres, piojos y gusanos; ellos emiten de su interior aceite, vino y bálsamo, y tu cuerpo expulsa esputo, orina, excrementos». Sería un error creer que este párrafo terrible expresa la mentalidad medieval. Tomás de Aquino y Francisco de Asís celebran la vida y exaltan la alegría, pero su optimismo está asociado a la humildad. Por el contrario, los humanistas del Renacimiento destacan el genio del hombre, su capacidad de hacer grandes cosas, su inventiva sin fin. Piensan que nuestra especie es lo más asombroso de la naturaleza, pues alberga una chispa divina y eso le ha permitido crear la ciencia, el arte, la filosofía, la literatura. Vivir es una aventura. Todo es posible. Esa idea, que abre nuevas perspectivas, parece esperanzadora, pero para muchos solo constituye una fuente de ansiedad.

El hombre medieval vivía en una burbuja que le proporcionaba seguridad. Todo se hallaba perfectamente limitado. La geografía estaba acotada por una serie de paisajes y accidentes que hacían del mundo un lugar a la medida del ser humano. El cabo de Finisterre y el Atlántico marcaban el confín de Occidente. El Indo y la lejana Catay o China, conocidas por los viajes de Marco Polo, dibujaban el término de Oriente. El norte finalizaba con las tierras ocupadas por los pueblos germánicos y el sur con los vastos arenales de Libia y Etiopía. El cielo era una bóveda cerrada, como la de *El show de Truman*, pero con estrellas fijas y no enormes focos que se desprenden por accidente. La Tierra ocupaba el centro del universo y alrededor de ella giraban los planetas y las esferas concéntricas. El ser humano era el rey y el fin de la creación, pero esa ilusión comenzará a desvanecerse con Copérnico, que rescató las teorías de Aristarco de Samos para destronar la astronomía ptolemaica y actualizar el modelo heliocéntrico, minoritario pero no inexistente durante la Antigüedad.

Giordano Bruno fue más lejos al afirmar que el universo es infinito y alberga un gran número de soles y astros. La Tierra solo es un planeta más que gira alrededor de una estrella. Con esas teorías, que no procedían de la revelación, sino de la experiencia, el mundo dejaba de ser una morada apacible, con un origen muy claro y una finalidad sobrenatural. Ya no se trataba de cumplir los preceptos de la Iglesia para ir al cielo y evitar el infierno, sino de encarar el porvenir como una posibilidad abierta. Para los más valientes, constituía un reto, algo estimulante, pero para el resto representaba abandonar su zona de confort y adentrarse en un territorio incierto y sembrado de peligros.

Los renacentistas no se cansan de elogiar la sabiduría del ser humano. Gracias a ella, el futuro ya no es tan solo incierto, sino también prometedor. De hecho, el futuro es una invención humana, pues los animales perciben el tiempo como un continuo homogéneo. Solo son capaces de anticipar acciones a corto plazo y, en ningún caso, elaboran proyectos o planes. El lenguaje, que adquiere solidez y permanencia con la escritura, nos permiten guardar y asimilar las lecciones del pasado, sentando los fundamentos de un porvenir fructífero. El espíritu humano no es un espejo pasivo. Mide los cielos, rastrea el origen de las estrellas, calcula la esfericidad de la Tierra y su distancia respecto al Sol, la Luna y el resto de los cuerpos celestes. Los humanistas no consideran artes serviles los oficios artesanales, sino grandes creaciones del ingenio. Bernardino de Siena afirma que la belleza del alma supera la del cielo. No de forma relativa, sino absoluta. En el interior del ser humano hay un infinito que se manifiesta parcialmente en el arte, la ciencia, la filosofía. Los bienes espirituales están muy por encima de los materiales, pues son la fuente de la comprensión, el juicio y la creatividad.

Marsilio Ficino (Florencia, 1433-1499), sacerdote, médico y filósofo florentino, apunta que los animales viven bajo el yugo de la necesidad, pero el ser humano inventa sin cesar y corrige la naturaleza. Su actividad creadora se parece a la de Dios, pues añade cosas al mundo. No se limita a transitar por él. La voluntad humana tiene un potencial infinito. Podemos elevarnos hasta lo divino mediante el trabajo, la disciplina y la inteligencia, pero también podemos degradarnos y descender al nivel de las bestias. Si renunciamos al esfuerzo y al perfeccionamiento, no solo perdemos nuestra singularidad y volvemos al seno de lo instintivo e irracional, sino que, además, caemos en la infelicidad. Ficino recuerda que la vida contemplativa, exaltada por los filósofos griegos y cristianos, no es una vida ociosa o pasiva, sino una vida sumamente activa, en la que se ejercita la inteligencia y se cultiva la virtud. El ser humano no es algo acabado, sino una criatura que aprende sin cesar. El saber adquirido estimula el deseo de conocer más. Giordano Bruno exalta el trabajo manual y asegura que el cerebro y la mano se complementan y se enriquecen mutuamente. El progreso intelectual resulta inviable sin libertad. El principio de autoridad no puede ser un obstáculo para frenar los progresos de la razón. Sin libertad, la humanidad pierde su talento creador y retrocede hacia lo tribal e instintivo.

El Renacimiento es una de las etapas más luminosas y optimistas de la historia de la filosofía. Carece de figuras de la envergadura de Platón o Kant, pero sus ideas son sumamente estimulantes. Conserva la dimensión espiritual del Medioevo, pero la subordina a la perspectiva racional y concede prioridad a la autonomía individual frente a la obediencia, preparando así el terreno a la filosofía moderna. Lejos de denigrar al ser humano, elogia sus posibilidades, que considera infinitas. No concibe obstáculos insalvables. Admite el riesgo e incita al aprendizaje, describiendo la vida como un interminable camino de perfección. El pesimismo nos hace creer muchas veces que ha pasado la oportunidad de hacer algo valioso. Sin embargo, algunos grandes creadores han comenzado su carrera muy tarde. Kant publicó sus tres *Críticas* después de los cincuenta y cinco años, cuando sus contemporáneos ya le consideraban un pensador de avanzada edad. Hoy en día, esa edad no parece tan tardía, pero en el siglo XVIII la esperanza de vida rondaba los treinta y siete. Ya en el siglo XX, Hans Georg-Gadamer publicó *Verdad y método*, la obra que le consagró, con sesenta años. Y Hans Jonas había cumplido setenta y seis cuando sacó a la luz *El principio de responsabilidad*, un clásico de la historia de la ética. Jorge Luis Borges, ya anciano, seguía estudiando islandés sin preocuparse de que la muerte pudiera dejar su aprendizaje incompleto.

Muchos estudios apuntan que mantener una intensa actividad intelectual previene la demencia. Y cabe decir lo mismo de la actividad física. Menéndez Pidal caminaba por la sierra de Guadarrama a los noventa años, y su voz, registrada en una grabación, sonaba increíblemente juvenil. Verdaderamente, nuestra especie es algo asombroso. Así lo manifestó Giovanni Pico della Mirandola, un joven erudito florentino que nos legó una obra admirable: *Discurso sobre la dignidad humana*. Publicado en 1486, ha sido descrito como «el manifiesto del Renacimiento».

Pico della Mirandola: santa ambición

> Podrás degenerar a lo inferior, con los brutos; podrás realzarte
> a la par de las cosas divinas, por tu misma decisión.
>
> Pico della Mirandola,
> *Oración sobre la dignidad del hombre*

$\mathcal{P}$ico nace en el castillo de la Mirandola, a unos treinta y dos kilómetros de Módena, Italia, el 24 de febrero de 1463. Hijo de una familia aristocrática, su madre, la piadosa Julia Boyardo, lo envía a la Universidad de Bolonia a los catorce años para estudiar Derecho Canónico con la idea de que haga carrera como alto eclesiástico. Pico publica su primera obra, *Las decretales*, cuando solo es un adolescente. No es un simple caso de precocidad, sino el reflejo de una época donde se maduraba más rápido, quizás porque la existencia se percibía como algo breve y frágil. Pico no tarda en comprender que su vocación es el saber universal y no los estudios jurídicos. Abandona la Universidad de Bolonia y, durante los años siguientes, viaja por Italia y Francia y estudia a los clásicos griegos y latinos y a los grandes teólogos del siglo XIII: Alberto Magno, Tomás de Aquino, Escoto. Se familiariza con la Cábala, con el Corán y con los diálogos platónicos, que lee en griego. Aprende hebreo, árabe y caldeo. En París se empapa de Averroes, el filósofo y teólogo que introdujo a Aristóteles en Europa. De temperamento fogoso, cuando regresa a Italia rapta a la esposa de Giuliano Mariotto dei Médici, un pariente pobre de los Médici. El marido burlado organiza una persecución que acaba con Pico golpeado y malherido.

Tras recobrar su vida de estudio y reflexión, Pico publica *Las 900 tesis*, precedidas por una introducción que tituló *Oratio de hominis dignitate* (*Oración sobre la dignidad del hombre*). Su propósito era fundir las distintas tradiciones culturales utilizando el cristianismo como crisol. El papa consideró que trece de las novecientas tesis eran heréticas y prohibió su difusión. Pico no se resignó y respondió con una apología de las tesis cuestionadas. Se interpretó su gesto como una provocación y se le excomulgó para silenciarlo definitivamente. Pico huyó a Francia, donde fue encarcelado hasta que el heredero del trono de Francia, el futuro Carlos VIII, intercedió en su favor y logró su liberación. Invitado a Florencia por Lorenzo de Médici, aprovechó la protección del mecenas para finalizar *Heptaplus*, un relato místico sobre la creación del universo basado en la interpretación del Génesis. A los veintiocho años, renunció a sus bienes e inició una existencia errante como mendicante. El papa Alejandro VI anuló su excomunión sin exigirle que abjurara de sus tesis. Pico tomó el hábito de los dominicos, pero su nueva vida duró poco. El 17 de noviembre de 1494 murió envenenado. Se rumoreó que su estrecha relación con Savonarola, el vehemente reformador, había sido la causa de su trágico fin. Pico reunió una de las bibliotecas privadas más copiosas de la época. Se la legó a un amigo con la condición de que no la donara a un convento, un gesto que revela su desconfianza hacia las autoridades eclesiásticas. Su epitafio muestra la fama que había adquirido entre sus contemporáneos: «Aquí yace Pico della Mirandola: el Tajo, el Ganges, aun las Antípodas saben el resto».

El tormento y el éxtasis

Se ha dicho que la prosperidad y la libertad de las ciudades italianas fue determinante para el florecimiento cultural del Renacimiento. Indudablemente, las condiciones materiales ejercen una influencia decisiva en el rumbo de la historia, pero el caso de Pico, con su vasto saber y su temperamento apasionado, evidencia que las grandes personalidades también actúan como poderosos cinceles en la configuración del porvenir. ¿Acaso no habría sido diferente la historia del arte y de Europa sin la tormentosa relación entre Miguel Ángel Buonarroti y el papa Julio II? Conviene detenerse un poco en estas dos figuras, que corroboran la idea de Pico de que el ser humano posee genio, ambición y creatividad, lo cual le permite progresar indefinidamente. A Julio II no le causaba ningún problema enarbolar la espada para sofocar rebeliones o expulsar a sus enemigos de los estados pontificios. Siempre pensó que la guerra era un instrumento más eficaz que los anatemas, lo cual no le hizo abstenerse de excomulgar a sus adversarios. Miguel Ángel no era menos colérico. Todos sus biógrafos, incluidos los más favorables, nos cuentan que era violento, obstinado y orgulloso. Cuando Julio II le encargó decorar la Capilla Sixtina, lejos de ceñirse a sus instrucciones, elaboró un proyecto mucho más ambicioso que le ocupó cuatro años. El papa y el artista protagonizaron ásperas discusiones durante ese tiempo. Quizás no desembocaron en una ruptura porque el genio artístico siempre ha gozado de unas prerrogativas vetadas al hombre común. El director británico Carol Reed realizó en 1965 una película que recreaba la intensa relación entre el artista y el pontífice. Se tituló *El tormento y el éxtasis*. Rex Harrison interpreta a Julio II y Charlton Heston a Miguel Ángel. El film ocultó algunas aristas y se tomó ciertas licencias históricas, pero esos recursos son legítimos en el terreno del arte. Muchas veces una ficción o una distorsión deliberada de los hechos explican mejor la realidad que la estricta fidelidad documental. El arte es la única disciplina que cuando miente dice la verdad.

La cinta de Carol Reed contrasta la ambición terrenal de un líder espiritual con la ambición artística de un genio obsesionado con la perfección estética. Julio II es un político con una fe teñida de pesimismo. Solo ve en el ser humano corrupción y malicia. Miguel Ángel prefiere destacar su inocencia y su belleza, pues a fin de cuentas el hombre fue creado a imagen y semejanza de Dios. Ambos coinciden en la necesidad de un arte vigoroso y sincero para narrar la historia del mundo con sus dosis de miseria y grandeza. Miguel Ángel preparó el camino a los artistas que priorizan la fuerza y la expresión sobre el equilibrio y la armonía. Sus pinturas y esculturas exhiben un plus de realidad (hoy hablaríamos de hiperrealismo) y desprecian lo exacto y verosímil. Su intención última no es recrear el mundo natural, sino expresar estados del alma, emociones que pugnan por objetivarse y hallar una forma. El artista no es un testigo objetivo, un ojo pasivo, sino un visionario con una mirada creadora. El arte cambiará a partir de esa idea, que no es una ocurrencia exclusiva de Buonarroti. Sin esa perspectiva innovadora, no tendríamos a un Greco, un Chagall o un Picasso.

La aportación a la historia de Julio II no es tan noble, pero su mecenazgo y su lucha por preservar el poder de los estados pontificios contribuyeron a que Europa conservara su peculiaridad cultural en una época de conflictos dinásticos, guerras e intrigas sin cuento. Las acciones para consolidar y ampliar el poder no suelen despertar simpatías, pero muchas veces evitan una alternativa peor: el vacío, el caos, la disgregación. Sin las monarquías europeas y el liderazgo espiritual del cristianismo, el continente se habría tambaleado y habría bordeado el colapso político y cultural.

Querer es poder

Pico fue una personalidad tan extraordinaria como Miguel Ángel y Julio II. ¿Por qué su *Oración sobre la dignidad del hombre* se considera el manifiesto del Renacimiento? Pico sostiene que el ser humano es un «gran milagro», tal como se afirma en los *Hermética*, colección de textos atribuidos a Hermes Trismegisto, una figura legendaria creada a partir de rasgos del dios griego Hermes y el dios egipcio Thot y a la que se confundió durante mucho tiempo con un personaje histórico real. ¿Qué es lo que convierte a la humanidad en un milagro? «La perspicacia de sus sentidos, la penetración inquisitiva de su razón, la luz de su inteligencia, intérprete de la naturaleza». Pico describe a Dios como el artesano supremo y explica que creó al ser humano para que alguien pudiera apreciar la grandeza y hermosura del mundo. En un diálogo imaginario, presenta a Dios dirigiéndose a Adán para aclararle el motivo de su existencia: «Te coloqué en el centro del mundo para que volvieras más cómodamente la vista a tu alrededor y miraras todo lo que hay en ese mundo. Ni celeste, ni terrestre te hicimos, ni mortal, ni inmortal, para que tú mismo, como modelador y escultor de ti mismo, más a tu gusto y honra, te forjes la forma que prefieras para ti. Podrás degenerar a lo inferior, con los brutos; podrás realzarte a la par de las cosas divinas, por tu misma decisión».

¿Cómo podemos degenerar hasta situarnos al nivel de los brutos? Abdicando de nuestra dimensión racional, dejándonos arrastrar por pulsiones primarias, sucumbiendo a espejismos enajenadores. Es lo que sucedió en el siglo xx con las ideologías totalitarias. Auschwitz y el gulag representan las formas más extremas de degradación. El hombre-masa encarna los peores riesgos que nos acechan, pues conlleva la abolición de nuestra individualidad y el seguimiento acrítico de doctrinas dañinas. Sumidos en la impersonalidad de la masa y bajo la seducción hipnótica de himnos y banderas, acabamos asumiendo conductas aberrantes. El ocio embrutecedor también constituye un riesgo, pues implica el ocaso temporal de la racionalidad y puede desembocar en situaciones indeseables. ¿Cómo realzarse, en cambio, «a la par de las cosas divinas»? Según Pico, el Padre infundió en el ser humano «toda suerte de semillas, gérmenes de todo género de vida. Lo que cada cual cultivare, aquello florecerá y dará su fruto dentro de él. Si lo vegetal, se hará planta; si lo sensual, se embrutecerá; si lo racional, se convertirá en un viviente celestial; si lo intelectual, en un ángel y en un hijo de Dios».

La idea de que todos albergamos semillas, gérmenes, posibilidades, es quizás la nota más característica del optimismo renacentista. No estamos predestinados a ser algo. No nos inclinamos naturalmente hacia el mal. El pecado original no ha corrompido al ser humano hasta la raíz. Nada nos limita, salvo el trabajo y el talento. No debemos conformarnos con cualquier cosa. «Que se apodere de nuestra alma —escribe Pico— una cierta santa ambición de no contentarnos con lo mediocre, sino anhelar lo sumo y tratar de conseguirlo (si queremos podemos) con todas nuestras fuerzas». Apreciamos esa «santa ambición» en Miguel Ángel. Cuando Julio II le encarga la bóveda de la Capilla Sixtina, no se conforma con seguir las instrucciones del pontífice. Después de pintar la imagen de algunos apóstoles, comprende que sigue un camino equivocado y destruye su trabajo, despertando ira y estupor. Tras un tiempo de reflexión, concibe un proyecto mucho más ambicioso y, lo que es más importante, lo lleva a cabo, demostrando así que querer, como decía Pico, realmente es poder. No todo es cuestión de voluntad, pero las posibilidades de la voluntad son mayores de lo que presumen ciertas disciplinas científicas, según las cuales el ser humano vive bajo estrictas determinaciones biológicas que casi anulan su libertad.

Cuarto interludio: alfareros de la felicidad

He cometido el peor de los pecados que un hombre puede cometer. No he sido feliz.

Jorge Luis Borges, «El remordimiento»

Se habla mucho del fracaso escolar, pero yo he conocido verdaderos ejemplos de superación entre mis alumnos. Sandra era mi alumna en un instituto de Alcalá de Henares. Su padre, conserje de un ministerio, viajaba en uno de los trenes del 11-M. La bomba no le hirió, pero respiró el polvo tóxico que desprendió el explosivo y sus pulmones quedaron gravemente dañados. Se hundió en el desánimo y los médicos le auguraron un futuro bastante negro. Con oxígeno en casa y casi siempre en bata, permaneció de baja varios meses. Haberse quedado viudo años atrás no le ayudó a luchar contra lo que le había caído encima. Hasta esas fechas, Sandra era una estudiante irregular. Aficionada a los excesos de fin de semana, había repetido tercero de BUP. Tenía un hermano de doce años que tampoco estudiaba demasiado y que empezaba a juntarse con malas compañías. Sandra era aficionada a los tatuajes y los *piercings*, pero sin incurrir en fantasías barrocas. Se había tatuado una pequeña salamanquesa en la muñeca izquierda y se había puesto un diminuto *piercing* azul turquesa en una aleta de la nariz. Ese año finalizó el curso con dos asignaturas suspensas, pese a estar repitiendo. Durante el verano, los médicos se mostraron especialmente pesimistas sobre la salud de su padre y le recomendaron que se preparara para lo peor.

Sandra comprendió que su hogar hacía aguas y que ella, con diecisiete años, era la única que podría evitar el naufragio. Cuidó a su padre con esmero, se preocupó de que su hermano se alejara de las compañías indeseables y estudió para recuperar las asignaturas pendientes. No dejó de salir con los amigos, pero abandonó los excesos y se acostumbró a acostarse a una hora razonable.

En septiembre, la situación de su padre no había mejorado. Sandra habló con los médicos y no le dieron ningún argumento esperanzador. Solo le pidieron que sacara fuerzas de donde fuera y no se derrumbara. El hermano pequeño, impresionado por la situación, maduró de golpe y adoptó una conducta más sensata. A pesar de las circunstancias, Sandra inició COU con muchas ganas. Para sorpresa de los profesores, comenzó a acumular sobresalientes y a participar activamente en las clases. Siempre se sentaba en primera fila y sus apuntes eran un ejemplo de seriedad y pulcritud. Mostró mucho interés por la filosofía, especialmente por los autores optimistas. Aficionada a modelar con barro en el taller de tecnología, un día tuvo un arranque de inspiración y asignó un nombre poético a esos autores: «Son alfareros de la felicidad», dijo. A final de curso, Sandra fue la única con matrícula de honor de su clase. Hablé con ella durante la fiesta de graduación y ya no parecía una adolescente, sino una mujer responsable. Había decidido ser maestra y especializarse en niños con diversidad funcional. Su padre no había mejorado, pero aguantaba y los éxitos de Sandra habían aliviado su malestar psíquico.

No volvimos a vernos hasta cuatro años después, o quizás más. Coincidimos en una librería de Alcalá de Henares cuando examinábamos los expositores. A los dos nos alegró el encuentro. Sandra me contó que había terminado la carrera y trabajaba como profesora de primaria de niños con diversidad funcional. Estaba muy satisfecha con su tarea. Seguía con su tatuaje y su *piercing* azul turquesa. Le pregunté por su padre y me contó que le habían trasplantado los dos pulmones y no se había producido rechazo. Se había jubilado anticipadamente por enfermedad, pero estaba contento y esperanzado. El hermano pequeño llevaba bien los estudios y ya no se metía en problemas. Le dije que no había olvidado la expresión «alfareros de la felicidad» y que intentaba trasladar a mis textos ese talante. Sandra sonrió y me pidió la dirección de correo electrónico para no perder el contacto conmigo. De vez en cuando, intercambiamos mensajes. Ahora ya es una adulta, está casada y tiene una niña. Su padre murió, pero aguantó diez años con los pulmones trasplantados, rebasando el promedio estadístico. El hermano pequeño estudió un grado de informática y trabajaba de programador. Sandra conserva el carácter luchador que le permitió dar la vuelta a su vida cuando solo era una adolescente. No todo es cuestión de voluntad, pero el ser humano no debe menospreciar sus recursos. Podemos modelar el porvenir. Incluso en situaciones irreversibles, como una enfermedad terminal, siempre cabe adoptar una actitud inteligente y positiva. Sandra me contó que su padre murió en paz, satisfecho por los logros de sus hijos. A pesar de que la noticia era triste, me infundió esperanza, pues el final no había acontecido con desesperación, sino con dignidad y entereza. Somos alfareros. Alfareros de nuestras vidas. Conviene que no lo olvidemos.

Leonardo da Vinci, el genio disléxico

> Los hombres que no buscan más que riquezas y placeres materiales están completamente privados de la riqueza de la sabiduría, único alimento y consuelo del alma.
>
> Leonardo da Vinci, *Breviario*

*L*eonardo da Vinci es un extraordinario ejemplo de la creatividad humana. Fue pintor, escultor, anatomista, arquitecto, botánico, escritor, filósofo, ingeniero, inventor y músico, y albergó una curiosidad infinita y un inagotable talento para abrir nuevos caminos. Su imaginación le permitió bordear lo imposible y anticiparse a su época. Creó planos para máquinas que se materializarían siglos más tarde, como el helicóptero, el carro de combate, el submarino o el automóvil, esbozando un futuro donde el ser humano surcaría los cielos y bajaría al fondo del mar. Su talento innovador convivió con una inconstancia crónica. Giorgio Vasari lamenta que no aprovechara mejor las enseñanzas de su tío Piero da Vinci, de las que «habría sacado un gran provecho si no hubiese sido tan voluble e inestable. Porque se ponía a estudiar muchas cosas, y una vez que había empezado, las abandonaba». Esa inconstancia no le impidió acumular miles de dibujos, apuntes y reflexiones. Causa desolación saber que a su muerte se perdieron dos tercios de sus cincuenta mil manuscritos. ¡Cuántas semillas y gérmenes que podrían haber fructificado, impulsando proyectos que a veces necesitaron siglos para materializarse! Cabe preguntarse qué tesoros aguardan aún entre los trece mil documentos custodiados en los archivos del Vaticano.

El ser humano es una fábrica de sueños. Su poder creador trasciende la muerte.

Leonardo dejó una huella que no se ha difuminado con el oleaje del tiempo, que suele mostrarse implacable con el pasado. Es el arquetipo del genio universal, capaz de brillar en casi todas las disciplinas. Fue artista, científico y filósofo, y sus contemporáneos no le escatimaron elogios. Dos décadas después de su muerte, Francisco I de Francia le comentó al escultor Benvenuto Cellini que no había existido hombre más sabio. Giorgio Vasari lo sitúa en un plano celestial, corroborando las palabras de Pico sobre la capacidad del ser humano de ponerse a la altura de lo divino: «Poseía una gracia más que infinita en cualquiera de sus actos; y tanta y tan desarrollada era su virtud que, siempre que su espíritu se volvía hacia los asuntos difíciles, con facilidad los liberaba de su complejidad. Tuvo una gran fuerza, unida a destreza, ánimo y un valor siempre regio y magnánimo [...]. Y verdaderamente el cielo nos manda a veces algunos que no representan únicamente a la humanidad, sino a la propia divinidad, para que sirviéndonos de modelo podamos acercarnos con el ánimo y la excelencia del intelecto a las partes más elevadas del cielo». La leyenda afirma que un milano se posó en su cuna y le acarició la cara con su cola. Algunos lo interpretan como un presagio de su genio. Otros, como el gesto que le infundió un talento casi divino.

Todos los testimonios apuntan a que Leonardo fue un hombre de gran atractivo personal. Paul Jove, sacerdote, médico e historiador, escribe: «Era de un ingenio encantador, brillantísimo. Su rostro era el más bello del mundo. Maravilloso inventor y árbitro de toda elegancia y, sobre todo, un delicioso conversador. Cantaba admirablemente acompañándose con la lira. Durante toda su vida, gustó extrañamente a los príncipes». Observaba una dieta vegetariana y llevaba una túnica rosa a la altura de las rodillas, contradiciendo la moda de su tiempo, que estipulaba vestidos largos. Sin embargo, no todo fue luminoso y alegre. En la vida de Leonardo también hubo sombras. Fue el fruto de la relación entre Piero Fruosino di Antonio, notario, canciller y embajador de la República de Florencia, y Caterina di Meo Lippi, una hermosa campesina de quince años. Hace poco, el profesor Carlo Vecce, especialista en literatura de la Universidad

L'Orientale de Nápoles, ha publicado un libro, *La sonrisa de Caterina*, donde sostiene que la madre de Leonardo da Vinci fue secuestrada y trasladada a Italia desde Circasia, una región montañosa en el norte del Cáucaso. Sus captores se fijaron en su belleza y en su habilidad para trabajar con telas.

Sea o no cierto, sabemos que Leonardo pasó la infancia en casa de su padre. El canciller lo trató como un hijo, pero nunca lo reconoció como tal. La formación del joven fue deficiente. Adquirió conocimientos de aritmética y aprendió a leer y escribir, pero apenas sabía algo de latín. Su ortografía era caótica, lo cual ha dado pie a que se le atribuyera una posible dislexia. Años más tarde dedicaría palabras airadas a los humanistas, que le reprochaban sus carencias: «Por el hecho de que yo no soy letrado, ciertos presuntuosos pretenden tener motivo para criticarme, alegando que no soy un humanista. ¡Estúpida ralea! [...] Se pasean inflados y pomposos, vestidos y adornados, no de sus trabajos, sino de los trabajos ajenos y me discuten los míos y me desprecian; a mí, inventor y tan superior a ellos, trompeteros y declamadores, recitadores de obras ajenas y profundamente despreciables».

Leonardo siempre firmó solo con su nombre de pila. Era lo habitual entre la gente humilde. Solo los hijos de las grandes familias utilizaban los patronímicos. Es imposible saber cómo le afectó su situación familiar. Separado de su madre biológica, su joven madrastra lo trató con afecto. De hecho, Leonardo se refería a ella como su «querida y dulce madre». Y su abuela paterna, ceramista de talento, se preocupó de que aprendiera el oficio, familiarizándole así con las artes plásticas. No se puede decir que creciera sin afecto o rodeado de hostilidad. Tal vez eso explica su carácter jovial, pero cuando a los veintitrés años fue acusado de sodomía, su confianza en el ser humano quedó gravemente menoscabada. Aunque fue absuelto, sufrió el escarnio de un proceso y no cabe descartar que pasara un tiempo en la cárcel. Desde entonces, se volvió más reservado y prudente y, en alguna ocasión, se quejó amargamente de la malicia humana.

Se ha aventurado que Leonardo tal vez sufría trastorno por déficit de atención con hiperactividad (TDAH), lo cual explicaría su tendencia a dejar inacabados sus proyectos. Siempre arrastró la fama de ser poco fiable en sus encargos, pues incumplía sistemáticamente las fechas y, en no pocas ocasiones, no llegaba a finalizar la obra. Su forma de trabajar exasperaba, pues saltaba de una cosa a otra. Cuando pintaba, daba dos o tres pinceladas y enseguida cambiaba de actividad, casi como si un resorte lo impulsara. Solía demorar el inicio de sus tareas, incurriendo en lo que hoy llamamos «procrastinación», y dormía muy poco, algo que no parecía afectarle, pues siempre se mantenía despierto y curioso. ¿Se puede atribuir su genio al TDAH? ¿Cierta inestabilidad estimula la creatividad? Los psicólogos de hoy afirman que muchos superdotados sufren TDAH. Soy escéptico con esa clase de diagnósticos. De hecho, pienso que se tiende a sobrediagnosticar, transformando lo diferente y peculiar en una patología. Leonardo no parece un enfermo, sino un hombre con una mente distinta a la de los demás.

Me pregunto cómo era su rutina, cómo trabajaba cuando una idea se encendía en su cabeza. Sus diarios rebosan ocurrencias, intuiciones, chispazos. Su escritura especular —escribía de derecha a izquierda— casi parecía un jeroglífico, quizás porque los sinsabores lo habían hecho prudente y no quería exponerse, o porque quería distinguirse de los letrados, ahítos de latines y saberes académicos. No era un simple teórico que no contrastaba sus hipótesis. Para conocer mejor la anatomía humana, diseccionó treinta cadáveres. Sus dibujos y pinturas muestran que poseía un conocimiento verdaderamente meticuloso del cuerpo. No realizó sus disecciones de forma clandestina, sino con autorización en hospitales de Florencia, Milán y Roma. Además, trabajó con el médico Marcantonio della Torre. Fue el primero en describir la forma de doble S de la columna vertebral y le debemos los primeros dibujos del apéndice y los pulmones, el mesenterio, el tracto urinario, los órganos reproductivos, los músculos del cuello uterino. Incluso dibujó una sección transversal del coito. También fue uno de los primeros en realizar un dibujo detallado del feto durante la fase de gestación. Su dibujo de un corazón disecado, extraordinariamente preciso, sirvió en 2005 para que el cirujano cardíaco británico Francis Wells, del Hospital Papworth de Cambridge, realizase una intervención sin modificar el diámetro de la válvula mitral. Es cierto que Leonardo se equivocó en muchas cosas, pero su comprensión de la anatomía y fisiología del cuerpo es asombrosa. Sus conocimientos de zoología y botánica tampoco son desdeñables. Sus dibujos de animales y plantas abundan en detalles y matices. También se aventuró en la geología, la astronomía, la cartografía, la hidrodinámica y la química, y logró sorprendentes hallazgos.

El ser humano es algo extraordinario

A pesar de carecer de estudios académicos de matemáticas, Leonardo estudió la perspectiva, la proporción y las formas geométricas. Fue el artífice de algunos de los primeros ejemplos de anamorfosis pictórica. La anamorfosis es un artificio óptico que altera las proporciones de las imágenes representadas, provocando que solo puedan ser reconocidas desde un punto de vista específico o recurriendo a instrumentos de distorsión. *Los embajadores*, de Hans Holbein el Joven, con su cráneo con apariencia de hueso de sepia, es una de las anamorfosis más conocidas. El ingenio de Leonardo mostró su lado más espectacular en el terreno de la ingeniería. Ideó un dispositivo en forma de hélice para que un vehículo pudiera volar, una ballesta gigante, una gigantesca tienda de lino para utilizarla como paracaídas, una máquina voladora inspirada en los murciélagos y otros animales voladores, un reloj que indicaba las fases de la luna, un puente y una grúa giratorios y un equipo de buceo.

Leonardo confirma la tesis fundamental de Pico della Mirandola: el ser humano es algo extraordinario. Es difícil ponerle límites. Cultivando su ingenio puede hacer cosas verdaderamente divinas. ¿Por qué entonces cunde el pesimismo? ¿Por qué tantos pensadores destacan únicamente las vilezas de nuestra especie? Leonardo no es ajeno a estas quejas. En los manuscritos que dejó inéditos y que no verían la luz hasta después de su muerte en forma de breviario o libro de notas, apunta que el ser humano es «cosa inicua» y que no merece ser considerado el rey de los animales, sino la peor de las bestias. Prefiere matar y esclavizar a otras especies en vez de vivir de los frutos de la tierra y no se comporta mejor con sus semejantes, a los que a veces también incluye en su dieta. ¿Significa eso que todo está perdido, que no es posible una vida virtuosa? Leonardo no piensa de ese modo. De hecho, nos ha dejado unas reflexiones no menos agudas que las meditaciones de Marco Aurelio.

Al igual que los estoicos, resta importancia a las cosas materiales. Las riquezas siempre pueden perderse y, mientras se conservan, se vive atemorizado por el miedo a que alguien se apodere de ellas por la fuerza. «La virtud es el verdadero bien y la verdadera recompensa» y nadie puede arrebatárnosla. Los ambiciosos son los seres más infelices. Insaciables y obtusos, «no se conforman con el don de la vida, ni con el de la belleza del mundo». No comprenden qué es lo verdaderamente importante y la insatisfacción los acompaña hasta la muerte. En cambio, el hombre sabio y que sabe aprovechar su existencia se aproxima a su fin con el ánimo sereno. El deseo de saber es uno de los aspectos de la bondad. No se recuerda a un hombre por los tesoros que acumuló, sino por su virtud o su ciencia. Leonardo no esconde su desprecio por el oro, que incita a las peores acciones, como el asesinato, la traición o el saqueo de ciudades. La ambición material esclaviza, creando necesidades artificiales. «Los hombres que no buscan más que riquezas y placeres materiales están completamente privados de la riqueza de la sabiduría, único alimento y consuelo del alma. Si el alma es más digna que el cuerpo, la riqueza del alma es más importante que la del cuerpo».

A pesar de sus momentos de pesimismo, Leonardo se caracteriza por su entusiasmo hacia el ser humano y la vida. Él, que era autodidacta, afirma que estudiar por obligación solo produce contrariedad. «Comer sin entusiasmo se convierte en una fastidiosa tarea y el estudio sin entusiasmo estraga la memoria que no retiene lo que ella ha tomado». Aunque fabricó máquinas de guerra, detestaba la violencia. Arrebatar una vida humana le parecía semejante a destruir una obra de arte. «Piensa en el respeto que debes al alma que habita semejante arquitectura, cuya belleza acredita su procedencia divina. Así pues, deja a esa alma que habite su obra a su placer, y no quieras que tu cólera o tu maldad destruyan una vida tan bella; puesto que el hecho de no estimarla equivale a no merecerla». Leonardo siempre atribuyó a la experiencia sus conocimientos y hallazgos, y no escatimó críticas a los que solo se apoyaban en la erudición: «Ellos pueden argüir que, desprovisto de conocimientos literarios, yo no puedo expresar bien lo que me propongo decir. Ignoran, pues, que mis obras son más el resultado de la experiencia que de las palabras ajenas, y que la experiencia fue la maestra de los que escribieron bien; y que del mismo modo yo la tomo por maestra y que en todas las ocasiones a ella es a quien apelo».

No se equivocaba Leonardo al situar la creatividad por encima de la erudición. La pintura romana y medieval se estancó porque se limitó a repetir los modelos del pasado. El florentino Giotto renovó la pintura gracias a que carecía de formación académica. Creció en las montañas y aprendió a pintar reproduciendo los paisajes y animales que le rodeaban. Su ejemplo nos dice que el ser humano no es un odre vacío, sino un ánfora llena de tesoros. En su interior burbujean el ingenio, la creatividad, la intuición. La vida de Leonardo es un poderoso argumento a favor del optimismo. Sin apenas formación, destacó como artista, científico, inventor y filósofo. Sus meditaciones son el reflejo de una mente en perpetua ebullición, que siempre intenta comprender, explicar, descifrar. El ser humano puede cometer muchas vilezas, la vida puede ser muy amarga, la historia puede estancarse en períodos de oscuridad, pero lo que perdura no es lo deleznable, sino las grandes obras y los grandes gestos, las expresiones de creatividad y las trayectorias ejemplares. Leonardo nos dejó *La Gioconda*, el cuadro más famoso del mundo. Es un pequeño óleo (77 cm x 53 cm), sobre una tabla de álamo, que le llevó cuatro años y que, sin embargo, dejó inacabado. Aún se discute la identidad de la modelo, la misteriosa Monna Lisa. La técnica del *sfumato*, que prescinde de los contornos netos y difumina los perfiles, crea una sensación tridimensional que imprime una palpitante vida al personaje, algo que se acentúa con el paisaje asimétrico del fondo, pues lo imperfecto rebaja el artificio inherente a cualquier obra de arte. La sonrisa de la Monna Lisa ha inspirado infinidad de interpretaciones: ¿se trata de un gesto de serena alegría o de amargura contenida?, ¿nace del júbilo o la melancolía?, ¿expresa frialdad, distanciamiento o cercanía maternal? Que nuestra especie haya alumbrado una obra de tanto encanto y con la capacidad para seguir interpelándolos, a pesar de los siglos transcurridos, impugna el juicio de Leonardo, según el cual el hombre es la peor de las bestias. Imagino que escribió esta reflexión en uno de esos raptos de ofuscación que nos asaltan a todos, pero creo que la mayor parte del tiempo pensó que el ser humano era una maravilla, como dijo en otra parte. El que desprecia al hombre desprecia la vida, y el que desprecia la vida quizás no la merezca, como apuntó el propio Leonardo.

Erasmo de Róterdam: el sueño del humanismo

> ¿Hay algo más loco que gustarse a sí mismo, admirarse a sí mismo? Y, no obstante, ¿qué gentileza, qué gracia, qué dignidad tendría lo que hicieras si no estuvieras satisfecho de ti mismo?
>
> Erasmo de Róterdam, *Elogio de la locura*

Erasmo es otro ejemplo de creatividad, si bien su talento no es tan polifacético como el de Leonardo. Desconocemos la fecha exacta de su nacimiento, pero se considera que 1466 es la más probable. Hijo bastardo de Gerard, un sacerdote de Gouda, y su sirvienta Margaretha Rogerius, estudió en la escuela de Deventer de los Hermanos de la Vida Común, donde entró en contacto con el movimiento espiritual de la *devotio moderna*, una corriente espiritual de la Baja Edad Media que pretendía superar los rígidos límites de la escolástica y promovía la imitación de Cristo mediante la oración, el examen de conciencia y una conducta ejemplar. Erasmo aprendió latín y algo de griego en esa innovadora escuela, cuyos maestros vivían de la copia y edición de manuscritos y rechazaban las limosnas. Tras ordenarse sacerdote, estudió teología en la Universidad de París, donde se relacionó con Robert Gaguin, uno de los primeros humanistas. Entre 1499 y 1500, viajó a Londres, donde conoció a John Colet, decano de la catedral de San Pablo, que le enseñó a realizar una lectura humanista de la Biblia y al que siempre consideró su maestro. En tiempos de Enrique VII, fue nombrado titular de una cátedra en la Universidad de Cambridge, donde trabó amistad con Tomás Moro, Thomas

Linacre y John Fisher, «hombres de un gran humanismo cristiano y una teología fundada en la Biblia y en los padres de la Iglesia». Su inquietud intelectual le hizo viajar a Italia, donde desdeñó cargos académicos y honores para trabajar en una imprenta, una actividad que cubría sus necesidades sin comprometer su independencia. Su crítica al autoritarismo y la corrupción de la Iglesia le atrajo seguidores y detractores. Entre sus admiradores se ha citado a Miguel de Cervantes, discípulo del humanista Juan López de Hoyos. Y, verdaderamente, el *Quijote* es un libro impregnado de erasmismo, que elogia y defiende la libertad, condena los abusos de poder y exalta el raciocinio individual. Alonso Quijano, a pesar de sus locuras, exhibe un sorprendente buen juicio cuando reflexiona sobre la nobleza de espíritu, el buen gobierno y los clásicos grecolatinos. Cervantes no era un erudito, pero su clarividencia es tan aguda como la de Leonardo o Teresa de Jesús, la reformadora del Carmelo, que, por su condición de mujer, nunca pudo acceder a la condición de «letrada».

En 1509, la publicación de su *Elogio de la locura*, inicialmente escrito para ser leído tan solo en pequeños círculos de amigos, convierte a Erasmo en una celebridad. Su nombre circula por toda Europa y la obra alcanza siete ediciones. Se celebra su prosa latina, limpia, elegante y precisa. Era una fama tardía para la época, pero que refleja un largo proceso de reflexión y maduración. No está de más recordar que la filosofía no es una disciplina propicia al genio prematuro. En 1516, Erasmo publica el *Novum instrumentum*, la primera versión en griego del Nuevo Testamento. El impresor y editor Johann Froben prepara la edición. Es cierto que la Biblia políglota se había imprimido dos años antes, pero no saldrá a la luz hasta 1522. El monje agustino Martín Lutero lee la traducción de Erasmo e, impresionado, ahonda en sus críticas contra Roma. Seis años después, Lutero publica la primera traducción al alemán del Nuevo Testamento. Lutero y Erasmo nunca llegaron a conocerse, pero mantuvieron una intensa disputa a propósito de la libertad. Erasmo exaltaba la libertad y la autonomía personal, y destacaba la importancia de las obras para lograr la salvación. Lutero, por el contrario, sostenía que la voluntad era irrelevante e ilusoria. El ser humano, corrompido por el pecado original, solo puede salvarse con la ayuda de su creador.

Decir lo contrario significa cuestionar la soberanía de Dios, su omnisciencia y su omnipotencia. Lutero llega a decir que Erasmo no es cristiano. Durante el resto de su vida, el humanista holandés sufrió la incomprensión y hostilidad de católicos y protestantes. Murió en Basilea en 1536, con el reconocimiento de todos los que soñaban con una Europa más libre, tolerante e ilustrada.

Una conversación con Hrundi V. Bakshi

El *Elogio de la locura* era una de las lecturas optativas que ofrecía a mis alumnos. Adrián, un joven de dieciséis años al que di clases de filosofía en un pueblo de las afueras de Madrid, eligió la obra con la esperanza de subir nota. Su rendimiento escolar era desastroso. Aprobaba por los pelos y era tan despistado que se olvidaba de las fechas de los exámenes. Menudo, con el pelo rizado y un corrector dental, concentraba sus energías en escribir relatos ilustrados con unas tramas fantásticas y llenas de truculencias. Sus dibujos eran torpes pero resultaban convincentes, pues manifestaban pasión y sinceridad. Tenía tendencia a la verborrea, y los profesores temían sus preguntas interminables.

Adrián se leyó el *Elogio de la locura* para subir nota y quedó conmigo para hablar del libro en la sala de profesores. Desaliñado, patoso y propenso a causar catástrofes, su presencia provocó que mis colegas se marcharan discretamente. Adrián hizo honor a su fama, golpeándose contra una silla, que cayó al suelo con estrépito. Lejos de avergonzarse, se rio de su torpeza.

—Soy un desastre. Lo siento.

—No te preocupes. ¿Qué te ha parecido el libro?

Adrián lo puso encima de la mesa y sacó un cuaderno. El ejemplar parecía haber sido pisoteado por una manada de elefantes.

—Me ha gustado —dijo—, pero el título desconcierta. Pensaba que hablaría de la locura, no de la estupidez. A veces me han dicho que estoy un poco loco, pero después de leer el libro de Erasmo no me parece una mala opción. Hay una cita muy chula sobre ese tema. Espera que la busque. Aquí está: «¿Hay, por los dioses inmortales, alguien más feliz que ese género de hombres a quienes el vulgo llama chiflados, locos, imbéciles y calabazas, sobrenombres muy bellos, según mi opinión?». Erasmo dice que no tienen miedo a la muerte ni piensan en el futuro. Por cierto, me han llamado chiflado, loco, imbécil, pero no calabaza. Me parece un insulto original, diferente. No creo que me digan nunca algo así. Los que se meten conmigo no suelen ser muy creativos. Bueno, sigo leyendo lo que dice Erasmo de los locos: «No se ruborizan por nada, nada respetan, nada ambicionan, nada envidian, nada aman». Yo creo que ahí se equivoca. Los locos aman. No se puede vivir sin amar. Yo me enamoro constantemente, pero me dan calabazas. Caramba, mira por dónde sale otra vez la palabra.

—Antes se utilizaba para referirse a los suspensos.

—Al parecer, sirve para todo. ¿No era un personaje de un viejo concurso de televisión?

—Sí. De un programa de los setenta, cuando solo había dos canales.

—Me pregunto qué habría dicho Erasmo de las estupideces que hoy se ven en la tele. Seguro que los bufones de su época no eran tan vulgares.

—El humor siempre ha sido bastante escatológico. Nos seguimos riendo de las mismas cosas.

—«Caca, culo, pedo, pis».

—¿Cómo?

—Es lo que decía el niño de *El príncipe destronado*, de Miguel Delibes. Lo leímos el año pasado. Tienes razón. Los chistes siempre se hacen a costa de esas cosas. Somos un poco guarros.

—Sigamos con el libro —dije—. Cuéntame qué te ha llamado la atención.

Adrián me comentó que le había sorprendido que todos acogieran a la Locura con alegría y risas, como si su presencia constituyera un alivio o una buena noticia, y que desde el principio Erasmo se riera de los pedantes que alardeaban de sus conocimientos salpicando su charla de latinajos y algo de griego. Le parecía muy atinado que el cortejo de la Locura estuviera compuesto por el Orgullo, la Adulación, el Olvido, la Pereza, la Lujuria, la Demencia, la Molicie, la Gula e incluso la Somnolencia. Adrián conjeturaba que Erasmo había incluido la Somnolencia en un sentido metafórico. Estar adormilado te impide apreciar las maravillas del mundo.

—Es una de las maneras más estúpidas de vivir. No entiendo esa forma de ocio que consiste en intoxicarte con alcohol o porros. Si te pegas con un martillo en la cabeza, consigues resultados parecidos. Sinceramente, no le veo la gracia.

A pesar de no ser un chico muy popular, Adrián era optimista y parecía feliz. Todo le llamaba la atención: la naturaleza, el cine, los cómics, los videojuegos, la electrónica, la música. En el patio, muchas veces estaba solo y parecía aislado, pero se ponía los auriculares, escuchaba a Nirvana —su grupo favorito— y se quedaba embobado mirando al cielo. Otras veces, observaba a los pájaros. Aunque era un chico de pueblo, ni se le pasaba por la cabeza cazarlos. Prefería dibujarlos, estudiarlos, cuidarlos. Era lo que se llama un «bichero», pero sin instinto depredador. Vivía en una casa con patio y tenía perro, gato, canarios, tortugas, un erizo rescatado de un atropello y un autillo, un pequeño búho al que alimentaba con perdiz cruda. Adrián no vivía adormecido, sino con los ojos muy abiertos, sin transigir con la tristeza o la apatía. Carecía de talento para la vida práctica, pero en cierto modo era un sabio. Su capacidad de disfrutar de la existencia así lo acreditaba.

Erasmo sostiene que «la primera edad del hombre es la más alegre y la más grata de todas». Adrián ya no era un niño, sino un adolescente, pero la infancia seguía muy viva en él. No porque fuera ingenuo o poco espabilado, sino por su capacidad de entusiasmo. En una ocasión pasé sin saberlo por delante de su casa y salió a mi encuentro. Estaba en el porche y apenas me vio no dudó en invitarme a conocer a sus mascotas. Me las enseñó con evidente orgullo, mostrando un conocimiento meticuloso de sus hábitos y peculiaridades. Su abuelo, que nos acompañó en todo momento, criaba canarios para participar en concursos de canto y hablaba con el mismo fervor de sus pájaros, explicándome que cantaban con el pico casi cerrado para poder emitir un tono suave y profundo. ¿Habría dicho Erasmo que aquel anciano y su nieto eran dos necios, dos simples, dos locos? La vejez, leemos en el *Elogio de la locura*, es una segunda infancia. Ambas edades se caracterizan por no saber nada, por delirar y carecer de sensatez. Erasmo juega durante toda su obra con una idea ambivalente. La locura o necedad hace la vida más fácil. Ayuda a soportar las fatigas, el trabajo, las pérdidas, los compromisos no deseados, pero hay una locura que no es simpleza o ignorancia, sino clarividencia, rebeldía e incluso humor. Erasmo no se refiere a los filósofos, siempre enredados en áridas y sombrías reflexiones, sino a los que disfrutan de la inmediatez de la vida, como Baco, el dios representado como un efebo de bellos cabellos. Siempre ebrio e inconsciente, y ocupado en festines, danzas, cánticos y juegos, evita el trato con Palas Atenea. No desea ser honrado como sabio, sino como un hábil orfebre de burlas y chanzas.

Erasmo a veces bordea el antiintelectualismo. Al igual que Leonardo da Vinci, detesta la afectación y la pedantería. No cree que el saber deba ser solemne y sombrío, sino alegre y festivo, como el frívolo e insensato Cupido, que arroja sus dardos sin pensar demasiado. Erasmo se burla de los estoicos, afirmando que sin pasiones la vida es triste y amarga. Quizás por eso Júpiter confinó la razón en un pequeño ángulo de la cabeza, menoscabando su imperio mediante los arrebatos de la ira y la concupiscencia. Erasmo parece preludiar el «gay saber» de Zaratustra, el profeta de Nietzsche, pero su posición es mucho más templada. En realidad, no desprecia el saber. De hecho, destaca la importancia que cuesta adquirirlo y el escaso reconocimiento que se logra con él, pues solo poquísimas personas saben apreciarlo. La clave está en ponerlo al servicio de la vida, espantando la vanidad, la jactancia y el pesimismo.

Seguimos hablando del *Elogio de la locura* y Adrián comentó que Erasmo se pasaba «tres pueblos» con las mujeres.

—Voy a buscar la página donde las pone a parir —dijo, abriendo el libro con brusquedad.

Era imposible observar las torpezas de Adrián sin pensar en Hrundi V. Bakshi, el actor sij interpretado por Peter Sellers en *El guateque*, la disparatada comedia de Blake Edwards estrenada en 1968. Hrundi V. Bakshi causa un desastre tras otro durante los rodajes. Son los tiempos en que aún no existen los efectos digitales y las escenas complicadas se ruedan una sola vez. En un film de aventuras ambientado en la India colonial, Hrundi V. Bakshi apoya su pie en un detonador preparado para dinamitar un fuerte. Lo hace unos instantes antes de que el director dé la orden de grabar la escena, pensando que es un buen lugar para atarse los cordones de los zapatos. El fuerte salta por los aires y todo el equipo monta en cólera, pues el incidente retrasa el rodaje y acarrea grandes gastos. Creo que Adrián podría haber provocado algo similar. Por fortuna, no hay explosivos en los centros de enseñanza.

—Mira, lo he encontrado —dijo al fin, introduciendo los dedos entre las páginas de su ejemplar—. Escucha las cosas bonitas que dice de las mujeres: «Animal loco e inepto, si los hay», «si por ventura alguna mujer quisiera ser juiciosa, únicamente lograría ser dos veces loca. Sería como intentar llevar un buey al gimnasio». No entiendo lo del gimnasio, pero suena fatal.

—En la antigua Grecia, los gimnasios eran centros educativos donde se instruía a los jóvenes en las artes de la paz y la guerra para convertirlos en buenos ciudadanos.

Erasmo participa de la misoginia de su época. Suscribe la idea de que la mujer endulza la vida doméstica con su ligereza y que, si intenta salirse de ese papel cultivando su inteligencia, se vuelve especialmente repelente sin conseguir nada, pues aunque la mona se vista de seda, mona se queda. La mujer es siempre mujer. Es decir, loca e inepta. ¿Deberíamos cancelar a Erasmo? ¿Constituye un acto de lucidez boicotear a los autores del pasado que suscriben ideas hoy inaceptables? Todos los tiranos sueñan con abolir el pasado. En «La muralla y los libros», un breve ensayo de *Otras inquisiciones*, Jorge Luis Borges evoca a Shih Huang Ti, el primer emperador chino, que ordenó la edificación de «seiscientas leguas de piedra» para contener las invasiones de los bárbaros y mandó destruir todos los libros anteriores a su reinado. Disponer que el fuego consumiera las obras que relataban los hechos de épocas anteriores constituye un ejercicio de «rigurosa abolición de la historia», una forma de aniquilar el pasado. Borges apunta que «quemar libros y erigir fortificaciones es tarea común de los príncipes; lo único singular en Shih Huang Ti fue la escala en que obró». Cuando el emperador decidió que todo lo precedente debía ser borrado, los chinos gozaban de tres mil años de historia, que incluían a «Chuang Tzu y Confucio y Lao Tzu». La cultura de la cancelación actúa de forma similar, intentando suprimir los signos de machismo, racismo, homofobia o cualquier otra conducta aberrante. Mostrar el pasado tal como fue no significa alabarlo. Simplemente, es un gesto de honestidad, pues saca a la luz la evolución de la humanidad, el camino que hemos recorrido hasta llegar a nuestro actual paradigma cultural, un modelo que también será cuestionado en el futuro. ¿Quién es capaz de predecir qué conductas de nuestro tiempo serán objeto de reprobación dentro de pocas décadas?

Mutilar el pasado no ayuda a construir un futuro más humano. Años atrás, yo escribí un puñado de artículos desde la perspectiva de la izquierda radical. Los estragos de la crisis de 2008 me hicieron pensar que Marx no se había equivocado al sostener que la violencia era la partera de la historia. Sin la guillotina, no habría ciudadanos, sino súbditos. Poco a poco, comprendí que la violencia solo añadía más dolor, más caos, más miseria. No me volví un reaccionario, como muchos marxistas que se desplazaron al otro extremo del arco político, quizás avergonzados de su viejo extremismo, pero sí abjuré de la violencia. Un método indigno nunca conduce a una situación más digna y humana. Todas las revoluciones desembocan en dictaduras y pisotean las esperanzas que habían suscitado.

A veces he fantaseado con la posibilidad de borrar esos artículos que repetían las consignas del marxismo-leninismo, pero ahora entiendo que esa etapa es un aspecto más de mi desarrollo. Sin ella, muchas de mis ideas de hoy resultarían incomprensibles. Es imprescindible conocer los prejuicios del pasado para afrontar con éxito los retos del presente. La cultura de la cancelación o *woke* se parece a esos monos que se tapan la boca, los ojos y los oídos pensando que así desaparecerá todo lo que les desagrada. Nuestros errores son un aspecto esencial de nuestra identidad y constituyen una excelente oportunidad de aprender y mejorar. Erasmo fue injusto con las mujeres, pero su invitación a pensar libremente nos ha ayudado a asimilar que la mujer no es loca ni inepta. De hecho, las aportaciones de las mujeres en los últimos ciento cincuenta años han sido asombrosas y no se habían producido antes porque las leyes y las costumbres impedían que la mitad del género humano pudiera explotar su ingenio y creatividad. Las miserias de Erasmo son nuestras miserias, y ocultarlas sería tan absurdo como evitar mirarnos en un espejo por miedo a descubrir una imperfección.

Después de leer los deleznables comentarios sobre las mujeres, Adrián siguió escarbando en su ejemplar del *Elogio de la locura* hasta que encontró otra frase que le había llamado la atención.

—Esto está muy bien —dijo—: «Hay que huir de la tristeza, hermana gemela del tedio, pues nos priva de todos los placeres». Odio la tristeza. A veces, cuando me llegan un montón de cates o me dan calabazas, me desmoralizo un poco, pero enseguida me recupero. Mi abuelo me ha enseñado que estar triste es una pérdida de tiempo. Cuando murió mi abuela, con la que había pasado más de cincuenta años, se entristeció mucho, pero un día salimos a pasear por el campo y, mientras observábamos el vuelo de unos milanos, me dijo que mucha gente había pasado por lo mismo, que las pérdidas forman parte de la vida y que sin ellas todo se paralizaría. Los muertos siguen vivos mientras continúan en la memoria de sus seres queridos.

La sal de la vida

El *Elogio de la locura* es un libro de una riqueza extraordinaria. Su tono satírico esconde grandes reflexiones que a veces pasan desapercibidas, pues el humor extiende un barniz de ligereza y crea una engañosa ilusión de obra menor. A pesar de pertenecer a una cultura cristiana que exalta la humildad e incluso el menosprecio de uno mismo, Erasmo afirma que no es posible vivir sin autoestima y que, si hay que elegir, el narcisismo es una opción más inteligente que la modestia. «¿Hay algo más loco que gustarse a sí mismo, admirarse a sí mismo? Y, no obstante, ¿qué gentileza, qué gracia, qué dignidad tendría lo que hicieras si no estuvieras satisfecho de ti mismo?». El amor a uno mismo es «la sal de la vida». Si lo eliminamos, el orador perderá su elocuencia, el músico el sentido de la armonía, el cómico su ingenio, el poeta su inspiración y el médico su talento para sanar. Max Estrella, el poeta ciego que protagoniza *Luces de bohemia*, la célebre obra de teatro de Ramón del Valle-Inclán, alardea de ser el primer escritor de España. Su creador solía aplicarse el mismo calificativo. Es posible que sin esa confianza, real o fingida, Valle-Inclán no habría escrito con tanto aplomo, logrando un lugar entre los clásicos desde muy temprano. Truman Capote también presumía de sus dotes como escritor. «Soy un genio», solía repetir. Con su escasa envergadura —apenas un metro y sesenta— y su voz chillona y estridente, necesitó inyectarse autoestima desde muy pronto. Erasmo no se equivocaba. Sin gustarse a uno mismo, no se llega muy lejos.

Erasmo critica a los sabios que hieren los oídos con enseñanzas tristes. Asegura que es preferible la compañía de un comediante con talento para despertar la sonrisa, la carcajada, la alegría. Señala que los comediantes o bufones, a los que en su época se llamaba locos, dicen la verdad, igual que los niños y los que caen bajo la influencia del vino. Son los únicos que se atreven a ser sinceros con los poderosos, como se aprecia en las obras de Shakespeare. El bufón del rey Lear le recrimina una y otra vez su insensatez, algo que le acarrea palos y puntapiés. Lear ignora sus consejos, lo cual le costará muchos sinsabores. Erasmo sostiene que los príncipes son muy infortunados, pues solo están rodeados de aduladores que les esconden las verdades incómodas. Imagino que Hitler o Stalin solo recibían informes triunfalistas que aseguraban la victoria para sus descabelladas empresas políticas y militares. Nadie se atrevía a advertirles de los riesgos y los posibles fracasos. Esta situación acabó llevándolos a desastres sucesivos. Siempre es recomendable tener cerca un loco que dice las cosas abiertamente, sin subterfugios ni ambigüedades.

Erasmo simpatiza con los locos, pero no con los embaucadores que utilizan conjuros, palabras mágicas y falsas artes proféticas para desplumar a los crédulos. Cinco siglos después, esos farsantes siguen llenando su bolsa con ridículas predicciones astrológicas o con la interpretación de las cartas del tarot. Muchos de mis alumnos consultaban el horóscopo a diario y se ofendían cuando les comentaba que eso era una bobada. Lo irracional y fantástico suele disfrutar de un reconocimiento incomprensible. Su papel debería restringirse al ámbito de la ficción, donde actúa como una fuerza necesaria e inspiradora, pero lo cierto es que —si sale de ese ámbito— contamina la realidad, propagando leyendas absurdas.

En el *Elogio de la locura*, Erasmo afirma que el mejor templo es la naturaleza, critica la violencia de los maestros en las escuelas, ironiza sobre los teólogos que alardean de conocer la voluntad divina hasta en el más mínimo detalle, se burla de los monjes ignorantes y supersticiosos, escarnece a los príncipes engreídos y acusa a los pontífices y cardenales de incurrir en todos los vicios que el Evangelio condena.

—Erasmo reparte cera de lo lindo —comentó Adrián, que seguía rescatando citas—. Me gusta lo que dice de la guerra. Yo también soy pacifista.

Erasmo afirma que «la guerra está hecha para las bestias y no para los hombres», que es «tan funesta que pervierte y envenena las costumbres públicas; tan injusta que los mayores criminales suelen ser los más diestros en sus lides, y tan impía que no tiene nada en común con Cristo». Frente a la inhumana lógica de la guerra, Erasmo alaba la presunta insensatez de no responder a las ofensas, la humildad frente a los débiles, el desinterés por lo material, la generosidad sin límites, la esperanza contra toda esperanza. El mundo se escandaliza con esas actitudes, que considera necias y absurdas, pero lo cierto es que la no violencia y la solidaridad, la mansedumbre y el compartir, la austeridad y la esperanza, no son una fuente de frustración, sino de dicha y regocijo.

—Todo lo que dice Erasmo del cristianismo es muy bonito —reconoció Adrián—, pero lo cierto es que su historia está llena de violencia. Yo creo que el ser humano viviría mejor sin religiones.

—¿Te parece optimista Erasmo? —pregunté con el bolígrafo en la mano, preparando la nota que iba a ponerle.

—Sí, me parece optimista. Confía en el ser humano. Está a favor de la libertad. Critica el fanatismo y la pedantería. Todo eso es muy positivo.

—¿Qué te parece un ocho? Te ayudará a mejor la nota del examen, que fue bastante floja.

—Me parece muy bien, profe. Más de lo que esperaba.

Al salir de la sala de profesores, Adrián le propinó un puntapié a una papelera y volcó su contenido en el suelo. Se disculpó alzando los hombros, recogió lo que había tirado y se despidió de mí con una sonrisa, mostrando su corrector dental. ¿Qué habrá sido de Adrián? No me cuesta trabajo imaginarlo en *El club de la comedia* contando chistes malos. Todo lo que decía encerraba una sorna suave, casi inapreciable, pero desprendía la sabiduría del que no se toma a sí mismo demasiado en serio.

Tomás Moro: viento de utopía

> Un hombre debe mostrarse agradable y servicial con las personas que el azar, la naturaleza o la propia elección han hecho compañeros de su vida.
>
> Tomás Moro, *Utopía*

Tomás Moro mantuvo una entrañable amistad con Erasmo de Róterdam. Se conocieron en Inglaterra en 1499 y, desde entonces, no dejaron de intercambiar cartas en las que compartían sus inquietudes espirituales y filosóficas. Erasmo dedicó a Moro el *Elogio de la locura*, para el que escribió un prefacio donde reconocía que las horas pasadas en su compañía habían sido las más felices de su vida. La relación seguiría siendo fructífera incluso en la distancia. De hecho, Erasmo confiesa que la idea de escribir un libro satírico sobre la locura había surgido del apellido Moro, tan similar a *moria*, que en griego significa «locura». Tomás Moro nació en Londres en 1478, hijo de un magistrado. Estudió en la Universidad de Oxford y fue miembro del Parlamento. En 1518 entró al servicio de Enrique VIII, que le encargó importantes misiones por su gran habilidad diplomática. En 1529 fue nombrado lord canciller y se mostró implacable con los protestantes, pues le horrorizaba que hubieran promovido la división de la cristiandad. Durante los seis años que ocupó el cargo, seis personas acabaron en la hoguera por herejía. No está claro el grado de responsabilidad de Moro, pero esa actitud contrasta con su talante benévolo y humanista. No hay que sorprenderse demasiado. Si algo define al ser humano no es la coherencia, sino las fluctuaciones y los contrastes.

A pesar de su eficacia como diplomático, Moro perdió el favor del rey al negarse a reconocerlo como cabeza de la Iglesia anglicana y al oponerse a su divorcio de Catalina de Aragón, su primera esposa. Enrique VIII intentó hacerle cambiar de opinión, alternando los gestos de amistad y los de intimidación. Moro no cedió. Prefirió renunciar al cargo de canciller y se negó a asistir a la coronación de Ana Bolena. Acusado de alta traición, fue ejecutado en 1535 en Tower Hill. Se ha dicho que murió con la dignidad de un filósofo y la ardiente fe de un mártir. Antes de que el hacha del verdugo le cortara la cabeza, se dirigió al público y afirmó que había sido un fiel servidor del rey, pero que su lealtad a Dios estaba por encima de sus obligaciones como súbdito. En 1935, Pío IX lo convirtió en uno de los santos de la Iglesia católica. Todos los biógrafos de Tomás Moro lo describen como un hombre íntegro y cordial, con un gran sentido de la familia y la amistad. Toda Europa reconocía su talla como político, filósofo y humanista. Su figura inspiró una película inolvidable: *Un hombre para la eternidad*, dirigida por Fred Zinnemann y estrenada en 1966, con Paul Scofield en el papel de Tomás Moro. Sus diálogos rebosan inteligencia e ingenio. Hace mucho que no he vuelto a verla, pero añoro ese tipo de cine en el que la trama se basa en la palabra y no en las explosiones.

Moro es recordado sobre todo por *Utopía*, un ensayo publicado en 1516 que describe una isla imaginaria donde imperan la justicia, la libertad y la tolerancia. El título original de la obra es *Librillo verdaderamente dorado, no menos beneficioso que entretenido, sobre el mejor estado de una república y sobre la nueva isla de Utopía*. «Utopía» es una palabra inventada que presuntamente procede de fusionar dos términos griegos *ou*, «no», y *topos*, «lugar». Moro nos indica desde el principio que su obra es un ideal, un modelo, no algo real. En vez de adoptar la forma del tratado, opta por un relato y se introduce a sí mismo como personaje. Enviado a Flandes y Amberes por Enrique VIII para realizar unas gestiones diplomáticas, Moro se reúne con su amigo Pedro Egidio, que le presenta al explorador Rafael Hitlodeo, un viejo marino con una larga experiencia. Hitlodeo cuenta que navegó con Américo Vespucio y visitó infinidad de lugares, pero que ninguno le admiró tanto como la República Utopía. Cuando Moro y Egidio le preguntan por qué no entra al servicio del algún rey, contesta que las casas reales solo se preocupan de incrementar su patrimonio. El régimen de propiedad privada distribuye los bienes de forma injusta y desigual. En Utopía, hay comunidad de bienes y eso garantiza la paz y la justicia. Hitlodeo cuenta que descubrió la isla viajando por América del Sur. Situada más allá de la línea equinoccial, fue creada artificialmente por orden del rey Utopo, que ordenó cortar el istmo que la mantenía unida al continente. Tiene forma de media luna y su capital se llama Amaurota. Las casas, funcionales, luminosas y ventiladas, son propiedad común y se reparten por sorteo. Los ciudadanos eligen anualmente a ancianos —«sifograntes», una palabra inventada por Moro— que ejercen el gobierno y que nombran a un príncipe vitalicio mediante una votación secreta. Eso sí, puede ser destituido si se convierte en un tirano.

En Utopía está prohibida la caza, pero no la esclavitud, si bien es una condición reservada a los criminales. Las leyes son escasas y sencillas, pero incluyen la prohibición de mofarse de los discapacitados. Hay libertad religiosa y, aunque no se excluye la posibilidad de la guerra, se considera que solo es lícita como medida defensiva. Las tareas agrícolas son obligatorias y rotativas para que el trabajo más pesado no recaiga siempre sobre los mismos. La jornada laboral solo dura seis horas, lo cual garantiza tiempo de ocio. Muchos emplean ese descanso en estudiar o realizar ejercicio físico. Los oficios se eligen libremente y todos los ciudadanos reciben la misma educación. A los que destacan intelectualmente se los exime de trabajar para que puedan dedicarse al estudio y la investigación. No existe el dinero ni la propiedad privada. Se respetan todas las religiones y no se intenta imponer ningún credo. Las mujeres pueden ejercer el sacerdocio y se reconoce el derecho a la eutanasia. ¿Seríamos más felices en una sociedad de estas características? ¿Es la felicidad un asunto político o algo estrictamente privado? ¿Hay motivos para ser optimistas respecto al futuro? ¿Avanzamos hacia sociedades más libres, más humanas, o sufrimos una progresiva deshumanización?

¿Es la felicidad un asunto meramente privado?

Las cuestiones políticas no son el asunto principal de este libro. Sin embargo, hablar de política es inevitable si se pretende escribir un elogio del optimismo. El optimismo sostiene que la vida merece la pena, que ser feliz es posible, que el ser humano puede reinventarse cuando fracasa o experimenta una pérdida. Eso sí, reconoce que si las circunstancias son sumamente adversas, las posibilidades de dicha se reducen drásticamente. Ser feliz en la Alemania nazi o en la URSS de Stalin no parece probable, salvo que la libertad no te preocupe demasiado o que tengas la suerte de no pertenecer a uno de los grupos represaliados. Incluso en ese caso, la felicidad siempre penderá de un hilo, pues los totalitarismos acaban poniendo en su punto de mira a todos los ciudadanos. ¿Debe la política favorecer la felicidad o es un asunto personal? ¿Hay motivos para ser optimista en política?

Los liberales sostienen que la felicidad es una cuestión estrictamente personal. No estoy de acuerdo. En el Reino Unido, las tasas más elevadas de prescripción de psicofármacos se hallan en las zonas menos prósperas, lo cual evidencia que la depresión y la ansiedad se disparan cuando hay pobreza, desempleo y pocas expectativas de progreso. Desde los ochenta, se insiste en que las enfermedades mentales son trastornos bioquímicos, anomalías genéticas que vienen de serie y que solo pueden ser corregidas mediante psicofármacos. Lo cierto es que infinidad de pacientes con problemas de esta naturaleza se medican durante décadas y apenas experimentan mejoría. No se suele comentar que los antidepresivos y los ansiolíticos crean una intensa dependencia. Cada vez hay más clínicas de desintoxicación que atienden a personas enganchadas a las benzodiacepinas. Los psiquiatras hablan de síndrome de «deshabituación», un eufemismo que intenta maquillar la crudeza de lo que en realidad es sencillamente un cuadro de abstinencia, con síntomas como dolor muscular, migrañas, náuseas, insomnio y otras alteraciones que también aparecen en las distintas formas de drogodependencia. Que los índices de enfermedades mentales sean más altos en los barrios con problemas sociales más graves pone en entredicho las hipótesis biologicistas.

Los psiquiatras admiten que las experiencias traumáticas —como quedarse en paro, perder a un ser querido o vivir miserablemente— actúan como desencadenantes, pero insisten en que la base de las enfermedades mentales es genética. En *Sedados. Cómo el capitalismo moderno creó la crisis de salud mental*, James Davies, psicoterapeuta y profesor adjunto de antropología social y salud mental en la Universidad de Roehampton, Londres, afirma que se ha medicalizado el sufrimiento y se ha convertido el malestar emocional y psicológico en una patología. Afirmar que el dolor psíquico es una disfunción individual oculta que determinadas políticas propician el sufrimiento y pueden desestabilizar emocionalmente a los más vulnerables. James Davies responsabiliza al neoliberalismo de Ronald Reagan y Margaret Thatcher de haber incrementado el malestar social con sus políticas de recortes sociales y fiscales. No se trataba de simples medidas económicas, sino de una nueva filosofía que promovía el individualismo, exaltaba el éxito y estigmatizaba el fracaso. Según el neoliberalismo, en una sociedad con igualdad de oportunidades triunfan los más dotados, mientras que los mediocres y los que menos se esfuerzan descienden en la escala social. El individuo es responsable de su destino. No importan las circunstancias en que se ha criado. Siempre cabe hacer un esfuerzo heroico para remontar la adversidad. La psiquiatría suscribió ese modelo al despolitizar el sufrimiento. No reparó en que la igualdad de oportunidades no es real, pues no es lo mismo crecer en una familia con recursos y mentalmente estable que en una con escasez de medios y graves desarreglos emocionales. A pesar de que se desconoce la etiología de los distintos desórdenes emocionales, la psiquiatría estableció como dogma que la ansiedad, la angustia, la depresión o cualquier otra reacción emocional inadecuada deben abordarse farmacológicamente. El dolor psíquico no es un fenómeno social, sino algo privado y biológico. Este planteamiento favoreció a la industria farmacéutica, que incrementó sus ganancias espectacularmente con el auge de los psicofármacos. De esta forma, se mercantilizó y descolectivizó el dolor psíquico, eximiendo a la sociedad y a la política de contribuir de algún modo en la aparición de desarreglos emocionales y psíquicos.

La política neoliberal no era solo economía, sino un nuevo modelo social que pretendía promover ciertos valores. Margaret Thatcher lo dejó muy claro: «La economía es el método —le dijo al periodista Ronald Butt—, el objetivo es cambiar el corazón y el alma». Desde el extremo opuesto del arco ideológico, Stalin describió a los políticos como «ingenieros de almas», y no se equivocaba. La primera ministra británica intentó promover un nuevo tipo de seres humanos: individuos emprendedores, autosuficientes y productivos que no perdían el tiempo con la introspección o la especulación filosófica. El éxito económico se convirtió en sinónimo de excelencia y la ostentación se consideró la expresión legítima de los logros personales. Tener y no ser se convirtió en la aspiración hegemónica. Las políticas neoliberales incrementaron las desigualdades sociales y eso acarreó un aumento del malestar y la infelicidad. Desde los ochenta, no han dejado de crecer las tasas de depresión, ansiedad, adicciones y suicidio. En la última década, los casos de depresión han aumentado casi un 20 por ciento, convirtiéndose en la mayor causa de discapacidad en el mundo, según datos de la Organización Mundial de la Salud (OMS). Casi ochocientas mil personas se suicidan cada año en el planeta, lo cual significa un suicidio cada cuatro segundos.

La felicidad no es un asunto meramente privado. Los jóvenes están más deprimidos que hace tres o cuatro décadas. En 2021, Ana Iris Simón, autora de la novela *Feria*, acudió al Palacio de la Moncloa para participar en la presentación de *Pueblos con futuro: un plan para la cohesión y la transformación del país*, convocado por el Gobierno socialista de Pedro Sánchez. Su breve discurso obtuvo mucho eco. La joven escritora admitió que sentía envidia por la situación de sus padres a su edad. Ellos, con solo veintinueve años, ya tenían dos hijos, un coche y se habían embarcado en la compra de una vivienda propia. «Pero, sobre todo, tenían la certeza de que podrían mantener sus trabajos, a sus hijos y tener una hipoteca. Y la esperanza de que todo iría a mejor. Mis padres creían en ese progreso porque para ellos había sido un hecho». Los jóvenes de hoy día carecen de esas expectativas. ¿Podemos ser optimistas respecto al futuro? ¿Hay indicios de que las cosas mejorarán?

En 2022, cuando escribo estas líneas, la inflación se ha desbocado por la guerra de Ucrania, el precio de la vivienda no cesa de incrementarse, los salarios menguan sin parar y la natalidad se ha desplomado. A la luz de estos hechos, las propuestas utópicas de Tomás Moro no parecen descabelladas. La desaparición de la propiedad privada quizás no es una buena idea, pero sí lo es que el derecho de propiedad esté sujeto al interés general. La jornada laboral de seis horas parece una quimera, pero el fenómeno de los padres ausentes que no pueden ocuparse de sus hijos está afectando negativamente al desarrollo de una generación. Nadie cuestiona la necesidad de una educación igualitaria y de calidad, pero no es un secreto que los centros ubicados en barrios pobres obtienen peores resultados académicos. Pensar que nada puede cambiar, ser pesimista, augurar un futuro sombrío, no lleva a ninguna parte. El estado del bienestar fue una gran conquista social. Un siglo antes de su aparición, parecía un sueño irrealizable, pero durante décadas ha proporcionado bienes y servicios a los ciudadanos, erradicando el desamparo sanitario, las grandes carencias educativas y las condiciones de trabajo inhumanas. Ahora vivimos bajo las consignas del modelo neoliberal, pero ningún modelo social es eterno. Siempre es posible un cambio de ciclo y a veces solo hace falta un gesto para iniciarlo. Cuando la afroamericana Rosa Parks se negó a ceder a un joven blanco su asiento en un autobús de Montgomery, Alabama, no sabía que su reacción sería una poderosa inspiración para el movimiento por los derechos civiles. Su infracción de una ley racista inspiró una histórica protesta liderada por un pastor bautista relativamente desconocido, Martin Luther King. No perdamos la esperanza. Siempre es posible construir una sociedad más humana. Seamos utópicos, como lo fue Tomás Moro. Los sueños parecen irrealizables, pero Luther King tuvo un sueño y se cumplió.

Montaigne: el hombre que sabía demasiado

> La premeditación de la muerte es premeditación de la libertad. Quien ha aprendido a morir ha desaprendido a servir.
>
> Montaigne, *Ensayos*

*P*esimista, humanista, escéptico. Son los tres términos que se utilizan para describir a Montaigne, quizás el último pensador renacentista. Con independencia de cuestiones cronológicas, su filosofía parece cerrar una etapa y anticipar el desengaño barroco y el racionalismo ilustrado. Creo que mi padre también podría haber sido descrito como pesimista, humanista y escéptico. No sé hasta qué punto admiró a Montaigne, pero en su biblioteca se hallaban sus ensayos en una edición francesa, con abundantes subrayados y algunas notas. Aunque mi padre falleció prematuramente cuando yo era un niño, recuerdo perfectamente su voz, su estampa, su temperamento afectuoso y su vocación literaria, que se manifestaba en largos encierros en su despacho. La Wikipedia, el diccionario Espasa Calpe y el *Diccionario de literatura española e hispanoamericana* de Ricardo Gullón le dedican unos párrafos. La entradilla del Gullón recoge una de sus frases: «En mi obra hay un mensaje de esperanza y una advertencia sombría». Sin embargo, en *Carta al hijo* (1971), su última novela, encabeza el libro con una reflexión desalentadora: «Pocas cosas nobles salen del corazón de los hombres». ¿Por qué pensaba así? ¿De dónde procedía ese pesimismo?

Mi padre, que firmaba sus artículos y libros como Rafael Narbona, nació en Córdoba en 1911. A pesar de proceder de una familia acomodada, se marchó muy joven a Barcelona para conocer las inclemencias de la vida bohemia. Mi abuelo Vicente, que era abogado, lo rescató de una pensión de mala muerte, donde malvivía consolándose con la idea de que las penalidades materiales eran inherentes a la vocación literaria. Después de este aprendizaje heroico, se instaló en Madrid y comenzó a trabajar como periodista. Entrevistó a Baroja, a Valle-Inclán, a Wenceslao Fernández-Flórez, a Villaespesa y a otros autores de la época. Trabajó como secretario de Armando Palacio Valdés y de los hermanos Quintero. A principios de los años treinta, se marchó a Alemania, donde impartió clases de español a profesores y alumnos de la Universidad de Heidelberg. ¿Coincidió con Heidegger en los pasillos? ¿Se atrevió a decirle algo o pasó de largo? Mi padre no era tímido, pero desconozco hasta dónde llegaba su audacia. El auge del nazismo lo asustó y regresó a Madrid en la primavera de 1936. Pasó la guerra en la capital, movilizado por el ejército republicano. Desconozco qué hizo en esos años. ¿Peleó en el frente? ¿Qué horrores contempló? Presumo que la guerra dejó una profunda herida en su memoria, un surco devastador.

Al finalizar el conflicto, se quitó el uniforme, lo enterró o lo quemó, se deshizo del arma y se escondió en casa de mis abuelos. Durante un año vivió como un topo. Bobby Deglané lo rescató de ese encierro y le ofreció trabajar como censor durante dos años para demostrar su lealtad al régimen, lo cual lo libraría de represalias. No le quedó más remedio que aceptar, aunque me consta que lo hizo de mala gana. Poco a poco, mi padre se convirtió en un periodista bastante conocido. Publicó una docena de libros y obtuvo varios premios. Durante unos años, impartió clases de literatura en un instituto de Madrid. Se casó y tuvo dos hijos. Perdió a su mujer por culpa de la tuberculosis. Volvió a contraer matrimonio y engendró dos hijos más (yo fui uno de ellos). Murió a mi edad, sesenta años, con sus grandes sueños incumplidos, como casi todos los seres humanos. Mi padre era escéptico. Desconfiaba de los dogmas religiosos y políticos. No esperaba demasiado del ser humano, pero admiraba sus logros en el terreno de la cultura. Su pesimismo no le endureció. Era compasivo e indulgente. Al igual que Tomás Moro, odiaba que los maestros utilizaran la violencia con los alumnos. Trataba con ternura a los animales y era muy paciente con los niños, cualidades infrecuentes en los hombres de su generación. De adolescente, cuando comencé a leer sus artículos, me sorprendió su visión trágica de la vida. Sus novelas mostraban la misma perspectiva doliente y desencantada. Muchas veces he intentado comprender mejor su pensamiento leyendo las frases que subrayó en los ensayos de Montaigne. El lápiz de punta fina que empleaba destaca la cita de la *Eneida* situada en el umbral de la obra: «Cobra fuerza a medida que avanza». Virgilio se refería a la fama. ¿Subrayó mi padre la frase por ese motivo? Ciertamente, anheló la fama desde su adolescencia, cuando publicó su primer cuento con catorce años en un periódico de Córdoba. Aunque adquirió cierta notoriedad con los años, y los ayuntamientos de Córdoba y San Miguel de Salinas, un pueblo de Orihuela, honraron su memoria dedicándole una calle al fallecer, hoy casi nadie lo recuerda, y en vida solo logró premios menores. Nunca fue uno de esos escritores con una fama capaz de movilizar a grandes cantidades de lectores. Sé que no haber conseguido ese reconocimiento le produjo una honda insatisfacción.

Uno de los argumentos redundantes del pesimismo es que raramente se cumplen nuestras expectativas. Siempre deseamos más de lo que llegamos a conseguir. La ambición es buena, pero no es menos importante adaptarse a lo que nos depara la vida. Tener metas es sano y necesario, pero se convierte en algo dañino cuando provocan que perdamos la capacidad de disfrutar del instante. Ahora se habla mucho de *mindfulness*, de saber vivir el presente sin dispersar la atención ni aplazar el placer. Mi padre vivió con la mirada fija en un porvenir que jamás se materializó, al menos con la forma que él había soñado. Eso le impidió reconocer el valor objetivo de lo que hizo: centenares de artículos, varios libros, algunos homenajes y premios. Imagino que soñó con el Nobel, ese Dorado que hipnotiza a tantos escritores y que en realidad solo es un bien relativo. Ni Tolstói, ni Kafka, ni Proust ni Galdós obtuvieron el galardón. Otros que sí lo recibieron han caído en el olvido. No sé si Montaigne se refería a esa fama o pretendía decirnos que cualquier propósito fecundo cobra fuerza a medida que avanza. Todo el que cuida su cuerpo sabe que la tenacidad es la clave del éxito. Sucede lo mismo con cualquier actividad intelectual. La fama suele ser frágil y efímera. Complace a nuestro ego, pero a veces sus frutos son estériles: vanidad, narcisismo, egolatría. Y cuando se esfuma, deja un rastro de amargura, tal como se aprecia en esos programas televisivos que formulan las preguntas ¿qué paso con...?, ¿qué fue de...? Lo esencial es avanzar, sabiendo que cada paso constituye una victoria, como sucede con el protagonista de *Soldados de Salamina*, de Javier Cercas. Adelante, siempre adelante. Algo similar debe pasar por la mente del que pedalea por un puerto de montaña. El afán de superación es una de las señas de identidad del optimismo. Subir al podio no es lo esencial, sino culminar una etapa, vencer a la fatiga, no transigir con el desánimo. El que sabe esas cosas suele ser más feliz que el que codicia la corona de laurel.

Que la tristeza jamás se una a mi nombre

Mi padre subrayó casi todas las frases que aparecen en la advertencia inicial de los *Ensayos*. Montaigne se dirige al lector y le explica que su libro nace de un propósito humilde y honesto: permitir que sus familiares y amigos le conozcan mejor. No busca el favor del mundo, sino dejar un recuerdo vivo y fiel de su persona, sin artificios ni afeites. No pretende ocultar sus defectos ni imperfecciones. Entiende que su intención produzca indiferencia en la mayoría. «Así, lector, soy yo mismo la materia de mi libro; no es razonable que emplees tu tiempo en un asunto tan frívolo y tan vano». Montaigne se equivocó. Ese asunto tan frívolo y tan vano sigue despertando interés cuatro siglos más tarde, pues sus ensayos no se limitan a contar la historia del humanista que ocupó la alcaldía de Burdeos y sufrió mal de piedra, sino que abordan aspectos esenciales de la condición humana, tal como apreció Voltaire. A Pascal le pareció una necedad la empresa de Montaigne. No advirtió que escribir sobre uno mismo es escribir sobre todos, pues al reflexionar sobre nuestras vivencias, creamos un contraste o una referencia que sirve al otro para elucubrar sobre sus propias experiencias. Se piensa a partir de algo, no del vacío o de una difusa abstracción. El ejemplo de Montaigne es valioso para todos. Miró en su interior, examinó su vida, recapituló sus lecturas y escribió. Escribir es una forma de desdoblarse. Salimos de nosotros mismos para poder contemplarnos desde la lejanía. Al hacerlo, dejamos un rastro, un testimonio, que permitirá a otros conocernos, a veces mejor que nosotros mismos. Los libros y artículos que dejó mi padre me han permitido ir más allá de los recuerdos, acceder a facetas que quizás pasaron desapercibidas para él mismo. Verdaderamente, la palabra inmortaliza y añade profundidad, mostrando que los hechos solo se comprenden cuando son interpretados.

Se habla del pesimismo de Montaigne, pero lo cierto es que él alardea de no conocer la tristeza: «Me hallo entre los más exentos de esta pasión, y no la amo ni la aprecio, aunque el mundo se haya dedicado, como por acuerdo previo, a honrarla como un favor particular […]. Es una cualidad siempre nociva, siempre insensata, y los estoicos prohíben a sus sabios sentirla, por ser siempre cobarde y vil». La melancolía ya estaba de moda en tiempos de Montaigne. Y con el Romanticismo se reactivó esa pasión mórbida. La complacencia con el dolor siempre implica una perspectiva estética que no existe en el sufrimiento verdadero. Mi padre no era un hombre melancólico. De hecho, su carácter era alegre y extrovertido, pero su trayectoria vital incluyó vivencias muy trágicas: la guerra civil, una posguerra marcada por la escasez y el miedo, pérdidas sucesivas (su primera mujer, varios hermanos, amigos muy queridos), dificultades económicas, conflictos con su hijo mayor. Quizás el mayor reto del optimismo sea persistir en la esperanza en mitad de la adversidad. El optimismo solo adquiere rango filosófico cuando se gesta en situaciones particularmente problemáticas. Los pocos afortunados que transitan por el mundo sin experimentar reveses importantes pueden alumbrar un optimismo primario, semejante al del niño que sonríe en su zona de confort, pero su alegría carece de profundidad. De hecho, puede desvanecerse al primer golpe. Solo el que conoce penalidades graves, como el Job bíblico, y no renuncia a exaltar la vida merece el calificativo de optimista.

No se equivoca Montaigne al acusar de cobardía a la tristeza, pues el abatimiento siempre constituye una retirada. En vez de resistir, el melancólico claudica e intenta convertir su derrota en un hermoso crepúsculo. El optimista prefiere levantarse y desafiar a la fatalidad, sin permitirle que le arrebate el placer de vivir. No se puede exigir a nadie ese heroísmo, y menos aún culpabilizar al que se derrumba ante una tragedia, pero dado que el ser humano necesita ideales, conviene subrayar que el optimismo es un digno estandarte. El periodista Julius Fucik, héroe de la resistencia checoslovaca contra los nazis, fue detenido por la Gestapo, torturado y ahorcado. Durante su estancia en prisión, logró escribir un pequeño relato titulado *Reportaje al pie de la horca* en el que narra sus penalidades y las de otros miembros de la resistencia. Hoja a hoja, el texto burló la vigilancia de los carceleros y se publicó póstumamente. Lejos de caer en la desesperación o la amargura, Fucik escribió: «Amaba la vida y por su belleza marché al campo de batalla. Hombres: os he amado y he sido feliz cuando han correspondido a mi amor, y he sufrido cuando no me habéis entendido [...]. Que la tristeza jamás se una a mi nombre. He vivido para la alegría y por la alegría muero. Agravio e injusticia sería colocar sobre mi tumba un ángel de tristeza». Fucik no era perfecto. Publicó reportajes falseando la realidad de la Unión Soviética, pero sus reflexiones, escritas en unas circunstancias especialmente trágicas, son un hermoso canto a la vida. Me gustaría apropiarme una de sus frases y utilizarla como epitafio: «Que la tristeza jamás se una a mi nombre».

Mi padre era melancólico, pero no indolente. De hecho, subrayó la advertencia de Montaigne sobre los peligros del ocio: «Vemos que las tierras ociosas, si son ricas y fértiles, rebosan de cien mil clases de hierbas salvajes e inútiles, y que, para mantenerlas a raya, es preciso someterlas y dedicarlas a determinadas semillas para nuestro servicio». Nunca vi a mi padre ocioso. Madrugaba muchísimo y trabajaba mañana y tarde. Por las noches, escribía y leía. No creo que durmiera más de cinco horas. Una pequeña siesta antes de comer le permitía recobrar fuerzas para aguantar el resto del día. Yo me parezco a él. Media hora de inactividad me produce un agudo malestar. Muchos elogiarán esa laboriosidad, pero yo no estoy convencido de que constituya una virtud. La hiperactividad suele esconder cierto miedo a la vida. Es una huida, una carrera contra el vacío, la inseguridad y el hastío. Un verdadero optimista holgazanea sin mala conciencia. No necesita justificarse. Las horas no son etapas, sino paisajes que conviene recorrer con calma. El tiempo no es una inversión. No hay que rentabilizarlo, sino disfrutarlo. ¿Se puede asegurar seriamente que pasear es una actividad estéril? El caminante del famoso cuadro de Caspar David Friedrich culmina su paseo en una cumbre que despunta entre un mar de nubes. ¿Ha perdido el tiempo? Indudablemente, no. Siempre he pensado que yo debería dedicar más horas a pasear y no pasar tanto tiempo en mi escritorio. Camino todos los días cincuenta minutos. Siempre a la misma hora. Mi vida es tan rutinaria como la de Kant, cuyos paseos por Königsberg servían de orientación a los vecinos para ajustar sus relojes. Quizás mis paseos deberían ser más largos y cambiar de itinerario. No debería inquietarme perder el tiempo. El ocio es peligroso cuando está inspirado por la pereza, pero si nace de la capacidad de vivir el instante es uno de los ejercicios más saludables. El optimista se deja llevar, pues sabe que la vida se justifica en sí misma. No hace falta sacar provecho de cada minuto.

El olvido es un don

Montaigne lamentaba tener mala memoria: «Casi no reconozco traza alguna de ella en mí, y no creo que haya otra en el mundo tan extraordinaria en flaqueza». No creo que la mala memoria sea un motivo para entristecerse. El que olvida vive dos veces, pues puede volver una y otra vez sobre los paisajes, los libros o las obras de arte que le deslumbraron. El olvido es un don, como apreció Borges, que en «Funes el memorioso» narra la desgracia de un joven uruguayo cuya memoria es capaz de reconstruir milimétricamente cualquier día de su existencia, lo cual provoca que su mente se estanque en una rememoración absurda, pues evocar veinticuatro horas le lleva veinticuatro horas. Atado a la rueda del insomnio, Funes no es capaz de comprender el mundo con la perspectiva que proporciona no recordarlo todo: «Pensar es olvidar diferencias, es generalizar, abstraer». Montaigne se consuela afirmando que su mala memoria le ha impedido ser rencoroso, pues olvida enseguida las ofensas. El optimismo y el rencor son incompatibles. No es posible vivir felizmente si abrigas odios y deseos de venganza. Si el olvido borra los agravios, bienvenido sea. Y si no es así, conviene hacer un esfuerzo y diluirlos, limpiando la mente de un huésped tan indeseable.

Montaigne se muestra muy crítico con las profecías y las supersticiones. Lamenta que los hombres se dejen seducir por ellas en los momentos de confusión o desgracia. Nada está escrito. El porvenir es una combinación de voluntad y azar, razón y fatalidad. El optimismo no cree en la astrología. Si los astros fueran la causa de lo que sucede, solo podríamos agachar la cabeza y soportar su poder con resignación. Podemos contemplar el futuro con esperanza porque está en nuestra mano configurarlo. Las supersticiones nos hacen vivir con miedo, y no hay nada más temible que el miedo, pues produce ofuscación y aniquila nuestra libertad. «De nada tengo más miedo que del miedo», escribe Montaigne. El miedo puede ser «más inoportuno e insoportable que la muerte». Los que están muy apegados a sus bienes lo sufren en mayor medida que los pobres. Todos sabemos que no es bueno ser pobre, pero sí hay que intentar vivir despreocupado, no concediendo a lo material más importancia de la que merece. Aristóteles ya nos advirtió que sin techo ni comida, no es posible ser feliz, pero la dicha está más cerca de la austeridad que del lujo y la ostentación.

A Montaigne no le inquieta escandalizar afirmando que el objetivo último de la virtud es el placer. No los placeres tempestuosos, que nos perturban y confunden, sino los placeres sencillos que nos ayudan a vivir alegremente y sin complicaciones. Para vivir de ese modo hay que perderle el miedo a la muerte. ¿Cómo conseguirlo? Según Montaigne, pensando a menudo en ella. «No tengamos nada tan a menudo en la cabeza como la muerte. Nos la hemos de representar a cada instante en nuestra imaginación, y con todos los aspectos». Se podría objetar que esa actitud roza lo morboso y se parece a una obsesión. Montaigne entiende que no es así: «La premeditación de la muerte es premeditación de la libertad. Quien ha aprendido a morir ha desaprendido a servir. La vida nada tiene de malo para aquel que ha entendido bien que la privación de la vida no es un mal.

Saber morir nos libera de toda sujeción y constricción». Esta sabiduría no implica un temperamento sombrío. «No soy melancólico por mí mismo, sino soñador», aclara Montaigne. Pensar en la muerte nos incita a no demorar las cosas. No hay que dejar para mañana lo que se puede hacer hoy. «Hemos nacido para actuar». Y hay que estar preparado para decir adiós en cualquier momento.

Montaigne fantasea con morir mientras realiza alguna de sus tareas preferidas. «Que la muerte me encuentre plantando mis coles, pero despreocupado de ella, y aún más de mi jardín imperfecto». Morir significa liberarse de toda aflicción. Quizás lloremos durante el tránsito, pero también lloramos al nacer. Lamentar que no existiremos dentro de cien años es tan absurdo como deplorar no haber existido cien años atrás. La muerte dura un instante. ¿Es sensato pasar años angustiado por ella? Y dado que a todos nos alcanza antes o después, la duración de la existencia no importa demasiado. La muerte de cada individuo es un aspecto esencial del universo, pues da pie a otras vidas. «Deja sitio a otros como otros te lo han dejado a ti». En cualquier caso, no hay que lamentarse. Si has cumplido tus aspiraciones, estás satisfecho y saciado. Y si solo has conocido el fracaso, ¿qué importa perder algo que ha sido causa de desventura? Además, se pregunta Montaigne, ¿quién ha dicho que vivir eternamente sea algo deseable? Si no existiera la muerte, maldeciríamos no disponer de ella. Borges sostiene algo similar en «El inmortal», un cuento de *El Aleph*: «La muerte (o su alusión) hace preciosos y patéticos a los hombres [...]. Todo, entre los mortales, tiene el valor de lo irrecuperable y de lo azaroso. Entre los Inmortales, en cambio, cada acto (y cada pensamiento) es el eco de otros que en el pasado lo antecedieron, sin principio visible, o el fiel presagio de otros que en el futuro lo repetirán hasta el vértigo».

Al igual que Aristóteles, Montaigne sostiene que una vida sin amistad sería un infierno. Pone como ejemplo su relación con Étienne de la Boétie, cuya muerte prematura lo dejó devastado. Su relación solo duró seis años, pero la compenetración fue tan estrecha que las nociones de propiedad o privacidad casi desaparecieron, pues compartían bienes, ideas, pasiones, esperanzas. Montaigne afirma que no es posible tener muchos amigos. En realidad, la amistad de la que habla, con un entendimiento tan perfecto que implica un sentir común y una estrecha intimidad, solo es posible con una persona. Montaigne descarta que padres e hijos puedan ser amigos, pues ciertas confidencias atentarían contra el pudor y desnaturalizarían la relación. ¿Podría yo haber sido amigo de mi padre si la muerte no nos hubiera separado tempranamente? Mi hermano mayor no se entendió con él, quizás porque formó parte de la primera generación que se rebeló contra sus mayores. Hasta entonces, los jóvenes habían intentado parecerse a los adultos, imitando su conducta y su forma de vestir. A partir de finales de los sesenta, decidieron ser diferentes. Algunas cosas buenas se perdieron, como el pudor o la prudencia, pero otras mejores se impusieron, como la libertad y la tolerancia. En todos los cambios históricos, hay avances y retrocesos. No sé si mi padre y yo hubiéramos podido ser amigos. Sin duda nos habríamos querido, pero la amistad quizás haya que reservarla a los iguales, conforme al consejo de Aristóteles, pues solo es posible entre espíritus afines. Y la afinidad disminuye con la distancia generacional. Montaigne y Étienne de la Boétie compartían muchas cosas: edad, profesión —ambos eran magistrados—, inquietudes intelectuales. Aunque los separaban aspectos de carácter, los dos se movían en el mismo mundo y eso facilitó el fuerte apego que surgió entre ellos.

Sería imposible recorrer aquí el vasto archipiélago que creó Montaigne, abordando temas tan dispares como el canibalismo, la moda, la soledad, los bienes materiales, la gloria, los caballos, los presocráticos, la frugalidad, los olores, la embriaguez, el ejercicio, el amor filial, los libros, la crueldad, la holgazanería, los pulgares, la utilidad, el arrepentimiento, los carruajes, la cojera o la fisionomía. Montaigne nos enseña que el conocimiento solo incrementa las dudas; que es preferible ser amable que temible; que el ingenio supera a la erudición, que es mejor perder una viña que pleitear por ella; que la prueba más clara de sabiduría es una alegría continua; que la verdadera libertad consiste en el dominio absoluto de uno mismo; que nadie está libre de decir estupideces; que para triunfar conviene parecer tonto; que prohibir algo es despertar el deseo; que el mayor tesoro es saber vivir y no acumular bienes; que la mejor filosofía es la que engendra pensamientos agradables; que es más conveniente ser inoportuno que adulador; que los juegos infantiles son las actividades más serias; que el tiempo es el mejor médico de las pasiones; que la insatisfacción es el inicio de la filosofía (y la ignorancia el resultado); que la cosa más grande del mundo es saber ser autosuficiente; que la virtud no consiste en hacer grandes cosas, sino en hacer bien las pequeñas; que el peor desierto es vivir sin amigos; que la pobreza de alma es la más irreparable; que los artículos de fe suelen devenir fábulas; que los libros son el mejor viático; que la violencia nunca es una buena pedagogía; que el valor de la vida no está en su duración, sino en el uso que hacemos de ella. Mi padre subrayó todas esas reflexiones y, al leerlas, siento que me acerco más él, que le comprendo mejor, que su mente se abre para mostrarme su interior.

«¿Qué sé yo?», se preguntaba Montaigne. Aunque escogió esa interrogación como lema, creo que realmente sabía demasiado. Quizás es el pensador que mejor ha comprendido la naturaleza humana.

IV

La modernidad:
entre el desengaño y la razón

Descartes y el siglo del método

> Los que andan muy lentamente pueden avanzar mucho más si siguen siempre el camino recto que los que corren y se alejan de él.
>
> René Descartes, *Discurso del método*

Descartes siempre me cayó antipático. Su aspecto no es particularmente agradable: bigotito fino y perilla, ojos saltones, nariz bulbosa, guedejas descuidadas, sonrisa petulante, ropaje negro. No hay que esforzarse mucho para asignarle el papel de villano en una novela de capa y espada. Parece un esbirro del cardenal Richelieu, siempre dispuesto a ensartar por la espalda a sus rivales. Mi imaginación muchas veces lo representaba luchando contra D'Artagnan en las afueras de París. El joven gascón atacando con limpieza, y Descartes, viejo y resabiado, lanzando estoques traicioneros. Imaginaba estas cosas en el bachillerato, cuando solo conocía el retrato de Descartes realizado por Frans Hals, tan elocuente y descarnado como el retrato de Inocencio X pintado por Velázquez. ¿Qué hay de cierto en esa impresión? ¿Era una caricatura o se aproximaba a la realidad?

El siglo de Descartes, que vivió entre 1596 y 1650, es el *Grand Siècle* de Francia. Tras la matanza de San Bartolomé en 1572, que costó la vida a veinte mil hugonotes, el rey Enrique IV logró acabar con la violencia religiosa mediante el Edicto de Nantes, que establecía la hegemonía del catolicismo y, al mismo tiempo, reconocía la libertad de conciencia y la libertad de culto de los protestantes con ciertas limitaciones, como la prohibición de celebraciones religiosas en París. A pesar de las restricciones, el protestantismo dejó de ser herejía y *casus belli*, lo cual explica la reacción del papa Clemente VIII, que calificó la tolerancia como «la peor de las cosas». Enrique IV fue un monarca compasivo y querido por el pueblo. Se le atribuye la frase: «Un pollo en las ollas de todos los campesinos cada domingo». Borbón y protestante hasta su conversión al catolicismo, el afecto que despertaba no impidió que un católico fanático lo asesinara con dos certeras cuchilladas aprovechando el paso de su carruaje por una calle angosta. El autor del regicidio, François Ravaillac, un antiguo maestro, fue torturado, descuartizado y reducido a cenizas. En esas fechas, la idea de castigo prevalecía sobre cualquier consideración humanitaria. Nos horrorizan estos hechos, pero sería ingenuo pensar que pertenecen a un pasado lejano. En 1963, el año en que yo nací, el régimen franquista ejecutó con garrote vil a dos presos anarquistas, Francisco Granado y Joaquín Delgado, acusados de un atentado terrorista que no habían cometido. No es una ejecución tan conocida como la de Salvador Puig Antich en 1974, acusado de matar a un policía en un tiroteo, algo que nunca se probó. Antonio López Sierra, el verdugo, hizo su trabajo en estado de embriaguez y, dado que era un hombre endeble, no logró romperle el cuello. Salvador murió lentamente estrangulado. Su agonía duró veinticinco minutos.

Tras la ejecución del regicida François Ravaillac, Luis XIII sucedió a Enrique IV. Solo era un niño de nueve años cuando su padre fue asesinado. Se apoyó en sus ministros, especialmente el cardenal Richelieu, y adoptó una política menos tolerante con los protestantes. En 1635 se embarcó en la guerra de los Treinta Años, un conflicto político-religioso que costó entre cinco y ocho millones de vidas. Fue una guerra particularmente cruel, con masacres de población civil, epidemias (tifus, peste bubónica, escorbuto, disentería), escasez, inflación, plagas, saqueos y caza de brujas. En 1648, la Paz de Westfalia puso fin a uno de los episodios más sombríos de la historia de Europa. La guerra suele convivir con los logros artísticos y culturales, quizás porque el ser humano necesita olvidar el sufrimiento que desata con sus actos más sombríos. De ahí que en Francia surgieran el teatro de Molière, la pintura de Nicolas Poussin y Claude Lorrain, grandes obras arquitectónicas (Los Inválidos, el Palacio de Versalles) y grandes compositores: Louis Couperin, François Couperin y Jean Philippe Rameau. Frente al equilibrio y la mesura del Renacimiento, se impone la fantasía, la pirueta sensual, lo ilimitado y grandioso. Es decir, el Barroco. El optimismo cede paso al desengaño. Las guerras de religión, las hambrunas y las epidemias exacerban la conciencia de fragilidad. La perspectiva de la muerte lo inunda todo, y muchos buscan un alivio en fiestas coloridas y ruidosas, donde se come hasta la saciedad, se lanzan fuegos artificiales, se baila, se representan obras de teatro y se bebe en exceso. Manuel Bueno, el sacerdote de la famosa novela de Unamuno, comenta que el ser humano sería más feliz si viviera suspendido de una leve embriaguez. Quizás no se equivocaba.

Un cosmos infinito

El Barroco alteró la imagen del mundo, pero su impacto fue mucho menor que el de la revolución científica iniciada en el siglo anterior, cuando Copérnico, Kepler, Tycho Brahe y Galileo liquidaron —no sin muchos problemas con las autoridades políticas y religiosas— el modelo ptolemaico, según el cual la Tierra ocupaba el centro del universo. Una nueva imagen del cosmos se propagó, obligando a mirar al cielo con otros ojos. El ser humano dejó de ser la culminación del orden natural. Si la Tierra solo era un planeta más, ¿quién podía asegurar que no había otros seres racionales en otros lugares? ¿Acaso el descubrimiento de América no había sacado a la luz la existencia de otras culturas que jamás habían oído hablar del cristianismo? ¿Se podía seguir sosteniendo que el relato bíblico poseía valor histórico, o solo era una leyenda? La revolución científica puso entre paréntesis los dogmas religiosos. La verdad ya no era una cuestión de fe, sino de evidencias. Cualquier teoría había de pasar por una fase de verificación. Primero debía constituirse como hipótesis, después someterse a distintos experimentos y solo al obtener una corroboración empírica podría adquirir la condición de certeza. Certeza provisional, pues las teorías pueden falsarse, como establecerá Karl R. Popper en el siglo XX. Mientras soporten los intentos de ser refutadas, conservarán su validez, pero ni un segundo más.

La revolución científica impuso la idea de que el conocimiento exige un método. Un método que no podía ser especulativo, sino experimental y que en la mayoría de los casos exigía un laboratorio donde contrastar las hipótesis. La ciencia no es un asunto de fe, sino de procedimientos. La teoría científica no puede prescindir de la praxis. La técnica no es una actividad menor, como creían los griegos, sino una herramienta imprescindible. Un científico no puede limitarse a comentar e interpretar los textos del pasado, sino que ha de cultivar un saber público, progresivo y basado en la experiencia. El experimento es la clave. Los ingenieros que construyen diques y grúas o los ópticos que diseñan lentes son los nuevos sabios. Las artes viles comienzan a hacer sombra a las artes liberales. Lo manual y mecánico ya no se considera indigno de un hombre libre.

Toda esta transformación, que inicia su andadura con el Renacimiento, constituye una buena noticia, un motivo para el optimismo. Menospreciar el trabajo manual, situar las artes mecánicas en un escalón inferior a la especulación teórica, desdeñar a los artesanos que emplean herramientas para realizar sus tareas, empobrece al ser humano y acentúa el dualismo, que nos escinde en dos mitades. No somos solo alma, espíritu o mente, sino también cuerpo. Contemplar con extrañeza o rechazo nuestra dimensión material nos impide comprender lo que somos realmente. Sócrates y Platón consideraban una desgracia la unión del cuerpo y el alma, algo que solo podía explicarse por una imprecisa falta originaria, pero la revolución científica afirma que ese vínculo, lejos de constituir un lastre, amplía nuestras posibilidades y nuestra libertad frente a la naturaleza. Gracias al trabajo conjunto del ingenio y la destreza manual, no somos siervos de las condiciones materiales. Podemos transformar la realidad, modificarla, adaptarla a nuestras necesidades. El ser humano no es un objeto pasivo, sino un artífice, un creador, casi un demiurgo, pues inventa, construye, alumbra.

Frente al pesimismo, que siempre subraya la fatalidad y la impotencia, la revolución científica lanza un mensaje luminoso: el hombre no es un juguete del destino, sino el protagonista de su peripecia. Dicho de otro modo: crea su propio destino. Es una magnífica noticia, pero también encierra un peligro. Si el poder esclarecedor, transformador e incluso curativo que posee la ciencia se convierte en dominio ciego y ambición ilimitada, el ser humano puede acabar destruyendo su propio hogar. No somos los dueños de la naturaleza, sino sus custodios o, si se prefiere, sus responsables. La ciencia se convierte en delirio fáustico cuando no acepta límites. Se ha acusado al cartesianismo de promover esa mentalidad. De hecho, muchos opinan que Descartes es el fundador de la modernidad. Su famoso «pienso, luego existo» *(cogito ergo sum)* sitúa al yo por delante de la existencia misma, atribuyendo a nuestra especie el papel de legislador absoluto. Ese planteamiento implica no pocos riesgos. Descartes no previó que el progreso tecnológico podría llegar a poner en peligro la supervivencia del planeta. Las bombas atómicas y el cambio climático son la otra cara del sueño cartesiano.

Shangri-La

Durante mi viaje por la depresión, paseaba a menudo por el campo, huyendo de mis paisajes interiores, yermos sin un ápice de sombra o frescor. Mi mente parecía un cuadro de Munch, con sus llamaradas, sus formas aberrantes y sus gritos ahogados por un miedo abstracto y helado. Para huir de esas imágenes, salía a pasear por la planicie que rodea mi casa, aliviada por un pequeño bosque de pinos plantado por el Ayuntamiento. No hay muchas cuestas, pero a los pocos metros se alza un mirador que permite contemplar un valle con la sierra de Guadarrama al fondo. En verano, las montañas están peladas. Son gigantescas moles de color ocre o ceniza que transmiten cierta desolación, pero cuando llega el invierno se cubren de nieve y mi imaginación, acuciada por la necesidad de hallar algo esperanzador, ya fuera imaginario o real, fantaseaba con que escondían una ciudad como Shangri-La, ese pequeño paraíso que James Hilton alumbró en su novela *Horizontes perdidos* y que Frank Capra llevó a la pantalla, con Ronald Colman de protagonista. Shangri-La es un valle luminoso y cálido ubicado en el extremo occidental de las Kunlun, una de las más largas cadenas montañosas de Asia, que se extiende desde el borde occidental del sur de China hasta la frontera norte del Tíbet. La idea de huir del mundo para refugiarse en un paraíso remoto está muy arraigada en la mente humana, pero me parece una idea estéril. En los test que se utilizan para identificar la depresión, una de las preguntas consiste en saber si pasa por tu cabeza la sospecha de que serías más feliz en una cabaña en mitad del bosque, lejos de tus semejantes. Responder que sí se considera un síntoma de depresión.

Yo solía subir a menudo al mirador que ofrecía una vista panorámica de la sierra de Guadarrama y soñaba con Shangri-La, pensando que allí sería feliz, pero la felicidad no está fuera del mundo, sino en el mundo. Las utopías no son lugares y cuando se intenta incrustarlas en la realidad, se transforman en pesadillas. Tardé en comprender que la felicidad solo podría hallarla en ese paisaje que recorría cabizbajo, sin reparar en todas las promesas que incluía: mañanas de otoño con un sol indulgente, tardes de primavera con los pájaros alborotando entre los chopos, álamos y fresnos que rodean tres lagunas sucesivas, noches de verano con miles de estrellas parpadeando como insectos luminosos. Ahora que la tristeza ha pasado, pienso que el ser humano debería preservar los paraísos que ya conoce. La naturaleza es nuestro hogar. Pensar que podemos explotarla sin límite, tal como han especulado los herederos del racionalismo cartesiano, constituye una irresponsabilidad. Escribo estas páginas a finales de julio de 2022, abrumado por una de las peores olas de calor que se recuerdan. Media España arde y la sequía comienza a ser preocupante. En algunas regiones se han impuesto restricciones de agua. Nada indica que vaya a llover, al menos en Castilla. Y se teme que las altas temperaturas provoquen lluvias torrenciales en otoño, causando inundaciones en Levante. Un meteorólogo afirma que España conocerá los 50 grados esta década. El cartesianismo propició que concibiéramos la naturaleza como nuestra finca privada, pero lo cierto es que no es una propiedad con recursos ilimitados, sino la única Shangri-La a nuestro alcance.

El pequeño filósofo

El Descartes real y no el villano que he esbozado al inicio de este capítulo nació un 31 de marzo en una localidad al sur de Turena, La Haye, que adoptó en 1967 el nombre del filósofo. Es un lugar modesto, cruzado por el río La Creuse, que separa las regiones de la Turena y el Poitou. Parece el sitio apropiado para el nacimiento del filósofo que liquidó el aristotelismo y la escolástica y alumbró una nueva época donde la razón desplazaría al dogma y el experimento al silogismo. Frente al ayuntamiento hay una estatua de Descartes con un libro en la mano, y aún puede visitarse su casa natal, una vivienda de dos pisos con puertas y ventanas blancas y un patio con un árbol de Judas rebosante de flores rosadas. René, hijo de Joachim Descartes, consejero en el Parlamento de Bretaña, pasó su infancia al cuidado de su abuela, su progenitor y una nodriza, pues perdió a su madre a los trece meses de su nacimiento. Desde muy pronto, despuntó su curiosidad. Su padre le llamaba el «pequeño filósofo» por su tendencia a preguntar constantemente sobre diferentes cuestiones. A los once años ingresa en el Collège Henri IV de La Flèche, un centro de enseñanza jesuita. Allí aprende física, filosofía escolástica, matemáticas, latín, griego y se familiariza con los clásicos literarios (Cicerón, Horacio, Virgilio, Homero, Píndaro) y los grandes filósofos, especialmente Platón y Aristóteles. Se le exime de acudir a clase por las mañanas por sus problemas de salud. Es un adolescente débil con un gran talento para las matemáticas.

A los dieciocho años, entra en la Universidad de Poitiers para realizar estudios de derecho y medicina. Cuando se licencia, parte a los Países Bajos. La guerra de los Treinta Años está a punto de estallar, lo cual no le impide conocer en Breda al físico Isaac Beeckman, precursor del atomismo moderno. Escribe pequeños tratados de física y música. En 1619 se enrola en el ejército del duque Maximiliano de Baviera. Acuartelado en Ulm, cerca de Baviera, experimenta tres sueños sucesivos. En los dos primeros se le aparecen fantasmas, un genio maligno que intenta seducirlo y centellas de fuego que se propagan por la habitación. En el tercero, se topa con un diccionario, una antología de poesía latina con un verso que decía: *Quod vitae sectabor iter?* («¿Qué camino de vida debo seguir?») y la paradójica conjunción pitagórica «sí y no». Sin despertarse del sueño, Descartes interpretó que su camino debía consistir en unificar las distintas ciencias y buscar la forma de distinguir claramente la verdad de la falsedad. Para conseguirlo, inventó la geometría analítica, que ya había sido esbozada por Pierre Fermat, y postuló la matemática como modelo universal de conocimiento. Después de esa experiencia onírica, abandonó la vida militar y viajó por Dinamarca, Alemania, Francia e Italia. En París se relacionó con Marin Mersenne, con Jean-Louis Guez de Balzac y con el círculo de «los libertinos». Su reputación de sabio creció y se enredó en flirteos románticos que le costaron un duelo, tras el cual comentó: «No he hallado una mujer cuya belleza pueda compararse a la de la verdad».

Se instaló en la dulce Holanda para huir de los estragos causados por la guerra de los Treinta Años. Siguiendo la máxima estoica, vivió semioculto, cambiando continuamente de residencia. Los Países Bajos eran un paraíso para el comercio y la ciencia. La tolerancia que se respiraba allí contrastaba con las persecuciones desatadas en el resto del continente. Descartes tenía miedo de correr el mismo destino que Galileo, condenado por la Iglesia católica. Se planteó quemar sus papeles u ocultarlos. En 1649, la reina Cristina de Suecia le convocó en Estocolmo. La leyenda sostiene que murió de neumonía a consecuencia de los madrugones impuestos por su anfitriona para ser instruida en ciencia y filosofía. Algunos opinan que la causa real de la muerte fue envenenamiento por arsénico. La Iglesia católica incluyó sus obras en el *Índice de libros prohibidos*. En 1935, un cráter lunar recibió el nombre de Descartes.

El camino recto

A pesar de haber estudiado en una de las escuelas más célebres de Europa, Descartes se sentía profundamente insatisfecho con la formación adquirida. Así lo señala en el *Discurso del método*, una de las obras capitales de la historia de la filosofía. No es un texto autónomo, sino un prólogo a tres ensayos titulados respectivamente *Dióp-*

trica, *Meteoros* y *Geometría*. El conjunto apareció agrupado bajo el título *Ensayos filosóficos*. Dividido en seis partes, el *Discurso del método* comienza asegurando que todos los seres humanos poseen la facultad de distinguir lo verdadero de lo falso, pero que no es suficiente tener entendimiento. Hay que saber encauzarlo. Lo esencial es avanzar por el «camino recto» y no desviarse de él. No importa progresar despacio.

Descartes nos cuenta que sus estudios en La Flèche no le acarrearon más provecho que «el de reconocer más y más mi ignorancia». No desdeña las lecturas que le permitieron dialogar con los grandes clásicos griegos y latinos, pero considera que no es suficiente encerrarse en una biblioteca y deambular por los libros. Además, hay que viajar, conocer otros países, familiarizarse con otras culturas, pues solo de este modo podemos comprender mejor nuestras propias tradiciones. Sin contrastar ideas y costumbres, pensaremos que solo posee validez nuestra forma de ver las cosas, lo cual es un trágico error. Eso sí, Descartes advierte que viajar en exceso puede ser peligroso, pues corremos el riesgo de convertirnos en extraños en nuestra propia tierra. Sucede lo mismo con el hábito de frecuentar demasiado las obras del pasado. Sumergidos en el espíritu de otras épocas, acabamos perdiendo la capacidad de entender el presente.

Descartes se describe como «un enamorado de la poesía», pero admite que las matemáticas, con sus poderosas certezas y evidencias, despertaban su admiración. En su época de estudiante, oyó que solo servían para las cosas mecánicas, lo cual le sorprendía, pues no entendía que una disciplina con unos cimientos tan consistentes no hubiera producido frutos más notables. En cambio, la filosofía le causaba una pobre impresión, ya que tras varios siglos de existencia no había logrado establecer certezas indubitables. Todas sus teorías suscitaban disputas y refutaciones que no se resolvían. Insatisfecho con este panorama, Descartes decidió aprender del «gran libro del mundo», viajando por distintos países y no dejándose llevar más que por sus propias ideas. El ejemplo y la costumbre no son despreciables, pero la única manera de transitar por el «camino recto» es ejerciendo el propio juicio. Cuando logra desprenderse de prejuicios y errores, la razón es un criterio infalible. ¿Cómo podemos purificarla? Descartes sostiene que volviendo la mirada hacia el interior. La verdad no es una revelación objetiva, sino una certeza que acontece en la intimidad. Descartes no atribuye a la subjetividad la capacidad de establecer qué es cierto o falso. Solo señala que la introspección es una senda mucho más fructífera que la erudición.

¿Qué aprendió Descartes en su interior? Primero: a no admitir como cierto nada que no se halle avalado por una evidencia clara e inequívoca. Segundo: a desmenuzar en partes los problemas. Tercero: a ascender de lo simple a lo complejo. Cuarto: a revisar las conclusiones y contrastarlas todas las veces que sea necesario. Descartes vincula este procedimiento a una moral provisional con unas reglas elementales: obedecer las leyes y respetar las costumbres, cultivar la moderación y rehuir el exceso, actuar con firmeza y coherencia, fomentar el autodominio y la independencia, intentar contrarrestar los estragos del azar mediante la voluntad, ser paciente. Descartes entiende que el conocimiento y la moral no son suficientes. Además, hay que forjar una metafísica, un suelo sólido que sirva de referencia, y esa referencia, lejos de ser un argumento complejo, brota espontáneamente al reparar en que no es posible dudar de nuestro existir. Especulamos, dudamos, razonamos. Podemos cuestionar cualquier teoría, pero no el hecho de que pensamos. Descartes sostiene que el cuerpo, que nos engaña mediante los sentidos, es una certeza menos indubitable que nuestra actividad mental. Somos alma o, si se prefiere un término más moderno, inteligencia.

La frase cartesiana «pienso, luego existo» es una de las más famosas de la historia de la filosofía. Descansa sobre una artimaña teológica que hoy nos resulta poco creíble: nuestras certezas están garantizadas por Dios, que ha creado un mundo ordenado y racional. Descartes dedica muchas páginas de su *Discurso del método* a probar la existencia de un artífice sobrenatural bueno, omnisciente y omnipotente. Su fe parece sincera, pero eso no impidió que lo acusaran de ateísmo y execraran sus obras. ¿Esos reproches surgieron tan solo de su espíritu crítico hacia la tradición y su impugnación del aristotelismo? Algunos exégetas han aducido que Descartes hace un uso meramente retórico de Dios y que en realidad albergaba un escepticismo que no se atrevió a confesar. Su filosofía, estrictamente racional, invoca un argumento teológico para garantizar su validez, pero es inevitable experimentar la sospecha de que esa muletilla, algo incongruente, solo es una maniobra para protegerse de las autoridades religiosas. Descartes parece anticipar la filosofía trascendental de Kant, según la cual hay una perfecta concordancia entre la realidad y el pensamiento. No podemos dudar de nuestras certezas. No porque sean infalibles, sino porque no disponemos de otra forma de conocer las cosas. Nuestro conocimiento es una representación elaborada por la razón a partir de los sentidos. Quizás el mundo sea de otra manera, pero no podemos averiguarlo. Si fuéramos hormigas, conoceríamos el mundo como hormigas y no estaríamos equivocados. Llamamos verdad a la forma en que comprendemos y explicamos el mundo. Evidentemente, la realidad no es una invención de la mente, pero adopta el aspecto que le imprime nuestra peculiaridad biológica y nunca podremos salir de esa perspectiva. Las garrapatas son ciegas y sordas, pero saben orientarse. No experimentan la sensación de padecer ninguna privación ni sospechan que exista nada más allá de la oscuridad y el silencio en que se hallan sumidas. Es cierto que carecen de conciencia y no pueden formular estas reflexiones, pero su experiencia de la realidad nos muestra claramente que cada especie se relaciona con el mundo de forma diferente. Algunos insectos se relacionan con el exterior mediante sus antenas. Nosotros lo hacemos mediante los conceptos. Un insecto no puede permitirse ignorar la información que le proporcionan sus antenas. Sucumbiría sin remedio. Descartes parece decirnos que los humanos tampoco pueden prescindir de sus certezas. Nuestra inteligencia abre la posibilidad de dudar de ellas, pero si nos instalamos en la duda, nos paralizaríamos. El escepticismo radical es incompatible con la vida. El conocimiento no es una simple constelación de conceptos, sino la puerta de la existencia. Vivimos porque conocemos.

Los límites de la razón

En sus *Meditaciones metafísicas*, Descartes añade nuevos argumentos a su método. Insiste en que los sentidos nos engañan y apunta que es casi imposible distinguir el sueño de la vigilia. Podemos dudar de todo lo que experimentamos, ya estemos despiertos o dormidos, pero hay algo invariablemente cierto en ambos casos: las certezas matemáticas. Una suma o una forma geométrica permanecen inalterables. Descartes utiliza un ardid retórico para arrojar una sombra de duda sobre esta cuestión. Quizás existe un genio maligno, un poderoso y artero engañador que nos confunde sistemáticamente, induciendo falsedades que nuestra mente confunde con la verdad. Sin embargo, su astucia no logra disipar una certeza elemental: si yo no existiera, no podría engañarme; luego puedo afirmar sin miedo a equivocarme que mi existencia no es una ilusión. Esta evidencia nos permite definir al ser humano como «una cosa que piensa, es decir, un espíritu, un entendimiento o una razón». ¿Y qué es una cosa que piensa? «Es una cosa que duda, que entiende, que afirma, que niega, que quiere, que no quiere, que imagina también, y que siente». Sabemos que existimos porque lo percibimos de forma clara y distinta y eso nos permite concluir que todo lo que percibimos con esa nitidez solo puede ser cierto. Descartes recurre de nuevo a Dios para resolver todas las objeciones que plantean sus razonamientos, como que nuestra vida fuera en realidad un sueño prolongado, una inacabable alucinación, semejante a la que sufren los humanos en *Matrix*. Dios es bueno y no puede habernos creado de forma que nuestra mente nos engañe continuamente instalándonos en un territorio falaz. No podemos negar la existencia y la bondad de Dios, como no podemos negar que la suma de los ángulos de cualquier triángulo equivale a 180 grados.

Concluir un argumento científico con un argumento teológico es poco convincente. Sin embargo, el método cartesiano puede prescindir de Dios sin perder su originalidad y validez. Quizás el mayor reproche que cabe hacerle a Descartes sea su tendencia a hipertrofiar el valor de la razón y a restar importancia a otras dimensiones del ser humano. Se ha dicho que su «pienso, luego existo» es uno de los hitos de la razón instrumental o tecnológica, es decir, de una forma de entender la razón orientada a dominar y explotar la naturaleza —y, por tanto, al ser humano, que no es un imperio al margen del orden natural—. Siento gran estima por la razón, pero no creo que pueda explicarlo todo. No me refiero a las cuestiones sobrenaturales, sino a la belleza, los afectos, los miedos. Descartes exalta la razón matemática, una herramienta sumamente útil, pero ineficaz para explicar la seducción que ejerce un buen cuadro. Algunos dirán que las simetrías ocultas de una composición pictórica son la causa del agrado o desagrado que nos produce una obra. No es cierto. El arte moderno cultiva la asimetría y, sin embargo, nos cautiva. El *Guernica* de Picasso o *El grito* de Munch no pueden estar más alejados de la estética de los grandes maestros del Renacimiento, pero nadie se atrevería a decir que carecen de mérito artístico. En cuanto a los afectos, ¿puede la razón explicar un enamoramiento? ¿Acaso el amor no es una forma de enajenación, una locura transitoria que puede reunir a personas aparentemente incompatibles? Descartes impulsó la autonomía del ser humano, pero a costa de convertirlo en un ser unidimensional. Por eso conviene leer sus obras con una perspectiva cartesiana o, lo que es lo mismo, con espíritu crítico.

Vivir es un bien objetivo

¿Podemos trasladar el método cartesiano al ámbito de las emociones? ¿Nos ayuda a ser más felices, más optimistas? Acabo de leer la declaración de un artista —por cortesía, omito su nombre— que anuncia públicamente su intención de suicidarse, pese a reconocer que su existencia le proporciona todo lo que razonablemente se puede anhelar: amor, trabajo, salud, estabilidad económica. No se me ocurre ningún argumento a favor del suicidio. La muerte representa el fin de todas las posibilidades. Morir no nos hace más felices. Solo nos disipa. Algunos alegarán que representa una salida digna cuando la existencia se convierte en algo miserable. Así lo entienden Montaigne o David Hume. No es el caso del artista que ha proclamado su propósito de quitarse la vida. Si el motivo del suicidio es una enfermedad terminal, sería más apropiado hablar de eutanasia y, en ese caso, nos adentraríamos en otro debate. El método cartesiano puede servir para desmontar el suicidio por insatisfacción. La insatisfacción es un estado reversible. No parece razonable combatirla con una medida irreversible. La impaciencia a veces nos desborda, pero no es un argumento, sino un gesto de inmadurez. Si desmenuzamos la insatisfacción, descubrimos que nace de problemas sin resolver, como experiencias traumáticas, problemas de autoestima, frustraciones, fracasos o inercias dañinas. Si examinamos estas vivencias y extraemos sus consecuencias últimas —es decir, si vamos de lo más simple a lo más complejo—, descubrimos que la insatisfacción suele estar asociada a una imagen deficiente o deformada de la vida. Vivir es un bien objetivo. Muchas veces nos hace sufrir, sí, pero nos sitúa en el único ámbito donde cabe aprender, construir, proyectar, descartar, renovar, reinventar, imaginar. La vida nos introduce en el terreno de lo posible y nos saca de esa oscuridad que precede y sucede a nuestra existencia. Es un taller que pone a nuestro servicio herramientas como el lenguaje, la abstracción o la creación. Siempre hay armas para combatir la infelicidad, incluso en sus versiones más extremas.

Kertész, superviviente de la Shoá, nos cuenta en *Sin destino* que el dolor de la deportación no le impidió advertir la belleza del paisaje que circundaba Buchenwald, donde fue recluido con solo quince años. Si resulta posible hallar belleza en un *Lager*, luchar contra la insatisfacción parece más asequible. Pienso que tenemos la obligación de ser felices. Por nosotros mismos y por los demás. La felicidad no es un precepto, sino una decisión práctica. No deberíamos desperdiciar nuestra vida. Es un bien frágil y efímero que debemos administrar con inteligencia y gratitud. Sufrir hastío, insatisfacción, tristeza, constituye una forma de maltratarnos. El suicidio es la expresión más radical de esta actitud, una especie de homicidio donde la víctima y el verdugo son el mismo personaje. Un hombre insatisfecho es como un animal atrapado en una ciénaga. Ha perdido su capacidad de moverse por la vida y su infelicidad le hunde cada vez más, amenazándolo con ahogarle. La alegría es superior a la tristeza. Esta afirmación no es una hipótesis, sino una certeza, una idea clara y distinta. Sostener lo contrario resulta tan absurdo como asegurar que la enfermedad es preferible a la salud. La insatisfacción es un sentimiento, una emoción. Por eso los argumentos racionales no suelen afectarle, pero son el único antídoto para disolver su resistencia a reconocer que la vida no es un fastidio, sino un campo fértil donde merece la pena echar raíces.

Pascal: las razones del corazón

> El hombre es solo una caña, la más débil de la naturaleza; pero es una caña que piensa.
>
> Pascal, *Pensamientos*

*P*ascal es el anti-Descartes. Nunca disimuló su antipatía hacia el filósofo del método. Siempre pensó que había reducido el papel de Dios al de simple relojero del cosmos, ignorando su Providencia. Descartes y Pascal se encontraron en 1647 en el convento parisino de los Mínimos. Por entonces, el autor de las *Meditaciones metafísicas* había rebasado los cincuenta años y gozaba de enorme fama. Para algunos, era un gran científico y pensador; para otros, un ateo que fingía creer en Dios para evitar represalias. Pascal solo tenía veintitrés, pero ya era una celebridad. Había inventado la primera calculadora, la «pascalina», una máquina que funcionaba a base de ruedas y engranajes. Frecuentaba los salones elegantes de París, donde se celebraba su inteligencia, cortesía e ingenio. Había desafiado a la comunidad científica al intentar demostrar la existencia del vacío, una posibilidad rechazada por Descartes, que suscribía la vieja teoría del quinto elemento o éter.

No se conservan registros del encuentro entre los dos filósofos. Al parecer, se prolongó varias horas y no fue apacible ni fructífero. De hecho, no volvieron a verse. Tiempo después, Descartes comentaría que Pascal era un joven con la cabeza «vacía» que parodiaba sus tesis científicas. No es improbable que su carácter vehemente y atormentado le incomodara, ya que siempre había cultivado la prudencia y cierto disimulo y había evitado las explosiones de sinceridad. Pascal no se mostraría mucho más amable, y aseguró que la filosofía cartesiana era «incierta y vacía». A pesar de sus discrepancias, los dos filósofos jugaron un papel decisivo en la superación del aristotelismo y la escolástica, e impulsaron un nuevo paradigma científico y filosófico en el que el saber ya no se basaba en especulaciones y dogmas, sino en evidencias contrastadas.

Pascal es autor de una frase particularmente famosa que ha trascendido el ámbito de la filosofía: «El corazón tiene razones que la razón no entiende». Frente al «pienso, luego existo», el aforismo pascaliano destaca la importancia de las emociones. Quizás Pascal habría contemplado con más indulgencia a Descartes si este hubiera dicho «siento, luego existo», pero lo cierto es que Descartes nunca flirteó con los sentimientos, en los que solo apreciaba un subjetivismo estéril. ¿Debemos guiarnos por el corazón o por la razón? ¿Qué es mejor para alcanzar la felicidad? Un exceso de corazón nos vuelve irracionales y puede impulsarnos a tomar decisiones erróneas. Un exceso de razón inhibe nuestras emociones y cierra las puertas a ciertas experiencias necesarias, como la esperanza.

Juan, uno de mis mejores amigos, siempre dice que la esperanza es tan necesaria como el aire. Sin ella, el ser humano acaba naufragando en la desesperación. Juan es un sacerdote diocesano que contempla con entusiasmo las reformas emprendidas por el papa Francisco. Con más de ochenta años, pertenece a la generación de curas que se ilusionaron con el Concilio Vaticano II. Sus figuras de referencia son Óscar Romero, arzobispo de San Salvador asesinado en 1980 por un escuadrón de la muerte; Gustavo Gutiérrez, cura peruano fundador de la teología de la liberación, y Pedro Arrupe, prepósito general de la Compañía de Jesús y testigo del bombardeo atómico de Hiroshima. Alto, delgado, casi calvo y con manchas de vejez en el rostro y las manos, posee una gran capacidad de escuchar, pero hace tiempo que sus problemas de audición complican sus conversaciones. Evita los lugares concurridos, pues cuando hay ruido de fondo no se entera de casi nada. A veces asiente, fingiendo que ha comprendido lo que le dicen, pero yo le conozco muy bien y sé que obra así por cortesía, pues odia incomodar a su interlocutor. Juan parecía destinado a ser obispo. Estudió filosofía y teología en Heidelberg. Habla con desenvoltura varios idiomas y se doctoró en Filología Clásica con premio extraordinario. No le gusta alardear de sus conocimientos, pero yo le he sorprendido leyendo la *República* de Platón en griego y le he oído recitar de memoria largos pasajes de la *Eneida* y la *Comedia* de Dante, imitando perfectamente el acento toscano. Durante un tiempo, impartió clases en la Universidad Pontificia de Comillas, pero cuando Hans Küng fue sancionado por cuestionar la infalibilidad papal, firmó un manifiesto a su favor y Roma lo apartó de su puesto con otros profesores que habían realizado el mismo gesto.

—Nunca he sentido con tanta fuerza la actuación de la Providencia como entonces —ha comentado en varias ocasiones—. Yo era un tornillo redondo en un agujero cuadrado. Estaba fuera de sitio. Gracias a la sanción, hallé mi camino.

Lejos de desanimarse, Juan se presentó a las oposiciones de profesor de filosofía de la Comunidad de Madrid y obtuvo una plaza. En realidad, aprobó con el número uno, pero no le gusta contarlo. Su primer destino fue uno de los centros más conflictivos de Alcalá de Henares. El instituto se hallaba en un barrio al que llaman coloquialmente el «Lianchi», por una serie televisiva de los años setenta titulada *La frontera azul*. La serie, muy popular en su momento, transcurría en Liang Shan Po, una región fronteriza donde se refugiaban los guerreros chinos proscritos que luchaban contra los señores feudales más injustos y violentos. Muchos barrios conflictivos acabaron adoptando el nombre de ese lugar imaginario. Casi nadie quería trabajar como profesor en el Lianchi, pero allí Juan descubrió que su verdadera vocación eran los chicos conflictivos. Su paciencia y humanidad le ganaron el respeto de los chavales, y el director pidió a la delegación que le nombrara jefe de estudios, un puesto que desempeñó durante veinticinco años. Casi nunca imponía sanciones. Prefería hablar, averiguar los motivos de las conductas poco edificantes, negociar alternativas, persuadir y no reprimir. Su ejemplo de compromiso e integridad lo convirtió en un personaje muy respetado en el barrio. Medió en conflictos vecinales, ayudó a varios adolescentes a dejar las drogas, visitó a otros que cometieron delitos y acabaron en un centro de menores, atendió a mujeres maltratadas y a ancianos que vivían solos, gestionó ayudas sociales y organizó actividades deportivas y culturales. En una ocasión, le robaron la cartera en el autobús. Cuando el ladrón descubrió su identidad, se la devolvió sin quitarle el escaso dinero que llevaba. El autor del robo era el tío de un alumno, que se disculpó alegando que se había tratado de un «accidente laboral». Juan nunca olvidó a los tres alumnos a los que mataron en peleas callejeras durante sus años de jefe de estudios. Acudió a sus entierros con pesar, sintiéndose de alguna manera responsable. Su jubilación convocó a centenares de antiguos alumnos, padres y compañeros que quisieron despedirse de él y agradecerle todo lo que había hecho por ellos.

Juan y yo solemos quedar a menudo en Alcalá de Henares. A los dos nos gusta mucho el casco antiguo de la ciudad. Nos citamos en la plaza de los Santos Niños, junto a la catedral, cerca de la fachada de estilo gótico florido y de la alta torre con un chapitel de pizarra. Siempre acudimos a la misma cervecería y, al finalizar nuestras charlas, nos acercamos a las dos librerías de segunda mano que hay a pocos metros de la plaza en busca de ediciones baratas o de alguna rareza con precio asequible. Una tarde de julio, nos reunimos para hablar de Pascal. Los dos habíamos releído sus obras y queríamos cambiar impresiones. Yo seguía dándole vueltas al tema de la famosa apuesta, según la cual merece la pena elegir la fe contra toda evidencia por el mensaje de esperanza que alberga. ¿Por qué hemos convertido la razón en el criterio definitivo?, se pregunta Pascal. ¿Acaso el corazón no nos dice cosas que parecen imposibles, pero que nos ayudarían a vivir mejor, a ser más alegres, más optimistas?

—¿Qué opinas de Pascal como ser humano? —le pregunté a Juan tras beber un sorbo de cerveza.

El calor no daba tregua. Eran las ocho de la tarde y nos habíamos colocado bajo una sombrilla con el anagrama de Heineken. Me sorprendió la cantidad de gente que paseaba por la calle. El deseo de disfrutar del exterior prevalecía sobre la tentación de refugiarse en la fresca penumbra de los interiores.

—Fue un hombre notable y desgraciado —contestó mi viejo amigo, cruzando las manos sobre la mesa, un gesto que repite a menudo y que suele preceder a sus largas explicaciones de erudito acostumbrado a no opinar sin fundamento—. Como decía Borges, el universo le parecía un lugar pavoroso. Se acercó a la religión por miedo a la muerte. No me parece la mejor motivación. Me conmueve su gesto de abandonar la ciencia para dedicarse exclusivamente a la fe. En su interior había tempestades. Quizás de ahí procede su genio.

Juan bebió un sorbo de cerveza y continuó:

—Pascal fue un niño prodigio, y eso nunca es fácil. Ahora muchos padres alardean de hijos superdotados, pero yo creo que es mejor ser un niño normal.

Pascal destacó desde muy temprano por su agudeza. Cuando le preguntaban algo, respondía con brevedad y precisión, casi como si enunciara una ley física. Su padre, Étienne, un notable matemático, lo educó en casa. Primero le enseñó latín y griego, pero el niño decidió aprender geometría por su cuenta, dibujando con un trozo de carbón figuras sobre las baldosas de su cuarto. Como desconocía los nombres de las figuras, les asignó nombres alternativos. Llamó al círculo, redondel; a la línea, barra, y así con el resto de las figuras. Por este camino llegó hasta la trigésima segunda proposición del primer libro de la geometría de Euclides. ¿Verdad o hipérbole? Lo cierto es que con dieciséis años el joven Pascal escribió un brevísimo *Ensayo sobre las cónicas*, que cosechó los más altos elogios entre los amigos de su padre. Solo tenía una hoja, pero algunos compararon al precoz geómetra con Arquímedes. Pascal, indiferente hacia cuestiones como la fama y la gloria, desperdició la ocasión de publicar la obra. El talante jansenista, austero y desdeñoso hacia cualquier forma de vanidad, comenzaba a despuntar. Su ingenio no cesará de trabajar en los siguientes años. A los diecinueve, inventa la primera máquina de aritmética.

—Pascal tenía mala salud —prosiguió Juan, con esa expresión de concentración que he observado tantas veces en él—. Según Gilberte, su hermana, «no pasó un solo día sin dolor». Quizás por eso se volcó inicialmente en la ciencia. Tras estudiar el experimento de Torricelli, ideó un nuevo experimento que demostraba de forma irrefutable el peso del aire. La etapa de inventor acabó al cumplir los veinticinco. En esas fechas, llegó a la conclusión de que Dios era la única figura digna de estudio. Su determinación impresionó a su padre y a sus hermanas, que decidieron seguir el mismo camino, concentrando todos sus esfuerzos en la vida interior. Ya sabes lo que decía Wittgenstein. Aunque la ciencia resolviera todos los problemas que contempla, aún quedaría pendiente lo fundamental. El ser humano no se conforma con estar. Necesita perdurar, encontrar el sentido de la vida, y el sentido de la vida, como reconocía Wittgenstein, está fuera del mundo. Podemos atisbarlo, pero no conocerlo como conocemos que dos más dos suma cuatro.

Pascal se convirtió en el maestro de su familia, que reconocía sin problemas su autoridad. Jacqueline, especialmente conmovida por el ejemplo de su hermano, se hizo monja e ingresó en la austera comunidad de Port Royal des Champs. En ese tiempo, el filósofo comenzó a frecuentar la corte por consejo de los médicos, que le recomendaron distraer su mente con ocupaciones agradables. Su enorme inteligencia y su encanto personal le ayudaron a triunfar en la vida social, pero muy pronto se sintió hastiado. El aire del gran mundo le pareció lo más opuesto a la fraternidad del Evangelio. Jacqueline logró convencerlo de que abandonara los salones y Pascal se retiró al campo a meditar. Cuando regresó, había arraigado en su interior el firme propósito de llevar una vida sencilla. Prescindió de los criados, retiró los tapices de las paredes, adoptó una dieta frugal y comenzó a utilizar un cilicio. La oración y la lectura de las Sagradas Escrituras se convirtieron en su actividad principal. Sus comentarios sobre la palabra de Dios eran muy elocuentes. No empleaba metáforas oscuras, ni giros retóricos. Se expresaba de una forma sencilla y transparente, pues quería llegar al corazón y a la mente de todos. Entre 1556 y 1557, escribió las *Provinciales*, dieciocho cartas destinadas a defender a Antoine Arnauld, condenado por sus ideas jansenistas, que cuestionaban la posibilidad de salvarse sin la intervención de la gracia. Pascal ataca la casuística de los jesuitas, a la que acusa de laxitud moral. Publicadas con el pseudónimo Louis de Montalte, las *Provinciales* cosecharon un enorme éxito entre los lectores, pero Luis XIV ordenó quemar la obra y el papa Alejandro VII la consideró herética.

—No comparto las tesis de los jansenistas, según los cuales el ser humano no puede alcanzar la perfección moral sin la ayuda divina —observó Juan—. Creo que el ser humano puede ser justo sin eso que se llama gracia. Dios es una inspiración, no una muleta. Cuando entré en el seminario, dormía con un rosario debajo de la almohada. Pensaba que me ayudaría en todos los aspectos de mi vida, pero un día comprendí que el rosario no debe utilizarse como amuleto. La fe debe ser esperanza, no superstición. Tras comprender eso, guardé el rosario en el cajón y solo lo utilicé en momentos en que consideré oportuno y sensato. Como decía Bonhoeffer, Dios nos anima a vivir como si no existiera.

Juan tenía razón, pero lo cierto es que la religión siempre se ha abastecido de amuletos y reliquias, quizás porque carece de evidencias empíricas y busca algo tangible que le proporcione seguridad. De hecho, el jansenismo obtendrá un respaldo inesperado con el milagro de la Santa Espina. Marguerite Périer, hija de Gilberte y ahijada de Pascal, había ingresado en la abadía de Port Royal des Champs y desde hacía tiempo sufría una fístula lacrimal. Médicos y cirujanos habían descartado operar, pues consideraban que se trataba de una afección imposible de corregir, pero tras tocar una reliquia de la Santa Espina de la corona de Cristo, Marguerite se curó. La Iglesia católica consideró que había sido un milagro y las persecuciones contra la abadía de Port Royal se interrumpieron temporalmente. Los jansenistas interpretaron la curación de Marguerite como un signo de apoyo de Dios a su causa, y Pascal, hondamente conmovido, concibió el proyecto de los *Pensamientos*. En sus páginas inacabadas —la muerte interrumpió el desarrollo de la obra— se afirma que el Dios cristiano no es tan solo el creador de las verdades geométricas y el orden de los elementos. Ese es el Dios de los paganos. Tampoco es el Dios que ejerce la providencia sobre la vida y los bienes de los hombres para proporcionarles dicha. Ese es el Dios de los judíos. El Dios cristiano es un Dios de amor y consuelo. Es el Dios de Abraham, Isaac y Jacob, que llena el corazón de los hombres de humildad y fe. Cuando se encontraba muy enfermo, ya cerca de su fin, Pascal repetía que sin Jesucristo la muerte es horrible, pero para el que cree en él, solo es un motivo de alegría, una vivencia santa y amable.

—Lo que más me gusta de Pascal —apuntó Juan, pestañeando

ligeramente por culpa de las gotas de sudor que se desprendían de sus cejas— es lo que hizo al final de su vida. En esos años, no escatimó limosnas a nadie. No quería morir y dejar algo material a sus espaldas. Utilizó su patrimonio para crear un servicio de diligencias destinado a los trabajadores más humildes de París. Además, acogió en su hogar a una familia campesina con un hijo enfermo de viruela, sin preocuparse por la posibilidad de contagiarse. «Tengo absoluta fe en el espíritu de pobreza —solía decir—, y creo que la práctica de esta virtud es un gran medio para conseguir la salvación». Quiso morir en el Hospital de los Incurables, en compañía de los pobres, pero los médicos le hicieron abandonar la idea alegando que no soportaría el traslado.

Pascal murió a la una de la madrugada del 19 de agosto de 1662, a la edad de treinta y nueve años. Sus últimas palabras, poco después de recibir el Santo Viático y la extremaunción, fueron: «¡Que Dios no me abandone jamás!». En su obra, Pascal reitera que el ser humano no puede encontrar su felicidad entre las cosas perecederas, que solo Dios puede aplacar su insatisfacción, que la enfermedad es una bendición, que no debemos quejarnos por la «dureza celeste» de la providencia, que solo lo infinito y divino es digno de veneración, que la vida debe ser penitencia y que debemos amar el dolor. El cuerpo siempre es proclive al pecado. Por eso conviene humillarlo y doblegarlo.

Pascal parece pesimista, pero su desdén por lo terrenal y la exaltación del sufrimiento no están reñidas con la alegría. La fe no es solo penitencia. Le gustaba citar a Pablo de Tarso, según el cual la fe es gratitud y alborozo: «Estad siempre alegres. Sed constantes en orar. Dad gracias en toda ocasión». Hay que vivir el ahora y no preocuparse por el mañana. Es lo que nos pidió Jesús. No debemos afligirnos por nuestras desdichas. Solo son penas temporales. Nos espera la gloria gracias a los méritos infinitos de Cristo. Nuestra mentalidad científica parece reñida con esa idea, pero ¿quién se atreve a desechar definitivamente la esperanza? La esperanza siempre es insensata, pero también necesaria. Dejar abierto el porvenir siempre es preferible a cerrarlo por creer que solo nos aguarda la nada.

En sus *Pensamientos*, Pascal afirma que la verdad es relativa cuando se basa exclusivamente en el criterio humano: «Tres grados de latitud del polo dan al traste con toda la jurisprudencia, un meridiano decide lo que es verdad». Matar es malo, pero si lo hacemos en nombre de un rey, nos recompensan y nos dicen que ha sido un acto heroico. Sin Dios, Pascal entiende que la existencia es perplejidad y tristeza, miedo y desazón: «Cuando considero la poca duración de mi vida, absorbida en la eternidad precedente y siguiente, el pequeño espacio que ocupo e incluso que veo sumido en la infinitud inmensa de los espacios, me asombro y me espanto». Pascal asegura que, después de mucho leer e investigar, el hombre superior descubre que no sabe nada. La razón nos revela algunas verdades, pero otras solo son accesibles mediante el corazón, que tiene sus propias reglas. El universo es infinitamente más grande que nosotros, pero con el pensamiento lo abarcamos y comprendemos, y de esa forma nos situamos por encima de su vastedad. La grandeza del hombre está en su pensamiento, que también le muestra su miseria. Un árbol no conoce su fragilidad e insignificancia. «¿Qué quimera es, pues, el hombre? —se pregunta Pascal—. ¿Qué novedad, qué monstruo, qué caos, qué montón de contradicciones, qué prodigio? Juez de todas las cosas, indefenso gusano, depositario de la verdad, cloaca de incertidumbre y de error, gloria y desecho del universo. ¿Quién desenredará este embrollo?».

Huir de la angustia mediante pasatiempos frívolos solo produce un alivio temporal. «Toda la infelicidad de los hombres —afirma Pascal— procede de una sola cosa que consiste en que no sabemos quedarnos tranquilos en un cuarto». El placer «no nos protege contra la visión de la muerte y sus miserias». Pascal no esconde su pesimismo sobre la condición humana: «¡Qué vacío está el corazón del hombre, y qué lleno de infamias!». Su indefensión no es menos sobrecogedora. Todos somos presos en una mazmorra. Condenados a muerte, desconocemos la fecha de nuestra ejecución. Pascal comparaba nuestro destino con el de un náufrago en «una isla desierta y terrible», a la que hemos sido arrojados por una tempestad y de la que no podemos escapar. El mundo que vemos solo es «un trazo imperceptible en el amplio seno de la naturaleza». «¿Qué es el hombre en la naturaleza? —se interroga Pascal—. Una nada respecto al infinito, un todo respecto a la nada, un punto medio entre la nada y el todo». Esa perspectiva lo confina en «una eterna desesperanza», pues nunca logrará comprender el principio y el fin de la naturaleza, algo que solo puede conseguir Dios, su creador. «El silencio eterno de los espacios infinitos me espanta», escribe Pascal, recordando que el vapor o una gota de agua son suficientes para matar a un hombre. «El hombre es solo una caña, la más débil de la naturaleza; pero es una caña que piensa [...]. Aunque el universo le aplastase, el hombre seguiría siendo superior a lo que le mata, porque sabe que muere, y la ventaja que el universo tiene sobre él, el universo no la conoce».

Entre libros

—¿Qué te parece la famosa apuesta de Pascal? —le pregunté a Juan, que se había puesto unas gafas de sol. Sus ojos claros huían de la fatiga que producía un exceso de luminosidad.

—No me gusta demasiado ese argumento —respondió Juan—. Es una apuesta que implica desprecio por lo terrenal, por esa vida que debemos considerar un don y no una desgracia. De todas formas, entiendo a Pascal. Fue testigo de hambrunas, epidemias y guerras. Es comprensible que percibiera el mundo como un lugar horrible.

—¿Es posible albergar una fe sincera sin experimentar dudas? —pregunté desde mi perplejidad unamuniana—. ¿Se puede contemplar la muerte sin angustia?

—Creo que no —dijo Juan—. He visto a muchos curas y monjas afrontar ese momento y casi todos sentían miedo. En cuanto a la fe, siempre está acompañada de la duda. Componen un matrimonio indisoluble.

Juan hablaba de la muerte con naturalidad, quizás porque a su edad ya la percibía como algo cercano. Yo he perdido a varios amigos. No en la edad adulta, sino en la adolescencia o en los años de universidad. Suicidios, accidentes, drogas. No quiero imaginarme la muerte de Juan. Su amistad me proporciona paz y esperanza. Nunca me ha fallado. Siempre que ha surgido un problema ha acudido a ayudarme. Y me ha acompañado en los momentos más tristes, como cuando murió mi madre. Juan no es un cura manipulador. No suele hablar de la muerte. En sus homilías, prefiere llamar la atención sobre la pobreza, la inmigración, la violencia contra las mujeres o la soledad no deseada. Nunca le he oído prometer la eternidad. Cuando ha atendido a un enfermo, se ha limitado a acompañarlo, proporcionándole afecto. En su parroquia no hay confesionario. Si alguien quiere limpiar su conciencia, se sienta en un banco y cuenta lo que le atormenta. Juan no impone penitencias. Solo escucha. Dice que escuchar es la principal cualidad de Dios.

Juan no quiere vivir eternamente en este mundo.

—Me gusta la vida, pero si no se acabara, perdería su sentido. Nuestra existencia es un ciclo. Despunta, se consolida, se desarrolla y declina. Durante ese proceso, adquirimos una identidad. Si viviéramos aquí eternamente, al cabo de un tiempo todo se repetiría. La existencia se convertiría en una farsa grotesca.

A veces le he dicho que todo es más fácil cuando piensas que la muerte no es el final, sino el umbral de algo diferente:

—Sé que has leído a Simone Weil —contesta—. Weil decía que la vida posee tal riqueza que no es necesaria la eternidad. Yo pienso algo semejante. Nunca se me ocurriría reprochar a Dios que haya circunscrito nuestras vidas a una fracción del tiempo.

Esa tarde, sentí la tentación de preguntarle si había lamentado alguna vez ser sacerdote, si no echaba de menos haber formado una familia, pero no quería molestarle con algo tan íntimo y personal.

—Creo que quieres preguntarme algo, pero no te atreves.

Me sinceré y le comenté lo que pensaba.

—Intento no darle vueltas al tema —respondió—. He tenido una vida bastante intensa y he tejido muchos lazos afectivos. Mis amigos son mi familia, pues ya no me quedan hermanos y apenas veo a mis sobrinos. Lo malo de alcanzar una edad como la mía es que asistes a la desaparición de tus seres queridos. No me gustaría acabar mis días en uno de esos asilos para curas, donde no es infrecuente ver a ancianos con calcetines de distinto color y con la mirada perdida. Todos los seres humanos aspiran a ser la persona más importante para otra. Al no casarnos, los curas nos perdemos esa experiencia.

Algún día acabará el celibato, una tradición absurda, pero ya es tarde para mí.

Sentí deseos de confesarle que yo también contemplaba con miedo la vejez, pues las circunstancias me habían impedido tener hijos y si perdía a mi mujer, me quedaría solo. Ni siquiera podía contar con el apoyo de unos sobrinos, pues mi familia se había dispersado. Sin embargo, no quise profundizar en el tono melancólico que había adoptado la conversación y le propuse que visitáramos las librerías de segunda mano situadas a escasos metros de la catedral. Una de ellas está en una calle lateral y cultiva el orden, la claridad y la simetría. Las estanterías corren por dos paredes con un techo de altura convencional. Los anaqueles agrupan las obras por autor y es poco común toparse con volúmenes con gran diferencia de tamaño. Quizás los libreros, casi todos jóvenes, tributan una admiración secreta al sentido de la proporción y eluden los contrastes dramáticos. En el centro, hay una estantería baja con libros por las dos caras. Al fondo, una pequeña sala donde se celebran actos culturales. Las paredes exhiben colores claros que desprenden luminosidad. Es un lugar que invita a la alegría y la serenidad. Los libros parecen albergar una visión amable de la existencia. Sé que es una impresión subjetiva, pues puedes encontrar novelas tan sobrecogedoras como *La familia de Pascual Duarte*, de Camilo José Cela, o *Desgracia*, de Coetzee. Cada vez que recorro esa librería siento que la lectura es una experiencia tranquila, casi un hábito burgués que acontece bajo la luz suave de una tulipa y, si es posible, cerca de una ventana desde la que puedes contemplar la lluvia.

La otra librería se encuentra en la plaza del padre Lecanda, cerca del oratorio de san Felipe Neri. Al lado, está el Palacio Arzobispal y hay una estatua de Isabel la Católica. Unamuno se alojó en el oratorio en busca de esa fe que se le escapaba una y otra vez. Esa plaza es uno de mis sitios favoritos. Ahí siento el humanismo erasmista de Cervantes, la ambición del cardenal Cisneros, la pasión de Azaña por la renovación de España, la rebelión de Unamuno contra la modernidad. La librería, que se llama Domiduca, es pequeña y caótica. No se parece a la otra librería, tan diáfana y cartesiana. Aunque los libros están ordenados por géneros y autores, prevalece la impresión de que se han acumulado de forma confusa, casi como si hubieran caído del cielo. Cuando recorres su brevísimo pasillo, experimentas la sensación de haber aterrizado en una buhardilla o una tienda del Rastro. Aquí la lectura ya no es un hábito burgués, sino una aventura. Parece que abrir un libro constituye una peripecia de incierto desenlace. Algunas obras son la puerta de abismos que aturden o espantan. Otras, de prodigios que apenas comprendemos.

Juan y yo recorrimos los anaqueles de ambas librerías buscando nuestra dosis de nuevas adquisiciones, pues ambos somos bibliómanos. Compramos más libros de los que podremos leer nunca. Nos gusta acumularlos, vivir rodeados de una invención que se considera anacrónica, pero que ha sobrevivido a todas las profecías sobre su extinción. El libro durará tanto como el ser humano. Si algún día desaparece, los individuos que aún sigan circulando por la Tierra ya no serán como nosotros. Su imaginación habrá mermado, su capacidad de apreciar la belleza será menor o inexistente, su forma de pensar se habrá despeñado por lo previsible y banal. Los libros son la única patria que reconozco. Son mi bandera, mi fe, mi refugio, la única utopía que deseo habitar. Gracias a ellos, he sobrevivido a muchas tormentas, aferrado a sus páginas con la firmeza del náufrago que se encarama a una balsa.

Juan encontró un ejemplar de *Solaris*, de Stanislaw Lem. Era una vieja edición con las cubiertas fatigadas y las páginas amarillentas. Solo costaba tres euros.

—Perfecto —dijo—. Mis ingresos no dan para mucho más. Además, me gustan los libros viejos. Puedes subrayar sin mala conciencia y anotar sin la sensación de estar estropeándolos.

Asentí, sin mencionar que yo suelo comprar ediciones muy cuidadas pero prefiero leer las baratas, pues puedo sumergirme en ellas sin preocuparme del deterioro que experimentan al ser trasladadas de un lugar a otro. Suelo leer en todas partes: en la calle, en el metro, en la cola del banco, en el ambulatorio. Y, por supuesto, subrayo, anoto, destaco con asteriscos, manifiesto mi perplejidad con interrogantes y mi admiración con dobles y triples flechas.

—Recuerdo mejor la película que la novela —admitió Juan, hojeando *Solaris*—. Me refiero, claro, a la versión de Tarkovski. Algunos dicen que es aburrida, pero a mí me hipnotizó. No he olvidado la escena de la carretera, con el astronauta abrumado por sus recuerdos mientras viaja en coche por túneles y puentes. Aparentemente, no sucede nada, pero notas que el mundo interior del personaje se agita, devolviéndole a un pasado que quisiera olvidar y que ya es una obsesión recurrente. *Solaris* es una buena metáfora de lo que significaría vivir eternamente en este mundo. Los replicantes creados por el océano inteligente son fantasmas, lo que seríamos nosotros si viviéramos indefinidamente. Todo perdería significado, pues pasaríamos por todos los estados posibles y nuestra identidad se diluiría en un magma confuso y caótico. La finitud es una bendición.

—Es extraño oír esas cosas de un cura.

—Siempre he creído que la eternidad no es una prolongación de esta vida, sino algo totalmente diferente que no podemos imaginar. En eso Pascal no se equivocaba. Algunas cosas solo podemos atisbarlas o comprenderlas mediante el corazón. Es lo que me sucedió en Sierra Leona. Trabajé como misionero allí después de jubilarme. Me costó mucho que aceptaran mi solicitud. Decían que ya era muy mayor, que solo sería un estorbo, que molestaría, pero insistí y logré convencerlos. Sierra Leona apenas aparece en las noticias. Cuando yo llegué, ya había acabado la guerra civil, pero continuaban las escaramuzas. De vez en cuando, la guerrilla o el ejército asaltaban un pueblo y cometían toda clase de desmanes. En una ocasión, llegamos al escenario de una de esas masacres. Nunca olvidaré al niño que murió en mis brazos. Le habían pegado un machetazo en la cabeza. Yo le acariciaba, intentando tranquilizarlo mientras un médico lo curaba, pero fue inútil. Al cabo de media hora, dejó de respirar. Los dos nos echamos a llorar y yo sentí deseos de maldecir a Dios. Esa noche no dormí, pero comprendí que Etty Hillesum tenía razón cuando en vísperas de ser deportada a Auschwitz escribió que Dios necesita nuestra ayuda.

—¿Qué quieres decir? —pregunté.

—Que Dios no lo puede todo, que no es omnipotente. Nuestra imagen de Dios se corresponde con la de un déspota oriental, pero no es un rey, sino un padre y los padres no pueden resolver todos los problemas. Es lo primero que aprendemos al madurar. Sin embargo, la humanidad se resiste a madurar. Su visión de Dios es infantil e irracional. Dios no es el mago de Oz. Dios es muy humano. Fíjate en Jesús: llora, se irrita, tiembla de miedo, pierde la esperanza en la cruz. Esas reacciones nos dicen claramente que Dios es frágil, que su poder no está por encima de la naturaleza y la historia.

—Un Dios así no sirve de mucho.

—No es cierto. Piensa en su poder de inspiración. Proporcionó la fuerza necesaria a Martin Luther King, Óscar Romero y Simone Weil para luchar contra las injusticias de su tiempo. ¿Te parece poco? Los buenos padres nos dejan su ejemplo. Nos sirven de modelo y guía. Pedirles más es un gesto de ingratitud.

Juan y yo nos separamos en la puerta de Madrid, una construcción de finales del siglo XIX que fue «romanizada» para rodar una escena de *Espartaco*, la película de Stanley Kubrick. El calor había disminuido un poco, pero continuaba resultando agobiante. Nos dimos un abrazo y acordamos volver a vernos al cabo de un par de semanas. Al pensar en la vejez de Juan, mi corazón gritó que un hombre así no podría desaparecer del todo sin restar algo esencial al universo. Maldije mi triste racionalidad, que no cesaba de recortar los anhelos de mi corazón, invocando un realismo desolador. Prometí hacer más caso a mi corazón, tal como recomendaba Pascal.

Spinoza: la anomalía salvaje

> Un hombre libre en nada piensa menos que en la muerte, y su sabiduría no es una meditación de la muerte, sino de la vida.
>
> Baruch Spinoza,
> *Ética demostrada según el orden geométrico*

*B*aruch Spinoza fue una de mis pasiones juveniles. Borges me descubrió su filosofía con los dos sonetos que le dedica, en sus «traslúcidas manos», atareadas en pulir lentes. Por entonces yo era un estudiante de último año de bachillerato y ya soñaba con ser escritor. Poco después, ingresé en la facultad de Filosofía y tuve la suerte de que Gabriel Albiac me diera clases. Por entonces, Albiac suscribía las tesis del marxismo y hablaba con una vehemencia que aún conserva, pero desde otra perspectiva ideológica. No me interesa demasiado su evolución política. Prefiero centrarme en su faceta humana. Recuerdo una conversación en su despacho. Acudí a pedirle bibliografía sobre Spinoza. Ya había publicado *La sinagoga vacía*, un estudio de las fuentes marranas del espinosismo que le granjeó un merecido premio nacional de ensayo.

Albiac me atendió con su cordialidad habitual. Siempre fue uno de los profesores más amables. Le gustaba hablar con sus alumnos. Nunca parecía tener prisa. Como yo, es un hombre menudo y delgado. En los años ochenta, su imagen era inseparable de una perilla y una pequeña melena. El tiempo ha borrado esos rasgos, imprimiéndole un aspecto que recuerda vagamente a Foucault, pero sin gafas. Ocupé la silla que había delante de su mesa y me preguntó por qué me atraía Spinoza. Le contesté que por exaltar la alegría a pesar de ser un hombre maldito y execrado. Mi respuesta le satisfizo. Sonriendo, sacó un papel y escribió el título de una veintena de ensayos sobre Spinoza, insistiendo en que leyera *La anomalía salvaje*, de Antonio Negri, un profesor italiano que vivía en Francia como apátrida, acusado de ser el ideólogo de las Brigadas Rojas. Negri era comunista y creía en la lucha armada, pero nunca mantuvo ninguna relación con el grupo terrorista. Quizás escribió sobre Spinoza porque, como él, había soportado la reprobación general y una injusta marginación. Además de la lista de obras recomendadas, Albiac me prestó un par de libros: un ensayo de Vidal Peña y la autobiografía de Uriel da Costa, un filósofo judío de origen sefardí que se suicidó, incapaz de soportar la pena de excomunión impuesta por la sinagoga. Nunca se los devolví.

De joven, no devolver un libro me parecía un pecado venial. Sabía que estaba mal, pero estimaba que solo causaba una ligera molestia, no un daño significativo. Ya no pienso así, pues mis libros son mi principal alimento espiritual. No he leído los diez mil títulos de mi biblioteca personal, pero saber que están ahí me ayuda a sentirme mejor. Soy incapaz de predecir cuándo leeré una obra que compré hace diez o veinte años, pero he comprobado que el momento llega solo, cuando menos lo esperas, y suele responder a una necesidad. Se ha comparado a las bibliotecas con laberintos, pero los laberintos suelen engañar y conducir a lugares sin salida. Yo creo que las bibliotecas se parecen más bien a un mapa con todos los caminos abiertos. Puedes avanzar, retroceder, girar, dibujar círculos y nunca tendrás la sensación de haberte extraviado, pues cada libro es un refugio, una de esas cabañas de alta montaña que protegen a los alpinistas de la ventisca, las avalanchas y las noches heladas. Incluso las obras más desgarradoras, las que no hallan nada hermoso ni digno en el mundo, ofrecen un cobijo temporal. Yo he encontrado paz y consuelo en las páginas de Cioran y de Schopenhauer, dos adalides del pesimismo. Su prosa, trufada de ingenio y poesía, sonaba en mis oídos como uno de esos *lieder* de Mahler sobre los niños muertos. A pesar del dolor que evocan esas canciones, hay belleza en la forma, y esa paradoja insinúa que el sufrimiento, por agudo que sea, nunca logra destruir el valor de la vida.

¿El último medieval o el primer ilustrado?

Es fácil encontrar testimonios de escritores que alardean de haber leído miles de libros. Algunos mienten descaradamente y afirman que leen dos o tres al día, pero lo cierto es que en la Antigüedad las bibliotecas personales apenas superaban los dos centenares de obras. La biblioteca de Baruch Spinoza rondaba los ciento cincuenta títulos. Eso sí, todos leídos y anotados. De esas lecturas brotó una de las filosofías más originales de su tiempo. Algunos consideran a Spinoza el «último medieval» por su estilo escolástico. Otros opinan que fue el «primer ilustrado». Hijo de padres judíos de origen portugués y español, nació en Ámsterdam en 1632. Su padre, Miguel, fue propietario de un próspero comercio de importación de frutos secos y un miembro destacado de la comunidad judía holandesa. A los cinco años, Baruch fue inscrito por su padre en la escuela Ets Haim (Árbol de la vida), que enseñaba hebreo bíblico y español. Bajo la tutela de los rabinos Saúl Leví Morteira, que mantenía un fructífero diálogo con los humanistas cristianos, y Menasseh ben Israel, Spinoza estudió el Antiguo Testamento y el Talmud. De joven, leyó a Lucrecio, Thomas Hobbes, Cervantes, Quevedo, Góngora, Maimónides y Giordano Bruno. Se ha dicho que fue uno de los primeros ateos de la historia, pero su filosofía es una meditación sobre Dios. No del Dios trascendente que creó el tiempo, la materia y el espíritu, sino del Dios que es tiempo, materia y espíritu. Totalidad viva y palpitante que no cesa de producir formas y que nunca se enreda en las pasiones humanas.

La curiosidad animó a Spinoza a salir del gueto para frecuentar los medios intelectuales cristianos, donde conoció la filosofía de Descartes y se adentró en los laberintos de la física y la geometría. Tras acusarlo de ateo y de librepensador, los ancianos de la sinagoga decretaron su excomunión y lograron que las autoridades civiles añadieran la pena de destierro por blasfemar contra las Escrituras. Se instaló en Voorburg, a media legua de La Haya, trágicamente distanciado de su familia y su comunidad. Acogido por los círculos protestantes liberales de convicciones pacifistas (menonitas, colegiantes), su carácter dulce y su inteligencia le atrajeron numerosos amigos. No transigió con privilegios que pudieran menoscabar su independencia, como honores, rentas y cargos oficiales o privados. No se encerró en su estudio. Defendió la libertad de pensamiento, la hegemonía de la razón y la convivencia pacífica. Partidario de Jan De Witt, Gran Pensionario de las Provincias Unidas, y de su hermano Cornelio, ambos protectores de las libertades civiles y la tolerancia religiosa, salió a la calle para expresar su repulsa cuando una muchedumbre asesinó a los dos hermanos con horrible ensañamiento obedeciendo órdenes de Guillermo III de Inglaterra. El filósofo dejó una nota en el lugar del crimen, donde se leía: *Ultimi barbarorum* («El colmo de la barbarie»).

Admirador del estoicismo, Spinoza cultivó la austeridad, la sencillez y la prudencia. Su elogio de la alegría como pasión superior a la tristeza le hizo condenar el ascetismo, que ensombrece la mente y denigra el cuerpo. Spinoza no invocaba el hedonismo, sino la vida contemplativa exaltada por los griegos, según la cual el hombre superior dedica su existencia a la sabiduría, el arte y la contemplación de la Naturaleza. Enfermo de tuberculosis, la muerte le sobrevino en La Haya en 1677. Dejó inconcluso su *Tratado político*, pero nos legó obras como el *Tratado teológico-político* y su magistral *Ética demostrada según el orden geométrico*. Tras su fallecimiento se hizo un inventario de sus bienes: una cama, una pequeña mesa de roble, otra de esquina con tres patas, dos mesitas auxiliares, un equipo de pulir lentes, los ciento cincuenta libros mencionados y un tablero de ajedrez. La herencia de un hombre que vivió para el espíritu, indiferente a los placeres mundanos.

Para Spinoza, la sabiduría es el placer soberano, la dicha más perfecta y legítima. La gloria es la alegría de participar en la vida de Dios. No de un Dios personal y trascedente que interviene en la historia, sino de un Dios impersonal e inmanente. Dios es la naturaleza, la totalidad de lo existente (*natura naturata*) y la fuente y origen que sostiene el dinamismo de la vida (*natura naturans*), renovando ininterrumpidamente sus formas. No hay ninguna finalidad en ese *Deus sive natura* (Dios o la naturaleza), solo un conjunto de leyes que producen fenómenos por medio de analogías, contrastes y oposiciones. Esta red de relaciones es inteligible porque las ideas no son «pinturas mudas», sino un aspecto más del dinamismo, la unidad y el orden de la naturaleza. El orden creador y el orden intelectual coinciden cuando el pensamiento es conocimiento verdadero: «El orden y conexión de las ideas es el mismo que el orden y conexión de las cosas». La filosofía no es un reflejo, sino saber reflexivo o, si se prefiere, intuición perfecta. El entendimiento, correctamente orientado, conoce las cosas tal como son en sí mismas. Es absurdo elaborar un método, como hizo Descartes, salvo cuando se presupone una separación ontológica entre Dios y el mundo. Spinoza abandonó las tesis de su *Tratado sobre la reforma del entendimiento* al comprender que solo se vive y se conoce en el Ser. No hay nada más allá. No hay una trascendencia opuesta a la inmanencia. Dios no es padre y no se preocupa por el ser humano. Cuando decimos lo contrario, formulamos una analogía absurda que obedece a nuestros miedos y deseos. Es un acto de ignorancia.

Dios es absolutamente infinito, afirmación absoluta que excluye toda negación o determinación. «Dios no tiene derecha ni izquierda, ni se mueve ni está parado, ni se halla en un lugar, sino que es absolutamente infinito y contiene en sí todas las perfecciones». Su creatividad es inextinguible. Ningún ser es idéntico a otro. Cada individuo constituye una novedad absoluta. Dios es lo uno y lo múltiple. Para conocerlo, solo tenemos que observar y estudiar la totalidad de la que formamos parte. Dios no está en lo alto, sino en el aquí y ahora. En la filosofía de Spinoza no hay ninguna concesión a la trascendencia. Dios no es lo que está más allá, sino la red infinita que nos envuelve. Al señalar la extensión como atributo infinito de Dios, Spinoza impugna la idea bíblica de la creación, donde la materia solo es una herramienta o sustrato, no algo divino, y niega que la creación sea fruto de una elección libre de la voluntad divina. Dios, por esencia, es una fuerza creadora y no puede substraerse a su naturaleza. Decir que Dios ha creado el universo por amor al bien significa subordinar a Dios a un destino, cuestionar su perfección y autosuficiencia. Decir que Dios elige conlleva limitar su libertad, pues elegir siempre implica una renuncia y una deliberación. Además, Dios es eterno y en la eternidad no hay un antes ni un después. Decir que Dios podría haber elegido otra cosa es como decir que Dios podría no ser Dios, pues una decisión siempre modifica en mayor o menor grado al que la adopta. Dios crea libre pero necesariamente. No es creador por elección, sino por esencia.

Los seres finitos se caracterizan por su duración. No son eternos. Spinoza no cree en la inmortalidad individual. El hombre no es «un imperio dentro de otro imperio». Forma parte de la naturaleza y su libertad es ilusoria. Cree que es libre porque desconoce las causas que determinan sus actos. Participa del *conatus* o impulso por perseverar en la existencia común a todos los seres vivos. Esa es su «chispa divina», no la quimérica humanidad de Dios. El alma del hombre solo es una idea, la conciencia reflexiva de su realidad corporal. Dado que Dios o la naturaleza es un solo individuo (*facies totius universi*, «la faz de todo el universo»), el ser humano posee una dimensión mística, pues su alma, en tanto idea, permanece en Dios, pero no como conciencia individual. Spinoza afirma que «un círculo existente en la naturaleza, y la idea de ese círculo existente, son una misma cosa». El círculo que conocemos por medio de la razón es un modo de Dios y, en cuanto idea, un atributo divino. Evidentemente, no se puede rezar a un Dios así, tan impersonal como el Dios aristotélico.

Spinoza afirma que entristecerse porque vamos a morir es una necedad, pues la finitud es una ley de la naturaleza y esta no hace nada en vano. Solo debe apenarnos caer en la impotencia, no ser capaces de desarrollar nuestras ideas y anhelos, no participar activamente en el despliegue de la vida. Podríamos decir que Spinoza participa del pesimismo de los fuertes, pues concibe la existencia como un conjunto de posibilidades infinitas. Obrar alegremente significa gestionar de forma racional las opciones que están a nuestro alcance. El sabio lucha por su autonomía, intentando ser causa de sus actos y no un simple padecer que se deja configurar por fuerzas externas a su voluntad. El optimismo es un ideal de emancipación, no una confianza irreflexiva en el azar. Spinoza es una isla en la historia de la filosofía, una anomalía, pues asume la finitud sin amargura.

A pesar de negar la inmortalidad individual, Spinoza elogia las pasiones alegres y aboga por la superación de las pasiones tristes. No debemos pensar en la muerte. Un hombre libre reserva sus pensamientos y emociones para la vida, donde se halla la única dicha posible. Las pasiones tristes nos separan de la existencia, cegándonos para apreciar sus dones. Nos enemistan con los otros, pues atribuyen una importancia irracional a las cosas perecederas. Nos hacen codiciar la riqueza y el placer y no nos dejan comprender que su valor es muy inferior a la sabiduría. La verdadera felicidad consiste en sacudirse la servidumbre de las pasiones tristes. La virtud es obrar bajo la luz de la razón, con una comprensión adecuada de las cosas, intentando no ser objetos pasivos de las circunstancias y las emociones. La virtud nos hace obrar bien y no hay mayor felicidad. El sabio ama a Dios y a los hombres, lo cual le permite amarse a sí mismo, pues entiende que su existencia es necesaria y participa del milagro de la vida. Todos somos parte del entendimiento infinito de Dios y estamos indisolublemente unidos al resto de los hombres. Lejos de la adoración clásica de Dios, que implica humildad y humillación, Spinoza postula un amor que es sabiduría y conciencia de la pluralidad. El amor intelectual de Dios es el grado más alto de una religión filosófica que exalta el conocimiento como la forma más elaborada de piedad.

Spinoza exaltó la libertad desde Holanda y abogó por un mundo gobernado por la razón. No planteaba una fría utopía, sino un modo de vida basado en la esperanza, la compasión y el consenso. Desnudó los dogmas, mostrando que solo eran odiosas supersticiones o errores absurdos. «No presumo de haber encontrado la mejor de todas las filosofías —escribió a Albert Burgh, joven convertido al catolicismo—, pero sí sé que conozco la verdadera, y si me preguntas que cómo lo sé, te responderé que del mismo modo que tú sabes que los ángulos de un triángulo valen dos rectos...». Su espíritu tolerante corrió paralelo a su rigor geométrico. Su prosa carece de plasticidad porque su pretensión es trasladar la exactitud matemática al terreno de la filosofía. El conocimiento nunca podrá ser perfecto y total, pues «Dios o la Naturaleza» es lo absolutamente infinito. ¿Cuál será el camino de perfección hacia una sabiduría superior? Conocer y estudiar lo particular: «Cuanto más conocemos las cosas singulares, más conocemos a Dios». Dios está en el polvo de cristal de una lente tallada minuciosamente por unas manos expertas. En la circunferencia trazada por un compás y en el barro que se acumula en los caminos. No nos pide que nos humillemos, sino que comprendamos.

No quiero despedirme de Spinoza sin comentar el decreto de excomunión o *herem* que redactó la sinagoga contra él: «Maldito sea de día y maldito sea de noche; maldito sea cuando se acuesta y maldito sea cuando se levanta; maldito sea cuando sale y maldito sea cuando regresa. Que el Señor no lo perdone. Que la cólera y el enojo del Señor se desaten contra este hombre y arrojen sobre él todas las maldiciones escritas en el Libro de la Ley. El Señor borrará su nombre bajo los cielos». ¿Por qué tanto odio? ¿Solo porque fue un hereje o, más exactamente, un ateo? Quizás su mayor delito no fue desviarse de la ortodoxia judía, sino de toda ortodoxia. Spinoza se atrevió a opinar conforme a su criterio, sin someterse a las directrices de ninguna tradición o institución. Su libertad y su independencia se interpretaron como una provocación. Nada suscita más odio que ser una voz intempestiva. Una voz que solo obedece al juicio propio suscita la enemistad de la mayoría. El ser humano es gregario y no soporta que alguien se aparte del rebaño, quizás porque evidencia que pensar es un ejercicio solitario y arriesgado. Abandonar el rebaño significa abandonar las certezas avaladas por la costumbre o la autoridad para adentrarse en resbaladizo y peligroso terreno de las hipótesis. Suscribir ideas ajenas y con un amplio apoyo nos exime de esa sensación de vértigo que se experimenta al conjeturar, aventurar, especular.

Spinoza cuestionó la existencia de un Dios personal en una Europa ensangrentada por las guerras de religión; elogió la alegría, el optimismo, en un período dominado por el pesimismo y el desengaño; escarneció el miedo a la muerte y atribuyó el mal a una comprensión deficiente de la vida; exaltó la democracia en una época de absolutismos. Demasiada clarividencia para una sociedad ofuscada por el fanatismo político, la idolatría religiosa y el menosprecio del ser humano. Spinoza nos indica que cada individuo debe cargar sobre sus espaldas las perplejidades inherentes a nuestra condición de seres racionales. Y cada uno debe hallar las respuestas que aplaquen su inquietud. Suscribir ciegamente las opiniones formuladas por otros menoscaba nuestra dignidad. Yo he sufrido numerosos linchamientos en las redes sociales por opinar y rectificar, por arriesgar una tesis y admitir después de un tiempo que constituía una equivocación. No me pesa. El pensamiento implica movimiento y es imposible moverse sin dar traspiés. Lo importante es seguir pensando o, lo que es lo mismo, caminando. Eso sí, agradezco haber nacido en una época donde ya no hay hogueras ni excomuniones. Podría decir que pensar ya no es un acto heroico, al menos en Occidente, pero lo cierto es que en el verano de 2022 apuñalaron a Salman Rushdie en Nueva York. El fanatismo sigue vivo. Su principal alimento es el miedo y la inseguridad, y me temo que esos sentimientos nunca desaparecerán del todo.

Quinto interludio:
lo que me enseñó el alzhéimer

> *Madrecita mía,*
> *madrecita tierna,*
> *déjame decirte*
> *dulzuras extremas.*
>
> Gabriela Mistral, «Dulzura», *Ternura*

Muchas veces le he dado la razón a Spinoza en que la finitud es una ley de la naturaleza y, por tanto, una necesidad, pero cuando pienso en los seres queridos que he perdido, esa convicción se tambalea. Mi madre murió el 22 de enero de 2018, con noventa y dos años, y me resisto a pensar que ya solo es un puñado de ceniza en una urna. Una demencia tipo alzhéimer oscureció su último lustro de vida. Ni mi mujer ni yo quisimos que ingresara en una residencia. Preferimos cuidarla en casa. Mi madre, que se llamaba María Rosa, se convirtió con la vejez en una mujer menuda, con los ojos azules, el pelo castaño —gracias a los tintes— y manchas de color café en las manos. Sobrevivió a la guerra, pero el hambre, el miedo y la violencia dejaron profundas secuelas en su espíritu. Soportó los bombardeos de Madrid y Barcelona en los que escuchó cómo los edificios se desplomaban entre nubes de polvo y cascotes. En la calle La Palma, situada cerca de la plaza del Dos de Mayo, una bomba de cuatro kilos rompió una claraboya y aterrizó en el rellano de una escalera, provocando una lluvia de cristales que le produjo infinidad de heridas, una experiencia terrible para una niña de doce años. La bomba no explotó, pero el sentimiento de terror e impotencia perduró como un eco imborrable. Las penalidades de la posguerra solo agravaron la sensación de vulnerabilidad. Durante las incursiones aéreas, mi madre adquirió la costumbre de alinear simétricamente los objetos. Era un gesto irracional que la ayudaba a experimentar menos angustia. Cuando surgía algún problema, reproducía esa reacción, lo cual despertaba mi perplejidad. Finalmente, me explicó por qué lo hacía y no pude reprochárselo.

De joven, mi madre sufrió varias depresiones, pero logró salir adelante. Probablemente por sus hijos, que necesitaban su afecto y su apoyo, especialmente después de la temprana muerte de mi padre. Nunca acudió a un psicólogo. En esa época, la salud mental era un tabú. Ser atendida por un especialista significaba correr el riesgo de sufrir el rechazo y la incomprensión de las mentes sanas, incapaces de comprender la fragilidad del ser humano. Pienso que hoy en día le habrían diagnosticado un trastorno de estrés postraumático. No quisiera transmitir la impresión de haber vivido una infancia desdichada con una madre que se debatía entre la ansiedad y la tristeza. Ella tenía una mentalidad abierta y libre de prejuicios, y pasamos muchas tardes en el Parque del Oeste, buscando la sombra de los cedros y el frescor de las fuentes. Era nieta de un médico rural, y me habló muchas veces del sufrimiento y la esperanza, quizás con el anhelo de que siguiera los pasos de mi bisabuelo, que recorría los pueblos a caballo y no cobraba sus visitas a las familias más humildes.

El cine fue una de las grandes pasiones de mi madre. Gracias a ella, descubrí las películas de John Ford, Billy Wilder, Hitchcock, Howard Hawks. Nos reímos juntos, disfrutando del genio interpretativo de Jack Lemmon, que se moría de frío en la calle mientras sus jefes convertían su apartamento en el escenario de sus romances. Nos emocionamos con la frenética huida de la diligencia en la que viajaba John Wayne, discretamente enamorado de una prostituta expulsada de un pueblo por una sociedad hipócrita y puritana. De joven, mi madre se parecía a Barbara Stanwyck, pero sin su aire de mujer fatal. Siempre mantuve un lazo muy estrecho con ella. Cuando yo era niño, salíamos juntos los sábados por la tarde en busca de una sesión doble de cine, y luego merendábamos en una cafetería del barrio de Argüelles. De adolescente interrumpí ese ritual, pues a los trece o catorce años te avergüenzas de pasear con tu madre.

Mi madre cumplía años sin perder su agilidad y clarividencia. Su amor franciscano a los animales hizo que nunca paseara sola por el Parque del Oeste. En los años setenta y ochenta, el número de perros y gatos abandonados era más escandaloso que en la actualidad. Al no existir el microchip, desembarazarse de ellos resultaba mucho más fácil. Casi nadie hablaba de los derechos de los animales, y circulaba la convicción de que los perros solo aprendían a palos. A fin de cuentas, se aplicaba la misma pedagogía con los niños, que son de nuestra especie. Mi madre jamás actuó de esa manera. Al igual que mi padre, pensaba que niños y animales se igualan en indefensión, por lo que merecían ser tratados con ternura y paciencia, no con desdén o dureza. El último perro recogido por mi madre fue Violeta, una mestiza con orejas de duende y una mirada tan dulce como la de Platero, el entrañable compañero del poeta de Moguer. Mi madre leía y releía el hermoso libro de Juan Ramón Jiménez en una edición diminuta, con papel biblia y unas bellísimas ilustraciones de Rafael Álvarez Ortega. Tal vez por eso se empeñaba una y otra vez en pasear por la Rosaleda con Violeta, pese al cartel que prohibía la entrada a los perros. Cuando algún jardinero le llamaba la atención, respondía: «¿El perro? ¿Qué perro?». El hombre se rascaba la cabeza con perplejidad o torcía la boca, con ironía: «Pues qué perro ha de ser, señora». Mi madre se marchaba dignamente con Violeta y me contaba lo sucedido, reproduciendo libremente las palabras de Juan Ramón, cuando abandona El Vergel, un jardín con yedra, acacias y plátanos, donde un guardia le espeta: «Er burro no pué entrá, zeñó». Levantando ligeramente la voz, mi madre exclamaba: «Pues si Violeta no puede entrar por ser un perro, yo, por ser humana, no quiero entrar».

La muerte de Violeta afectó mucho a mi madre. Violeta se marchó discretamente, como una mariposa blanca que desaparece por un balcón. De repente, todo cambió. Mi madre, que paseaba tres veces al día, dejó de salir a la calle. Cuando hablábamos por teléfono, respondía con monosílabos. Mi hermana Rosa, que vivía con ella, me dijo que las cosas marchaban mal, que mi madre pasaba las horas encerrada en el dormitorio, con las persianas bajadas y sin hablar. Ni siquiera se duchaba. Alarmado, acudí a su casa y comprobé que no exageraba. Mi madre me saludó con indiferencia, sin levantarse de la cama. El aire de la habitación desprendía un hedor pesado, dulzón, semejante al de unas flores que flotan en un agua corrompida. Intenté levantar la persiana y ventilar el cuarto, pero mi madre protestó enérgicamente, suplicando que la dejara en paz. Me enfadé, pero no logré nada salvo acentuar su determinación de permanecer en ese estado. La situación se repitió varios días. No lograba entender lo que sucedía, y hablé con un médico, que me aconsejó visitar a un geriatra. Sacar a mi madre de la cama supuso una insólita pelea, que acabó con mi madre llorando histéricamente. A pesar de todo, nos acercamos a la consulta. Después de varias pruebas, el geriatra diagnosticó una depresión y un incipiente deterioro cognitivo. Nos recetó unas pastillas y nos recomendó que pasara las mañanas en un centro de día, respetando escrupulosamente su pauta de actividades. «Podría ser el inicio de una demencia de tipo alzhéimer —nos advirtió—. Muchas veces, el primer síntoma es una depresión». Yo le hablé de su carácter melancólico, lo cual incrementó su alarma. Mi madre se tomó las pastillas, pero se negó en rotundo a acudir al centro de día. Yo, cada vez más preocupado, decidí que se viniera a vivir a mi casa, donde nunca estaría sola. La situación no mejoró. No mostraba ningún interés en asearse, no sabía en qué estación del año se encontraba y pasaba las horas tumbada en el sofá o la cama. Al mismo tiempo, su memoria del pasado remoto se activaba de vez en cuando y despedía un fogonazo. Nos contaba anécdotas de Puente del Arzobispo, donde pasaba los veranos jugando con los niños de su edad. Nos decía que los seguía un perro y que aprovechaba su compañía para deslizarse en la penumbra de la iglesia, donde un sacerdote de buen corazón fingía ignorar su presencia. A veces se montaban en una trilla y dejaba que un burro la arrastrara. Su precisión para rescatar recuerdos de ochenta años atrás contrastaba con su incapacidad para recodar cualquier evento reciente. Nos preguntaba una y otra vez qué habíamos comido o qué película veríamos esa noche. Notamos que ya no seguía las tramas y confundía a los personajes. Mi mujer y yo pensamos en comenzar a ducharla, pero el pudor nos hacía aplazar la iniciativa.

Vivo en una casa con tres alturas. Nunca pensé que mi madre podría sufrir una caída, pues su deterioro mental no había afectado a sus reflejos. Sin embargo, un día calculó mal, resbaló y se cayó. Se rompió un brazo y se golpeó la cabeza. Pasó una semana en el hospital recuperándose del accidente. Su deterioro cognitivo se agravó de forma trágica. Me confundía con su padre y con su hermano, fallecido veinte años atrás. Cuando le dieron el alta, pusimos una cama en un cuarto contiguo a nuestro dormitorio. Se despertaba cada media hora, pidiendo algo de comer o farfullando incoherencias. A los quince días, nos había vencido el agotamiento y no escuchábamos sus llamadas, lo cual provocó que se levantara sola, se enredara con las sábanas y cayera al suelo. No oí la caída, pero sin darme cuenta había interiorizado un estado de alerta que me despertó con brusquedad. Encontré a mi madre inconsciente sobre un charco de sangre. Se había golpeado la cara contra el suelo, pero afortunadamente no se habían producido lesiones importantes. Pasó otra semana en el hospital y volvió a casa. Su mente se había desorientado definitivamente. Nos llamaba siete u ocho veces a lo largo de la noche, muchas veces delirando con los bombardeos de su infancia. Desbordados por las circunstancias, ingresamos a mi madre en una residencia situada cerca de nuestra casa. Visitarla a diario no aliviaba el malestar que me producía observarla entre desconocidos. El trato era correcto y afectuoso, pero cuando nos marchábamos, normalmente a la hora de la cena, contemplar su pequeño cuerpo detrás de un ventanal, compartiendo la mesa con extraños, me causaba un terrible sufrimiento.

Mi madre no se recuperó, pero mejoró un poco y decidimos que volviera a casa. El geriatra nos dijo que el alzhéimer avanzaba muy despacio: «No es una demencia muy agresiva». Instalamos una silla giratoria en una bañera y unas barras en su cama, situada en una habitación comunicada con la nuestra. Dejamos la puerta de nuestro dormitorio abierta para escuchar cualquier incidencia. Ya no nos llamaba de noche, pero al despertarse o mientras conciliaba el sueño, se dirigía a mí como si fuera su padre. «¿Estás ahí, papá?», susurraba, con una voz rejuvenecida. Durante cinco años, mi mujer y yo bañamos a mi madre, la vestimos, la ayudamos a comer, la acompañamos al baño y la obligamos a dar pequeños paseos por la casa. Afortunadamente, vivir en un pueblo de las afueras de Madrid nos permitió disfrutar de un pequeño jardín y de una terraza con vistas a la estepa castellana. Algunas tardes de verano, mi madre miraba el paisaje con un asombro infantil, feliz al contemplar el vuelo de los milanos, los tordos, los jilgueros y los verderones. Cuando los gorriones entraban y salían de las acacias del jardín, sonreía con esos ojos azules donde había anidado la infancia por segunda vez, pero nada le entusiasmaba tanto como el regreso de las golondrinas cada verano. Anidaban debajo de una cornisa e insistía en que la acercáramos a los nidos, pues todos los años nacían polluelos y le encantaba verlos.

Aunque ya no podía seguir las tramas, cada noche le poníamos una de sus películas preferidas: *¡Qué bello es vivir!*, *Casablanca*, *El hombre tranquilo*, *La ventana indiscreta*, *Murieron con las botas puestas*, *La gran familia*, *Testigo de cargo*. Comprendía poco, pero sonreía y eso era suficiente. Creo que fue razonablemente feliz esos años. Nos reconoció hasta el último día y nunca se olvidó de nuestros nombres. La noche del 21 de enero de 2018 sus gritos nos despertaron a mitad de noche. Alarmados, acudimos a su cama y apreciamos que le sucedía algo grave. Jadeaba, se quejaba y no dejaba de agitarse. Estaba sufriendo una embolia. Veinte minutos después, una ambulancia la trasladaba a un hospital. Mientras la subían al vehículo, aún consciente, desvié la mirada para que sus ojos no se encontraran con los míos. Separarse de nosotros le producía angustia y no quería que experimentara esa sensación, incapaz de comprender que solo se trataba de algo provisional. Yo no sospechaba que no volvería a ver sus ojos abiertos. Durante el camino al hospital, mi madre sufrió una crisis cardíaca y, media hora más tarde, falleció en mi presencia. Me duele pensar que el mundo ha perdido la imagen de mi madre paseando con Violeta. Bajo un paraguas rojo, las dos desafiaban a la lluvia en invierno, recorriendo el Parque del Oeste. En verano se cobijaban bajo la sombra de los cedros y escuchaban el sonido de una fuente cercana. Pienso que la pérdida de esa imagen es una catástrofe cósmica y estoy seguro de que otras personas podrían decir lo mismo de imágenes similares de sus seres queridos.

Cada vida alberga muchas vidas. Con la muerte de mi madre, desaparecieron muchas imágenes que solo existían en su cabeza: escenas de mi niñez y la de mis hermanos, miradas de mi padre expresándole su afecto, gestos de complicidad con mi abuelo Mariano, que nunca le escatimó las demostraciones de ternura. Un ser humano no es un simple individuo, sino un universo que se expande sin cesar, acumulando vivencias, recuerdos, ilusiones, ásperos aprendizajes. Su extinción es una verdadera calamidad, pues borra infinidad de cosas que ya no será posible recuperar. Por eso no puedo admitir la finitud, como hace Spinoza. Al revés, siento la urgencia de rebelarme contra ella. Aceptarla significa pensar que las pérdidas son irreversibles, algo que me parece muy injusto.

Durante sus años finales, mi madre se parecía a la rosa de *El Principito*. Necesitaba ternura, paciencia, delicadeza. Al peinar su pelo, artificialmente castaño, no pensaba en el otoño, con sus hojas amarillas, sino en una eterna primavera. Cuidar a un enfermo de alzhéimer no es una desgracia, sino una oportunidad de mejorar y crecer como ser humano. La tristeza y el desaliento pasan, pero el amor deja una huella profunda que no se desvanece. Es lo último que aprendí de mi madre y no necesitó palabras para enseñármelo.

V

Nuestros contemporáneos (o casi)

La Ilustración y el nacimiento de una vocación

Se atribuye a Arquímedes la frase: «Dadme un punto de apoyo y moveré el mundo». Hipotéticamente, una palanca puede mover un planeta si encuentra el punto de apoyo adecuado. Hoy podríamos decir que ese punto de apoyo es la escuela, y el maestro, la palanca que acciona el movimiento. No imagino a nadie que pueda restar importancia a la educación, afirmar que ser ágrafo o inculto es preferible a poseer conocimientos y pertenecer a una tradición escrita. Sobre esa cuestión, hay un consenso universal. Los nostálgicos del Antiguo Régimen o los partidarios de la segregación racial se opusieron a que la cultura se pusiera al alcance de todos, pero la historia derrotó sus planteamientos elitistas. Gracias a la Ilustración, la enseñanza dejó de ser el privilegio de una minoría. Aunque inicialmente los ilustrados ignoraron a las clases populares, su vocación divulgativa y su exaltación de la educación propiciaron que poco a poco la cultura se pusiera a disposición de todos mediante planes de estudio, enciclopedias, libros de textos y estrategias pedagógicas. Fue un proceso lento y gradual que ni siquiera hoy ha completado sus ambiciones, pues la calidad de los estudios no es igual en todos los centros ni en todos los países. Sin embargo, sus logros han sido revolucionarios.

Gracias a la escuela, la democracia dejó de ser una quimera y el derecho al voto se universalizó. Todos los movimientos sociales y políticos que lucharon contra los gobiernos despóticos (liberalismo, socialismo, sindicalismo, feminismo) agitaron la bandera de la educación y subrayaron que nada cambiaría de verdad hasta que el pueblo pudiera instruirse. Sin conocimientos ni herramientas intelectuales, no habría debate político ni transformaciones significativas. Esa idea ha penetrado en la mentalidad colectiva y cada vez que se produce un hecho desgraciado, como un atentado terrorista, un episodio de violencia machista o comportamientos incívicos, se repite que la solución se halla en la escuela, cuyo papel no se agota en la mera instrucción, pues también le corresponde inculcar valores como la tolerancia, el respeto a la diversidad, la igualdad entre los sexos y las razas o el cuidado del medio ambiente. Se dice que la filosofía no vale para nada, que es un saber de otra época, pero lo cierto es que los *philosophes* —así se llamó a los ilustrados— cambiaron el mundo. Su herencia se extiende hasta nuestros días, con sus luces y algunas sombras, pero no tan nefastas como algunos han pretendido. La idea de progreso indefinido quizás contribuyó a cosificar al ser humano, pero no creo que haya impulsado la aparición de las distintas formas de totalitarismo.

Mi vocación pedagógica no nació en el aula, sino ante una pantalla de cine. O, más exactamente, de televisor. Ahora que en casi todos los hogares hay grandes pantallas de plasma, como las que vaticinó Ray Bradbury en *Fahrenheit 451*, parece increíble que las familias se dejaran hipnotizar por los pequeños monitores de 21 pulgadas en blanco y negro, pero lo cierto es que en la época de los dos canales no había ningún medio más influyente y más pedagógico. Calculo que yo tendría unos quince años la tarde de sábado en que pasaron *Rebelión en las aulas* (*To Sir, with Love*, James Clavell, 1967). A esa edad, ya no me fascinaban los héroes de capa y espada, sino las personas capaces de transformar su entorno con su humanidad e inteligencia. Mark Thackeray, el profesor interpretado por Sidney Poitier, tiene esas cualidades. Oriundo de una colonia de ultramar y con la piel negra, lo cual le ha acarreado incontables agravios y discriminaciones, se gradúa como ingeniero y, tras fracasar buscando trabajos adecuados a su titulación, logra un primer empleo en un colegio de un barrio obrero de la periferia de Londres. Sus alumnos, indisciplinados, agresivos y manipuladores, lo reciben con hostilidad y comentarios racistas. No se trata de niños, sino de adolescentes que, en algunos casos, ya han cometido pequeños delitos. Thackeray no responde a las provocaciones e intenta seguir el programa, pero después de unas semanas comprende que debe cambiar de estrategia. Sus alumnos no dejan de poner a prueba su paciencia con gestos cada vez más crueles con el objetivo de acabar con su serenidad, sacarlo de quicio, forzarlo a actuar como una persona que ha perdido el control de sus actos. Están pagando con él todas las frustraciones de sus vidas, caracterizadas por la pobreza, la escasez de expectativas y, en algunas ocasiones, los malos tratos. Thackeray decide dejar los libros de lado, olvidarse del programa, y prepararlos para el mundo que les espera. Están en su último curso y al año siguiente tendrán que buscar trabajo, afrontar responsabilidades, aprender a no meterse en líos. Piensa que él puede ayudarlos a madurar, a convertirse en adultos equilibrados y con autoestima. Y lo hará cultivando el diálogo, estimulando su curiosidad, abordando cualquier tema, por espinoso que sea, inculcándoles valores mediante su ejemplo personal, preocupándose por sus problemas. No es un mero especialista competente en una materia, sino un maestro, un educador.

Después de ver la película, pensé en lo que yo había vivido en colegio de curas de la España franquista situado en el centro de Madrid y en la posibilidad de ser profesor para hacer las cosas de otra manera. Comencé a estudiar allí en 1971, con siete años. En esa época, los castigos físicos eran rutinarios y contaban con el apoyo de la mayoría de los padres. Los míos se oponían, pero eso no me libró de capones, bofetadas, tirones de pelos, humillaciones. Profesores y curas actuaban con la misma brutalidad. Recuerdo que a veces nos obligaban a arrodillarnos sobre tizas o nos sellaban los labios con celo. Las arengas a favor del régimen eran frecuentes. Las cosas cambiaron con el fin de la dictadura. Curiosamente, aparecieron curas vascos que simpatizaban con el independentismo y aborrecían a Franco, lo cual no impedía que se les fuera la mano de vez en cuando. No me atrevo a aventurar una fecha, pero creo que hacia 1979 la violencia desapareció de las aulas. Omitiré nombres, pero contaré algunas anécdotas. Yo he visto cómo un adulto abofeteaba brutalmente a un niño de diez años y cómo lo obligaba a ponerse de puntillas tirándole de las patillas. En el año 1974, un profesor exhibió una fusta en clase, casi como una broma. No recuerdo que la utilizara, pero sí que nos pasaba una goma de borrar tinta por detrás de la oreja. Solo se me ocurre una pobre excusa. En ese tiempo, se consideraba que pegar a los niños —especialmente a los de sexo masculino— era tan natural y necesario como enseñarles la tabla de multiplicar. He hablado con alumnos de otros colegios de la época y casi todos los que superan los cincuenta años reconocen haber sufrido experiencias semejantes. Pegar a los niños se considera hoy un delito. En los años setenta no era así. Las dictaduras corrompen el alma de la sociedad. Su crueldad se infiltra en todos sus estratos. De todas formas, la protección de la infancia es un concepto relativamente moderno. Durante siglos, los niños han sido ciudadanos de segunda categoría y han estado expuestos a toda clase de abusos. *¡Arriba Hazaña!*, una película de José María Gutiérrez Santos estrenada en 1978, reproduce con bastante rigor los cambios que se produjeron en los colegios religiosos y, por extensión, en toda la sociedad.

Sexto interludio: niños heridos

> La educación es la revelación de los demás, de la condición humana como un concierto de complicidades irremediables.
>
> Fernando Savater, *El valor de educar*

¿*E*s posible convertirse en un adulto estable y equilibrado cuando has crecido en un entorno problemático o has sufrido experiencias traumáticas? Algunos lo consiguen. Su capacidad de sobreponerse se denomina resiliencia. La resiliencia no es una habilidad exclusiva de los niños ni de los individuos. Se aprecia en familias, grupos y comunidades, pero es particularmente importante durante la infancia, pues en ese período se configuran e interiorizan las respuestas emocionales que definirán nuestra identidad como adultos. Un niño que ha conocido la guerra, la penuria económica o una agresión sexual tendrá más posibilidades de recuperarse si cuenta con el afecto de su madre. El cariño es la fuente primordial de la resiliencia. Si la madre o el padre no proporcionan ese apoyo, otros adultos pueden desempeñar esa función: abuelos, tíos o incluso un maestro. Gracias a la intervención de esas figuras alternativas, el niño aprenderá a construir vínculos con los demás basados en la sinceridad, la solidaridad y la responsabilidad. Un niño aislado y sin afectos tendrá muy pocas oportunidades de convertirse en un adulto estable. El amor es el combustible que permite continuar cuando la mente piensa que ha agotado sus recursos. El neurólogo, psicoanalista y etólogo Boris Cyrulnik, en *Los patitos feos* y *Una desgracia maravillosa*, estudia la resiliencia en los niños y las niñas. Sostiene que se construye poco a poco en función de los recursos internos desarrollados durante los primeros meses de vida, la clase de agresión, herida o carencia, y los encuentros con otras personas, que ayuden a verbalizar las experiencias dolorosas. El niño que supera con éxito la adversidad desarrolla un carácter independiente, creativo y dinámico. Todos los investigadores coinciden en que sería más apropiado hablar de resiliencias, pues hay diversidad de culturas y cada ser humano es único e irrepetible.

Mi alumno Julián, al que todos llamaban «Plátano» por su nariz larga y levemente ganchuda, es un ejemplo de resiliencia. Le di clase hacia 2008 en un instituto de la periferia noroeste de Madrid. Era un joven delgado y fibroso que sufría explosiones de ira cuando se sentía ofendido o menospreciado. Sus dieciséis años de vida acumulaban pocas alegrías y muchos sinsabores. Su padre era un delincuente habitual que maltrataba a su mujer entre condena y condena. La madre pasaba la mayor parte del día en la cama, aturdida por el alcohol y los antidepresivos. Julián repetía cuarto de la ESO y arrastraba un montón de asignaturas pendientes de cursos anteriores. A pesar de su mal genio, sonreía cuando te cruzabas con él y le gustaba gastar bromas inofensivas, como esconder la botella de agua del profesor o dibujar caricaturas en la pizarra. Poseía, además de encanto, una mente despierta e inquieta. Yo le daba clases de ética. Entre otros temas, hablábamos de derechos humanos, protección del medio ambiente o respeto a la diversidad. Un grupo de neonazis intentaba captar a Julián, pero su mejor amigo era un joven negro llamado Heriberto, oriundo de la República Dominicana. En clase, Julián se indignaba con el sufrimiento de la población del Tercer Mundo y con las discriminaciones que sufrían las personas por el color de su piel. Solía exponer sus opiniones intercalando tacos, pero enseguida se disculpaba y esbozaba un guiño de complicidad. «Debería decir las cosas de otra manera —reconocía—, pero lo importante es que tengo razón». La sensibilidad de Julián procedía de su abuela, una mujer buena y sensata que sostenía a su hija y a su nieto con una pequeña pensión. Era el único adulto de referencia que contenía las tendencias más destructivas de Julián. Cuando hablaba de su abuela, se emocionaba y le agradecía todos sus desvelos. Desgraciadamente, ese afecto no era suficiente para neutralizar la violencia que había imitado de su padre.

Mi instituto había sido calificado como «un centro de especial dificultad». Había peleas con frecuencia y, en el patio, los alumnos se agrupaban por bandas. Los neonazis formaban un grupo pequeño pero muy agresivo. Sus «enemigos» eran los inmigrantes, particularmente magrebíes, subsaharianos y sudamericanos con rasgos indígenas. En una ocasión, acorralaron a Heriberto y empezaron a propinarle golpes. Julián se involucró en la reyerta para defender a su amigo. Aplicó las enseñanzas de su padre, que le había explicado cómo dar patadas y puñetazos sin hacerse daño. Hizo retroceder a los neonazis, pero uno de ellos sacó un destornillador y se encaró con él. Lejos de intimidarse, Julián le propinó una patada en el pecho que lo arrojó al suelo. Su metro noventa de altura le ayudó con su rival, que era algo más pequeño aunque más corpulento. Yo nunca había presenciado nada parecido. La pelea se reanudó de inmediato sin que los profesores pudiéramos impedirlo. Finalmente apareció la policía. Detuvieron a varios chicos e incautaron navajas y puños americanos. Entre los detenidos, se encontraba Julián, que no parecía muy afectado, aunque tenía el rostro magullado y un corte en la mejilla.

Para mí, había sido una experiencia muy dura, pues era mi primer destino en un centro de esas características. En la sala de profesores, la directora percibió mi nerviosismo. Aunque le quedaban dos años para cumplir setenta, había decidido prolongar su vida laboral hasta el límite. Se llamaba María Teresa y llevaba dos décadas en el cargo. Nadie envidiaba su posición. Los títulos universitarios valían de poco en ese entorno. La confrontación directa no funcionaba con unos chavales familiarizados con la precariedad y la violencia. «A estos chicos hay que quererlos, —solía repetir—. Ya sé que es difícil, pero hay que luchar para que cambien y adquieran una formación. Hay que apostar por ellos, por su futuro, aunque cueste. Para trabajar en esto, hay que ser optimista, pensar que siempre es posible comenzar de nuevo. Lo malo es cuando perdemos la perspectiva y olvidamos que esos chavales son como nosotros: seres humanos necesitados de cariño y paciencia».

Solo alguien con un profundo sentido ético podía hablar de ese modo. Me impresionó mucho. María Teresa era una mujer muy especial, que nunca se rendía. Había perdido a un hijo en un accidente de motocicleta, pero había superado la tragedia. «El vacío es terrible, pero no estoy dispuesta a que el dolor borre los buenos recuerdos. Hay que aferrarse a las cosas positivas y extraer lecciones de ellas. Cuando algo se tuerce, siempre hay una forma de enderezarlo». Animado por sus palabras, me acerqué a la comisaría del barrio con la intención de saber algo de Julián y ayudarle si era posible.

En comisaría, me contaron que lo habían dejado libre, pero que tendría que responder ante el fiscal de menores. Le había roto dos costillas al chico del destornillador y había ofrecido resistencia durante el arresto. Yo no esperaba que acudiera a clase al día siguiente, pero al parecer su abuela le obligó. María Teresa le amonestó verbalmente y le obligó a pasar una semana en la biblioteca durante la media hora de recreo escribiendo sobre estrategias no violentas en situaciones de conflicto. Julián, con la mirada sombría, parecía un animal apaleado. Intenté hablar con él. Fue inútil. Me miró con frialdad y contestó con monosílabos, pero no me desanimé y, poco a poco, logré que aceptara mi compañía. No le sermoneaba. Simplemente lo acompañaba cuando me lo permitía. El fiscal se mostró indulgente y no lo hizo ingresar en un centro de menores. Se consideró que había actuado en defensa propia, pues el chico lesionado le había amenazado con un destornillador. Su abuela asumió la responsabilidad de que asistiera a una terapia de seis meses para aprender a controlar sus reacciones violentas.

Durante el resto del curso, presté mucha atención a Julián. Teníamos cosas en común que facilitaban la comunicación: pasión por las motos, los coches, los animales, el baloncesto, el cine, el cómic. Muchos profesores lo contemplaban con cierto miedo, pero yo seguí el ejemplo de María Teresa, que se acercaba a los chavales con aplomo e intentaba llegar hasta su corazón. Estaba claro que Julián necesitaba más adultos de referencia, pues el afecto de su abuela no podía cubrir todas sus necesidades. Me confesó que le interesaba la historia, especialmente la Segunda Guerra Mundial y la Shoá. Le recomendé leer *El hombre en busca de sentido*, de Viktor Frankl, que era un extraordinario ejemplo de resiliencia, pues narraba cómo el amor puede cerrar una herida tan profunda como la experiencia de sobrevivir a Auschwitz. Julián y yo hablábamos en el patio, a la salida del centro, a veces en el banco de un parque. María Teresa advirtió nuestra cercanía y me dio un consejo: «No hables tú. Deja que hable él. Lo que necesitan la mayoría de estos chicos es que los escuchen. Solo así sale a flote su autoestima». Yo no tengo hijos y Julián se sentía abandonado por sus padres. En realidad, creo que nos ayudamos mutuamente. «No permitas que desarrolle mucho apego hacia ti —insistió María Teresa—. No fomentes una relación de dependencia. Si lo haces, se sentirá abandonado cuando acabe el curso. Y quizás tú también lo pases mal».

Contra todo pronóstico, Julián recuperó las asignaturas pendientes, cursó bachillerato e hizo Derecho, tras lo cual logró un puesto de becario en un bufete. También empezó a colaborar con una ONG especializada en chicos con riesgo de exclusión social. A pesar de sus intentos de mantener un contacto más estrecho conmigo, seguí el consejo de María Teresa. No he perdido la relación con él, pero he combatido la tentación de usurpar una paternidad que no me correspondía. Nos hemos visto alguna vez. En una ocasión le pregunté por qué me hizo caso, por qué no siguió con sus trifulcas. «Noté enseguida que teníamos algo en común. Entonces no habría sido capaz de expresarlo, pero ahora sé que los dos tuvimos una infancia difícil». «Tal vez podríamos decir que fuimos niños heridos», respondí. «¿Crees que ya no lo somos?», preguntó con una sonrisa. «Bueno, eso no se cura del todo, pero se aprende a convivir con ello. Quizás el secreto es no pensar demasiado en uno mismo». Julián ya no es «Plátano», sino un joven que se reinventó a sí mismo y demostró la plasticidad de la mente humana para reelaborar las vivencias dolorosas y transformarlas en un motivo de esperanza. Cada vez que me encuentro en un atolladero, pienso en él y siempre acabo descubriendo una salida.

El Siglo de las Luces

¡Atrévete a saber!

Julián no se habría salvado de sus tendencias autodestructivas si no hubiera disfrutado de la oportunidad de estudiar. La enseñanza es el espacio donde el ser humano sale de la «minoría de edad». Es decir, el espacio donde aprende a pensar por sí mismo. O, al menos, así debería ser. Immanuel Kant cita una frase de Horacio: *Sapere aude!*, «¡atrévete a saber!». No dejes que la pereza, la cobardía o el miedo frenen o amordacen tu capacidad de reflexionar y desarrollar nuevas ideas. Julián se atrevió a pensar, superó ese estado donde la inteligencia, adormilada o insuficientemente adiestrada, se limita a seguir la corriente. Se sacudió la servidumbre de los prejuicios, los ídolos —cada generación tiene los suyos— y las pasiones irracionales.

Los ilustrados dibujaron el rumbo hacia un porvenir donde la independencia y la autonomía remplazarían a la obediencia y la tradición. Y pensaron que la educación sería la herramienta que lo haría posible. Educación en las escuelas, pero también en los medios impresos o los foros de debate, como las academias. La meta era poner el conocimiento al alcance de todos. La Ilustración no es un sistema cerrado de doctrinas, sino un movimiento que exalta el conocimiento racional, la tolerancia, la libertad, el progreso. Al igual que el Renacimiento, confía en el ser humano y rebosa optimismo. Cree que algún día todo será mejor. «Esa es nuestra esperanza», proclama Voltaire. En la Edad Media, con su inamovible sociedad estamental, apenas existía la expectativa de prosperar. En el siglo XVIII, la burguesía sentía, en cambio, que su trabajo y su esfuerzo le auguran un futuro mejor. No se trataba solo de la promoción de una clase social, sino de la fe en una tendencia ascendente en la historia de la humanidad.

Quizás la mayor diferencia entre el optimismo y el pesimismo se encuentra en su visión del futuro. El optimismo juega con el tiempo a su favor. Estima que cada minuto contiene la oportunidad de mejorar. Por el contrario, el pesimismo percibe el tiempo como una catástrofe. Todo empeora sin remedio. La historia no es un ascenso a cimas sucesivas, sino una caída interminable. Solo hay decadencia, podredumbre, ruina. El progreso es una ilusión. El mito del paraíso perdido o de la Edad de Oro es uno de los lugares comunes del pesimismo. El optimismo prefiere situar los paraísos y las edades doradas en el futuro. Quizás peca de ingenuidad, pero sin esa convicción sería imposible avanzar hacia algo mejor. Si estás persuadido de que el mundo sufre una inevitable decadencia, no hallas muchos motivos para realizar ningún esfuerzo. En el mejor de los casos, aguardarás el naufragio con resignación y elegancia, como la orquesta del Titanic, que siguió interpretando piezas mientras el transatlántico se iba a pique.

En 1798, Immanuel Kant publicó un breve ensayo titulado «Si el género humano se halla en progreso constante hacia lo mejor», donde argumentaba que la Revolución francesa era el signo inequívoco de que la historia avanzaba hacia un porvenir más luminoso. El entusiasmo del pueblo, su idealismo, su anhelo de libertad, constituían una señal de que la humanidad había emprendido una aventura fructífera y nunca interrumpiría su marcha hacia una sociedad más justa. La magnitud del acontecimiento, que implicó el fin de una monarquía absoluta, había dejado una huella imposible de olvidar. No se trataba de un hecho casual, sino de la confirmación de que «el género humano se ha mantenido siempre en progreso, y continuará en él [...] por tiempo ilimitado».

Kant sostiene que el motor del progreso es la educación y que gracias a ella el ser humano adquiere el hábito de pensar. El pensamiento no es mera abstracción. Modela la vida y la historia. Pensar, especular, no es una forma de perder el tiempo, sino la única manera de vivir humanamente. Y vivir humanamente significa desprenderse de tutelas indeseables, de guías, profetas y visionarios que hipnotizan las mentes. Los ilustrados fueron muy críticos con la religión. D'Holbach afirma que Dios es un tirano invisible inventado para que el ser humano se someta a tiranos visibles. Diderot propone que el culto a la religión sea reemplazado por el amor a la naturaleza. Pese a estas objeciones, el ateísmo fue una posición minoritaria. La mayoría de los ilustrados suscribieron las tesis del deísmo, según el cual la razón empírica y la observación de la naturaleza son suficientes para determinar la existencia de un ser supremo. Ese ser creó el mundo físico pero no interviene en él. Es una especie de relojero o arquitecto. Alumbró las leyes naturales, pero no hace milagros y no es una realidad personal.

Así como la razón nos revela la existencia de un ser supremo, también nos muestra que hay una serie de derechos y leyes naturales. La Asamblea Constituyente francesa, inspirada en ese principio, redactó en 1789 la *Declaración de derechos del hombre y del ciudadano*, según la cual hay una serie de derechos naturales comunes a todas las criaturas racionales: la libertad, la igualdad, la propiedad, la seguridad y la resistencia a la tiranía. Conforme a eso, la ley debe ser igual para todos y una manifestación de la voluntad general, que se expresa mediante sus representantes. No es la primera declaración de este tipo. En 1776 ya se había aprobado la *Declaración de derechos de Virginia*, con un contenido similar. Ambos textos se basan en las recomendaciones de Montesquieu en *El espíritu de las leyes* (1748), donde se establece la separación de poderes a fin de someter al poder estatal a la supervisión de los legisladores y los jueces. La Revolución francesa y la independencia de Estados Unidos son la matriz del moderno Estado liberal-democrático. Quienes se han acostumbrado a vivir bajo su paraguas no pueden imaginarse lo que significaban las desigualdades jurídicas derivadas del nacimiento, la clase social, la raza, el credo religioso, la riqueza o el lugar de residencia. Las épocas de bienestar suelen mermar la memoria colectiva sobre las penalidades del pasado.

La edad de las academias

El siglo XVIII es el siglo de la burguesía, que desplaza a la nobleza y al clero de su posición hegemónica. Los ilustrados no mostraron mucha preocupación por los problemas de la clase trabajadora, pero su vocación divulgativa actuó como un plato que gotea o un pan que se desmigaja, proporcionando alimento a los que están a ras de suelo. En nombre de la alta cultura, suele desdeñarse la divulgación. Lo inaccesible y hermético goza de un incomprensible prestigio. El elitismo nace de una perspectiva pesimista. Solo una minoría puede comprender y apreciar la excelencia. Un investigador serio no debe hacer concesiones. Algunos filósofos particularmente oscuros han llegado a decir que no escriben para ser entendidos, sino interpretados. En cambio, la divulgación busca el entendimiento, la comunicación, el intercambio. Es cierto que hay divulgadores que banalizan excesivamente, desembocando en la caricatura, pero los divulgadores serios, como Carl Sagan, Oliver Sacks o Bertrand Russell, han demostrado que el rigor y la claridad son perfectamente compatibles. La filosofía existencial de Heidegger, una selva impenetrable, apenas ha trascendido el ámbito universitario. Su influencia sobre el hombre común ha sido insignificante. Los ilustrados no fueron pensadores especialmente originales, pero su talante divulgador provocó una conmoción y sembró las semillas de un giro radical. Eran grandes comunicadores, y utilizaron varias vías para transmitir sus ideas, como las academias, las logias masónicas, los salones, la *Enciclopedia* francesa, los epistolarios, los ensayos.

Las academias, fundadas en el siglo XVI y consolidadas en el XVII, se multiplicaron en el XVIII, pero con un nuevo espíritu. Ya no se trataba de abordar cuestiones abstractas, sino de polemizar sobre cuestiones palpitantes. La Accademia dei Pugni o Academia de los Puños, creada en 1762 por un grupo de milaneses bajo la dirección de Pietro Verri, se ganó su llamativo nombre por las disputas tan intensas que tenían lugar. La masonería desempeñó un papel no menos crucial que las academias. Asociación de carácter humanista y filantrópico, sus objetivos fueron promover la fe no dogmática en un ser superior, el progreso social, el estudio científico y filosófico, la fraternidad y la amistad entre los pueblos. La Iglesia católica condenó la masonería en 1738 debido al rechazo por parte de esta de las proposiciones dogmáticas. A pesar de las persecuciones y condenas, la masonería atrajo a grandes personalidades, como Goethe, Mozart, Voltaire y Diderot. Los salones literarios y mundanos de París fueron escenario de debates tan apasionados como los que acontecieron en las academias y las logias masónicas, pero con un tono menos severo. Estuvieron dirigidos por figuras como Madame du Deffand, Julie de Lespinasse, Madame de Staal-Delaunay, Marie-Thérèse Rodet Geoffrin o Anne-Thérèse de Marguenat de Courcelles Lambert, e integraron en el debate cultural a las mujeres, cuya presencia estaba vetada en otros espacios. La intensa correspondencia entre filósofos y escritores de distinta nacionalidad prolongó el clima de intercambio de ideas. Las cartas circulaban fluidamente por una Europa que, durante la segunda mitad del siglo XVIII, conoció un largo período de paz.

Los artículos aparecidos en periódicos y revistas fueron otro de los canales de difusión de las ideas de los ilustrados. Aunque la prensa existía desde el siglo anterior, se incrementaron los cabeceros de forma espectacular. En 1782 había dieciocho periódicos en Londres. Una década después, llegaban a cuarenta y dos. Así como los nuevos periódicos se caracterizaban por su espíritu beligerante y chispeante, los ensayos firmados por los ilustrados se apartaron de la solemnidad de los filósofos racionalistas, algunos con un tono escolástico, como Spinoza. Los ensayos solían ser breves, polémicos e irónicos. A veces parecían libelos o panfletos. Otros tenían un carácter de denuncia, como *De los delitos y las penas* (1764), de Cesare Beccaria, que pedía la abolición de la tortura y la pena de muerte, alegando que los castigos crueles e inhumanos carecían de fuerza disuasoria y envilecían a la sociedad que los toleraba. El ensayo no es un género menor. Frente al tratado filosófico, que aspira a una perennidad intemporal, apuesta por lo inteligible e inmediato y no se conforma con adquirir un reconocimiento formal. Su pretensión es cambiar o mejorar el mundo. Es un propósito muy ambicioso y presupone optimismo. Muchos dirán que es un objetivo poco realista, pero la influencia de los ensayos es real. La tortura, aplaudida en otras épocas, hoy se considera inmoral y perversa. Las reflexiones de Beccaria no cayeron en saco roto.

Los enciclopedistas: D'Alembert y Diderot

> ¿Qué es un escéptico? Un filósofo que ha dudado de todo aquello en lo que cree y que cree en aquello que el uso legítimo de su razón y de sus sentidos le ha demostrado como cierto.
>
> Denis Diderot, *Pensamientos filosóficos*

La empresa más ambiciosa y representativa de la Ilustración fue la *Enciclopedia*. Sus diecisiete volúmenes ilustrados ejercieron una poderosa influencia en su época y marcaron un nuevo rumbo en la cultura occidental. Fue una obra colectiva dirigida por Denis Diderot y Jean D'Alembert, su título completo es *Enciclopedia o diccionario razonado de las ciencias, las artes y los oficios*. Cuando se gestó, París vivía un momento de esplendor económico y cultural. Se creaban nuevos barrios, se construían suntuosos palacetes, se especulaba con el valor de los inmuebles, se inauguraban jardines, se multiplicaban los puentes en el Sena. La población aumentaba sin cesar. Seiscientos mil parisinos circulaban por las calles. Las fachadas suavizaban sus líneas. Las curvas reemplazaban al rigor clásico. En las casas de la burguesía, aparecían nuevos muebles: poltronas, sofás, taburetes, mesas de juego, escritorios, veladores. Los salones se convertían en lugares de encuentro, lujo y elegancia. Las antecámaras o *boudoirs* eran el escenario de intrigas amorosas. Los sastres no dejaban de inventar nuevos artificios para seducir a sus clientes, presentando sus modelos en las mansiones más ostentosas. Sin embargo, había otro París, el París de los arrabales, sucio y maloliente, con casas miserables y vidas sumidas en la pobreza y el desconsuelo. Treinta mil mujeres vendían su cuerpo a diario para poder sobrevivir. Las enfermedades venéreas se propagaban como una plaga de langostas. Las tabernas y los lupanares despedían un olor intenso, donde se mezclaban los aromas del vino, la comida y el sexo. Las calles estaban llenas de inmundicias. Legiones de niños desnutridos aprovechaban cualquier descuido para cometer hurtos. Las ejecuciones públicas eran frecuentes, pero el rigor de los castigos inspiraba menos temor que el hambre y la precariedad. De noche, los callejones resultaban particularmente peligrosos. Se producían reyertas, robos, asesinatos.

Jean le Rond d'Alembert fue uno de los creadores de la *Enciclopedia* y conoció esa pobreza que afligía a gran parte de los franceses. Hijo ilegítimo de un teniente general y una baronesa, fue abandonado en la puerta de la iglesia de Saint-Jean-le Rond. Una mujer humilde lo recogió y se encargó de su crianza. Aunque su padre no lo reconoció, sufragó sus estudios. Pasó varios años en una escuela jansenista, donde estudió derecho y aprendió austeridad y disciplina. También empezó medicina, pero enseguida comprendió que sus intereses iban por otro lado. Descubrió que su gran pasión eran las matemáticas, una materia que aprendió de forma autodidacta. En 1739, presentó su primer trabajo en la Academia de París. Los académicos, impresionados por su rigor, lo admitieron poco después, con solo veinticuatro años. En 1743, publicó un *Tratado de dinámica* que incluía un importante hallazgo: la suma de las fuerzas externas que actúan sobre un cuerpo y las denominadas fuerzas de inercia componen un sistema de fuerzas en equilibrio. Ese descubrimiento, que ahora se conoce como principio de D'Alembert, le proporcionó fama en toda Europa. Siguió escribiendo nuevos trabajos en el campo de la física matemática, como el *Tratado del equilibrio y del movimiento de los fluidos*, y en 1746 recibió, con Denis Diderot, el encargo de traducir la *Cyclopaedia* de Ephraim Chambers, la primera obra de esas características, que había sido publicada en Londres en 1728.

Diderot y D'Alembert se entendieron enseguida y coincidieron en que el progreso de la humanidad exigía algo más ambicioso que traducir la *Cyclopaedia*. Había que elaborar una obra capaz de recoger todo el árbol del saber, sin excluir las mal llamadas «artes serviles», pues, como ya habían advertido los renacentistas, el ingenio y la habilidad manual son tan nobles como las «artes liberales» y son esenciales para la prosperidad de las naciones. No tardaron en ponerse a trabajar en la creación de una gran *Enciclopedia* con abundantes ilustraciones y trabajos inéditos. Pidieron la colaboración de las inteligencias más notables de la época, como Voltaire, el barón D'Holbach, Rousseau o Montesquieu, que aceptaron escribir algunas de las entradas.

Diderot trabajó en el proyecto con entusiasmo, convencido de que contribuiría decisivamente a la superación de la ignorancia y la superstición. Era hijo de un maestro cuchillero y estudió en el colegio jesuita de Langres. Su padre quería que se hiciera clérigo, pero Denis prefirió marcharse a París y estudiar leyes en la Sorbona. Allí descubrió que su vocación no era el derecho, sino la literatura y así se lo comunicó a su padre, que no ocultó su desagrado ante ese nuevo giro. A pesar de su oposición, Diderot perseveró en su idea y en 1742 ya trabajaba como articulista y traductor. Los desencuentros con su progenitor se exacerbaron cuando le pidió su consentimiento para casarse con Anne-Antoinette Champion, una costurera con una educación deficiente y sin dote. El padre no dio su consentimiento y, para evitar el matrimonio, enclaustró a su hijo en un monasterio cerca de Troyes. No sirvió de nada. Diderot se fugó y se casó con Anne-Antoinette, pero el enlace no trajo la felicidad anhelada y él se consoló arrojándose a los brazos de otras mujeres.

D'Alembert era un hombre más serio y austero. Su principal preocupación era el saber científico y preservar su independencia, pero los ataques que sufrió la *Enciclopedia* desbordaron sus peores expectativas y en 1759 comunicó a Diderot que no quería continuar con el proyecto. No fue la primera deserción. En 1756, Rousseau ya había abandonado por profundas discrepancias filosóficas. No creía que el progreso material acarrease progreso moral, sino una profunda degradación de las costumbres. Los problemas, en realidad, habían comenzado desde el primer momento. Cuando en 1750 vio la luz el denominado «Prospectus» de la *Enciclopedia*, redactado por Diderot, los jesuitas protestaron por el espíritu laico y antidogmático del proyecto. La aparición del primer volumen en 1751 solo hizo que las críticas arreciaran. Se dijo que su contenido bordeaba la sedición e incurría en la herejía. Las quejas llegaron hasta Luis XV, que promulgó un decreto de suspensión de los dos primeros volúmenes, pero el apoyo de figuras influyentes logró que apareciera el tercer volumen en 1753. A partir de ahí se publicó un volumen por año, pero en 1757 un hombre llamado Robert-François Damiens atentó contra el rey con una navaja y se endureció la censura. Al mismo tiempo, se organizó una campaña difamatoria contra la *Enciclopedia*. La Iglesia católica dio un paso más e incluyó la obra en el *Índice de libros prohibidos* y se revocaron los permisos de impresión.

D'Alembert nunca pensó que la *Enciclopedia* provocaría tanto rechazo. Estaba convencido de que unificaría los saberes dispersos sobre la faz de la Tierra y ayudaría a desarrollar una visión de conjunto y a preservar los logros de las generaciones precedentes. En su «Discurso preliminar», había escrito que la *Enciclopedia* contribuiría a que «nuestros descendientes, al ser más instruidos, puedan al mismo tiempo ser más virtuosos y más felices». En cambio, Diderot no descartaba la posibilidad de que el proyecto le costara una nueva temporada en la cárcel. Ya había pasado tres meses en una fría y maloliente celda en la prisión de Vincennes y eso no le había desanimado. La perspectiva de perder temporalmente la libertad no le resultaba tan dolorosa como la disputa con Rousseau, que le había visitado durante su encarcelamiento. No quedaba nada de la vieja amistad. Ahora intercambiaban insultos en cartas y artículos. A Diderot le desagradaba profundamente el egoísmo de Rousseau. No podía excusar que se deshiciera de sus hijos según nacían llevándolos a un hospicio, pero aún le preocupaban más sus artículos contra el progreso, que le parecían un ataque contra el espíritu de la *Enciclopedia* y los ideales de la Ilustración.

Diderot pensaba que si la Ilustración fracasaba, se perderían los logros que comenzaban a esbozarse, como la dignificación del trabajo manual. Pensaba que una brújula no era menos importante que una fórmula matemática o un soneto. El trabajo, cuando obedece a una elección libre, constituye una pasión y la felicidad solo es posible apasionándose. El que se apasiona hace grandes cosas. Sin las pasiones, no se eleva el espíritu ni surge lo sublime. Ni en la vida ni en el arte. Si no deseas, ni amas, ni sientes nada, pierdes lo que te hace humano y puedes convertirte en un auténtico monstruo. Los tiranos suelen ser fríos e insensibles, pues entienden que las emociones los debilitan y los hacen vulnerables. Diderot opinaba que la imagen tradicional de Dios se correspondía con la de un tirano, de ahí que exigiera cosas tan aberrantes como la penitencia física. ¿Puede querer un Dios bondadoso que sus hijos se lastimen azotándose con violencia? ¿No es lo que hacen los esclavos para aplacar la ira de los déspotas? La apuesta de Pascal podría formularla cualquier hechicero. Diderot no advertía ninguna razón para vivir atormentado por una remota culpa originaria. Todas estas reflexiones acabarían llevándolo al ateísmo. En su opinión, solo había materia en movimiento. Vivimos en un orden contingente, donde todo es efímero y frágil. Las fuerzas del universo son inmutables y eternas, pero los individuos mueren y sus restos solo sirven para abonar la tierra. Eso sí, todo se destruye de una forma y se recompone de otra. Gracias a eso hay diversidad. Si se acepta esto, no se encuentra ninguna razón para vivir bajo el yugo de la Iglesia y la corona. El despotismo ilustrado no mejora las cosas. Solo es despotismo disfrazado. Dos o tres reinados de poder justo, suave e ilustrado, pero arbitrario, harían que un pueblo olvidara completamente sus derechos y anhelos, hundiéndose en la más perfecta de las tiranías. El ser humano podía gobernarse por sí mismo. No necesitaba tiranos, aunque fueran bienintencionados.

Voltaire y Rousseau:
¿El mejor de los mundos posibles?

> El trabajo nos libra de tres insufribles calamidades: el aburrimiento, el vicio y la necesidad.
>
> Voltaire, *Cándido o el optimismo*

Voltaire fue uno de los colaboradores más famosos de la *Enciclopedia*. Cuando se enteró de que D'Alembert quería abandonar el proyecto por los ataques sufridos, intentó convencerle de que no lo hiciera. Hijo de un acaudalado notario, había estudiado con los jesuitas y había comenzado la carrera de Derecho para complacer a su padre, pero nunca la terminó. Por entonces, era François-Marie Arouet y ya había decidido convertirse en un hombre de letras. Los problemas con las autoridades no tardaron en aparecer. Mientras preparaba el estreno de *Edipo*, una tragedia en verso, escribió un poema injurioso contra el regente, Felipe de Orleans, haciéndose eco de los rumores que circulaban sobre una presunta relación incestuosa con su hija. El duque de Orleans ordenó que lo arrestaran y fue enviado a la Bastilla, una prisión fría, húmeda y sobrecogedora. Las celdas carecían de luz y su tamaño apenas excedía el de una jaula. Allí adoptó el sobrenombre de Voltaire. Once meses después, el duque de Orleans se mostró clemente y lo liberó. Al salir de prisión, estrenó su *Edipo* y fue un éxito, adquiriendo fama en toda Europa. La obra se representó treinta y dos veces.

En 1722 murió su padre y Voltaire heredó una notable fortuna. Se hizo amante de varias aristócratas y el éxito literario continuó sonriéndole. Luis XV lo invitó a su boda y lo incluyó entre sus cortesanos, pero un comentario irónico sobre el caballero De Rohan lo hizo caer en desgracia de nuevo. El noble envió a sus criados a propinarle una paliza y cuando Voltaire, dolido y humillado, le pidió batirse en duelo a espada o pistola, le contestó que solo era un burgués, un plebeyo sin honor, y no le concedería esa satisfacción. El filósofo y literato no se resignó a sufrir ese agravio y recorrió París aireando el incidente, pero solo logró que las autoridades lo encerraran otra vez en la Bastilla. Después de dos semanas, le ofrecieron la libertad a cambio de que se exiliara. Voltaire aceptó y se marchó a Inglaterra, donde permaneció tres años. Durante ese tiempo, aprendió inglés y se familiarizó con la cultura inglesa. Descubrió la física de Newton, la filosofía empirista y las instituciones políticas. Se relacionó con Samuel Clarke, Pope, Swift, Locke y otras personalidades. Regresó a Francia en 1729 con el propósito de combatir el fanatismo y difundir la física de Newton y las ideas políticas de Locke, adalid de la tolerancia. También albergaba el propósito de aumentar su fortuna, para lo cual se sumó al proyecto del matemático Charles Marie de la Condamine, que había descubierto un defecto en el sistema de lotería ideado por el ministro de Finanzas. Al comprobar los bonos baratos se adquiriría el derecho de acumular casi todos los números. El ardid funcionó y el dinero ganado le permitió realizar varias operaciones especulativas que lo enriquecieron aún más y lo convirtieron en uno de los mayores rentistas de Francia. Aunque le pusieron un pleito por lo que había hecho con la lotería, la justicia no pudo incriminarlo, pues no había incurrido en ninguna ilegalidad.

Todo volvió a torcerse en 1734 cuando publicó sus polémicas *Cartas filosóficas*, donde elogiaba el clima de tolerancia de Inglaterra y reprobaba la intransigencia religiosa del continente. El libro fue condenado a la hoguera y se ordenó su detención. Ya lo había previsto y tuvo tiempo de refugiarse en el castillo de Cirey, propiedad de la marquesa du Châtelet, con la que estableció una relación sentimental e intelectual. El marqués, que pasaba la mayor parte del tiempo en campañas militares, no se entrometió en la relación. Voltaire residió en el castillo más de una década y aportó dinero para instalar un laboratorio de física, una galería de pintura y una biblioteca de veintiún mil volúmenes cuidadosamente seleccionados. En 1749 la marquesa murió, ocho días después de haber dado a luz. Deprimido, Voltaire aceptó la invitación de Federico II de Prusia y se trasladó a Berlín, lo cual disgustó profundamente a Luis XV. Los desencuentros con Federico II le obligaron a volver a Francia, pero el rey no le permitió cruzar la frontera. No le quedó otro remedio que instalarse en Suiza, donde compró la mansión Les Délices, en Ginebra. En 1755 comenzó a escribir para la *Enciclopedia* y le indignó que Rousseau, uno de los antiguos colaboradores del proyecto, publicara un ensayo en el que difamaba el progreso y abogaba por el regreso a la naturaleza.

Jean-Jacques Rousseau, hijo de un relojero hugonote, vivía con una joven costurera, Thérèse Levasseur. Había escrito varios artículos sobre música para la *Enciclopedia* y había visitado a Diderot cuando fue encarcelado en Vincennes por su *Carta sobre los ciegos*, un panfleto ateo y materialista. Mientras se dirigía a la Bastilla, leyó por casualidad que la Academia de Dijon había convocado un concurso que proponía el siguiente tema: «El progreso de las ciencias y las letras ¿ha contribuido a la corrupción o a la mejora de las costumbres?». Rousseau se presentó y obtuvo el premio con su *Discurso sobre las ciencias y las artes*, donde sostenía que el progreso material no había producido progreso moral. De hecho, comparaba los Estados modernos con la polis griega y la Roma clásica y afirmaba que la situación actual constituía una degradación y no se advertía ningún signo de mejora en esa tendencia descendente.

Ya entonces, Rousseau comenzó a distanciarse de los enciclopedistas. Cambió su estilo de vida, adoptando lo que él consideraba una existencia sencilla y natural. Se marchó a vivir a una buhardilla y declinó una audiencia con el rey. En 1755, se presentó de nuevo al concurso promovido por la Academia de Dijon. Su nuevo ensayo se tituló *Discurso sobre el origen y el fundamento de la desigualdad entre los hombres*. En él explicaba la historia de la humanidad como un efecto del azar y la injusticia. Las minorías que se habían apropiado de la tierra, controlando la distribución de los bienes existentes, habían esclavizado al resto, imponiéndoles la obligación de trabajar en su beneficio. La creación del Estado se había limitado a legitimar esa situación. La única solución era regresar al estado de naturaleza que precedió a la civilización, cuando el hombre aún no había sido pervertido por la civilización y no existía la propiedad privada ni la esclavitud.

A Voltaire, los razonamientos de Rousseau sobre el carácter dañino y decadente de la civilización le parecían majaderías. De ahí que le escribiera una carta con el siguiente párrafo: «He recibido, señor, su nuevo libro contra el género humano; se lo agradezco [...]. Nunca se usó tanto talento en querer hacernos bestias. Dan ganas de caminar a cuatro patas cuando se lee su obra. Sin embargo, como hace más de sesenta años perdí esa costumbre, siento lamentablemente que me es imposible retomarla». Rousseau no solo no rectificó, sino que atacó la *Carta contra la providencia* de Voltaire, que recriminaba a Dios su inhibición ante el mal. Rousseau objetó que no había que responsabilizar a Dios del mal, sino a los hombres, que habían establecido un orden social injusto, verdadero origen de todas las desgracias. Las autoridades suizas contemplaron con desagrado esta polémica y cuando Voltaire publicó *Cándido*, una novelita que escarnecía el optimismo de Leibniz y se mofaba de clérigos, nobles, reyes y militares, manifestó públicamente su indignación. Voltaire, temiendo represalias, se compró una propiedad en Ferney, pero la distancia no ejerció el efecto apaciguador que esperaba. Siempre pensó que Rousseau había promovido la hostilidad del Gobierno suizo. De hecho, Rousseau también había atacado a D'Alembert en su *Carta sobre los espectáculos*, en la que manifestaba su oposición a la idea de instalar un teatro estable en Ginebra. Según Rousseau, el teatro solo buscaba halagar al público excitando los sentimientos más groseros e indeseables. En lugar de eso, debían promoverse los pasatiempos sencillos y familiares que ofrecen una forma de ocio mucho más saludable.

Al igual que Diderot, Voltaire acabó pensando que Rousseau era un villano, un hombre atroz y cobarde. Esa antipatía se alimentó del contraste que existía entre las ideas expuestas en obras como *Emilio, o De la educación*, donde Rousseau abogaba por tratar a los niños con ternura, adaptándose a sus ritmos de aprendizaje y no utilizando en ningún caso los castigos físicos, y la frialdad que mostró hacia sus propios hijos, a los que entregó a un hospicio. No fue su única incongruencia. A pesar de sostener que el ser humano propendía al bien, mostró una actitud despectiva hacia las mujeres y las rebajó a mero complemento del hombre. Ese desdén no le impidió escribir una novela sobre el amor que tituló *Julia, o la nueva Eloísa*, la cual logró conmover a miles de lectores con la muerte de su protagonista. Sus ideas políticas tampoco estaban exentas de contradicciones. Defensor del contrato entre las distintas clases sociales como única fuente de legitimidad para garantizar la paz y la libertad, exaltó la «voluntad general», un concepto abstracto que se ha utilizado para justificar las peores tiranías. La «voluntad general» no apela a la soberanía popular, sino al interés común, que solo puede ser conocido por un Gobierno sabio con la autoridad necesaria para imponer sus mandatos. Rousseau fue un hombre desgraciado, que se sentía atacado por todos y que respondía a los agravios, muchas veces imaginarios, con una ira insensata y desmedida.

Voltaire celebró que Rousseau abandonara la *Enciclopedia*, pero intentó convencer a D'Alembert de que no hiciera lo mismo, subrayando que la obra había contribuido a que retrocedieran la superstición y el fanatismo. Menos fanatismo significaba menos violencia, menos guerras, menos desventuras. Voltaire opinaba que había que combatir a figuras como Pascal, que razonaba como un fanático. Respetaba su genio y su elocuencia, pero deploraba su misantropía, según la cual los hombres son malvados e infelices. Voltaire opinaba que los hombres no eran ni tan malvados ni tan infelices. Eso no implicaba que viviéramos en el mejor de los mundos posibles, como sostenía Leibniz, un genio de la lógica y la matemática pero cuya teodicea absolvía a Dios de cualquier responsabilidad en el mal. Era grotesco hablar de una armonía preestablecida después del terremoto de Lisboa, que causó miles de víctimas. Pero eso no significaba que hubiera que maldecir la vida. El sabio turco de *Cándido* señala el camino que debemos tomar para vivir mejor: cuidar nuestro huerto, trabajar en la actividad donde hemos volcado nuestro genio, ser laboriosos y pacientes. El trabajo aparta de nosotros tres grandes males: el tedio, el vicio y la necesidad. No hay otra alternativa para que la existencia se vuelva tolerable. No todo es bueno o malo. No hay que huir de la vida, sino afrontarla con inteligencia, cambiando lo que no nos gusta siempre y cuando esté en nuestras manos.

Pese a los argumentos de Diderot y Voltaire, D'Alembert abandonó la *Enciclopedia*. No fue capaz de soportar la campaña desatada contra la obra, según la cual sus autores albergaban la pretensión de destruir la monarquía, corromper las costumbres y fomentar el ateísmo. A pesar de estas acusaciones, la *Enciclopedia* pudo continuar su marcha hasta completarse en 1765 con el volumen décimo séptimo. Más tarde se añadieron otros cinco tomos de suplementos, once de láminas y dos de índices. En 1780 se consideró concluido el proyecto con treinta y cinco volúmenes. No me siento capaz de recriminar a D'Alembert su deserción. Quizás yo habría hecho lo mismo, movido por el temor de ser enviado a la temible Bastilla. Puedo decir, eso sí, que en una ocasión puse mi vida en peligro por salvar de las llamas los libros de un instituto de enseñanza secundaria. Corría el año 1999 y yo realizaba una guardia de biblioteca cuando se desató un incendio. En esas fechas, los alumnos fumaban clandestinamente en los baños y los profesores, muchos de ellos fumadores, hacían la vista gorda. Yo nunca he fumado, pero me mostraba tan comprensivo como el resto de mis compañeros. Entre clase y clase, los baños se convertían en auténticas chimeneas. Al pasar cerca, el olor a tabaco resultaba tan intenso que era imposible ignorarlo y cuando los alumnos entreabrían la puerta, se apreciaba de forma inequívoca un humo blanco o grisáceo que ocupaba toda la estancia, casi una nube tóxica que se propagaba imparablemente sin hallar resistencia.

El incendio se produjo por una negligencia. Alguien arrojó una colilla encendida a un inodoro con restos de papel higiénico. El papel se quemó y ardió la tapa de plástico. El fuego alcanzó la puerta y se extendió por el baño. En esos momentos, yo me encontraba colocando los tejuelos de una de esas viejas enciclopedias en varios tomos que hoy nadie quiere. Había cerrado la puerta para trabajar con tranquilidad y, de repente, alguien la golpeó. Pensé que algún alumno estaba haciendo el tonto. Continué con mi tarea hasta que un humo negro se coló por debajo. Alarmado, abrí la puerta y descubrí que el humo recorría todo el pasillo. Todo indicaba que ya no quedaba nadie en la planta, pues no se atisbaba ninguna presencia y las voces que se escuchaban procedían del vestíbulo. La reacción más normal habría consistido en bajar las escaleras para huir del fuego, pero mi mente me jugó una mala pasada y me señaló que debía devolver la enciclopedia a las estanterías protegidas por cristales. No recuerdo cuánto tardé, pero lo hice, pese a que el humo comenzaba a avanzar por la biblioteca. Cuando al fin terminé, recorrí el pasillo de la planta para comprobar si quedaba algún alumno en las aulas. Afortunadamente, todo el mundo había huido. Me topé con otro profesor que me ayudó a bajar las escaleras. Ya en el vestíbulo y con los ojos irritados, pensé que había actuado de una forma irresponsable. Hoy puedo decir que me enorgullezco de haber mostrado tanto amor por los libros. Por cierto, las llamas solo consumieron el baño. La biblioteca nunca llegó a estar en peligro, pero el valor de un gesto no se mide por su eficacia, sino por la motivación que lo inspira.

El mundo en su mano

En 2022, las enciclopedias en papel parecen cosa del pasado. La Wikipedia, cada vez más consistente y con artículos más elaborados, goza de una enorme popularidad. Al margen de este cambio de formato, podemos afirmar que la aparición de las enciclopedias es un argumento a favor del optimismo. No solo han ilustrado a los seres humanos. También los han ayudado a ser más felices guiando sus pasos a la hora de tomar decisiones. Preservar el saber del pasado es una inversión de futuro y constituye un gesto de solidaridad con las generaciones venideras. Considerar que la cultura es un bien esencial pone de manifiesto que somos conscientes de haber logrado grandes cosas. La antigua civilización griega hace mucho tiempo que desapareció, pero sigue viva en la memoria colectiva. Incluso los que desconocen casi todo sobre ella saben que es una pieza esencial de la identidad cultural de Occidente. Las enciclopedias abren la puerta de mundos remotos, ofreciendo la posibilidad de un feliz encuentro. El pasado vive gracias a ellas.

Borges era un gran admirador de las enciclopedias. Incluso inventó una enciclopedia imaginaria, la de Tlön, un planeta no menos ficticio. En su relato «Tlön, Uqbar, Orbis Tertius», incluido en *Ficciones*, una sociedad secreta de trescientos sabios publica cuarenta volúmenes sobre el inexistente Tlön, un lugar paradójico donde el materialismo constituye una herejía. Berkeley, un filósofo inglés del siglo XVIII, sostenía que las cosas solo existen en la medida en que son percibidas. Cuando no es así, cuando no hay un sujeto que las percibe, no hay ningún argumento racional para sostener que perduran como entes autónomos. Evidentemente, es una reflexión teórica sobre la relación entre la percepción y la realidad, no una tesis que pida nuestra adhesión, al menos en el terreno de la vida práctica. Sin embargo, encierra algo de verdad. Cuando algo no es percibido, cuando nadie medita o escribe sobre su existencia, ¿no podemos afirmar que su realidad se difumina hasta casi desaparecer? ¿No hay algo fantasmagórico en un planeta deshabitado? Una enciclopedia es el testimonio inequívoco de que hay vida, historia, cambio, evolución, experiencia.

La conciencia crea mundos. No físicamente, pero sí simbólicamente, pues alumbra significados, valores, costumbres, leyes, instituciones. Las enciclopedias recrean ese proceso. Son como los estratos geológicos, un registro de lo que hemos vivido y aprendido. Si nuestra conciencia colectiva pensara que la vida es una pesadilla, no habrían surgido esta clase de obras. Son, en cierto modo, el huerto de Voltaire. No ocultan las infamias perpetradas por la humanidad, pero destacan sus hallazgos y conquistas. En *César y Cleopatra*, una comedia de Bernard Shaw, Teodoro, un anciano que ocupa el puesto de preceptor del joven príncipe egipcio Ptolomeo, pide a Julio César que envíe a sus legiones para sofocar el incendio de la Biblioteca de Alejandría. Uno de los barcos de la flota romana ha provocado el fuego y si este se extiende, la memoria de la humanidad quedará reducida a cenizas. Julio César responde airado: «Déjala arder. Es una memoria de infamias». ¿Verdaderamente es así? Tal vez no vivimos en el mejor de los mundos posibles —o quizás sí, pues las otras combinaciones podrían ser infinitamente peores—, pero no creo que nuestro mundo —el mundo que ha creado la humanidad a lo largo de la historia— sea un lugar tan infame que merezca arder.

Cualquier enciclopedia me da la razón, con sus entradas sobre creaciones artísticas, inventos, expediciones, ciudades, civilizaciones. Al igual que Borges, profeso un enorme aprecio por las enciclopedias, casi una fe misteriosa. En la biblioteca de mi padre había varias enciclopedias: la Espasa, algunos tomos de la Británica, la Larousse y algunas comprimidas en un solo volumen.

Conservo una enciclopedia infantil que se titulaba *El mundo en su mano*. Recuerdo que me fascinaba, pues me reveló infinidad de cosas que desconocía y que yo interpretaba como la señal inequívoca de que el mundo no era un lugar particularmente malo. En la cubierta se veía un globo terráqueo sostenido por una mano, y en la contracubierta aparecían las banderas de algunos de los países que se habían independizado desde 1945 o que habían sido creados por una conjunción de circunstancias geopolíticas: Irlanda, Ceilán, Argelia, Islandia, Jamaica, Libia, Malta, Túnez, Siria, Israel. Mi padre la adquirió en 1971. Lo sé porque le gustaba anotar en la portada la fecha en que compraba cada libro. Yo añadí flechas en los márgenes, destacando todo lo que me agradaba. Había una sección titulada «Origen humilde de algunos hombres célebres». Entre los nombres mencionados se encontraba Miguel de Cervantes (paje, soldado y alcabalero), Charles Dickens (mozo en una fábrica de betún y dependiente en una droguería), Thomas Alva Edison (vendedor de prensa y telegrafista, con unos estudios que se reducían a tres meses de escuela), Epicteto (esclavo y después liberto), Gengis Kan (pastor), Emiliano Zapata (labrador), Benjamin Franklin (operario en una fábrica de jabón y velas de sebo). Saber que algunos líderes políticos y genios de la literatura y la ciencia habían nacido en hogares modestos o habían desempeñado trabajos ingratos y miserables me hacía pensar que el futuro siempre sería una ventana abierta a infinitas posibilidades. Nunca he creído en el destino. Nada está escrito. Nunca es demasiado tarde. Daniel Defoe publicó su primera novela con cincuenta y nueve años. Me refiero a *Robinson Crusoe*, uno de los grandes clásicos de la literatura universal.

La Ilustración en Gran Bretaña: Locke, Berkeley, Hume

> Ser naturalmente así, optimista, vale más que poseer un abultadísimo patrimonio.
>
> David Hume, «Mi propia vida»

*P*linio el Viejo y Ptolomeo se refieren a la isla de Gran Bretaña como Albión. Al parecer, es un nombre de origen celta que los conquistadores romanos confundieron con *albus* (blanco) y que relacionaron con los tonos claros de los acantilados de Dover. Suele pensarse que la Ilustración dio sus mejores frutos en Francia, pero lo cierto es que su inspiración fue la física de Newton, la química de Robert Boyle y las teorías epistemológicas y políticas de Locke. John Locke (Wrington, Somerset, 1632-Essex, 1704) describió las enseñanzas filosóficas recibidas en la universidad de Oxford como un «peripatetismo» oscuro e inútil. En su *Ensayo sobre el intelecto humano*, negó la existencia de las ideas innatas y atribuyó el verdadero conocimiento a la experiencia. Su empirismo crítico lo llevó a la conclusión de que conocemos nuestra existencia por intuición, la de Dios por demostración y la de las demás cosas por sensación. Era religioso pero estaba lejos de cualquier forma de fanatismo, y negó que la monarquía se fundara en el derecho divino. El Estado nace de la ley natural, según la cual todos los hombres son iguales y poseen el derecho a ser libres, poseer bienes y no ser despojados de su vida y dignidad. Locke defiende la tolerancia y la libertad de conciencia. Cada individuo tiene derecho a expresar su punto de vista mientras no atente contra el bienestar ajeno y la seguridad pública. Si el poder político lo impide, pierde su legitimidad, pues ya no será un Gobierno justo, sino una tiranía, y será lícito rebelarse contra su opresión.

George Berkeley (Dysert, Irlanda, 1685-Cloyne, *id.*, 1753), otro de los precursores de la Ilustración, elaboró una teoría del conocimiento nominalista y fenomenista según la cual solo existe lo que es percibido. ¿Podemos estar seguros de que existe algo más allá de la mente? ¿Ha visto el ser humano otra cosa que no sean sus propias ideas? ¿Y qué son las ideas sino sensaciones? ¿Tendríamos la idea de olor sin haber experimentado los aromas y los hedores? Las ideas abstractas son ilusorias. No conocemos al hombre, sino a este o aquel hombre. Berkeley nos muestra el callejón sin salida al que conduce basar todo nuestro conocimiento en la experiencia. David Hume, otro pionero del pensamiento ilustrado, continúa esta reflexión, señalando que la relación causal es fruto de una deducción ilegítima. Entre la causa y el efecto no existe una conexión lógica, sino una relación creada por la costumbre. Estamos acostumbrados a que después de ciertos fenómenos se produzcan determinadas reacciones, pero no podemos afirmar categóricamente que siempre será así. La causa no es un hecho físico, sino un concepto que hace el mundo más inteligible. Sin la teoría, la experiencia es una guía engañosa. Años más tarde, Kant completará este razonamiento al escribir: «Las intuiciones, sin conceptos, son ciegas; los conceptos, sin intuiciones, son vacíos».

No puedo hablar de David Hume sin mencionar a otro David, uno de mis alumnos. A los dieciséis años, solo unos pocos tienen muy claro qué quieren hacer con su porvenir. David era uno de esos pocos. Desde los doce, quería estudiar medicina, y no era una simple ensoñación. Sus notas eran brillantes y se comportaba con enorme madurez. Se mostraba comprensivo incluso con las equivocaciones de los profesores, que suelen confundirse mucho más a menudo de lo que se imagina. En una ocasión, me hice un lío con las fechas de las convenciones de Ginebra. Nadie se dio cuenta, pero rectifiqué al final de la clase, cuando la memoria acudió en mi ayuda. Algunos se quejaron, pues mi error los obligó a tachar y escribir encima. Sonó el timbre, recogí mi mesa y salí al pasillo algo apesadumbrado. Se me cayó un libro que llevaba bajo el brazo y David lo recogió y me lo entregó con una sonrisa: «No te preocupes. Cualquiera puede equivocarse». Sus palabras disolvieron mi malestar y despertaron mi gratitud.

David era alto y bien parecido. Llevaba gafas y camisas de manga larga. Tal vez mi descripción insinúe la imagen de un empollón repelente, pero nada más lejos de la realidad. Simplemente, era un chico con un propósito claro en la vida. Por lo demás, era buen compañero, ayudaba a los que tenían dificultades con alguna asignatura y le gustaba el cine, el deporte y salir con los amigos. Algunos alumnos comentaban que no sabía disfrutar, que se pasaba muchas horas estudiando, que no se atrevía a experimentar cosas nuevas, pero yo pensaba que era el perfecto ejemplo de una persona feliz. De hecho, me recordaba a David Hume.

Hume no fue un filósofo sumido en graves y áridos pensamientos, sino un hombre amable, sociable y sensible, que encaró su propia muerte con elegancia y serenidad. Sus padres querían que estudiara leyes, pero no le agradaba la idea: «Desde joven abracé una inclinación por el saber que ha sido la pasión de una vida y la fuente de mis alegrías». El joven Hume experimentaba «una aversión invencible hacia todo lo que no fuera el estudio de la filosofía y del conocimiento». Al igual que David, poseía una curiosidad insaciable y no estudiaba por deber, sino por placer. Optimista hasta el final de su existencia, Hume escribió una breve autobiografía pocos meses antes de morir. Se titula «Mi propia vida», pero quizás el título más adecuado habría sido «Sobre la felicidad», pues expresa algunas de las claves para transitar por la existencia con ilusión y alegría, sin permitir que la expectativa de la muerte ensombrezca nuestro ánimo.

Al comienzo de su texto, Hume se disculpa: «Es difícil que un hombre hable mucho de sí mismo sin incurrir en vanidad, así que seré breve». Nos cuenta que nació en 1711 en Edimburgo, en una familia perteneciente a la pequeña nobleza terrateniente. Gracias a una pequeña renta, se retiró a vivir a la campiña francesa y descartó cualquier empresa comercial para incrementar su fortuna: «Ahí encontré el estilo de vida que tanto había procurado. Resolví que una estricta frugalidad supliera mi falta de patrimonio a fin de mantener mi independencia intacta y no interesarme más que en mejorar mis aptitudes literarias». Tres años después, regresó a Londres y publicó su primer libro, *Tratado sobre la naturaleza humana*. La obra pasó desapercibida, no despertó ni un «ligero murmullo». A pesar de ello, Hume no se desanimó: «Mi temperamento alegre y optimista me ayudó a recobrar rápido el aliento y proseguí con entusiasmo mis estudios». Pagó los costes de edición de su segundo libro, *Ensayos sobre moral y política*. La obra le proporcionó un discreto reconocimiento. Su tercer libro, *Investigación sobre el entendimiento humano*, provocó tibias reacciones, y la reedición de sus *Ensayos* solo causó indiferencia. Nada de eso enfrió su pasión por la escritura: «Tal es la fuerza del carácter que esas desilusiones reiteradas no lograron abatirme». La fama no llegó hasta que aparecieron los primeros improperios cuestionando sus teorías. Decidió no contestar a las provocaciones y continuar con su trabajo intelectual: «No tener un carácter irascible me facilitó mantenerme apartado de las disputas. Aunque siempre estuve predispuesto a ver el lado favorable y no el desfavorable de las cosas, los síntomas de un renombre en aumento me insuflaron valor. Por cierto, ser naturalmente así, optimista, vale más que poseer un abultadísimo patrimonio». En 1752, la celebridad se hizo más notoria con sus *Discursos políticos*. Ese mismo año, ocupó el puesto de bibliotecario de la Faculty of Advocates de Edimburgo y empezó a escribir su *Historia de Inglaterra*, que le atrajo una avalancha de críticas: «Fui rodeado por el reproche, la desaprobación y hasta por el desdén». Admite que le afectó, pero al cabo del tiempo aprendió a «ser insensible a las expansiones de la locura pública».

Hume comenzó a ganar dinero y prestigio con sus libros, viajó a París, donde se relacionó con intelectuales y artistas, y volvió a Edimburgo. En 1775, notó molestias en los riñones, acudió a un médico y, tras un examen, le comunicaron que estaba gravemente enfermo. No le engañaban. Le informaron de que viviría dos años, quizás menos. «Padecí un rápido deterioro —escribe—. No he sentido hasta ahora mucho dolor, y, lo que resulta más raro, no obstante mi quebranto, nunca ha decaído mi ánimo. Tal es así que si me viera en el trance de repetir una etapa de mi vida, estaría tentado de elegir esta de ahora. Soy dueño de la misma pasión de siempre hacia el estudio y del mismo regocijo hacia la compañía de mis amistades». Hume finaliza su carta describiéndose como un hombre de carácter «abierto y risueño, con capacidad para los afectos y de pasiones muy moderadas. Ni siquiera la inquietud por mi fama literaria, sin lugar a dudas mi deseo dominante, fue capaz de amargar mi carácter, y eso a pesar de las reiteradas desilusiones. Mi amistad no fue rechazada ni por los jóvenes y los rebeldes, ni por los estudiosos y los conservadores. No puedo negar que sobrevuela alguna vanidad en esta oración fúnebre que de mí mismo escribo. Confío en que ella no sea tenida por extemporánea y se la sepa situar en su lugar exacto, como una licencia personal que adopto, acepto y firmo. 18 de abril de 1776».

Hume falleció el 25 de agosto. Su amigo Adam Smith escribió una carta a William Strahan, impresor y editor, relatando sus últimos días: «Aunque más débil pero no abatido, continuó distrayéndose como de costumbre: corregía sus escritos para una nueva edición, leía para entretenerse y frecuentaba la conversación de sus amistades para divertirse; y a veces, en las tardes, jugaba una partida de *whist*, su pasatiempo favorito. Su alegría era tan manifiesta, y su conversación y su contento se parecían tanto a lo que en él era habitual, que, no obstante los malos síntomas, mucha gente no podía creer que se estaba muriendo». En una ocasión, Hume le comentó a Smith el secreto de su imperturbable dicha: «Nunca hice nada que no deseara hacer». El doctor Blake, que le asistió en las últimas semanas, nos ha dejado sus impresiones, muy similares a las de Smith: «Nunca manifestó la menor impaciencia; por el contrario, cuando tuvo oportunidad de hablar con quienes le rodeaban, lo hizo con afecto y cariño. Murió con una serenidad insuperable».

Leí en clase la carta de Hume y les pedí a mis alumnos que la desglosaran en puntos, pero no en un papel, sino en la pizarra para que pudiéramos contrastar puntos de vista. Esta clase de experimentos no siempre salen bien, pero esta vez la respuesta fue inmejorable. El primero en levantarse fue David y escribió sin vacilación: «Tener una meta en la vida». Después, le siguieron sus compañeros, anotando lo que se les ocurrió, casi siempre bastante atinado: «No desanimarse ante las dificultades», «tomarse la vida con humor», «relativizar los fracasos», «sentir curiosidad por las cosas», «no atribuir una importancia excesiva a los bienes materiales», «no ser irascible», «ver el lado bueno de las cosas», «apreciar los éxitos personales, pero sin engreimiento», «no darse demasiada importancia a uno mismo», «no cambiar de opinión por la presión de los otros», «disfrutar del momento», «cultivar la amistad», «ser paciente y afectuoso», «practicar la moderación», «ser tolerante con las opiniones ajenas», «hacer lo que uno desea, pero sin molestar a los demás».

Leí con satisfacción lo que habían escrito mis alumnos en la pizarra.

—No está mal. ¿Se os ocurre algo más?

David levantó el brazo:

—Dos cosas. La primera: ser indulgente con los propios errores.

Pensé en mi apuro por mi equivocación con las fechas de las convenciones de Ginebra. Era bastante improbable que David recordara ese incidente, pero descubrí una vez más que ser profesor es una excelente oportunidad para aprender y mejorar como ser humano.

—Y la segunda: ser valiente —terminó David—. No me refiero a ser temerario, sino a saber aceptar lo inevitable. La muerte está ahí y no podemos esquivarla. Si Hume hubiera muerto con miedo, su carta parecería menos creíble. Por cierto, ¿creía en Dios?

—Se mostraba más bien escéptico —contesté—. Consideraba que la idea de Dios violaba las leyes naturales y que las pruebas sobre su existencia eran falsas. Sin embargo, admitía que muchos hombres viven mejor si creen en un orden sobrenatural.

Actualmente, David, mi alumno, trabaja en el Hospital de La Paz. Se especializó en neurocirugía. Era su meta y lo ha conseguido. Gracias a las redes sociales, conservo el contacto con él. Me cuenta que es feliz, que su objetivo es no dejar de aprender, que no ha olvidado la carta de Hume, que lucha por la vida de sus pacientes con tenacidad y que intenta superar cada fracaso, pues no siempre las intervenciones quirúrgicas tienen un feliz desenlace. «He descubierto que la felicidad no consiste en tener todo lo que se desea —me cuenta David—, sino en mirar a la vida a la cara y aceptar sus limitaciones. Eso no implica caer en el conformismo. Siempre es posible hacer algo para mejorar».

Mandeville: la fábula de las abejas

Locke, Berkeley y Hume han pasado a la historia como precursores de la Ilustración. La influencia de sus ideas se notó por toda Europa. Inspiraron a otros filósofos, que aportaron nuevas ideas sobre cómo vivir de una forma más sabia. Citemos a algunos, cuyas reflexiones no han perdido valor. Anthony Ashley Cooper, conde de Shaftesbury, reivindicó la ironía como el arma más eficaz contra el fanatismo. La ironía no pretende humillar al adversario, sino reducir al absurdo sus argumentos. Está al servicio de la razón y la razón nos permite juzgar objetivamente lo que es bueno y malo. No estamos naturalmente inclinados hacia el egoísmo y la malicia, como presupone Thomas Hobbes. El hombre es un ser social y, espontáneamente, experimenta simpatía hacia sus semejantes. El altruismo beneficia a nuestros impulsos egoístas. El afecto que prodigamos suele volver a nosotros y mejora notablemente nuestras vidas. Por el contrario, un egoísmo feroz conduce a la soledad y la infelicidad.

Discípulo de Shaftesbury, Francis Hutcheson apoyó el altruismo, y añadió que la mejor acción posible es la que proporciona «una mayor felicidad a la mayor cantidad de personas». Bernard de Mandeville (Róterdam, 1670-Hackney, Inglaterra, 1733) objetó que el altruismo no contribuía al bien público. En su famosa obra *La fábula de las abejas, o Vicios privados, beneficios públicos* (1705), Mandeville sostiene que los vicios privados son la clave del bienestar social. El lujo, la envidia, la lujuria, son motores económicos. Crean trabajo y riqueza, pues hacen que el dinero circule, fomentando el comercio y la industria. En cambio, la falta de ambición material frena el desarrollo económico. Mandeville atribuye el anhelo de igualdad al resentimiento de los débiles, que inventan argumentos morales para reivindicar la riqueza que no han sido capaces de producir, y pone como ejemplo de vicios fructíferos a los libertinos. Se los criticaba por su vida disipada, pero sus excesos y extravagancias proporcionaban trabajo a sastres, criados, perfumistas, cocineros y mujeres de mala vida, que a su vez demandaron los servicios de panaderos, carpinteros, campesinos, etc. Solo los vicios garantizan la prosperidad y la grandeza de una sociedad.

En la *Fábula de las abejas*, Inglaterra es una colmena corrupta pero próspera. Se lamenta de sus vicios y pide a Júpiter que la transforme en un modelo de virtud. Júpiter se lo concede y eso causa su ruina. Miles de abejas mueren a consecuencia de un nuevo estilo de vida basado en la rectitud y la moderación. Conviene aclarar que para Mandeville el vicio es «todo acto que el hombre realiza para satisfacer un apetito» y la virtud, «toda acción contraria al impulso natural, que frene las propias pasiones». Mandeville no defiende el crimen y el latrocinio, sino esa ambición individual que inspira la creación de ideas, empresas y productos susceptibles de producir riqueza. Al buscar su propio beneficio, el individuo contribuye a la prosperidad del conjunto.

¿Es verdadera la moraleja de la *Fábula* de Mandeville? Ciertamente, la ambición individual es una fuente de riqueza colectiva, pero una ambición desmedida puede ser devastadora para el conjunto de la sociedad. Por otro lado, una economía basada en un crecimiento ilimitado es peligrosa para la salud del planeta. Si los países en vías de desarrollo consumieran lo mismo que las naciones más ricas, el deterioro del medio ambiente se volvería intolerable y algunos recursos se agotarían rápidamente. Evidentemente, la solución no es que las desigualdades regionales se mantengan. Algunos economistas y politólogos proponen como alternativa el decrecimiento, una disminución gradual de la producción que cree una nueva relación de equilibrio entre los seres humanos y la naturaleza. Si no aprendemos a ponernos límites, la ambición puede ser una fuerza devastadora. El mito del pecado original no es una historia sobre la sustracción de una manzana, sino una advertencia sobre las consecuencias de codiciar el poder absoluto y explotar la naturaleza sin pensar en la necesidad de preservar sus riquezas.

Las mujeres de la Ilustración

> Mujer, despierta; el rebato de la razón se hace oír en todo el universo; reconoce tus derechos [...]. Cualesquiera que sean los obstáculos que os opongan, podéis superarlos; os basta con desearlo.
>
> OLYMPE DE GOUGES,
> *Declaración de derechos de la mujer y la ciudadana*

*P*aradójicamente, los ilustrados, que convirtieron la libertad e igualdad de derechos en una de sus banderas, excluyeron a las mujeres de sus reivindicaciones. Rousseau afirmó que la mujer debía ocuparse del hogar, el marido y los hijos y abstenerse de cultivar su inteligencia, pues podía ser perjudicial para su equilibrio psíquico y desestabilizar el orden social. Los ilustrados escribieron sobre la naturaleza de la mujer, sobre sus peculiaridades físicas y psicológicas, pero no se preocuparon de sus derechos. Dieron por supuesto que la mujer era inferior al hombre y no podía disfrutar de los mismos privilegios. Su papel en la sociedad debía limitarse a la realización de las tareas domésticas y la crianza de los hijos. Sin embargo, las mujeres no se resignaron a ser marginadas y adoptaron algunas iniciativas. Olympe de Gouges, seudónimo de Marie Gouze, escritora, autora teatral, filósofa y panfletista, redactó en 1791 la *Declaración de los derechos de la mujer y la ciudadana*. Nacida en una familia burguesa, Olympe de Gouges se casó con un hombre mayor y engendró un hijo, Pierre Aubry. Su experiencia conyugal fue tan frustrante que, tras quedarse viuda, declaró que el matrimonio era la tumba de la confianza y el amor. Se estableció en París y frecuentó los salones literarios, donde se relacionó con los grandes pensadores de su tiempo. Escribió varias obras teatrales y creó una compañía para que las representaran. Se pronunció contra la esclavitud y escribió panfletos a favor de su abolición, lo cual le atrajo la enemistad de la aristocracia, que se había enriquecido con la trata de seres humanos. La denunciaron a las autoridades y pasó unas semanas en la Bastilla. A pesar de ese revés, continuó su actividad política, publicando artículos y folletos que abogaban por un impuesto patriótico y ambiciosas reformas sociales. Además, fundó varias sociedades fraternas que admitían en pie de igualdad a los dos sexos. En 1791, publicó su célebre *Declaración de derechos de la mujer y la ciudadana*, que empezaba con una frase desafiante: «Hombre, ¿eres capaz de ser justo? Una mujer te hace esta pregunta». Aunque apoyó la causa republicana, se opuso a la ejecución de Luis XVI, criticó vigorosamente la política de Robespierre y Marat y se alineó con los girondinos, lo cual le costó ser detenida, juzgada sin garantías y enviada a la guillotina. En el artículo 10 de su *Declaración*, había escrito: «Si la mujer puede subir al cadalso, también se le debería reconocer el derecho de poder subir a la tribuna». Fue ejecutada el 3 de noviembre de 1793, y su hijo renegó públicamente de ella por miedo a las represalias.

La *Declaración de la mujer y la ciudadana* afirma que «la mujer nace libre y conserva los mismos derechos que el hombre» y que «solo la tiranía perpetua del hombre le pone límites al ejercicio de sus derechos naturales; estos límites deben ser reformados por las leyes de la naturaleza y de la razón». Olympe de Gouges pidió que las mujeres pudieran ejercer el derecho al voto, acceder a la educación y a la vida pública, ocupar responsabilidades políticas e integrarse en el ejército. Asimismo, fue pionera en la reivindicación del divorcio y de los derechos de la infancia, pues solicitó el reconocimiento paterno de los niños engendrados fuera del matrimonio. No se olvidó de los parados y los mendigos, y abogó por la creación de talleres y hogares para indigentes. El epílogo de la *Declaración* es emotivo y electrizante: «Mujer, despierta; el rebato de la razón se hace oír en todo el universo; reconoce tus derechos. El potente imperio de la naturaleza ha dejado de estar rodeado de prejuicios, fanatismo, superstición y mentiras. La antorcha de la verdad ha disipado todas las nubes de la necedad y la usurpación. El hombre esclavo ha redoblado sus fuerzas y ha necesitado apelar a las tuyas para romper sus cadenas. Pero una vez en libertad, ha sido injusto con su compañera. ¡Oh, mujeres! ¡Mujeres! ¿Cuándo dejaréis de estar ciegas? ¿Qué ventajas habéis obtenido de la revolución? Un desprecio más marcado, un desdén más visible [...]. Cualesquiera que sean los obstáculos que os opongan, podéis superarlos; os basta con desearlo».

Olympe de Gouges no fue la única mujer que protestó contra la discriminación que sufría la mujer. En Inglaterra, la escritora y filósofa Mary Wollstonecraft publicó en 1792 el ensayo *Vindicación de los derechos de la mujer*, en el cual afirmaba que las mujeres debían recibir una educación que les permitiera participar activamente en el progreso de la sociedad. Wollstonecraft refutaba que las mujeres se hallaran incapacitadas para el pensamiento racional, tal como sostenía Talleyrand, el cual alegaba que eran demasiado frágiles y sentimentales para pensar de una forma ordenada y lógica. Esa debilidad, objetaba Wollstonecraft, no era producto de su biología, sino de haber sido educadas para ser *spaniels*, mascotas dóciles y obedientes. Wollstonecraft, enfrentándose a Rousseau y a otros apologistas de la sumisión femenina, denuncia que la mente de las mujeres se adormece al escuchar que la belleza es su principal cualidad. Esa idea nociva propicia que las mujeres concentren su atención en virtudes superficiales y descarten cultivar la inteligencia. Aunque Wollstonecraft no reivindica la igualdad de los sexos, como Olympe de Gouges, afirma que las mujeres podrían dedicarse a la medicina o la política y cosechar los mismos éxitos que los hombres. Para ello debería instaurarse una educación mixta, sin segregación entre sexos.

En España, la escritora y pedagoga Josefa Amar y Borbón publicó en 1786 un *Discurso en defensa del talento de las mujeres y de su aptitud para el gobierno y otros cargos en que se emplean los hombres*, en el que exigía que desaparecieran las barreras que frenaban el desarrollo del genio femenino. En 1798, la escritora y traductora Inés Joyes y Blake, de madre francesa y padre irlandés, publicó la *Apología de las mujeres*, un ensayo dedicado a sus hijas y redactado en forma de epístola, donde lamentaba la escasa educación que recibían las mujeres, las desigualdades que sufrían y la doble moral sexual que se aplicaba al varón y la mujer. «Oíd, mujeres —escribe Inés Joyes y Blake—, no os apoquéis; vuestras almas son iguales a las del sexo que os quiere tiranizar: usad las luces que el Creador os dio; a vosotras, si queréis, se podrá deber la reforma de las costumbres que sin vosotras nunca llegará: respetaos vosotras mismas y os respetarán». Basándose en las ideas de Madame de Lambert, una aristócrata parisina que en el siglo XVIII presidía un salón literario considerado un ejemplo de decoro y buen gusto, Inés Joyes y Blake sostenía que se mantenía a las mujeres en la ignorancia para garantizar la hegemonía masculina. Y también para que no descubrieran que el matrimonio y la familia no constituían su destino natural, pues existían otras formas de realización personal, como la lectura y el estudio.

La idea de que cualquier tiempo pasado fue mejor, uno de los grandes tópicos del pesimismo, se tambalea cuando se observan los cambios que se han producido en la situación de la mujer en Occidente. En el siglo XVIII, hubiera sido impensable que las mujeres pudieran llegar a ocupar altos cargos en la política, y menos aún que asumieran el liderazgo de un país. En la Europa de 2022, ocho mujeres desempeñaban el papel de jefas de Gobierno, la mayoría en países del este o el norte. En Suecia, Finlandia, Islandia o Dinamarca, la presencia de una mujer en el sillón presidencial dejó de llamar la atención hace décadas. Dos de las figuras más famosas de la política europea desde los años ochenta han sido mujeres: Margaret Thatcher y Angela Merkel. Y, actualmente, la Comisión Europea está presidida por Ursula von der Leyen y el Banco Central Europeo, por Christine Lagarde. Al margen de los sentimientos que inspiran cada una de estas figuras, el creciente protagonismo de las mujeres desmonta la teoría de que la historia es un proceso de decadencia. Desgraciadamente, la violencia contra la mujer no ha desaparecido y en algunos países continúan las humillaciones y las discriminaciones. Cuando escribo estas líneas, miles de mujeres iraníes se manifiestan en las calles contra la obligación de cubrirse la cabeza con el hiyab. La muerte de una joven kurda, detenida en Teherán por llevar mal puesto el velo y, presuntamente, maltratada en la comisaría, ha sido el detonante de las protestas, que hasta ahora han costado centenares de vidas. Las mujeres que desafían al régimen de los ayatolás se quitan en público el hiyab, se cortan el pelo, encienden fogatas, piden libertad a gritos. La policía responde con gases lacrimógenos y balas. El código penal islámico impone multas, latigazos y años de prisión por no utilizar el velo en público. Esta medida se aplica a las niñas a partir de los siete años. La policía arresta y maltrata todos los años a miles de mujeres por mostrar mechones de pelo, maquillarse o llevar ropa de colores. Es imposible averiguar qué sucederá a corto o medio plazo, pero creo que el régimen teocrático iraní acabará cayendo. El anhelo de libertad está muy arraigado en el ser humano y ninguna dictadura ha logrado conservar el poder mucho tiempo.

Kant, el paseante de Königsberg

> El hombre no llega a ser hombre más que por la educación. No es más que lo que la educación hace de él.
>
> IMMANUEL KANT, *Reflexiones sobre la educación*

En relación con el tema de la mujer, Immanuel Kant no es una excepción entre los ilustrados. Opina que las mujeres son demasiado pasionales y, por tanto, incapaces de ser racionales. Ironiza sobre las mujeres ilustradas, y observa que el conocimiento en la mujer no solo destruye su encanto, sino que le añade algo tan antinatural como la barba. La mujer no necesita instruirse, pues su intuición le enseña cuál es su misión: cuidar de la casa, ocuparse del marido, educar a los hijos. Son las mismas ideas de Rousseau. Ambos consideran, como la mayoría de los hombres de su tiempo, que la mujer nunca podrá abandonar la minoría de edad, pues su propia naturaleza le impide madurar y asumir responsabilidades, salvo las del hogar. Por tanto, debe permanecer bajo la tutela del hombre. Es difícil leer estas cosas y simpatizar con Kant, pero conviene recordar que en los grandes cerebros también anidan los prejuicios.

Immanuel Kant es un punto de inflexión en la historia de la filosofía. Al igual que otros ilustrados alemanes, se caracteriza por su carácter sistemático y algo árido. A diferencia de los franceses, los alemanes se concentran en averiguar cuáles son los límites de la razón y postergan las cuestiones literarias y estéticas, salvo excepciones, como Lessing, que reflexiona sobre los límites de la pintura y la poesía en su ensayo *Laooconte*. Kant se atiene a ese programa. Su enseñanza fundamental, que puede aplicarse a todos los ámbitos de la vida, es que nuestra visión de la realidad es una representación, una síntesis de percepciones y conceptos, pero eso no significa que no haya nada más allá. Kant llama conocimiento fenoménico a lo que conocemos y nóumeno a lo desconocido o cosa-en-sí. El conocimiento humano no agota lo real. No podemos descartar la existencia de mundos que ni siquiera somos capaces de concebir. Kant no descarta la existencia de un mundo espiritual o sobrenatural. Solo niega que podamos llegar a conocerlo de forma empírica. La metafísica no es una ciencia. No podemos demostrar la existencia de Dios o la inmortalidad del alma y el cuerpo, pero podemos pensar en ambas cosas y postularlas como una necesidad de la razón.

Kant nos enseña que el conocimiento siempre es provisional y sesgado. Como dirá años más tarde Ortega y Gasset, el conocimiento no es un reflejo, sino una perspectiva. No solo del exterior, sino de lo que hay en nuestro interior. Nunca llegamos a comprendernos del todo, entre otras cosas, porque la vida es un quehacer interminable y cambiamos sin cesar. Cambiar significa crecer, avanzar. Solo permanece idéntico a sí mismo lo que se estanca, lo que se esclerotiza y paraliza. Ortega y Gasset invocaba el axioma de Píndaro: «Llega a ser el que eres». Es decir, actualiza todo tu potencial, desarrolla todo lo que llevas dentro, no desperdicies las posibilidades que hay en ti. La vida es un proyecto que solo se materializa a base de disciplina y esfuerzo. Somos yacimientos que esperan ser explorados y solo nosotros podemos llevar a cabo esa tarea. El ser humano nunca deja de aprender. En *La condición humana*, André Malraux dice que se necesitan sesenta años para construir un ser humano. Hasta entonces solo somos esbozos, pero cuando alcanzamos esa edad y hemos adquirido una madurez sólida, ya solo nos queda morir. No es cierto. Immanuel Kant tenía cincuenta y seis años cuando publicó su obra principal, la *Crítica de la razón pura*. Y aún publicaría grandes obras en los años posteriores, como la *Fundamentación de la metafísica de las costumbres*, la *Crítica de la razón práctica*, la *Crítica del juicio* y su famoso opúsculo *Sobre la paz perpetua*.

La vida de Kant fue sencilla, monótona y disciplinada. Nació en 1724 en Königsberg, capital de Prusia Oriental hasta que en 1945 fue ocupada por el ejército rojo y renombrada Kaliningrado. Fue el cuarto de nueve hermanos y uno de los pocos que sobrevivió a la infancia. Pertenecía a una familia de artesanos. Su padre era talabartero y su madre, Anna Regina Reuter, muy religiosa y estricta. Anna dejó una profunda huella en su hijo y le inculcó valores como la honradez, el sentido del trabajo, la humildad y el desapego por lo material. Se preocupó de que adquiriera una buena formación enviándolo al Collegium Fridericianum y más tarde a la Universidad de Königsberg. La muerte de su padre lo obligó a interrumpir sus estudios y a trabajar como preceptor, una actividad que nunca le agradó. En 1749 publicó su primer libro, *Meditaciones sobre la verdadera estimación de las fuerzas vivas*. Tras doctorarse, logró una plaza de profesor de lógica y metafísica, y publicó una *Historia general de la naturaleza y teoría del cielo*, donde afirmaba que el sistema solar no fue creado por Dios en su forma actual, sino que surgió a partir de una nebulosa. También aventuró que la Vía Láctea era una espiral de estrellas en movimiento y que otras nebulosas podrían constituir fenómenos similares. Al contrario que a Pascal, la infinitud del universo no le producía desolación, sino fascinación y gratitud. Años más tarde, escribiría en la conclusión de la *Crítica de la razón práctica*: «Dos cosas me llenan la mente con un siempre renovado y acrecentado asombro y admiración por mucho que continuamente reflexione sobre ellas: el firmamento estrellado sobre mí y la ley moral dentro de mí». Hoy puede leerse esta frase en su tumba.

En 1770, la lectura de David Hume le sacudió profundamente y lo despertó de su «sueño dogmático». En los once años siguientes, no publicó ningún otro trabajo filosófico y se concentró en las cavilaciones que fructificarían en la *Crítica de la razón pura*. Su meta, como explicaría en la famosa introducción de la obra, era definir los límites de la razón y recortar el vuelo de la imaginación. Al igual que la paloma que siente la resistencia del aire y piensa que volaría mucho mejor en el espacio vacío, el ser humano cree que su pensamiento llegaría más lejos si no se hallara limitado por los sentidos. No advierte que los sentidos son el apoyo necesario para mover el entendimiento. Si prescindimos de ellos, nuestra imaginación se extravía en fantasías absurdas, como le sucedió a Platón. Después de once años de trabajo y aislamiento, Kant finalizó la *Crítica de la razón pura*, pero su publicación pasó desapercibida. Su estilo árido y académico provocó que Johann Gottfried Herder describiera la obra como un «hueso duro de roer». Kant no había despertado esas reacciones con sus obras anteriores. De hecho, había disfrutado de cierta popularidad. Quizás por ese motivo escribió los *Prolegómenos a toda metafísica futura*, un ensayo que resumía y clarificaba sus puntos de vista. El ansia de comunicación late incluso en los textos más oscuros. Un libro ininteligible es como un ser humano en una celda de aislamiento. El pensamiento siempre necesita interlocutores.

La *Crítica de la razón práctica*, la *Crítica del juicio* y opúsculos como «¿Qué es la Ilustración?» consolidaron la fama de Kant hasta convertirlo a ojos de la mayoría en el filósofo más importante de su tiempo. ¿Qué nos dice Kant sobre la felicidad? Demasiado pudoroso para expresar sus emociones, Kant se limitó a teorizar, eludiendo los argumentos de carácter sentimental. No compartía el emotivismo de David Hume, según el cual el sentido moral no procede de la razón, sino del sentimiento, que nos inclina hacia la virtud. La virtud produce placer, satisfacción, y el vicio, dolor, pesar. Kant considera que la moral no se puede basar en esos impulsos subjetivos, pues algunas personas experimentan placer cometiendo maldades y sienten una aversión espontánea hacia sus semejantes. La moral está fundamentada en la ley moral que habita en nuestro interior y se manifiesta como deber, imponiéndonos un imperativo incondicional. Kant enuncia ese imperativo de distintas maneras, pero en todos los casos destaca que debemos obrar de modo que siempre consideremos a la humanidad, tanto en nuestra persona como en la de los demás, como un fin y nunca como un medio. No sería posible obrar así si no dispusiéramos de libertad. Experimentamos el deber como algo espontáneo. Brota de nuestro ser de forma natural e inmediata, pero siempre existe la posibilidad de acatarlo o ignorarlo. No debemos pensar que la felicidad es un derecho, sino algo que debemos merecer. Solo podemos aspirar a ella cuando nuestros actos se ajustan al deber.

Muchas veces me han felicitado por sacrificarme durante cinco años y medio para cuidar a mi madre enferma de alzhéimer. Y también han alabado a mi mujer por ayudarme. Lo cierto es que ni mi mujer ni yo experimentamos la sensación de estar realizando un sacrificio, si por sacrificio se entiende algo penoso e ingrato. Para nosotros, cuidar a mi madre constituyó una experiencia de felicidad. No lo hicimos por sentido del deber, sino por amor. Si no lo hubiéramos hecho, habríamos experimentado un insoportable malestar. Pienso que Hume tiene razón en cuanto a que la moral procede del sentimiento, pero cuando no es así, hay que someterse al mandato del deber. En cualquier caso, me parece muy oportuno subrayar que la felicidad no debe ser algo gratuito, sino el fruto de un comportamiento ético. La virtud siempre recompensa, aunque las apariencias indiquen lo contrario. Creo que Nelson Mandela era más feliz en su minúscula celda de Robben Island que Hitler en la cúspide del poder, cuando pataleaba eufórico en París celebrando la victoria sobre su viejo enemigo.

Kant distinguía entre máximas e imperativos. Las máximas son mandatos individuales que solo conciernen al que las formula. Por ejemplo, «véngate de todas las ofensas que recibas» es un mandato subjetivo y solo es válido para el que lo sostiene. No puede universalizarse y, de hecho, cualquier ser humano razonable consideraría que no es una máxima digna de ser acatada. Los imperativos son mandatos universales. Pueden ser hipotéticos o categóricos. Los hipotéticos están sujetos a un fin y solo afectan al que quiere alcanzar ese objetivo. Es el caso del que desea obtener un título universitario o profesional y sabe que deberá esforzarse para conseguirlo. Los imperativos categóricos no están subordinados a un fin. No dicen «si quieres...», sino que, simplemente, establecen «debes porque debes». La voluntad queda determinada *a priori* por un mandato ineludible. Por ejemplo, «nunca mientas». No hay excepciones, pero el ser humano, sujeto a las pasiones o movido por intereses ilegítimos, puede incumplir ese mandato. Kant afirma que su ética es formal, pues no posee un contenido normativo, como los diez mandamientos que Yavé entregó a Moisés en el Sinaí. Su ética se basa en un principio abstracto que se revela como inequívocamente verdadero a la luz de la razón. El imperativo categórico que propone Kant es: «Obra solo según aquella máxima por la cual puedas querer que al mismo tiempo se convierta en ley universal». Es decir, actúa de tal modo que tu máxima subjetiva pueda convertirse en ley universal objetiva. En otro momento, Kant dice: «Obra como si la máxima de tu acción debiera tornarse, por tu voluntad, ley universal de la naturaleza». El valor de la acción moral reside en que el ser humano, como sujeto racional, puede obrar autónomamente. Si se limitara a obedecer o infringir un mandato, si solo obrara heterónomamente, sus actos carecerían de valor moral. Si respetáramos la ley moral solo por miedo a un castigo, nuestros actos serían interesados y nada éticos. Los sentimientos contaminan la vida moral. Lo importante es cumplir el imperativo dictado por el deber, que no suele coincidir con el querer. ¿A cuántas personas les apetecería devolver una gran suma de dinero hallada en el banco de un parque? ¿Quién no experimentaría un conflicto interior, un dilema? Kant responde que solo en la santidad coinciden la voluntad y el querer, pero la santidad no es cosa de este mundo.

Adolf Eichmann, alto funcionario del régimen nazi y uno de los arquitectos de la Shoá, invocó el imperativo categórico kantiano cuando fue juzgado en Jerusalén. Evidentemente, no lo había comprendido, pues si su máxima era cumplir la orden de organizar un genocidio, ¿quién desearía vivir en un mundo donde el asesinato en masa fuera una ley universal? Kant no es optimista en cuanto a las inclinaciones del ser humano. Aunque nunca fue un hombre religioso, asimiló la visión pietista del hombre como un pecador siempre predispuesto al mal. Aun así, creía firmemente en la libertad. No estamos abocados a obrar de forma inmoral. Siempre existe la posibilidad de hacer lo correcto, aunque nos resulte molesto o perjudicial. La idea de que no podemos elegir, de que somos esclavos de nuestras pasiones, nos encadena a la rueda del fatalismo y nos disuade de adoptar iniciativas. Es posible que haya en nuestro interior una inclinación al mal, fruto —según la tradición judeocristiana— del pecado original, pero también albergamos una chispa divina, que se manifiesta como ley moral. Los escuadrones de las SS que cometieron horribles matanzas de judíos, gitanos y partisanos en los países del este de Europa vivieron su tarea como algo traumático. Aunque la mayoría de los asesinos acabaron acostumbrándose, el régimen nazi se mostró comprensivo con los que sufrieron crisis nerviosas y requirieron tratamiento psiquiátrico. Las cámaras de gas surgieron no para aliviar el dolor de las víctimas, sino para eximir a los matarifes de un trabajo cruento y psíquicamente desestabilizador. Las ideologías pueden deshumanizar hasta el extremo de normalizar el asesinato, pero la ley moral sigue ahí, protestando.

Se dice que la mayor parte de los alemanes y austriacos apoyaron a Hitler, pero Franz Jägerstätter, un campesino austriaco, se negó a secundar a esa mayoría y prefirió actuar conforme a lo que consideraba su deber, sin ignorar el alto precio que pagaría por ello. Fue el único de su pueblo que votó en contra del *Anschluss*, el plebiscito organizado por la Alemania nazi para anexionarse Austria, y cuando en 1943 fue llamado a alistarse, realizó el período de instrucción, pero se negó a combatir. Acusado de insubordinación, fue encarcelado y sometido a toda clase de presiones para que cambiara de actitud, pero no dio marcha atrás y soportó con estoicismo las amenazas y los malos tratos. Condenado a morir en la guillotina, fue ejecutado en la prisión de Brandemburgo-Gorden el 9 de agosto de 1943. Tenía treinta y seis años, y dejó mujer y tres hijas. En junio del 2007, el papa Benedicto XVI autorizó su beatificación, que se celebró en Linz. Su viuda, de noventa y cuatro años, y sus tres hijas presenciaron la ceremonia.

La historia de Franz Jägerstätter es trágica, pero constituye un motivo de esperanza. Aunque el ser humano puede corromperse, el deber siempre parpadea en su interior y es libre de obrar conforme a sus dictados o ignorarlos. La filosofía de Kant es árida en la forma, pero contiene un mensaje muy humano, muy optimista. Las circunstancias sociales, históricas o biológicas ejercen una poderosa influencia en nuestros actos, pero no anulan nuestra libertad y no consiguen apagar la llama del deber, que fluctúa sin cesar en nuestra conciencia. A veces solo es un ascua a punto de extinguirse. Sin embargo, puede renacer en cualquier momento. Kant fue coherente con su modo de pensar. Su vida es un reflejo de sus ideas o quizás al revés, pues la forma de vivir a veces es la matriz del pensamiento. El ensayista y crítico literario británico Thomas de Quincey compuso una breve y hermosa crónica sobre el declive físico e intelectual del filósofo que tituló *Los últimos días de Immanuel Kant*. Basándose en los testimonios de varios amigos (Wasianski, Borowski y

Jachmann), nos contó que las molestias físicas y la pérdida de facultades no lograron alterar su temperamento. Invariablemente atento, cuando recibía una visita se levantaba, aunque se encontrara fatigado y dolorido. Ya hacia el final de su vida y apenas sin energía, hizo un esfuerzo supremo al recibir al médico, incorporándose de la butaca donde descansaba. Cuando el médico le suplicó que se sentase, contestó, no sin problemas de dicción: «Dios me libre de caer tan bajo como para olvidar los buenos oficios de la cortesía». Quizás esa delicadeza explique que su entierro se convirtiera en un acontecimiento multitudinario. Algunos atribuirán el fenómeno a su relevancia como filósofo, pero lo cierto es que Leibniz también gozó de un gran prestigio intelectual y, según se dice, solo su secretario acudió a su sepelio, pues era famoso por su carácter áspero y difícil.

Olympe de Gouges escribió, dirigiéndose a las mujeres: «Cualesquiera que sean los obstáculos que os opongan, podéis superarlos; os basta con desearlo». En su momento, parecía una frase ingenua, pero dos siglos más tarde la mayoría de las reivindicaciones que planteó en su *Declaración de derechos de la mujer y la ciudadana* se han cumplido. Suele identificarse la Ilustración en la exclamación de Kant: «¡Atrévete a saber!», pero yo creo que la frase de Olympe de Gouges añade ese fervor que es necesario para superar cualquier barrera o límite. No estaría de más añadir a ese espíritu el consejo que Rousseau formula en su *Emilio, o De la educación*: debemos aprender a amarnos a nosotros mismos, pues si no lo hacemos, jamás amaremos a los demás. El amor es un impulso natural; el odio, en cambio, se aprende y puede ser desactivado por medio de la razón. La Ilustración, imperfecta como cualquier movimiento filosófico, liberó a la humanidad de muchas cadenas y sigue proporcionándonos enseñanzas para ser más libres y más felices. El pensamiento es una maravillosa herramienta y siempre estará ahí, esperando que la utilicemos. Algunos dicen que previene el alzhéimer. No sé si es cierto, pero sí estoy seguro de que nos ayuda a vivir con más lucidez y dignidad.

El Romanticismo: la rebelión del espíritu

La exaltación de la razón que caracterizó a la Ilustración provocó que una nueva generación de pensadores y artistas se rebelara contra la idea de que la perfección se hallaba en la moderación, la prudencia y el análisis. Diderot ya había dicho que apasionarse era bueno, oponiéndose a los estoicos, según los cuales las pasiones son una fuente de inestabilidad, confusión y sufrimiento. La Ilustración se había presentado como una antorcha que espantaba las tinieblas, pero algunos opinaban que su claridad había sido letal para el espíritu. La razón había despojado a la realidad de misterio y había fijado metas de escaso aliento. Los románticos orientaron su mirada a la búsqueda de lo infinito, lo absoluto y lo ilimitado, distanciándose de la poética de la armonía y la proporción del neoclasicismo ilustrado. Novalis, una de las plumas más clarividentes del Romanticismo alemán, no busca la verdad en el mediodía, morada de la razón, sino en la noche oscura, donde habita la poesía, que es «lo absolutamente real». Aunque el término «romanticismo» ya se utilizaba en el siglo XVIII para alabar lo gótico y medieval frente al clasicismo grecolatino, fueron Herder, los hermanos Schlegel y Novalis quienes popularizaron el término en Alemania, epicentro de la revolución romántica. Desde ahí se extendería a toda Europa y fraguaría una nueva mentalidad que pretendía eximir al espíritu de todos los límites. Frente a la razón, se ensalzó la fe, la intuición y el sentimiento. El misticismo impregnó la interpretación de la historia, destacando el papel de la providencia, el genio y la libertad.

Hegel, el último de los grandes sistemáticos, explicará la historia como un despliegue del espíritu. El ser no es sustancia, es decir, algo acabado y solidificado, sino sujeto, pensamiento, actividad, proceso, movimiento. En un primer momento, el espíritu es idea, logos, y posee en sí mismo el principio de su propio desarrollo. En un segundo momento, se objetiva en la naturaleza, creando infinidad de formas. Finalmente, gracias a la filosofía, regresa a sí mismo, habiendo consumado un proceso de autoconocimiento. El ser y el deber ser coinciden, porque todo lo que existe constituye un momento indispensable del espíritu y su despliegue. Dicho de otro modo, «todo lo que es real es racional, y todo lo que es racional es real». El espíritu, que es infinito y absoluto, se realiza mediante lo finito. Retorna a sí después de objetivarse en lo diverso y contingente. Hegel afirma que este planteamiento concuerda con la teoría de los griegos, según los cuales el *nous* (la Inteligencia) gobierna el mundo. El Estado es la encarnación suprema del espíritu, la culminación del desarrollo de la humanidad. Es la idea misma que se manifiesta en el mundo. Es la irrupción de lo divino en la historia, un «Dios real». El Estado no está al servicio del ciudadano. Es el ciudadano el que está al servicio del Estado. Su existencia individual solo adquiere sentido sometiéndose a sus dictados. Los pueblos se fortalecen mediante las guerras. Sin ellas, la historia solo sería una página en blanco. La historia, con sus convulsiones, impulsa un desarrollo progresivo de la racionalidad y la libertad que alcanza su perfección con la fusión del cristianismo y la civilización germánica. Hegel da a entender que en esa etapa el Espíritu se ha realizado plenamente y ya no experimenta cambios, lo cual es contradictorio con su interpretación de la historia como un proceso dialéctico.

Es imposible suscribir el fervor de Hegel por la guerra y por el Estado, al menos desde una perspectiva humanista. Quizás su aportación más valiosa al proyecto de una vida digna y feliz sea su dialéctica del amo y el esclavo, un mito que intenta explicar las consecuencias de la lucha individual por el reconocimiento. Lo que caracteriza a las relaciones humanas no es la amistad, sino el conflicto. El esclavo es el individuo que se somete a otro por miedo a perder la vida y acepta trabajar con sus manos para sostener a su señor. El amo no teme a la muerte y piensa que su dominio acredita su superioridad, pero al cabo de un tiempo descubre que no ha conseguido lo que buscaba. El reconocimiento adquirido bajo amenazas carece de valor. De hecho, el esclavo, a pesar de entregarle los frutos de su trabajo, adquiere una realización más alta, pues es consciente de su actividad y eso le ayuda a superar la alienación que supone desprenderse de lo que crea o produce. Al cosificar al esclavo, el amo se cosifica a sí mismo, pues cierra las puertas a la reciprocidad o reconocimiento ajeno que nos permite constituirnos como sujetos libres. Además, no desarrolla ninguna actividad que lo ayude a forjar su propia identidad. Trabajar no es solo una tarea, sino una manera de salir del ensimismamiento y desarrollar la personalidad. Hegel no aboga por la fraternidad, pero advierte que la violencia que se ejerce al deshumanizar al otro se revuelve contra uno mismo. No solemos recordar los rostros de los verdugos, pero sí los de las víctimas. Así lo advirtió Francisco de Goya en su famoso cuadro sobre el tres de mayo *Los fusilamientos*, donde el pelotón que dispara contra los amotinados solo es una hilera de soldados franceses con la faz oculta. En cambio, los rostros de las víctimas son perfectamente nítidos y expresan emociones como el orgullo, la rabia, el miedo o la resignación. Cada uno tiene una historia, no como el pelotón, que, iluminado por un fanal, solo es una máquina de matar donde se han disuelto las individualidades.

Los primeros románticos eran revolucionarios que luchaban contra el absolutismo y, en algunos casos, mostraban una enorme hostilidad hacia las distintas Iglesias, pero las nuevas generaciones abandonaron ese talante crítico, abrazando la tradición y cuestionando la idea de progreso. Esa evolución ya se advierte en Novalis, que escribe cuando la Ilustración aún está en su apogeo. En su ensayo *Cristiandad o Europa* (1799), esboza la utopía de una comunidad de fe en Occidente impregnada por el espíritu de la Edad Media. «Hay que volver a la antigua fe católica», afirma, fantaseando con la unidad espiritual de un continente divido por las disputas religiosas. En los *Himnos a la noche*, Novalis se aproxima a Hölderlin, expresando su pesar por el exilio de los dioses de la Antigüedad, pero considera que han regresado bajo otra forma. Cristo y la Virgen María son la manifestación definitiva de lo divino, la teofanía que marca un punto de inflexión en la historia. Cristo es la luz que acaba con la muerte, la nueva alianza que permite regresar a la Casa del Padre, la «Patria antigua», el «Hogar» perdido por el pecado original. Novalis niega toda posibilidad de salvarse sin la mediación de Dios y se pregunta si la luz se ha olvidado de sus hijos, que esperan su vuelta con «la fe de la inocencia». Su aflicción se aplaca al descubrir que la noche es «un bálsamo precioso», un goteante «ramo de amapolas» con un suave canto maternal. Emocionado por su hallazgo, exclama: «¡Qué pobre, qué pueril me parece entonces la luz!». Novalis emprende su «misteriosa ruta hacia adentro» *(geheimnisvoller Weg nach innen)*, su lema filosófico y vital. Esa senda misteriosa es el camino que conduce a la eternidad, pero no es un itinerario luminoso, sino una peregrinación entre sombras.

En el porvenir, ¿solo habrá frío y oscuridad?

Novalis murió al mediodía del 25 de marzo de 1801 en la casa de su familia, los Hardenberg, en Weißenfels. Se encontraban a su lado su hermano Karl y Friedrich Schlegel. A pesar de su tuberculosis pulmonar, había pasado la mañana hablando animadamente de escribir la segunda parte de su novela *Enrique de Ofterdingen*, donde había anotado: «Anhelo contemplar la flor azul. No se aparta de mi mente, y no puedo escribir ni pensar sobre otra cosa». La flor azul simbolizaba el infinito y la redención por el arte, el amor y la fe.

La actual secularización de la sociedad no ha impedido que una gran parte de la sociedad siga demandando una dimensión espiritual. Los cauces tradicionales, como Iglesias, catecismos y dogmas han sufrido un fuerte deterioro y cada vez provocan más rechazo o escepticismo. Se puede decir que vivimos una época postreligiosa. Aparentemente, se ha consumado el desencantamiento del mundo profetizado por Max Weber. Adam Zagajewski comentaba en sus memorias, tituladas *Una leve exageración*, que sus colegas franceses le reprochaban que creyera en Dios, alegando que la fe era una niñería. Supuestamente, hemos alcanzado la madurez —al menos, en Occidente—, clausurando la etapa abierta por Platón, según el cual lo verdaderamente real tiene un carácter espiritual. Las ciencias empíricas nos han sacado de ese engaño, pero paradójicamente nos auguran que el universo avanza hacia un estado similar a la hipotética nada de la que surgimos. La entropía no cesa de crecer y algún día solo habrá frío y oscuridad. Muchos se resisten a aceptar ese destino. Piensan que más allá de la inflación inicial y la entropía final late un misterio que garantiza la continuidad de la vida bajo una forma desconocida.

Nuestro continente forjó su identidad combinando la herencia de Grecia, de Roma y de Jerusalén. Las enseñanzas del cristianismo inspiraron su perspectiva moral y durante siglos regularon la convivencia y fundamentaron las leyes. ¿Queda algo de ese legado? ¿Pervive alguna forma de religiosidad en nuestros días? A partir de Descartes, Europa puso bajo sospecha lo espiritual, apuntando que tal vez la materia *(res extensa)* es lo único real. La Ilustración agudizó esa sospecha y expulsó a los dioses al exilio. El positivismo, el marxismo, el existencialismo y el psicoanálisis culminaron la obra iniciada por el cartesianismo al comparar el cosmos con una máquina o un gigantesco organismo. Nietzsche expidió el acta que certificaba la muerte de Dios y redujo el ser a voluntad de poder. Lo sobrenatural inició su destierro, pero su lugar fue ocupado por los ídolos: Eros, la Revolución, la Raza. Nuestro tiempo rinde culto a la Nada, otro ídolo. Solo existe el instante y siempre está a punto de desvanecerse. La vida es un teatro de sombras, un escenario ocupado por fantasmas. El resto es silencio, pero no un silencio fructífero, semejante al de un poeta buscando una palabra, sino al silencio banal de un sótano deshabitado.

Siguen existiendo iglesias y personas que acuden a ellas, pero la concurrencia cada día es menor y todo indica que el número de fieles continuará descendiendo. ¿Desaparecerá entonces la experiencia religiosa o sobrevivirá de algún modo? En Europa, se ha producido un cambio irreversible. La religión ya no administra la vida comunitaria y las pautas morales no se basan en sus valores. Pese a ello, la llama de lo sagrado pervive en el interior de las conciencias, que intuitivamente deducen que la inagotable diversidad de lo existente comporta algo invisible, una alteridad radical e infinita. El desprestigio de las Iglesias cristianas ha provocado que en Occidente muchos vuelvan la cabeza hacia las distintas formas de espiritualidad oriental (budismo, taoísmo). La ausencia de una ortodoxia rígida y la proliferación de fórmulas poéticas han favorecido la simpatía hacia esa alternativa. Este fenómeno pone de manifiesto la sed espiritual de unas sociedades reacias al estrecho horizonte del materialismo. El problema de la espiritualidad oriental es que está orientada fundamentalmente a la búsqueda de la paz interior. El príncipe Siddhartha contempla, medita, ayuna. Es una imagen que transmite serenidad y plantea un ideal de vida nada desdeñable. En cambio, Jesús grita, suda, llora, titubea, conoce el desamparo. En vez de ayunar prefiere sentarse a la mesa, hablar ruidosamente y compartir el pan y el vino. Para el budismo, el otro es algo lejano. Hay que respetar su vida, pero evitando un apego excesivo, ya que los afectos conspiran contra la serenidad. Para el cristianismo, el otro es el lugar donde se manifiesta el misterio de lo sobrenatural y hay que amarle tanto como Cristo nos amó. El desapego es una forma de alejarse de Dios.

A pesar del éxito de la espiritualidad oriental, la cultura europea sigue situando los afectos —amor, fraternidad, comunión, misericordia— en el centro del sentimiento religioso. El filósofo judío Emmanuel Lévinas sostiene que «Dios viene a la idea» cuando nos topamos con el desamparo ajeno y experimentamos la necesidad de aplacarlo. Dios también viene a la idea al contemplar la naturaleza o una obra de arte. Nuestra capacidad de apreciar la belleza es un signo de trascendencia. No puede explicarse solo por el efecto que nos producen las simetrías, los contrastes, las diferencias. La emoción estética no es meramente formal. Notamos que nos dice algo esencial sobre el ser. Introduce una fractura en lo visible y crea una apertura. El arte es la presencia de la ausencia, una teofanía, un lenguaje fronterizo entre la Tierra y el Cielo. Cuando los dioses son arrojados del mundo, cuando se vuelven insignificantes para la mayoría, es el propio mundo el que nos revela la profundidad del ser, su inequívoca trascendencia. Platón se equivocaba al desdeñar las apariencias. La belleza de la música, el patetismo de un poema, la majestuosidad del océano no son simples fenómenos, sino ecos del infinito.

El ser humano nunca dejará de interrogarse sobre el ser y la nada, lo finito y lo imperecedero, lo sensible y lo inteligible. Quizás ya no lo haga por los cauces de los siglos anteriores, pero las preguntas persistirán. La inquietud religiosa es un aspecto esencial de la condición humana. Forma parte de nuestra estructura antropológica. Es absurdo pretender que se puede restaurar el viejo orden religioso de la Europa cristiana. La historia ha tomado otra dirección y esa época no volverá. Y está bien que sea así, pues —según algunos filósofos, como Gianni Vattimo— la muerte de Dios es una etapa más en la revelación de Dios. No ha muerto Dios, sino el ídolo que habíamos fabricado. El Dios que nos queda después de la caída del ídolo que habíamos levantado en su lugar es un Dios exento de dogmas y mayúsculas. Un Dios que no cabe en la palabra «Dios», pues es un misterio inconmensurable. Dios no pertenece al orden de los seres. No es un ente que se pueda medir o pesar. Solo es accesible como signo, huella. Despreciar la espiritualidad desde la ciencia significa ignorar lo que Kant nos enseñó: nuestro saber es una representación, una imagen forjada por la sensibilidad, el entendimiento y la razón. Es una absurda presunción pensar que no hay nada más allá.

Karl Marx y el final de la historia

> Los filósofos no han hecho más que interpretar de diversos modos el mundo, pero de lo que se trata es de transformarlo.
>
> Karl Marx, *Tesis sobre Feuerbach*

La revolución capitalista y el socialismo utópico

La segunda mitad del siglo XIX profundiza los cambios que liquidaron el Antiguo Régimen. La burguesía se consolida como nueva clase dominante. Su creciente influencia es un efecto de la Revolución Industrial, que impone una estructura social basada en la economía capitalista. Las grandes concentraciones industriales, que demandan mano de obra especializada, acarrean el éxodo rural y la aparición de los suburbios urbanos, donde se aglutinan las masas de trabajadores. Sus precarias condiciones de vida inspirarán el nacimiento de los primeros movimientos obreros. En 1864, se celebra la Primera Internacional, cuyo lema inicial era «Todos los hombres son hermanos», luego desechado por el de «Proletarios del mundo, uníos». En 1871, se produce la sublevación de la Comuna de París, que finaliza con diecisiete mil revolucionarios fusilados contra las tapias del cementerio de Père Lachaise.

El socialismo utópico fue la primera corriente de pensamiento que combatió el modelo capitalista. Sus planteamientos están claramente influidos por la Ilustración, pues comparten su perspectiva de progreso y su confianza en el ser humano y la ciencia. El conde de Saint-Simon, uno de sus representantes más célebres, señala que el socialismo no es una ideología antirreligiosa, sino un nuevo camino hacia esa fraternidad universal que el Dios cristiano prescribió a la humanidad. Esa fraternidad no será posible sin abolir la propiedad privada y el derecho de herencia. Suprimidos los privilegios injustos, el Estado administrará los bienes conforme a un criterio supremo: a cada uno según su capacidad, a cada uno según sus obras.

Los socialistas utópicos especularon con modelos alternativos a la explotación capitalista, sociedades ideales donde reinarían la paz, la libertad y la prosperidad. El empresario Robert Owen se pronunció a favor de reformas como mejores salarios, abolición del trabajo infantil y escuelas para los hijos de los obreros. Charles Fourier propuso la creación de falansterios, albergues comunitarios de carácter agrario-industrial donde cada uno aportaría en función de sus inclinaciones y posibilidades. En ellos, se alojarían unas cuatrocientas familias, habría igualdad de sexos, las tareas domésticas se compartirían, imperaría la libertad sexual y los niños asumirían las actividades desagradables, como limpiar las cloacas o los gallineros, lo cual no les acarrearía pesar, pues es sabido que les proporciona placer chapotear entre la inmundicia. Algunos discípulos de Fourier fundaron falansterios en Europa y América. Todos fracasaron. Pierre-Joseph Proudhon no creía que transformar el Estado en el propietario único de los medios de producción fuera una buena idea, pues eso generaría un despotismo insoportable. Solo la autogestión podría acabar con los abusos en la distribución de la riqueza, garantizando la libertad individual.

La felicidad y la política son indisociables. Los países con mayor índice de desigualdad son los países con más infelicidad e inseguridad. Cubrir las necesidades de los más vulnerables es una forma de promover una convivencia más humana. ¿Serían los falansterios una buena opción para lograr esa meta? Dostoievski, al evocar sus cuatro años en Siberia como prisionero político, declaró que uno de los aspectos más penosos de la condena consistió en no disponer de intimidad. Alojado en un barracón, nunca gozó de un instante de soledad. Jamás había sospechado que esa situación pudiera ser tan dolorosa. No es fácil saber cómo sería la sociedad ideal, pero el simple hecho de pensarlo ya revela que hay un aliento utópico en nuestro interior. Karl Marx afirmó que la filosofía se había limitado a contemplar el mundo, pero lo que urgía era transformarlo y, ciertamente, sus ideas contribuyeron a ello. Ningún filósofo ha influido tanto en la marcha de la historia. Algunos consideran que su aportación fue fecunda, pero otros —como Karl Popper en *La sociedad abierta y sus enemigos*— le responsabilizan de ser uno de los artífices del totalitarismo. Yo siempre he pensado que Marx fue el último ilustrado y que su filosofía corrobora que los sueños de la razón pueden engendrar monstruos. O, lo que es lo mismo, infelicidad.

El socialismo científico

Karl Marx acusó al socialismo utópico de extraviarse en ensoñaciones y de no aportar soluciones científicas. En cambio, él propuso un socialismo científico a cuya elaboración dedicó su vida. Aparentemente, sus obras solo abordan cuestiones políticas y económicas, pero su meta era de carácter moral, pues pretendía acabar con la esclavitud y el embrutecimiento de la clase trabajadora. En su opinión, el capitalismo es un sistema económico despilfarrador e irracional que pervierte al ser humano, alimentando la codicia y creando necesidades artificiales. Un sistema económico diferente mostraría que no estamos naturalmente inclinados a la rapiña. El trabajo debería ser una actividad creadora que nos permita desarrollar nuestra personalidad.

Marx nació en Tréveris el 15 de mayo de 1818, descendiente de un linaje de rabinos. Su padre era abogado y propietario de campos de viñedos. Su madre procedía de una rica familia judía holandesa emparentada con la familia Philips, que se haría famosa en el siglo XX con su línea de electrodomésticos. El matrimonio, que se convirtió al luteranismo para sortear las leyes antisemitas, engendró nueve hijos. El padre se encargó de instruirlos en sus primeros años y les inculcó interés por la filosofía y la política. Karl completó su instrucción en una escuela de talante liberal. Aunque quería estudiar filosofía y literatura, su padre lo convenció de que se matriculara en derecho en la Universidad de Bonn. Durante esa etapa, Marx no se caracterizó por su aplicación o radicalismo político. Practicó el absentismo, se batió en duelo y fue detenido por ebriedad. Preocupado, su padre lo envió a la universidad de Berlín. Allí conoció a Jenny von Westphalen, hija de un aristócrata, y se comprometió con ella en secreto. En la universidad se relacionó con los jóvenes hegelianos que habían adoptado el método dialéctico de Hegel pero no sus ideas metafísicas y políticas. Durante un tiempo, Marx conservó sus inquietudes literarias y escribió poemas, una pieza dramática y una novela, pero también colaboró con Bruno Bauer en una edición de la *Filosofía de la religión de Hegel*. Además, dedicó su tesis doctoral al padre de Jenny, un catedrático de filosofía. Al salir de la facultad, comenzó a trabajar como periodista. Instalado en Colonia, se convirtió en redactor de la *Gaceta renana*, pero las autoridades no tardaron en prohibir la publicación. Frustrado, se trasladó a París y publicó un par de artículos en los *Anales franco-alemanes*, una revista de la que solo se editaría un número. En París, conoció a Proudhon, a Bakunin y a Friedrich Engels, con el que inició una amistad y una colaboración intelectual que duraría toda su vida. Engels procedía de una familia de prósperos industriales textiles, pero apoyaba la lucha de la clase obrera y convenció a Marx de que el proletariado inglés sería la vanguardia de la revolución socialista. Engels fue uno de los primeros teóricos del feminismo. En *El origen de la propiedad privada, la familia y el Estado*, denunció que el patriarcado había rebajado a la mujer a simple instrumento de reproducción, sin otra tarea que ocuparse de las labores del hogar y satisfacer la lujuria del varón.

Durante los años siguientes, Marx desarrollaría su pensamiento político y filosófico, publicando una serie de obras —*Manuscritos económicos y filosóficos*, las *Tesis sobre Feuerbach*— que conducirían a *El capital*, su obra maestra. En el *Manifiesto comunista* resumiría su programa para poner fin al capitalismo: expropiación de la propiedad de la tierra, fuertes impuestos progresivos, nacionalización de la banca, supresión del derecho de herencia, educación pública y gratuita, abolición del trabajo infantil. El *Manifiesto* finalizaba con una llamada a la insurrección: «Los comunistas no tienen por qué guardar encubiertas sus ideas e intenciones. Abiertamente declaran que sus objetivos solo pueden alcanzarse derrocando por la violencia todo el orden social existente. Tiemblen, si quieren, las clases gobernantes, ante la perspectiva de una revolución comunista. Los proletarios, con ella, no tienen nada que perder, como no sea sus cadenas. Tienen, en cambio, un mundo entero que ganar. ¡Proletarios de todos los países, uníos!».

Expulsado de Bélgica y Francia, Marx se estableció en Londres, donde permaneció hasta el fin de su existencia. Friedrich Engels sostuvo a su familia y Jenny, su mujer, lo alentó a continuar trabajando en sus libros y a sobrellevar con entereza las penalidades económicas. En 1881, Marx se quedó viudo. Solo vivió quince meses más en unas condiciones muy penosas. El exceso de trabajo, la falta de sueño y la mala alimentación agravaron una gripe que desembocó en bronquitis y pleuresía. Helene Demuth, su ama de llaves, lo acompañó en su lecho de muerte y cuando advirtió que se aproximaba el fin, le preguntó si quería decir unas últimas palabras. Marx contestó: «Las últimas palabras son para los tontos que no han dicho en vida lo suficiente». Falleció el 14 de marzo de 1883 y fue enterrado en el cementerio de Highgate.

La filosofía de Marx tiene un claro timbre ilustrado. Hostil a la religión, asimila las ideas de Bruno Bauer y Ludwig Feuerbach. Bauer afirmaba que la fe en lo sobrenatural es la desventura del mundo, pues la fantasía de un quimérico más allá brota del desprecio hacia lo real, con sus posibilidades y limitaciones. Ludwig Feuerbach niega que Dios creara al hombre. Es el hombre quien creó a Dios, proyectando sus aspiraciones, cualidades y deseos fuera de sí mismo. De ese modo, se separó o alienó de su propia esencia. Dios es el espejo del hombre. Puedes conocer a una civilización por sus dioses o a un individuo por su imagen de lo divino. Dios es el ser humano liberado de los límites del tiempo, el espacio y la materia.

Marx sostenía que el origen de las ideas no se halla en la revelación sobrenatural o la especulación abstracta, sino en las condiciones materiales de vida. No es la conciencia la que determina la vida, sino la vida la que determina la conciencia. Las ideas dominantes de cada época son las ideas de la clase dominante. La religión es el reflejo de una humanidad oprimida, un poderoso opio que aturde y paraliza a las conciencias. Su mensaje de resignación impide que el obrero comprenda que se vuelve más pobre cuanto mayor riqueza produce. La historia de todas las sociedades es la lucha de clases y, en el siglo XIX, esa lucha enfrenta a proletariado (asalariados) y burguesía (propietarios). El feudalismo engendró la burguesía, que a su vez creó al proletariado para poder acumular bienes y privilegios, sin advertir que sembraba la semilla de su propia destrucción, pues los trabajadores acabarían finalmente con sus explotadores, alumbrando una nueva sociedad sin propiedad privada, clases sociales ni Estado. Marx afirma que ese desenlace se producirá con la misma necesidad con que se cumple una ley natural. El comunismo significa «un retorno pleno y consciente del hombre a sí mismo, como hombre social, es decir, hombre humano».

Aunque el objetivo final es la desaparición del Estado, ese paso no podrá realizarse sin un período de transición que centralizará todos los instrumentos de producción en manos del Estado. Marx denomina a esa etapa «dictadura del proletariado». ¿Qué vendrá después? En *La ideología alemana*, una obra temprana escrita con Engels, Marx describe cómo será ese porvenir utópico: «En la sociedad comunista, donde cada individuo no tiene acotado un círculo exclusivo de actividades, sino que puede desarrollar sus aptitudes en la rama que mejor le parezca, la sociedad se encarga de regular la producción general, con lo que hace cabalmente posible que yo pueda dedicarme hoy a esto y mañana a aquello, que pueda por la mañana cazar, por la tarde pescar y por la noche apacentar el ganado, y después de comer, si me place, dedicarme a criticar, sin necesidad de ser exclusivamente cazador, pescador, pastor o crítico, según los casos». Es una descripción vaga e ingenua. Marx critica a los socialistas utópicos por sus fantasías carentes de rigor científico, pero incurre en el mismo error. El marxismo nació para hacer más feliz al ser humano, pero ha servido de pretexto a horribles experimentos políticos. Su crítica al capitalismo es razonable, pero las alternativas que plantea solo han servido para multiplicar el sufrimiento. La idea de que era posible instaurar el paraíso en la tierra empleando la violencia revolucionaria fue la coartada de los gobiernos totalitarios y los grupos terroristas. La violencia que nace de un arrebato es por completo reprobable, pero —como señala Dostoievski en *Los demonios*— la que obedece a una motivación fría y racional es especialmente odiosa. De hecho, suele provocar tragedias inimaginables, como la que sufrió Margarete Buber-Neumann, víctima de Stalin y Hitler.

La historia de Margarete Buber-Neumann

> Las nubes, las estrellas relucientes y los pájaros es lo único libre que no puede sernos arrebatado en el campo de concentración.
>
> Margarete Buber-Neumann, *Prisionera de Hitler y Stalin*

Margarete Buber-Neumann, militante comunista, se exilió en la Unión Soviética con su marido, Heinz Neumann, un destacado dirigente del partido comunista, cuando los nazis subieron al poder. La activa y fiel militancia de Heinz no evitó que se convirtiera en una de las víctimas de la Gran Purga desatada por Stalin en 1937. Poco después, Margarete fue detenida y, mientras esperaba a ser interrogada, otro exiliado alemán, Alfred Kurella, le confesó: «Ahogábamos todas las dudas, porque lo primero era conservar nuestra fe. Ahora hemos de pagar cara nuestra ciega credulidad». En la Unión Soviética, las autoridades controlaban la prensa, la radio, la correspondencia, fomentando la delación y la «confesión». Se aventuraba que admitir presuntas culpas atenuaba las penas, pero era un rumor tan falso como el supuesto fin de la explotación laboral. Un obrero ganaba unos cien rublos mensuales y un kilo de carne costaba diez. La ropa no era más asequible. Unos zapatos valían entre cien y doscientos cincuenta rublos. Comprar un traje era un sueño inaccesible para un obrero.

Margarete fue condenada a cinco años de trabajos forzosos en Siberia. Gracias a sus estudios, se le asignó un puesto en la oficina de estadística, pero también se la obligó a picar piedra, cavar zanjas y remover la tierra. A pesar de la dureza de su rutina, conservó su sensibilidad. Cuando descubrió en un hoyo el nido de un pájaro recién nacido, vino a su memoria un verso de su niñez: «No toquéis mi pequeño nido...». «Olvidé al momento hambre y fatiga —escribe—, y no sé por qué me emocioné. Quizás porque aquel animalito estaba desprovisto de protección y totalmente a merced de la iniquidad de la existencia». Poco a poco, Margarete se deshumaniza. Solo es un cuerpo hambriento y extenuado. La mente se sitúa en los niveles de la conciencia animal. Admite que su deseo más ardiente se reduce a comer un pan entero, sin pensar en el mañana. Ya no cree en el comunismo, pero tampoco halla consuelo en la religión: «¡Ay, si pudiera creer...!», se lamenta, mirando al cielo, que a pesar de todo le parece hermoso.

Pasan dos años y comienzan a circular rumores. Hitler y Stalin han firmado un pacto de no agresión y los comunistas alemanes serán entregados a la Gestapo. Parece inverosímil, grotesco, innecesariamente cruel, pero Margarete Guenrichovna Buber-Neumann, la prisionera número 174.475, será transferida al campo de concentración de Ravensbrück. Previamente, pasará unas semanas insólitas, recibiendo cuidados médicos y una copiosa alimentación. Las autoridades soviéticas temen que se utilice el deterioro físico y psíquico de sus prisioneros como propaganda anticomunista. En 1940 llega a Ravensbrück. Margarete Buber-Neumann se convierte ahora en la prisionera 4.208. De nuevo se le asigna un trabajo administrativo, pero esta vez tampoco se la excluye de las tareas físicas. Sufre hambre, humillaciones, malos tratos. Soporta períodos de aislamiento en completa oscuridad. Las condiciones empeoran según avanza la guerra. Se elimina a los débiles y enfermos en una cámara de gas, con dos crematorios. El hedor a carne quemada se propaga por todo el campo. Se realizan horribles experimentos médicos.

En Ravensbrück acontecerá el milagro de una amistad inolvidable. Margarete conoce a Milena Jesenská, que había mantenido una extraña relación sentimental con Kafka. Expulsada del partido comunista, Milena no había necesitado la experiencia de la deportación a Siberia para advertir la incompatibilidad entre el marxismo y las libertades. Margarete y Milena intimaron enseguida, pues ambas poseían un carácter fuerte, un indomable espíritu de resistencia y un amor apasionado por la literatura. Hacia 1944, el hacinamiento del campo se vuelve insoportable. Las mujeres mueren a centenares de tifus, tuberculosis o disentería. Milena fallece el 17 de mayo de 1944 a causa de una infección renal. Su cadáver es incinerado en el crematorio y sus restos suben hacia el cielo convertidos en humo: «La vida perdió entonces para mí todo sentido», confiesa Margarete. Sabe que hay un mundo fuera, pero parece irreal. Cuando al fin llega la liberación, experimenta estupor e incredulidad, pero logra sacar las fuerzas necesarias para regresar a su aldea natal. Al acercarse a su destino, experimenta «la desaforada alegría de vivir que ya creía olvidada».

«¿Por qué estamos condenados a seguir viviendo...?», exclamó ante Margarete otra deportada tras conocer la verdad sobre la Unión Soviética. ¿Quizás porque el ser humano, incluso en las condiciones más terribles, nunca pierde su anhelo de felicidad? Escribe Buber-Neumann: «Pensaba [...] que el cielo de las estepas superaba a todo en belleza, y en Ravensbrück me pareció no haber visto en la vida un cielo tan maravilloso [...]. Las nubes, las estrellas relucientes y los pájaros es lo único libre que no puede sernos arrebatado en el campo de concentración». Margarete contó su experiencia en *Prisionera de Stalin y Hitler*, que salió a la luz en 1958.

Karl Marx era un humanista que soñaba con un mundo más justo. ¿Cómo pudo conducir su pensamiento utópico a la contrautopía del gulag? Simon Weil escribió: «El marxismo es toda una religión, en el más impuro sentido de la palabra. Tiene en común con todas las formas inferiores de la vida religiosa el hecho de haber sido continuamente utilizado, según la expresión exacta de Marx, como un opio del pueblo». Para el marxismo, el odio de clase, lejos de ser un sentimiento dañino, es la inspiración necesaria para acabar con el orden capitalista. Las libertades deben ser sacrificadas en el altar de un nuevo mundo, donde surgirá un hombre nuevo. La prioridad es conquistar el poder. Las vidas humanas son un factor secundario. ¿Por qué respetar la presunta dignidad del hombre cuando está en juego la creación de un paraíso en la tierra?

Las revoluciones poseen el prestigio de lo épico y excitante. Se presentan como actos de rebeldía e innovación. Afirman que son la esperanza del pueblo, la ilusión de los oprimidos, pero en último término solo producen opresión y desesperanza, como sucedió en los países del este de Europa. El desencantamiento del mundo ha favorecido a las revoluciones. La pérdida de la fe propició un nuevo misticismo de carácter profano, donde el fin de la historia sustituía a la expectativa del reino de Dios. Ese nuevo absoluto proporciona una razón para vivir. La existencia no es absurda. Según el marxismo, nos espera la utopía de un mundo nuevo. Esa utopía no es un escenario de reconciliación, sino de hegemonía del proletariado, que al fin habrá conseguido aniquilar a sus enemigos. La utopía marxista no contempla crítica ni la disidencia. No hay espacio para objeciones o matices en el paraíso.

«Revolución y Razón se oponen de forma exacta —escribe Raymond Aron en *El opio de los intelectuales*—; esta evoca el diálogo y aquella, la violencia». Es verdaderamente asombroso que un hecho violento se perciba como una fuente de esperanza, pese a que su triunfo implique el fin del diálogo y la instauración de un Gobierno autoritario. El marxismo se basa en mitos. No necesita verificaciones. Pretende haber captado el sentido último de la historia. Considera que su perspectiva histórica representa la verdad absoluta y atribuye mala fe al que no comparte su interpretación. Muchos intelectuales se han acercado al marxismo escandalizados por los abusos del capitalismo, pero al abrazar el misticismo revolucionario han acabado justificando el terrorismo y la razón de Estado. Cabría preguntarse cómo ha sido posible este paso. Quizás porque han buscado una fe: «El intelectual que ya no se siente ligado a nada no se da por satisfecho con opiniones, quiere certezas, un sistema —apunta Aron—. La Revolución le aporta su opio». La política es el arte de lo posible, no un camino hacia la utopía. Todos los que han creído que el paraíso estaba en la otra esquina se han topado con el gulag. La perfección no pertenece a este mundo. Es mejor admitir que la historia nunca estará exenta de problemas que alentar la convicción de que viajamos hacia la superación definitiva de todos los males. Somos humanos y la imperfección es nuestro destino.

LA CIENCIA COMO NUEVA RELIGIÓN DE LA HUMANIDAD

Auguste Comte y el positivismo

El positivismo fue la corriente de pensamiento dominante durante la segunda mitad del siglo XIX. Su tesis fundamental es que solo las ciencias positivas (matemáticas, física, química, biología) pueden impulsar el progreso humano. El valor del conocimiento depende de su capacidad de establecer leyes y realizar predicciones. La metafísica y la teología son saberes periclitados que obstaculizan el avance de la ciencia. Los descubrimientos de Faraday, la teoría ondulatoria de la luz de Fresnel, la geometría de Lobatchevski, la geografía física de Humboldt, la primera línea telegráfica, el descubrimiento de Neptuno, la lógica de Boole o la geometría no euclidiana de Riemann abastecieron de argumentos al positivismo sobre la superioridad de la ciencia. Después vendrían las leyes de Mendel, la clasificación periódica de Mendeleiev, la teoría de conjuntos de Cantor, el teléfono de Bell, la lámpara incandescente de Edison, la vacuna de Pasteur, las ondas de Hertz, el cinematógrafo de Lumière, la constancia de la velocidad de la luz y los rayos X de Röntgen.

El positivismo exaltaba la ciencia, pero culminó en una visión mesiánica. Auguste Comte (Montpellier, 1798-París, 1857), su máximo representante, divide la historia de la humanidad en tres estadios. Un primer estadio teológico de carácter místico e irracional, donde se explican los fenómenos mediante la acción directa de agentes sobrenaturales. Se puede decir que es la prehistoria del conocimiento. En un segundo estadio o estadio metafísico la explicación de los fenómenos se desplaza a especulaciones abstractas. Es más avanzado que el anterior, pero sigue utilizando argumentos irracionales. El tercer estadio o estadio positivo representa la madurez de la humanidad y se corresponde con el auge de la ciencia. Se basa en la observación, el experimento y la elaboración de leyes y teorías. Comte no se conformó con formular esta interpretación de la historia y el conocimiento. Su creencia de que la ciencia debería reemplazar a la religión le impulsó a fundar un nuevo credo, al que llamó Religión de la Humanidad y que intentó consolidar con un catecismo, sacerdotes, plegarias, santos, sacramentos, ritos y lugares de adoración. Fracasó estrepitosamente, pues no logró atraer fieles y los que habían apoyado sus teorías científicas le dieron la espalda, convencidos de que había perdido la cordura.

Hoy en día, no estamos muy lejos de la fe que Comte promovió infructuosamente. La ciencia se ha convertido en la religión de nuestro tiempo. Algunos creen que incluso conseguirá acabar con el envejecimiento y la muerte. Todo lo que lleva el adjetivo de «científico» adquiere el carácter de dogma irrefutable. No está de más señalar que la ciencia ha sostenido auténticos disparates, especialmente en el terreno de la medicina. Durante siglos, se utilizaron sangrías, sanguijuelas, enemas, ungüentos y trepanaciones, remedios infinitamente más peligrosos que muchas dolencias. En 1872 el cirujano estadounidense Robert Battey combatía la «histeria» extirpando ambos ovarios. En esas mismas fechas, el ginecólogo londinense Isaac Baker Brown prefería luchar contra la histeria —una enfermedad que sospechosamente solo padecían las mujeres— extirpando el clítoris con unas tijeras, pues consideraba que era un procedimiento más eficaz. Hoy sabemos que muchas de esas «histéricas» solo eran mujeres infelices y maltratadas, víctimas de un machismo sostenido por leyes que no reconocían sus derechos. Los enfermos mentales también han soportado durante mucho tiempo tratamientos supuestamente científicos, inspirados por el rechazo y la hostilidad que suscitaban. El psiquiatra norteamericano Henry Cotton (1876-1933) proponía como terapia contra la locura extraer los dientes y después las amígdalas. Y si eso no conseguía aplacar a los «enajenados u orates», extirpar sucesivamente la vesícula biliar, los testículos, los ovarios, el bazo, el útero, el estómago y el colon. En los años treinta del siglo XX, el neurólogo estadounidense Walter Freeman llevó a cabo con entusiasmo lobotomías transorbitales, que consistían en insertar un punzón metálico bajo el párpado para atravesar la cuenca de los ojos y seccionar el lóbulo frontal. Freeman sostenía que la técnica era tan sencilla como cortar mantequilla. Hacia 1955, se habían practicado más de cuarenta mil lobotomías en Estados Unidos. La última se realizó en 1967, pero se sabe que se continuaron practicando de forma ilegal durante un tiempo. Podemos citar otros ejemplos de procedimientos médicos —o sea, «científicos»— aberrantes. A finales del XIX, el doctor vienés Julius Wagner-Jauregg inoculaba bacterias y parásitos causantes de la malaria para combatir la demencia y otros trastornos neurológicos. Nadie consideró que fuera un disparate. De hecho, Wagner-Jauregg recibió el Premio Nobel de Medicina en 1927. En 1923, más de quinientos franceses —casi todos pertenecientes a la alta sociedad— siguieron el tratamiento de rejuvenecimiento masculino del cirujano Serge Voronoff, que consistía en administrar subcutáneamente extracto de testículos de perro, de cobaya o de mono.

Todos esos procedimientos se consideraban científicos y por eso gozaron de impunidad o incluso recibieron galardones, pese al gravísimo daño que causaban. No estoy en contra de la ciencia, pero considero que es peligroso convertirla en una religión. Los nazis también consideraban que su racismo poseía una justificación científica. En las últimas décadas del XIX, varias voces se alzaron contra la exaltación del saber científico llevada a cabo por el positivismo. Hertz relativizó el poder de la ciencia y rebajó su tarea a la de elaborar hipótesis provisionales cuya validez únicamente depende de su eficacia operativa. Ernst Mach afirmó que las leyes científicas solo eran instrumentos para conocer y manipular la realidad. No hay objetividad científica. Los conceptos solo son convenciones. Ni siquiera el yo puede considerarse algo real, pues la identidad no es más que una sucesión deslavazada de estados psicológicos.

Jeremy Bentham y el utilitarismo

El utilitarismo es un movimiento más simpático que el positivismo y con una perspectiva más flexible. Se considera que su creador es Jeremy Bentham (Londres 1748-1832) y su principio fundamental, que ya había sido formulado por Hutcheson y Beccaria, es promover «la máxima felicidad posible para el mayor número de personas». Bentham, filósofo, jurista y político, afirmaba que en el terreno de la moral los únicos hechos verdaderamente importantes son el placer y el dolor. Los seres humanos buscan el placer y huyen del dolor. La moral es una especie de hedonismo calculado. Se hacen estimaciones a corto, medio y largo plazo para lograr la mayor cantidad posible de felicidad. Es sabio el que aprende a renunciar a un placer inmediato por un bien futuro de mayor valor. El mal procede no de la perversidad, sino de un error de cálculo. El papel de la ley es armonizar los intereses públicos con los intereses privados mediante una «aritmética moral» orientada al bien común. Los gobernantes son los «administradores de la felicidad general». Tiene utilidad todo lo que produce dicha, bienestar, progreso, alegría. Para Bentham, la felicidad es el bien más preciado y la libertad la condición que permite su realización.

Bentham se opuso a la esclavitud, a los castigos físicos en las prisiones y las escuelas y a la pena de muerte —salvo para casos excepcionalmente graves—. Firme defensor de las libertades individuales y económicas, abogó por la libertad de expresión, la igualdad de derechos entre los sexos, el divorcio y la despenalización de la homosexualidad. Sin embargo, no creía en los derechos naturales, que calificaba de «tonterías sobre zancos». Era hijo de una familia acomodada y fue un niño prodigio: a los cinco años tocaba el violín y estudiaba francés y latín. Empezó a ejercer la abogacía con diecinueve, pero enseguida manifestó su desacuerdo con el sistema educativo y con la práctica jurídica. Escribió mucho, pero dejó casi todas sus obras inacabadas. Ideó el panóptico, una prisión de forma circular con un centro que permitiera a unos pocos supervisores controlar las actividades de los reclusos. Bentham consideró que su diseño también podía utilizarse en las fábricas. Algunos filósofos, como Michel Foucault, han apuntado que ese modelo conspira contra la libertad, pues logra que el observado interiorice la vigilancia que le corresponde ejercer a otro. Es como vivir bajo un ojo invisible al que no se le escapa nada y que casi puede penetrar en el interior de la conciencia. Pienso que un buen indicador del progreso de una sociedad puede ser el porcentaje de personas encarceladas. En 2007, Barack Obama, antes de convertirse en candidato a la presidencia de Estados Unidos, se dirigió a la Asociación Nacional para el Progreso de Personas de Color (NAACP, por sus siglas en inglés) para denunciar un hecho particularmente doloroso: «A pesar de todo el progreso que se ha logrado, aún nos queda mucho trabajo por hacer. Tenemos más trabajo que hacer cuando hay más jóvenes negros que languidecen en la cárcel que los que van a universidades y facultades en el país». Esa clase de datos invitan al pesimismo, pero el hecho de que un afroamericano llegara a la presidencia de la primera potencia mundial indica que se ha producido un progreso real. Lejos quedan las épocas donde los padres blancos de los estados del sur protestaban por que los niños afroamericanos compartieran escuela con sus hijos.

La prehistoria de los derechos de los animales

> La pregunta no es ¿pueden razonar? ni ¿pueden hablar?, sino ¿pueden sufrir?
>
> Jeremy Bentham

*B*entham fue uno de los primeros defensores de los derechos de los animales. La polémica sobre los derechos de los animales ocupa un lugar menor en la historia de la filosofía. Hasta el siglo XIX, el hombre era la imagen de Dios, mientras que las bestias, desprovistas del alma, solo eran máquinas vivientes con terminaciones nerviosas, pero carentes de razón y emociones. La teoría evolutiva modificó esta perspectiva y evidenció que la distancia que separaba a los humanos de los animales es mucho menor de lo que había establecido hasta entonces la teología cristiana. Tras la tormenta inicial, se impuso la hipótesis de Darwin, pero, en el ámbito de la ética, surgió de inmediato un argumento concebido para preservar la singularidad de lo humano: aunque el origen sea común, no hay más que un animal racional. El pensamiento abstracto y la capacidad simbólica solo pertenecen al hombre. Esto determina una diferencia esencial que excluye a las otras especies del discurso moral, pues solo puede haber obligaciones entre iguales. Los animales, gobernados por el instinto, actúan de acuerdo con pautas biológicas ajenas a cualquier especulación racional. Exigirles responsabilidades es ridículo, pero atribuirles derechos no es menos insensato. Tomás de Aquino y Kant ya habían observado que los animales son «cosas», simples «medios» para garantizar determinados bienes (vestido, alimentación, locomoción, etc.). Por tanto, no pueden existir deberes hacia ellos, pero sí la obligación de no tratarlos con crueldad gratuita. El que actúa brutalmente con una bestia tiene el corazón endurecido y también puede ser despiadado con sus congéneres. La compasión con los animales tonifica la moralidad y previene conductas indeseables.

Descartes y los jansenistas de Port-Royal mostraron menos sensibilidad que la tradición tomista. Pioneros de la vivisección, no se inmutaron ante los gritos de los animales que utilizaban en sus investigaciones. Sin embargo, los chillidos eran molestos y entorpecían su trabajo. La solución fue sencilla: les cortaron las cuerdas vocales. Dos siglos más tarde, Pío IX prohibió en Roma la fundación de sociedades protectoras de animales, pues entendía que no podían existir obligaciones hacia unas criaturas cuya existencia no tenía otro sentido que satisfacer las necesidades humanas. Solemos olvidar que Descartes formuló sus argumentos en una época en la que no se conocía la existencia de los grandes simios y en la que apenas se podía sospechar la continuidad que une a todas las especies, de acuerdo con la teoría evolutiva.

Bentham apunta que la cuestión no es si pueden razonar o hablar, sino si pueden sufrir, y Darwin, trasladando su perspectiva evolutiva al ámbito moral, observa que los sentimientos humanitarios hacia los animales inferiores son una de las últimas adquisiciones morales y un motivo para el optimismo. Los intentos del filósofo canadiense Michael Allen Fox de excluir a los animales de la comunidad moral fracasaron cuando advirtió que ciertos humanos (disminuidos psíquicos, recién nacidos, enfermos en estado de coma) muestran las mismas deficiencias racionales que los animales menos evolucionados. Peter Singer afirma que el movimiento contra la esclavitud, las campañas de las sufragistas inglesas en favor de la igualdad de los sexos y la lucha por los derechos de los animales muestran una notable afinidad. Se trata de reivindicaciones que en sus inicios sufrieron el descrédito de la burla. Reducidas a extravagancias, tardaron mucho tiempo en adquirir la fuerza de una causa perfectamente racional. Hoy en día, esas burlas persisten, pero cada vez gozan de menos eco y los Estados, poco a poco, amplían los derechos de los animales. Yo no veré el final del siglo XXI, pero auguro que en esas fechas se habrán producido muchos cambios, pues, entre otras cosas, el consumo de carne se ha revelado nocivo para la salud del ser humano y el medio ambiente.

¿Quién teme a Elizabeth Costello?

Durante el curso 1997-1998, el escritor sudafricano y, más tarde, premio Nobel de Literatura John Maxwell Coetzee impartió una serie de conferencias en la Universidad de Princeton. Al reunirlas en forma de libro, Coetzee puso sus palabras en boca de un personaje imaginario, la novelista australiana Elizabeth Costello, una vieja extravagante y aficionada a la polémica. Invitada por el Appleton College para participar en sus charlas anuales, Costello sostiene que apenas hay diferencias entre los campos de exterminio del Tercer Reich y las granjas donde los animales viven estabulados esperando su sacrificio. La «ignorancia voluntaria» de los que vivían en las proximidades de Treblinka o Auschwitz y, en general, de los ciudadanos alemanes y europeos que desviaron la mirada ante las atrocidades del régimen nazi solo es comparable con la indiferencia de los que actualmente conviven con la matanza industrializada de millones de animales sin mostrar ninguna inquietud. La perversidad moral de unos y otros tiene la misma raíz: la negación de derechos a todos los que no pertenecen a una etnia (la comunidad aria) o a una especie (el ser humano). El crimen del régimen nacionalsocialista fue «tratar a las personas como animales», pero no es menos escandaloso aceptar para los animales lo que nos parece inadmisible en el caso de los humanos. Justificar la muerte del ganado, los conejos y las aves de corral aduciendo que son especies destinadas al consumo no es menos inmoral que pedir indulgencia para los verdugos de Treblinka porque fabricaban jabón y relleno de colchones con la grasa corporal y el cabello de sus víctimas. De hecho, «los nazis aprendieron a procesar los cuerpos muertos en los mataderos de Chicago».

Supuestamente, la superioridad del ser humano sobre las demás especies reside en su capacidad de raciocinio, pero hay ciertas operaciones racionales cuya complejidad exige un largo aprendizaje. ¿Significa eso que no se es plenamente humano hasta que se adquieren estas destrezas? Si la esencia del hombre consiste en su habilidad para formular teoremas o resolver aporías morales, ¿no se podría excluir del género humano a las culturas menos avanzadas o a los que, por su edad o limitaciones intelectuales, son incapaces de abordar estas cuestiones? Siguiendo esta línea argumentativa, ¿no se podría afirmar que los hombres de otras épocas no eran humanos? Desde el punto de vista moral, ¿cuáles serían entonces nuestras obligaciones hacia los homínidos que precedieron al *Homo sapiens*? ¿Se podría afirmar que solo tendrían derechos los homínidos que condujeron al hombre en su forma actual? ¿Habría entonces que excluir al neandertal porque pertenece a otra línea evolutiva?

El *cogito ergo sum* cartesiano —apunta Coetzee— convierte al hombre en «una máquina fantástica de razonar que genera pensamientos», cuando «ser en plenitud es vivir como un cuerpo-alma», esto es, como «un alma viva, un alma corporeizada con extremidades que se prolongan en el espacio». La experiencia de ser en el mundo no se obtiene mediante la cogitación, sino a través de la «sensación», de «una sensación con una honda carga afectiva». Y esa sensación se halla indistintamente en todas las especies. El horror de las «colonias penitenciarias» donde hemos recluido a las especies destinadas al consumo nace de «la incapacidad de imaginarse en el lugar de las víctimas». Sin empatía, nunca podremos compartir el ser del otro. ¿No es la falta de empatía lo que caracteriza al comportamiento humano respecto a otras especies? De alguna forma, ¿no padecemos una patología colectiva, semejante a la que propició el genocidio nazi o los autos de fe? No se puede matar a un igual, pero sí a lo radicalmente otro, es decir, al judío, al hereje o a un ave de corral, que solo actúa de acuerdo con patrones fijos de conducta. El determinismo ciego del comportamiento animal corrobora la hipótesis cartesiana de que los animales solo son autómatas, máquinas que se mueven conforme a impulsos mecánicos. Por eso nunca podremos ponernos en su lugar. Coetzee refuta esta objeción, afirmando que si logramos identificarnos con personajes que nunca han existido (Emma Bovary o Marion Bloom), también podemos mirar el mundo desde la perspectiva de «cualquier ser que comparta con nosotros el sustrato de la vida, ya sea un chimpancé, un murciélago o una ostra».

¿Cuál es la diferencia entre una especie que envía una sonda a Marte y otra que utiliza sus antenas para explorar su entorno? ¿No hay algo semejante en ambos actos? ¿No es cierto que despersonalizamos a otras especies, pues es más fácil matar a un cordero anónimo que a otro al que hemos criado y puesto un nombre? En realidad, afirma Coetzee, los animales son «los prisioneros de una larga guerra que libramos hace mucho tiempo y que ganamos gracias a las armas de fuego». El conductismo mide la inteligencia de una rata por su habilidad para encontrar la salida de un laberinto, pero ¿qué sucedería con un hombre arrojado en la selva amazónica? Moriría en unos días, incapaz de orientarse o encontrar comida. ¿Significa esto que la especie humana es menos inteligente que cualquier animal adaptado a ese entorno o más bien confirma la necedad de estos experimentos? Coetzee cita el espanto que Camus experimentó cuando su madre degolló a una gallina en el patio de su casa. Entonces Camus era un niño, pero ese grito de agonía se prolongó hasta 1958, cuando escribió un apasionado artículo en contra de la guillotina. La amplia resonancia de ese escrito propició la abolición de la pena de muerte en Francia. «¿Quién puede sostener, así las cosas —se pregunta Coetzee—, que la gallina no habló?».

Muchas personas perciben a los animales como cosas, quizás porque no han convivido con ellos y no saben que desarrollan afectos como la alegría, el apego o la tristeza. Desde los ocho años, hay perros en mi familia. Superé la depresión infantil que me causó la muerte de mi padre gracias a un enorme pastor alemán cuyo afecto me infundió seguridad y ganas de vivir, y ya de adulto, cuando recaí en una grave depresión, el cariño de mis perros y mis gatos alejó de mi cabeza el deseo de morir. Conceder derechos a los animales no es un simple gesto de generosidad, sino un acto de gratitud. Así lo han comprendido millones de personas, que han presionado para que el maltrato animal se convirtiera en delito. En Estados Unidos, ya es un delito federal, lo cual es un argumento a favor del optimismo, pues revela que nuestra sensibilidad se expande hacia otras especies. Los perros y los gatos son grandes maestros de la felicidad.

Su presencia proporciona afecto y esperanza a los más vulnerables. Cada vez hay más hospitales infantiles y residencias de la tercera edad que trabajan con perros para mejorar la salud de los niños y los mayores. Reconocer derechos a los animales no es una extravagancia, sino una forma de admitir que la vida es una totalidad armónica y no un conjunto de saltos y asimetrías. Pienso que a veces una historia es más elocuente que cualquier argumento. Por eso contaré la historia de Nana y otros de mis amigos de cuatro patas, intentando demostrar que no solo pueden sufrir, como sostenía Bentham, sino también amar.

Séptimo interludio: historia de Nana

> *Hoy, sobre todo, sentimos dolor*
> *al pensar en lo mucho que nos diste*
> *y en lo poco, tan poco, que te dimos.*
>
> Antonio Colinas, «A nuestro perro,
> en su muerte», *Libro de la mansedumbre*

Nana era tímida, mimosa, agradecida. Su anhelo de afecto se debatía con el miedo al rechazo. No sé cómo fueron sus cinco primeros años de vida. Su temor a los humanos insinuaba la experiencia del maltrato. Si un extraño intentaba acariciarla, agachaba la cabeza y sus ojos parpadeaban, expectantes. Pero la crueldad de los desconocidos no consiguió destruir su ternura. Cuando paseábamos por la estepa castellana, una tierra áspera y dura, no se separaba de mi lado y me observaba con gratitud y dulzura. Si aparecía un conejo, lo perseguía con atolondramiento. Después de correr unos metros entre jaras, pedruscos y matorrales, regresaba jadeando, feliz de saber que ya no estaba perdida.

Descubrí su existencia en la página de la Sociedad Protectora de Animales y Plantas de Madrid. Me conmovió su historia. Había excavado una madriguera en el muro del refugio y había alumbrado a seis cachorros. A pesar de vivir en la calle, sin afecto ni cuidados, había logrado alimentar a los recién nacidos. Imagino que algunas personas de buen corazón le proporcionaron comida y la proximidad de un riachuelo le abasteció de agua. Los cachorros estaban gorditos y parecían felices, sin reparar en su situación de precariedad e indefensión. Los voluntarios trasladaron a la familia al refugio. Nana se mostró muy dócil desde el primer momento, pero no podía reprimir su inseguridad, que se reflejaba en su actitud vigilante y medrosa. Continuó atendiendo a sus cachorros, sin ocultar la angustia que le producían los seres humanos. Los cuidadores intentaron ganarse su confianza a base de cariño y paciencia. Acostumbrados a todo tipo de iniquidades, les asombraba que pasaran las semanas y el miedo no se atenuara. Los cachorros fueron adoptados. Cuatro fueron enviados a Austria. Los demás se quedaron aquí, acogidos por familias españolas. Nana era una perra muy bonita, pero su desconfianza y retraimiento disuadían a los que se interesaban por ella. Después de varios meses, una chica joven decidió llevársela, pero el sonido de un petardo en un parque le provocó un ataque de pánico. Nana huyó sin rumbo fijo, sorteando calles y automóviles. Los voluntarios de la protectora necesitaron dos meses para localizarla y rescatarla. La chica que la había adoptado no quiso intentarlo de nuevo y Nana regresó al albergue, donde pasó los siguientes dos años.

El 30 de abril de 2005 acudí al albergue con la determinación de incorporarla a mi familia. En mi casa ya había cuatro perritos y tres gatos, que convivían sin problemas. Sabía que la aceptarían, pues casi todos habían soportado vivencias traumáticas y agradecían cualquier presencia afectuosa. Antes de enseñármela, los voluntarios me advirtieron sobre su carácter apocado y su tendencia a huir ante cualquier sobresalto. Su cuidadora me la entregó con un arnés, invitándome a dar un paseo antes de formalizar la adopción. La protectora, encajonada entre una autovía y un descampado, era un lugar inhóspito, sin apenas árboles y con infinidad de perros y gatos intentando llamar la atención de los visitantes para salir de un encierro benigno pero indeseable. Nana tenía el mismo aspecto que en la foto: los ojos rebosantes de ternura, el pelo largo y rubio, un hocico alargado que insinuaba cierto parentesco con el galgo o el *collie*, las orejas caídas, una cola poblada y unas motas canelas en la cara y las patas delanteras. Su estampa noble y amigable recordaba al Golden Retriever, pero sin su complexión robusta. Paseamos durante media hora. Aceptaba la correa dócilmente, sin adelantarse ni quedarse rezagada. Al cabo de unos minutos, nos sentamos en un bordillo y le acaricié la cabeza. Hablé con ella sin levantar la voz, con la convicción de que no necesitábamos manejar el mismo idioma para entendernos. Apenas se atrevía a mirarme. Acerqué la cara con la esperanza de que lamiera mis mejillas. Saqué una galleta del bolsillo y la puse a su alcance, pero no se atrevía a moverse. No hice ningún progreso, pese a insistir con cariño. Nana se limitaba a observarme, con la mirada del que cobija una herida interior interminable. Algo frustrado, pero sin ninguna vacilación, hablé con su cuidadora, que apenas conseguía contener su miedo a que me echara atrás.

—Es una perrita excepcional —aseguró con una sonrisa triste—. Solo necesita tiempo y mucho amor.

La cuidadora era una mujer de unos cincuenta años que aún no se había resignado a que tantas almas inocentes transitaran por el olvido y el desconsuelo. Nerviosa y titubeante, se agachó y, con unas manos maltratadas por la intemperie y el trabajo físico, comenzó a peinar a Nana, con esa dulzura que las madres reservan para sus hijos enfermos. El peine alargaba de forma inverosímil el pelo de la cola y se entretenía con el lomo y la barbilla. Advertí que la perrita tenía un bulto en el cuello. Pregunté qué le sucedía.

—No es nada grave —contestó, restándole importancia—. No estará arrepintiéndose, ¿verdad? Nana se merece salir de aquí. Aunque la paseo a diario, necesita una familia. Tiene un corazón de oro. Cuidó a sus cachorros de una forma conmovedora. Es increíble que los sacara adelante. Todos encontraron familias de acogida, menos ella. Por favor, adóptela. Se le acaban las oportunidades. Ya tiene unos cinco años. Casi nadie está dispuesto a llevarse a un perro viejo y traumatizado. El bulto solo es un depósito de saliva. Se puede operar y no quedarán secuelas.

La perrita movía la cola por primera vez. La cuidadora había conseguido que se animara un poco, susurrándole una canción al oído.

—¿Por qué se llama Nana? —pregunté.

—Por la perrita de Walt Disney. La que cuidaba a los niños en Peter Pan. Además, le gustan las nanas. Cuando le canto una, mueve el rabito y sonríe. ¿Sabe por qué sonríen los perros?

Me encogí de hombros, levantando las cejas.

—Sonríen porque tienen alma y desean nuestra felicidad.

Media hora más tarde, circulaba con Nana por la carretera de Burgos. Los dos estábamos asustados. Cuando llegamos a casa, se instaló en un rincón. Le habíamos preparado una colchoneta, un cuenco de agua y otro de comida. Bebió un poco, se tumbó y no hizo ni amago de comer. Mi mujer le acarició el lomo y la cabeza intentando infundirle confianza. Nana agachó las orejas y movió levemente la cola, pero ya había adoptado una inmovilidad de esfinge y no parecía dispuesta a jugar o correr por la casa. Dora, una mastina también adoptada, la olisqueó con su tranquilidad de gigante sin miedo y Lord Sebastian, un enorme gato atigrado rescatado de la calle con días de vida, no pudo resistir la tentación de enredarse con su cola, lanzando pequeños e inofensivos zarpazos. Nana no abandonó su estado de melancolía, pese a sus gestos amistosos. Algo descorazonados, se echaron a su lado y no tardaron en dormirse con despreocupación. Mi mujer y yo nos acostamos consternados, preguntándonos cuánto tiempo necesitaría Nana para adaptarse a su nuevo hogar.

Durante tres días, Nana solo abandonó su colchoneta cuando su arnés rojo la obligaba a pasear. Aceptaba la correa y caminaba a mi lado. Parecía vencida, desesperanzada, sin ganas de vivir. Cada mañana, paseábamos por la estepa castellana. Su cabeza de galgo apuntaba hacia un horizonte despoblado, que solo mudaba de aspecto en la lejanía, cuando surgían las montañas de la sierra. Nana no mostraba interés en correr o jugar. Sus sentidos se concentraban en detectar cualquier señal de peligro. Saber que había encontrado valor e ingenio para alimentar a sus cachorros me infundía esperanza. Pensé que su interés por la vida se despertaría antes o después. La segunda noche dormí a su lado, cada vez más preocupado por su aparente anorexia. Tuve que empujarla para que subiera al sofá y se tumbara a mis pies. Ninguno de los dos concilió el sueño. Al día siguiente, se repitió la misma situación. Después de pasear con ella, esperando que el ejercicio estimulara el hambre, no conseguimos que se comiera un suculento guiso de arroz y carne. Al tercer día, ya no sabíamos qué hacer. Angustiado, me senté en el suelo y agaché la cabeza con pesar. Nana acercó tímidamente su cabeza y me lamió por primera vez. La acaricié y le supliqué que comiera. Le acerqué una albóndiga de carne y por fin abrió la boca y la engulló tímidamente, como un niño que come a escondidas una golosina. Poco a poco, se comió todas las albóndigas y el arroz. Luego, cerró los ojos y se durmió, con la extenuación del que ha encontrado el camino de vuelta a casa después de estar extraviado mucho tiempo.

Nana no superó sus miedos en las siguientes semanas. Sus heridas eran demasiado profundas. Cuando paseábamos por el campo, yo bromeaba con ella y la incitaba a correr detrás de conejos imaginarios. Dora nos seguía, con gesto de complicidad. Ya conocía mis tretas y no se dejaba confundir. La artrosis le impedía correr y su estoicismo le prohibía compadecerse de sí misma. Su lengua aparecía y desaparecía. A veces se descolgaba por un lateral y otras se demoraba en la trufa. Mientras tanto, las patas largas y estilizadas de Nana enlazaban pasos de refinada espiritualidad. Su alma de galgo afloraba con cada movimiento. De vez en cuando me sentaba en una piedra para recuperar el aliento. Dora aprovechaba las paradas para aliviar el dolor de sus articulaciones, tumbándose a la sombra de un desnivel o una retama. Nana se limitaba a sentarse con una mezcla de humildad y dignidad, aguardando mis indicaciones. Yo le ofrecía golosinas, unas galletas con forma de hueso que enloquecían a Dora, pero no las aceptaba. Al final acababan en el estómago de Dora, que agradecía el regalo con unos lametones desmesurados, verdaderos diluvios de saliva que resbalaban por mis mejillas.

Cuando Nana regresaba a casa de su paseo diario, se acomodaba en una colchoneta roja situada frente a una pequeña chimenea. Lord Sebastian fracasaba una y otra vez al intentar que respondiera a sus provocaciones y comenzara a perseguirle. Después de unos minutos de carreras enloquecidas, que incluían saltos vertiginosos por encima del sofá y breves escaladas por unas cortinas agujereadas y maltrechas, repetía la misma estrategia con Dora, pero esta prefería ejercer de madre y no de compañera de juegos. Algo apesadumbrado, Lord Sebastian desistía al cabo de unos minutos y se dormía en el regazo de Dora. Durante dos años, se mantuvo esa rutina. La muerte de Dora entristeció a Nana y a Lord Sebastian, que se habían acostumbrado a su proximidad y a su descomunal presencia. Sus colchonetas estaban alineadas entre la chimenea y el ventanal abierto sobre el jardín. No tenían manías y las intercambiaban sin problemas. En algunas ocasiones, preferían subirse al sofá. Nana no se atrevía, si yo no la cogía en brazos y la colocaba a mi lado. Sin embargo, miraba hacia el exterior con más curiosidad que sus compañeros.

Al otro lado de la terraza se encuentra la estepa, verde en primavera y amarilla y ocre el resto del año. A veces las retamas se movían y aparecía una liebre o un conejo. Nana ladraba con fuerza. Dora se limitaba a bostezar. Desde lo alto de una colina, las cigüeñas que anidan en la espadaña de la iglesia no pasaban desapercibidas para Nana, que las observaba con la misma atención que a los buitres leonados o a las águilas reales que sobrevolaban el valle, extendiendo sus enormes alas. Yo pensaba que Nana tenía la sensibilidad de un pintor, siempre atenta al movimiento y a las formas. En cambio, Lord Sebastian parecía un filósofo epicúreo, enredado en la búsqueda del placer moderado. Dora, con su flema y serenidad, pertenecía a la estirpe de los estoicos. Las diferencias entre Nana y Dora se esfumaban cuando sonaba la campana de la iglesia. Las dos reaccionaban con aullidos lastimeros.

Nana poco a poco comenzó a moverse por la casa, cada vez con menos inseguridad. Su mejoría se hizo evidente cuando seleccionó tres títulos de mi biblioteca y los mordisqueó sin compasión. Las *Confesiones* de San Agustín, *Vocación y ética* de Gregorio Marañón, y *Los nogales de Altenburg* de André Malraux amanecieron con heridas mortales en el lomo, la cubierta y las hojas de cortesía. Mentiría si dijera que no me afectó un poco, pero no se me pasó por la cabeza imponer un castigo a Nana. No tenía derecho a cuestionar sus fobias literarias ni a reprenderla por un gesto que me recordaba la precariedad de cualquier bien material.

La aparición de Bella y Olivia fue un verdadero milagro en nuestras vidas. Bella llegó a casa después de una visita casual al veterinario. Una vecina de un pueblo cercano había presenciado cómo la arrojaban desde un coche en marcha. Solo era una perrita recién nacida, con los ojos cerrados. Sobrevivió gracias a sus huesos flexibles e inmaduros, capaces de soportar el impacto contra un matorral providencial. Era tan hermosa como la flor de un almendro. Me la llevé a casa y, durante algo más de un mes, la alimentamos con biberón. Nana y Dora se turnaban para lamerla y se mostraban felices cuando dormía en su regazo. Poco después, visité una cuadra y me encontré a un cachorro de tres meses infestado de garrapatas, durmiendo entre la paja y expuesto a los cascos de los caballos. Esa noche su lecho se transformó en un sofá situado bajo una ventana de mi casa. Negra y esbelta, su figura mezclaba la espiritualidad del galgo y la agilidad del podenco. Decidimos llamarla Olivia. El flechazo entre Bella, Olivia y Nana fue inmediato. Se convirtieron en inseparables y se aficionaron a pasar la mayor parte del día en el jardín, corriendo entre las higueras, los chopos y los prunos. Nana no se liberó de sus miedos e inhibiciones, pero parecía menos atemorizada. Cuando unos meses después aparecí con Marta, una *scottish terrier* de unos cinco años abandonada cerca del embalse de El Atazar, Nana fue la que se encargó de introducirla en la manada. Después de olerla e incitarla a jugar con sus patas delanteras, Marta comprendió que se hallaba en un lugar seguro y amistoso. En aquel momento, no sospechábamos que el cáncer ya preparaba su asalto mortal.

Una mañana, Nana dejó intacto su plato de comida. Atribuí su indiferencia a la ola de calor, que había situado el termómetro en 40 grados. Cuando al día siguiente se repitió el cuadro, comprendí que algo no marchaba bien. Después de visitar al veterinario, comenzamos a luchar contra un enemigo que nos escamoteaba su rostro. Nana, cada vez más apática, perdió diez kilos en seis días ante nuestra impotencia y desesperación. Ni siquiera el malestar físico y psíquico alteró su carácter. Dulce, paciente, afectuosa, toleraba inyecciones, medicamentos, radiografías. El 4 de julio la ingresamos en una clínica veterinaria de urgencias. Una ecografía y una biopsia revelaron la presencia de un tumor maligno en el hígado que había comenzado a propagarse por los huesos. La cirugía ya no podía hacer nada. La expectativa de vida no superaba la semana y en ese tiempo el dolor crecería hasta lo insoportable. Los veterinarios nos recomendaron que evitáramos el sufrimiento inútil con un final digno e indoloro. Mi mujer y yo lloramos desconsolados. La muerte aparecía en un momento particularmente cruel. Nana había comenzado a perder el miedo a los extraños hacía un mes. Consentía su presencia, se dejaba acariciar e incluso los lamía. Hasta entonces, se había escondido en cualquier rincón del jardín o la casa, evitando el contacto con los desconocidos. No hacía distinciones entre visitantes habituales u ocasionales. Poco antes de enfermar, lamió por primera vez la mano de un viejo amigo y aceptó su cercanía sin temor ni recelo. Tuve la sensación de que un largo viaje llegaba a su fin. Nana había necesitado siete años para recuperar la fe en el ser humano.

Las despedidas siempre son terriblemente dolorosas. Situada detrás del Congreso, la clínica donde nos esperaba Nana es un lugar limpio y aséptico, donde se respira la misma fatalidad resignada que en cualquier hospital. Bajamos unas escaleras y una veterinaria joven nos acercó al espacio que ocupaba Nana, con un catéter en la pata derecha y una mirada que reflejaba su agotamiento. Nos arrodillamos a su lado y le acariciamos la cabeza, sin contener el llanto que entrecortaba nuestra voz. La veterinaria se marchó para que pudiéramos despedirnos con intimidad y sin prisas. Durante media hora, hablé con Nana evocando los años que habíamos pasado juntos. Piedad, mi mujer, nos escuchaba, con sus ojos azules flotando en una avalancha de lágrimas. A veces la vida cabe en treinta minutos, pero no tardé en comprobar que nuestras vidas, reunidas por el azar y el afecto, desbordaban el tiempo de cortesía que nos brindaba la muerte. Nana intentó levantarse un par de veces, pero sus patas ya no soportaban su peso. Meneó la cola y me miró con una mezcla de amor, gratitud y perplejidad. Después suspiró y apoyó la cabeza en el suelo. Se durmió enseguida. Su cuerpo extenuado se rindió sin oponer resistencia.

Unos días más tarde, me entregaron sus cenizas en una cajita redonda y plateada. Las cenizas eran blancas, con alguna mota gris. Las coloqué junto a las cajitas donde reposan los restos de los que se marcharon antes: Dora, Tania, Claudia. Nunca me he planteado esparcir las cenizas. Sé que ese polvo gris y blanco no es la vida que se esfumó, pero a veces creo que cobran vida y se transforman en mariposas con el color de la primera luz del alba. Conservo varias imágenes de los últimos momentos de Nana. Por la mañana, ya no pudo levantarse. Se acercó al agua, bebió y se tumbó, con gesto cansado. La nariz le sangraba y dejó un rastro de puntitos rojos, que parecían brevas estrelladas contra el suelo. No quiero que esa sea la última imagen. Por la tarde, no había cambiado de posición, pero ya no se hallaba en nuestra casa, sino en una clínica, desahuciada por una ecografía y una biopsia. Tampoco quiero que esa sea su última imagen en mi memoria y menos aún la de su cuerpo exánime. Me gustaría que su última imagen fuera una combinación de dos imágenes. Nuestro primer encuentro en la protectora, cuando su timidez la hizo caminar a mi lado con la tristeza de un jamelgo apaleado, y su alegría de principios del último verano. Sus ojos ya no parecían melancólicos y apesadumbrados, sino luminosos y confiados. No sé dónde estás ahora, Nana. Tal vez observas cómo escribo estas líneas. Tal vez estás agazapada en la oscuridad, silenciosa, al otro lado del cristal. Tal vez meneas la cabeza, apenada por mi dolor y por el paso lento y fatigoso de mis palabras, que se resisten a despedirse de ti. Tal vez añoras tu isla de sombra bajo el árbol de la vida que crece en el centro del jardín. No sé dónde estás ahora, Nana, pero yo no dejaré que el olvido te aleje de mí. Cuando yo muera, pediré que nuestras cenizas se dispersen juntas, con las de todos los que ya se fueron y con las de todos los que aún me acompañan, preguntándose por qué los hombres los abandonaron o maltrataron. No he tenido hijos y no quiero que alguien sin alma ni inteligencia las arroje a la basura, menospreciando el afecto y la comprensión que puede surgir entre un humano y un ser vivo de otra especie. No sé si hay un mañana para nosotros, pero lo que hemos vivido tal vez perdure y ayude a otros a saber que el dolor de partir nunca debe borrar la dicha de haber paseado bajo un cielo benévolo, experimentando la cercanía de un ser querido.

John Stuart Mill
y la lucha por los derechos de las mujeres

> Creo que las relaciones sociales entre ambos sexos —aquellas que hacen depender a un sexo del otro, en nombre de la ley— son malas en sí mismas, y forman hoy uno de los principales obstáculos para el progreso de la humanidad; entiendo que deben sustituirse por una igualdad perfecta, sin privilegio ni poder para un sexo ni incapacidad alguna para el otro.
>
> John Stuart Mill, *Sobre la servidumbre de las mujeres*

John Stuart Mill (Londres, 1806-Aviñón, 1873) fue hijo del historiador y filósofo James Mill, uno de los colaboradores más estrechos de Bentham. James Mill suscribía la moral utilitaria de Bentham, pero destacaba que el verdadero placer procedía de la benevolencia y los gozos espirituales. Actuamos noblemente porque asociamos el placer a los actos altruistas, no porque entendamos de forma abstracta que es nuestro deber. James Mill impuso a su hijo un riguroso régimen de estudios. A los ocho años, John ya se había familiarizado con el griego y el latín, y a los diez daba clases a sus hermanos de matemáticas, historia y literatura. A los doce, compuso su primera obra, una continuación de la *Ilíada*. Al llegar a los veinte, agotado por el esfuerzo, sufrió una crisis nerviosa. Deprimido, pensó incluso en el suicidio. La poesía de William Wordsworth lo salvó de la desesperación y le ayudó a comprender que la felicidad no se obtiene buscando la propia felicidad, sino contribuyendo a la felicidad de los demás. Luchar por el progreso de la humanidad, ya sea mediante el trabajo o el arte, proporciona la paz interior que no se obtiene acumulando bienes y distinciones.

En 1831, John Stuart Mill conoció a Harriet Taylor en una tertulia liberal y feminista. Harriet había publicado poemas y una extensa biografía de William Caxton, un diplomático e impresor inglés del siglo xv. Había comenzado a escribir artículos sobre los derechos de las mujeres, la ética, la tolerancia y el matrimonio, pero aún no habían visto la luz. Stuart Mill y Harriet se enamoraron e iniciaron una relación epistolar, pese a que ella estaba casada. En 1849 falleció el marido de Harriet y, tres años después, John y ella se casaron. Stuart Mill nunca minimizó la enorme influencia de su mujer en sus ideas. De hecho, escribió *Sobre la libertad*, su ensayo más conocido, en colaboración con Harriet. La obra defiende la autonomía individual y argumenta que los gobiernos despóticos pueden ser tan dañinos como la tiranía de la opinión pública. Cada persona tiene derecho a vivir como le plazca, siempre y cuando no perjudique a los otros. Eso no significa que no haya que colaborar en el esfuerzo colectivo para garantizar la paz y la seguridad. Al margen de eso, ha de disfrutar de libertad de pensamiento, religión y expresión. Nadie tiene derecho a planificar la vida ajena o a imponerle sus gustos. Y las minorías no pueden ser sometidas al arbitrio de la mayoría. Por esa razón, Stuart Mill se opuso al socialismo, donde solo apreció una ideología autoritaria que atentaba contra la libertad individual. Partidario de reformas sociales, abogó por una organización social cooperativa basada en el autogobierno de los ciudadanos. Las minorías siempre deben ser escuchadas y gozar de representación parlamentaria. Al igual que Bentham, consideraba que «el fin último de todas las cosas es una existencia exenta de dolores en el mayor grado posible y lo más rica en goces que sea posible». Stuart Mill matiza esta reflexión, apuntando que lo importante no es la cantidad de placer, sino la calidad: «Es preferible ser un Sócrates enfermo que un cerdo satisfecho».

En 1869, once años después de la muerte de Harriet, Stuart Mill publicó el ensayo *Sobre la servidumbre de las mujeres*, donde afirmaba que las mujeres habían sufrido una injusta discriminación histórica basada en la falsa idea de que son inferiores a los hombres. Lo cierto es que no habían podido despuntar en el arte, la política o la ciencia porque habían vivido sometidas a un estado de servidumbre, obligadas a satisfacer las necesidades y caprichos de los varones y sin poder desarrollarse libremente. Para acabar con esa situación, lo primero era reconocer su derecho al voto (algo que no se conseguiría en Inglaterra hasta 1919). En el siglo XXI, la lucha por la igualdad entre los sexos aún no ha concluido, pero el machismo ha perdido la batalla en el terreno de las ideas. Ya nadie se atreve a justificar la hegemonía masculina. Los hombres deberían devenir mujeres. No se trata de cambiar de sexo, sino de adquirir conciencia de la intolerable violencia que sufren las mujeres. Entre 1993 y 2012, se cometió un verdadero feminicidio en Ciudad Juárez (México) sin que las autoridades adoptaran las medidas necesarias para esclarecer los crímenes. En España nos hemos acostumbrado a que se asesine a unas cincuenta mujeres al año. Se puede ser mujer sin haber nacido mujer. Se puede ser mujer de corazón, identificándose con su sufrimiento, luchando por sus derechos, enfrentándose a cualquier forma de exclusión, exigiendo una igualdad plena, verdadera, real. La lucha por la igualdad entre los sexos comienza por las cosas pequeñas, combatiendo los estereotipos y los comentarios que todavía pisotean la dignidad de las mujeres. Es posible un mundo sin violencia, desigualdades ni discriminaciones. Lo imposible solo es un límite y los límites pueden ser destruidos y rebasados.

Siempre que evoco a Stuart Mill recuerdo el caso de Isabel, una alumna de diecinueve años a la que conocí mientras daba clases de bachillerato en horario nocturno. Durante dos cursos, mis alumnos superaban los veinte años y a veces habían superado incluso los cuarenta. La mayoría eran chavales que habían dejado prematuramente los estudios, casi siempre por inmadurez, y que habían recapacitado y comprendido que su porvenir mejoraría con un título. Otros, muy pocos, eran trabajadores que restaban horas al sueño y al ocio por la satisfacción de lograr una meta. Entre mis alumnos se encontraba Isabel, que había dejado los estudios en primero de bachillerato y que ahora deseaba ser trabajadora social. No transmitía una imagen de debilidad o inseguridad. Alta, con el pelo negro y una mirada inteligente, solía sentarse en las primeras filas, desde donde expresaba sus dudas y opiniones. Yo no sospechaba que había pasado por el infierno del maltrato psicológico, físico y sexual. No lo descubrí hasta que terminó el curso y se organizó una cena de despedida. Para mi consternación, la reunión se prolongó con la clásica excursión a una discoteca, donde los alumnos acuden con la expectativa de contemplar a sus profesores moviéndose con torpeza en la pista de baile. Yo logré escabullirme detrás de una columna. No esperaba encontrar allí a Isabel mordiéndose los labios y con lágrimas en los ojos.

Alarmado, le pregunté qué sucedía: «Ha aparecido de nuevo. Esta vez me matará». Advertí que su miedo era real, intenso, sincero. Se echó a llorar, y enterró la cara entre las manos. Me pidió disculpas, se secó las lágrimas y se tranquilizó con inesperada rapidez. Me sorprendió su fortaleza y su autodominio. Le sugerí que saliéramos al exterior para hablar con calma si creía que podría servirle de algo. Aceptó y nos sentamos en un banco. Isabel se encendió un cigarrillo y me contó su historia. A los dieciséis años comenzó a salir con un chico algo mayor. Al principio era atento, afectuoso, divertido, pero enseguida comenzó a mostrarse celoso y dominante. Carecía de inquietudes y ridiculizaba el interés de Isabel por los libros, el teatro y las exposiciones de arte o fotografía. Se burlaba de sus amigos y, poco a poco, logró que dejara de quedar con ellos. Empezó a entrometerse en su forma de vestir y le prohibió que se pusiera prendas supuestamente provocativas. Un día Isabel notó que alguien seguía sus pasos por la calle. Al volverse, descubrió que era su novio. Se acercó a él para pedirle explicaciones. Solo consiguió que le chillara y le arrebatara el móvil por la fuerza para inspeccionar sus llamadas. Descubrió un contacto desconocido y le exigió que le contara quién era. Isabel se negó y su reacción le costó la primera bofetada. No tardaron en llegar nuevas agresiones. Los gritos se hicieron constantes y las persecuciones se intensificaron. Isabel le dijo que no podía continuar con él. Su anuncio de romper la relación le costó una paliza y una violación en su propio cuarto. Sus padres habían salido y el chico aprovechó la situación para consumar la agresión. Isabel no se lo contó a nadie. El novio desapareció, tal vez atemorizado por la posibilidad de una denuncia.

—¿Por qué no recurriste a la policía? —le pregunté asombrado.

—En el fondo, me daba pena —contestó Isabel—. Tiene la autoestima por los suelos. Por eso es violento.

Habían transcurrido tres años desde el terrible incidente. Todo parecía olvidado, pero hacía pocas semanas el chico se había presentado en el instituto. Había intentado hablar con ella sin conseguirlo. Isabel había aprovechado la presencia de sus compañeros para quitárselo de encima. El maltratador no se dio por vencido. Eso sí, cambió de táctica. Aparcaba el coche a la puerta del instituto y la miraba con una mezcla de rabia y pena. No es improbable que sintiera lástima por sí mismo. Isabel no tenía novio, pero a veces volvía a casa charlando con un compañero. No podía imaginarse que su antiguo novio los seguía en coche, cada vez más furioso. Incapaz de contenerse, una noche se bajó del automóvil y golpeó al chico gritando que Isabel era su novia y nunca sería de otro. Ella recibió varias patadas y tirones de pelo. La afortunada intervención de una patrulla de la policía local evitó que sucediera algo peor. Detuvieron al agresor e Isabel denunció los hechos. Su acompañante tuvo miedo y no quiso seguir su ejemplo.

—Ahora no sé qué hacer —me dijo, encendiendo otro cigarrillo—. Mañana hay un juicio rápido para establecer medidas preventivas. Mi abogado me ha dicho que si denuncio la violación, lo enviarán directamente a prisión. Tampoco quiero arruinarle la vida. Es un desgraciado.

Le advertí que los maltratadores actuaban por compulsiones, no por criterios racionales, y que un orden de alejamiento podría ser inútil.

—Sí, ya lo sé. Incluso podría enfurecerse más.

Le aconsejé que lo contara todo.

—Tienes que pensar en tu seguridad, en tu felicidad —comenté angustiado.

—¿Mi felicidad? ¡Quizás me merezco todo esto! Mis padres siempre han dicho que no soy buena.

Isabel se echó a llorar de nuevo, esta vez con más desgarro, como si algo muy profundo se agitara en su interior. La situación se prolongó unos minutos. Consideré inoportuno formular consejos o indicarle qué debía hacer. Me pareció más sensato estar en silencio, transmitirle afecto con gestos y esperar a que se encontrara en condiciones de hablar.

Al cabo de un rato, Isabel recobró la calma y me confesó que había sufrido malos tratos desde pequeña.

—Mi padre es muy violento, especialmente cuando bebe. Enseguida te levanta la mano, pero los golpes no duelen tanto como los insultos y los comentarios hirientes.

Le pregunté por su madre.

—Se lleva la peor parte. Mi padre se ensaña con ella. En mi casa se viven escenas horribles que me avergüenza contar o recordar.

—¿Tu madre nunca ha pensado en separarse? —inquirí con el corazón encogido.

—No. Lo peor es que le justifica. Dice que no sabe lo que hace, que es un enfermo, que la culpa la tiene el alcohol. A veces añade que ella también le provoca, que le pone la cabeza como un bombo y le hace explotar. Yo creo que dice esas cosas porque mi padre nos pide perdón después de pegarnos. Se pone de rodillas, gimotea, llora. Mi antiguo novio hacía lo mismo. Imagino que es un patrón de conducta, algo que se repite en todos los maltratadores. Lo más triste es que estoy reproduciendo el comportamiento de mi madre. A fin de cuentas, es el modelo que he asimilado casi sin advertirlo.

No me sorprendió la reflexión de Isabel, pues conocía su lucidez, pero me sobrecogió su sentimiento de fatalidad. Parecía una heroína de la tragedia clásica señalada por un destino adverso.

Me gustaría contar que yo le di las claves necesarias para salir del círculo donde había quedado atrapada, pero me limité a escucharla, insistiendo en que no rechazara el amparo de la ley. Al parecer las medidas preventivas son precarias e insuficientes, particularmente cuando el maltratador se mueve por una obsesión incontrolable. No sé qué hay en la mente de un maltratador, pero creo que ciertos clichés sobre los roles sociales del hombre y la mujer estimulan el maltrato. Se identifica lo masculino con el éxito, la fuerza y la sobreprotección. En los restaurantes, si una pareja pide una cerveza y un refresco, el camarero presume que la bebida alcohólica será consumida por el hombre. Sucede lo mismo con la nota, pues se considera una grosería que la mujer abone la consumición. La presunta cortesía muchas veces solo encubre una visión patriarcal de las relaciones entre los sexos. Los maltratadores suelen ser sobreprotectores, pues contemplan a la mujer como algo frágil y delicado. Ser una muñequita no es algo halagador, sino una discreta humillación que sitúa a la condición femenina en un escalón inferior. La amabilidad debe ser recíproca, no asimétrica, unilateral y condescendiente.

He hablado alguna vez con Isabel por teléfono. Ahora es una trabajadora social que orienta a personas en situación de precariedad o desamparo. Gracias a su inteligencia, ha conseguido eludir el riesgo de repetir la historia de su madre. No odia a su padre, pero se ha distanciado de él. Ya no le afectan sus chantajes y ha reducido la relación a breves conversaciones telefónicas, cada vez más esporádicas. Si intenta manipularla o coaccionarla, cuelga el teléfono. Con su novio fue más tajante. Finalmente, lo denunció y él acabó en la cárcel. Después de nuestra conversación, la asaltó en un parque e intentó violarla por segunda vez, pero no lo consiguió gracias a la intervención de varios transeúntes. Ya no siente lástima por él, pero no ha permitido que el revanchismo envenene su mente. Simplemente, ha sacado a su novio de su cabeza. Teme su salida de prisión. Aún le quedan varios años de condena, pero antes o después volverá a la calle.

—Prefiero no darle vueltas al tema —dice—. Eso sí, ya no pienso que me lo merezca. Nadie merece ser maltratado.

Isabel ha mejorado su autoestima. Hizo psicoterapia, meditación, cooperó con organizaciones especializadas en atención a niños y niñas maltratados. ¿Se puede hablar de un final feliz? Hasta ahora sí, pero Isabel sabe que es vulnerable, que tiene cierta predisposición a enredarse en relaciones tóxicas.

—Si lo negara, sería peor —admite—. Aún debo reelaborar muchas cosas, pero contemplo el futuro con esperanza. La mente no es una estructura cerrada, sino abierta. Se parece al barro y a la plastilina. Puedes modelarla.

Creo que Isabel se reinventó, pero reinventarse no significa hacer borrón y cuenta nueva. El pasado no se puede (ni se debe) enterrar, pues antes o después regresa con su carga dañina. Es mejor afrontarlo, reinterpretarlo, sanearlo. Isabel lo consiguió. Me contó que durante un verano trabajó en El Salvador ayudando a niñas que habían pasado por infiernos similares, agravados por la pobreza, la violencia de las maras y la inestabilidad política. Le pregunté una vez si disponía de alguna receta mágica para orientar a esas niñas.

—Por supuesto —me contestó—. Amaos a vosotras mismas. Os lo merecéis y que nadie os haga sentir o pensar lo contario.

Creo que Harriet Taylor y John Stuart Mill habrían aprobado esa reflexión.

Nietzsche, el filósofo que parió centauros

> El mundo real es mucho más pequeño que el mundo de la imaginación.
>
> Friedrich Nietzsche, *Aurora*

El pensamiento de Nietzsche se inscribe en la reacción antipositivista. Frente al saber científico, reivindica la intuición y el instinto. Lejos de celebrar el progreso, exalta los valores de la cultura griega. Su modelo no es la piedad cristiana, sino el coraje y la dureza de los espartanos. Pocos filósofos gozan hoy de tanta popularidad, especialmente entre los jóvenes con inquietudes intelectuales. Su prosa es altamente seductora, con sus frases poéticas e incisivas. Su figura, trágica y atormentada, desprende la fascinación de los grandes héroes románticos. ¿Quién era Nietzsche, cuál es su historia? Nació en 1844 en la pequeña aldea de Röcken, junto a Lützen, en la Sajonia prusiana. Hijo y nieto de pastores luteranos, perderá a su padre con apenas cinco años. Su familia se compondrá a partir de entonces de la madre, una abuela, dos tías solteras y su hermana Elisabeth-Förster, que desempeñará un papel fundamental en su vida. Niño enfermizo y ensimismado, sus compañeros de escuela le llaman «el pequeño pastor» por su conocimiento de la Biblia. En 1856, escribe su primer tratado filosófico, *Sobre el origen del mal*. Ese mismo año, se manifiestan por primera vez los dolores de cabeza y los trastornos oculares que lo torturarían toda su vida. En 1858, supera los exámenes de ingreso en la escuela de Pforta, un internado elitista en el que habían estudiado, entre otros, Novalis, los hermanos Schlegel y Fichte. En sus aulas, se familiariza con los clásicos griegos y latinos. Descubre la poesía de Hölderlin, autor casi olvidado y menospreciado. Un profesor le recomienda que se aficione a «un poeta más sano, más claro y más alemán».

En 1865 se matricula en la Universidad de Leipzig para estudiar filología clásica. Descubre el pensamiento de Schopenhauer, cuya lectura le provoca una «revolución interior». La filosofía de Schopenhauer niega el dualismo ontológico de la tradición platónico-cristiana. La realidad no se divide en dos esferas cualitativamente distintas. Solo hay un universo movido por una fuerza ciega, libre e irracional, sin otra finalidad que la duplicación y proliferación de la vida. Schopenhauer llama a esa fuerza «voluntad» y afirma que es insaciable. Con palabras que recuerdan a Heráclito, sostiene que la voluntad es conflicto, desgarramiento, escisión y dolor. El ser humano es el más desdichado de los animales, pues es consciente de ese hecho: «La vida solo es una continua lucha por la existencia, con la certidumbre de una derrota final». La realización de una meta o el cumplimiento de un deseo no desembocan en la felicidad, sino en «la tristeza, el vacío, el aburrimiento». Influido por las enseñanzas budistas y cristianas, Schopenhauer exalta la compasión y la vida ascética. El amor a los otros no surge de la pretendida dignidad del ser humano, sino de descubrir que comparten con nosotros el mismo destino trágico. La vida ascética no es una forma de expiar los pecados y preservar la virtud, sino de liberarse de la voluntad, que nos hace sufrir, avivando los deseos. Castidad, austeridad y estoicismo. No hay otro horizonte para el hombre clarividente.

Las oberturas de *Tristán e Isolda* y de *Los maestros cantores de Núremberg* convirtieron a Nietzsche en un ferviente admirador de Wagner. Apenas había cumplido veinticinco años cuando fue nombrado catedrático de filología clásica de la Universidad de Basilea. Su conferencia «Sócrates y la tragedia» será acogida con hostilidad. Sin embargo, Nietzsche se muestra optimista sobre el porvenir de su obra: «La ciencia, el arte y la filosofía crecen en mí tan íntimamente unidos que no hay duda de que un día pariré centauros». Estalla la guerra franco-prusiana y participa en la contienda como auxiliar de enfermería. En 1872 publica su primera obra, *El origen de la trage-*

día en el espíritu de la música, que subtitula *Grecia o el pesimismo*. Los círculos académicos responden con hostilidad. Nietzsche acaba desacreditado como filólogo y se queda sin alumnos.

Durante los primeros ensayos en Bayreuth, donde se escenifican las obras de Wagner, entiende que se ha equivocado con el compositor. Abandona el lugar horrorizado por la pompa nacionalista y la recuperación de los mitos cristianos más decadentes. Su distanciamiento de Wagner coincide con las primeras reservas hacia la filosofía de Schopenhauer. La mala salud obliga a Nietzsche a abandonar la docencia en 1879. Durante los siguientes diez años, llevará una vida errante por diferentes lugares de Suiza, Italia y, ocasionalmente, Alemania. Mientras pasea por las cumbres de Sils-Maria, «a seis mil quinientos pies sobre el nivel del mar y muy por encima de las cosas humanas», recibe como una revelación la idea del eterno retorno. Ese mismo año, conoce en Roma a Lou Andreas-Salomé, joven rusa de extraordinarias cualidades intelectuales que rechaza su petición de mano. *Así habló Zaratustra* (subtitulado *Un libro para todos y para nadie*) representa la madurez de su pensamiento, pero los editores rechazan la obra. Nietzsche decide sufragar los gastos de edición y en 1885 aparecen cuarenta ejemplares costeados por él mismo. Hacia 1889, se manifiestan los primeros síntomas de una incipiente locura. A partir de 1894, pierde la capacidad de hablar. Muere el 25 de agosto de 1900. En 1906, aparece *La voluntad de poder*. Los papeles póstumos que componen esta obra fueron manipulados por su hermana y por su discípulo Peter Gast, que unificaron y depuraron los textos con la intención de adaptarlos a una ideología nacionalista y antisemita. La edición canónica de Coli y Montinari confirmó el fraude.

La influencia de Nietzsche, que ha sido objeto de múltiples y diversas interpretaciones, se extiende hasta nuestros días. Él mismo, previendo su propia importancia, había escrito en 1888 una carta a su amiga Malwida von Meysenburg en la que asegura que «en cuestiones de decadencia soy el recurso más alto que hay en la Tierra: esos hombres de hoy, con su instinto lastimero y en degeneración, deberían estar muy contentos de tener junto a ellos a alguien capaz de ofrecerles un vino generoso en los momentos más tristes. Seguramente, lo que Wagner ha logrado hacer creer de sí mismo es una prueba de genio, pero este genio es el de la mentira. Yo tengo el honor de ser lo contrario: un genio de la verdad».

Filosofía de lo monstruoso

Rüdiger Safranski considera que la filosofía de Nietzsche se condensa en un concepto: *Ungeheuer*, lo monstruoso, lo informe, lo que desborda cualquier límite y no puede acotarse con formas definidas. Se trata de una noción algo imprecisa, pero es la que mejor se ajusta a la naturaleza del ser, una marea desbordante cuyo flujo y reflujo dibuja un movimiento interminable. La esencia de esta corriente, que solo retrocede para volver con más fuerza, se identifica con el espíritu de la música. Safranski cita el aforismo de Nietzsche: «Sin música la vida sería un error». No se trata de una reivindicación de carácter estético, sino de un programa filosófico. La metafísica solo podrá expresar el ser en la medida en que se adapte a la música. La filosofía de Nietzsche quiere «hacer música con el lenguaje», los pensamientos y los conceptos, pues entiende que una visión del mundo que no se exprese como un canto solo nos proporcionará una imagen momificada de lo real. De ahí que cuando, hacia 1889, una sirvienta lo descubre bailando desnudo en su habitación de Turín, su euforia no deba interpretarse como los primeros síntomas de un desarreglo mental. Nietzsche baila desnudo porque «su alma estaba hecha para cantar». Además, si nos atenemos a la lectura de Pierre Klossowski, su locura no es algo casual, sino la consecuencia inevitable de una filosofía orientada hacia la destrucción de la idea de sujeto. La identidad personal solo es una ficción más o, mejor dicho, la ficción que posibilita la culpa, el resentimiento y la reprobación de la vida. El desorden mental es la patología que disuelve una imagen del mundo basada en la impugnación del devenir. Es una experiencia antisocial, pero es la única vivencia que reproduce la esencia del ser: un azar que se emboza en leyes para esconder su absoluta gratuidad.

El hombre que conoce la ley del devenir ya no construye teorías, sino que danza enloquecido. Se pueden interpretar sus movimientos como un arrebato irracional, pero es algo mucho más serio. Detrás de cada paso se esconde la sabiduría más profunda: la del niño que juega, amontonando cosas y dispersándolas a manotazos. Su proceder no es pueril. Cada gesto reproduce la tensión del ser, sus configuraciones y sus dislocaciones. Es un rito solemne que espanta al tedio, la experiencia más fúnebre del nihilismo. Al jugar, nos liberamos de la metafísica que desdobla lo real en mundos opuestos (lo verdadero y lo aparente), para adentrarnos en la matriz de la sabiduría trágica: la que extrae sus lecciones de la fisiología, de ese laboratorio de ideas que es el organismo, cuyas funciones más elementales (rumiar, digerir, masticar) producen pensamientos más refinados que las especulaciones más abstractas.

Nietzsche se inspira en sus propios procesos fisiológicos. De ellos extrae su filosofía. Al observarse, descubre que la propia existencia se puede transformar en relato. Escribir sobre uno mismo, transformar la propia vida en una narración, es lo que posibilita seguir escribiendo. Lo inmediato pierde su insignificancia para convertirse en el material que prepara «una significación futura». El yo es un postulado de la gramática, pero lo que cuenta no es el sujeto al que se atribuyen predicados, sino la corriente de pensamiento que fluye a partir de la reconstrucción del instante. Lo que nos acontece ha de vivirse como un experimento que posibilita la comprensión futura. Al concebir nuestra existencia como un proyecto, convertimos nuestra mismidad en un eco de resonancia del ser, donde lo que deviene forma o figura se fragmenta en múltiples facetas que ponen de manifiesto que eso que llamamos verdad solo es una perspectiva, una visión parcial o, más exactamente, una interpretación. Al convertir nuestra biografía en escritura, reproducimos la aventura del ser, sus tensiones y contorsiones. El lenguaje se retuerce en metáforas y asociaciones imposibles porque sabe que persigue algo irrealizable: la cristalización de lo que, por su esencia, no admite ninguna configuración definitiva. Es como intentar imprimir una forma al agua. Solo conseguiremos observar cómo se escurre entre nuestros dedos. La relación entre las palabras y las cosas no es muy distinta. Las redes del lenguaje persiguen fantasmas y solo reproducen sombras. Sin embargo, no podríamos vivir sin esas proyecciones. La filosofía transforma estos reflejos en conceptos y elabora sistemas, pero solo está perpetuando esa necesidad de fijar lo monstruoso, de encapsular lo que no tolera límites ni definiciones. Cuando el lenguaje se aleja de su raíz musical, la conciencia y el ser se escinden. La conciencia, incapaz de asimilar lo ilimitado e informe, abraza una perspectiva unilateral del ser e ignora su diversidad.

El ser se despliega como un conflicto inacabable. Esa es la lección de Heráclito. Cuando se intenta desactivar esa tensión, se produce la decadencia. Nietzsche identifica ese declive con el progreso de la civilización. La única forma de recuperar las energías dionisíacas que impulsan la vida es reactivar las fuerzas que han ido engendrando las diferentes formas de cultura. El Estado griego es la cima de la cultura. Su signo distintivo es el genio militar. La guerra es lo que fecunda la cultura. La sangre que producen las luchas entre los pueblos es ese subsuelo fértil que posibilita la aparición del genio. Por eso Nietzsche repudia el socialismo y la democracia y justifica la esclavitud y las medidas eugenésicas que impiden la propagación de la compasión y el igualitarismo, esas enfermedades cuya fuerza corrosiva invierte la moral natural y ahoga la excelencia. La entrada de las masas en la política horrorizaba a Nietzsche, pues opinaba que todo lo que sonaba a «cuestión social» constituía una amenaza contra la preservación de la cultura. La redistribución de la riqueza y el amparo de los débiles impiden el fin último de toda formación cultural: el desarrollo de las grandes personalidades. Por solidaridad con la miseria, malogramos lo que justifica la vida: el canto del arte, pura superficie que certifica la profundidad de lo aparente y la inexistencia de cualquier ultramundo. La apología de la guerra y el darwinismo social resultan inaceptables para la moral contemporánea. Tal vez la única excusa que se puede alegar a favor de Nietzsche es que los prejuicios de su época contaminan su pensamiento, pero desgraciadamente no se trata de simples sedimentos, sino de principios fundamentales de su filosofía. Nietzsche no creía en la libertad ni en los derechos humanos. Y, por supuesto, no ocultaba su racismo, su antipatía hacia los débiles o su desprecio hacia mujeres, tenderos, obreros, socialistas, comunistas y liberales.

Nietzsche oponía el concepto de cultura al de civilización. La civilización es simple decadencia. Nos impide escuchar el canto de la tierra. El nihilismo es el fruto más aciago de la civilización. Vuelve estéril la poesía y nos convierte en sordos para el hermoso y terrible estruendo de la vida. Nietzsche admiraba a Wagner por su genio intuitivo, una virtud contra la que atenta el progreso de las ciencias. La intuición es superior a la mitología de la razón porque organiza el caos mediante mitos que recrean la oscura melodía del ser. Ahí reside la grandeza de la cultura griega. Nietzsche apreciaba la filosofía de Max Stirner porque esta percibe el yo como un vacío, como una «nada creadora». El yo solo es un espacio teórico donde se articulan las fuerzas de la vida. Los griegos así lo entendían y por eso usaban máscaras en sus representaciones. Sabían que el yo no es identidad, sino pura transitoriedad sobre la que se escribe el alfabeto de la vida. No hay nada más profundo que la música, que es algo evanescente, un «canto de cisne» donde se manifiesta lo sagrado. La música, el yo, el lenguaje, solo son los portavoces de la insignificancia del ser, un juego que nos utiliza para ir mostrándose y ocultándose, fluyendo y refluyendo. Nada refleja mejor este proceso que la música, y el animal que hace música es el animal metafísico, pues sabe que la escucha solo se consuma cuando se percibe el silencio, el «cesar» que una y otra vez se intercala en el despliegue de la vida y muestra que no hay nada más allá de lo que se oye o, mejor dicho, de lo que no se oye, ya que la nada no es el reverso del ser, sino el polo dialéctico que posibilita el tránsito del no-ser a la frágil provisionalidad de la apariencia.

El saber debe revolverse contra el saber para enseñar que no hay verdad, solo interpretaciones. Esta sabiduría ha de alcanzarse por medio del mito y el conocimiento intuitivo, pues la razón solo produce ficciones útiles que nos permiten explotar la naturaleza y alumbrar doctrinas salvíficas que inficionan los cuerpos sanos de las culturas incapaces de resistirse a sus promesas de trascendencia. Ese es —según Nietzsche— el caso del cristianismo, «una ética horrorosa» que ha extendido por el mundo una moral de resentimiento y odio a la vida. Sin embargo, si la doctrina cristiana pudo invertir el concepto clásico de virtud, ¿qué impide una nueva transmutación en la que la virtud recupere su sentido original o, lo que aún sería mejor, que produzca esa superación de lo humano que es el superhombre? La sabiduría trágica reconoce la crueldad de la vida, pero no retrocede ante ella. Es el pesimismo de los fuertes, que no temen al eterno retorno de lo mismo. Conviene recordar que esta idea, apenas desarrollada por Nietzsche, solo es una figura, una ficción, cuyo sentido es manifestar la adhesión incondicional a la vida. Para Nietzsche, no hay sustancia; solo existe el devenir y eso es lo más enigmático de todo. Lo que existe solo es pura transitoriedad que emerge de la nada y regresa a ella para volver a aparecer y desaparecer, sin que este proceso implique una causa eficiente basada en una racionalidad oculta.

La metafísica del artista de *El nacimiento de la tragedia* identificaba el arte con la verdad. Nietzsche rectifica esta tesis unos años más tarde. El arte no expresa la esencia del mundo, el en-sí postulado por las metafísicas de inspiración platónico-kantiana. El arte es una representación y nada más. Si identificamos el arte con la verdad, abrimos la puerta que habíamos cerrado a la superstición religiosa, a la idea de un trasmundo mucho más real que la pura inmediatez de lo que se muestra. Tampoco la música es el en-sí de lo real. Solo es un «ruido vacío» impregnado de sentimientos. ¿Dónde se encuentra entonces lo numinoso, lo que nos redime de la banalidad de vivir? En la realidad concreta del singular: «Lo totalmente cercano y lo totalmente lejano son lo sublime, lo abismal, el misterio». Lo contingente es tan inagotable e inefable como lo era Dios, pero su misterio se agota en la superficie. Solo los griegos advirtieron esa paradoja y por eso eran tan profundos. ¿Cuál es entonces la filosofía del futuro, lo que devolverá a nuestra mirada la sabiduría trágica del que ya no experimenta temor ante la contingencia porque ha renunciado a la esperanza? Según Nietzsche, tenemos que orientar la mirada hacia dentro para que se produzca la apertura al mundo. Entonces descubriremos que el mundo es un don que se renueva a cada instante. Esta es la tarea del superhombre, cuyo poder creador le permite «participar en lo monstruoso del ser». El tiempo es un círculo sin salida y debemos encontrar la fuerza para aceptar que no podemos abandonarlo. El tiempo es como una serpiente y solo conseguiremos vencer el miedo que nos inspira cuando logremos morderle su cabeza. «El mundo ha de mostrar su carácter monstruoso» y el hombre ha de renunciar a su vieja aspiración de impregnarlo de sentido para transformarlo en su hogar. Ese es el mensaje de Zaratustra: deshumanizar la naturaleza, naturalizar al hombre. Aceptar que solo hay «puntos de voluntad que constantemente aumentan o disminuyen su poder».

Nietzsche opone la figura de Dionisos a Cristo. No habla de redención, sino de amar el sufrimiento, pues es inseparable de lo único santo: la vida. Por eso la idea del eterno retorno es «el gran pensamiento educador» que significa la presencia de lo infinito dentro de todo lo finito. El superhombre participa en el juego del mundo y asume todo lo que acontece. No acepta la fatalidad, sino que participa en el juego del devenir. Su actitud es lo que los estoicos llamaron *amor fati*. El *amor fati* es la armonía cósmica entre el hombre y el ser en el juego de la necesidad. La idea del eterno retorno borra la oposición entre pasado y futuro. La voluntad ya no está abocada a querer hacia delante; ahora puede querer hacia atrás. El tiempo revela su secreta fecundidad: el pasado está abierto al porvenir y el futuro disfruta de la consistencia de lo que aconteció. Es el gran sí a la vida. El cuerpo es lo único real. Somos tierra y el crimen más horrendo es delinquir contra la tierra. Nietzsche anuncia que Dios ha muerto. Se rebela contra la idea de una eternidad que implicara la continuación ilimitada de lo existente, pero no contra un infinito que garantiza la pervivencia del ser. La vida es eterna; nosotros, no.

Octavo interludio: historia de Rosa

> *Veía en todas partes a Joana:*
> *surgía en todas partes la mirada*
> *del cuerpo contrahecho*
> *donde aprendí qué era la belleza.*
>
> Joan Margarit, «Metro Fontana», *Joana*

*N*ietzsche, que admiraba el código de castas de la India, propugnaba el «cultivo de una humanidad para un destino más alto» y proponía incluso «la aniquilación sin contemplaciones de todo lo degenerado y parasitario», con lo que acabó ofreciendo una inmejorable plataforma teórica a la biopolítica que aplicó la dictadura nazi durante su nefasto mandato. Al comienzo de *El Anticristo*, leemos: «Los débiles y malogrados deben perecer; artículo primero de nuestro amor a los hombres. Y además se debe ayudarlos a perecer». Las políticas raciales y eugenésicas de los nazis son la realización histórica de ese «artículo primero de nuestro amor a los hombres». En *Mi lucha*, Hitler reitera que el domino de los fuertes y sanos no constituye un abuso de fuerza, sino una ley natural: «Solo deberían engendrar hijos los individuos sanos. Es una desgracia que personas enfermas o incapaces traigan hijos al mundo». Nietzsche nos invita a bailar, celebra la vida, no deplora la finitud, exalta la existencia como juego, nos libera de tutelas sobrenaturales y de fantasías de culpabilidad, pero su valiosa aportación a la genealogía del optimismo se oscurece cuando reivindica la extinción de «los débiles y malogrados».

¿Quiénes son «los débiles y malogrados»? ¿Los que fracasan o los que nacen con alguna limitación? ¿O tal vez ambos? Nietzsche era partidario de la eugenesia. Pensaba que los espartanos actuaban de forma ejemplar cuando arrojaban desde lo alto de un acantilado a los recién nacidos que tenían alguna deficiencia. No sentía ninguna simpatía por los que se proponían algo y fracasaban, y pensaba que la medicina no debía malgastar su tiempo con las patologías incurables e incapacitantes. Paradójicamente, él era un hombre enfermizo y había fracasado como profesor universitario y ensayista. No sé con qué ojos habría mirado a mi hermana Rosa. A pesar de su desprecio teórico por la debilidad, Nietzsche se conmovió cuando contempló a un cochero azotando a un caballo en Turín y se abrazó a su cuello para protegerlo. ¿Qué habría hecho en presencia de mi hermana? ¿Le habría conmovido su vulnerabilidad? Rosa medía un metro y treinta y ocho y tenía una diferencia de cinco centímetros entre las dos piernas. Ligera como un pajarito recién nacido, apenas superaba los treinta kilos. Siempre caminó con dificultad, invirtiendo el doble o el triple de tiempo que una persona normal en recorrer cualquier distancia. Al final de su vida, necesitó una muleta, y los dos últimos años, una silla de ruedas. Por razones desconocidas, una cascada de anomalías genéticas se ensañó con ella: síndrome de Turner, neurofibromatosis, pelvis de Otto. Enfermedades raras que suelen darse por separado, pero que en ella convergieron cruelmente, convirtiendo su vida en una carrera de obstáculos. Inteligente y tenaz, estudió biología y aprobó con el número dos la oposición de profesora de ciencias naturales de enseñanzas medias, cuando se concursaba por toda España, excluyendo Cataluña, el País Vasco y Galicia. No sé si por entonces existía el turno de «minusvalía» —horrible palabra—, pero ella no lo utilizó. Mi hermana no pertenecía a la categoría de «los débiles y fracasados», si por tal se entiende a los que se dejan vencer por la adversidad. Rosa siempre fue una luchadora. Y quizás no hay peor fracaso que no experimentar solidaridad ante la fragilidad ajena.

De niña, Rosa sufrió el acoso de sus compañeras en un colegio de hermanas escolapias. En una ocasión, una monja la subió a la tarima y dijo: «Mirad qué niña más rara». No nos lo contó hasta muchos años después. Como profesora, soportó el maltrato de adolescentes que no habían aprendido a respetar a sus semejantes, tal vez por culpa de la sobreprotección de sus padres o porque se habían contagiado de la crueldad de una sociedad que desprecia a los débiles y enfermos. Como los problemas de disciplina se incrementaron con las sucesivas reformas educativas, empeñadas en tratar como niños a chicos de dieciséis años con suficiente madurez para asumir la responsabilidad de sus actos, la inspección le sugirió a mi hermana una jubilación anticipada. Mi hermana no se rindió, a pesar de que cada día caminaba con más dificultad. Acudió al Defensor del Pueblo, presentó un alegato y logró una reasignación de puesto. En un turno nocturno, con alumnos ya mayores, no tuvo ningún problema, pero subir un simple tramo de escaleras le costaba tanto como atacar la cumbre de un ocho mil en mitad de una ventisca. Su fuerza de voluntad le ganó el respeto de sus compañeros y de unos alumnos que muchas veces ya trabajaban y que sacrificaban horas de sueño y ocio para lograr el título de bachillerato. Ya no tenía que aguantar los insultos de los adolescentes, que muchas veces la llamaban «coja» y «enana» aprovechando el alboroto de una clase donde muy pocos mostraban interés por los estudios.

Cuando pienso en los agravios que ha sufrido mi hermana, recuerdo unos versos de Luis Cernuda: «Alguna vez deseó uno / Que la humanidad tuviese una sola cabeza, para así cortársela. / Tal vez exageraba: si fuera solo una cucaracha, y aplastarla» («Birds in the night»). ¿Estoy incurriendo en esa «literatura maleducada» de la que habla Javier Gomá como un gesto de descortesía hacia el lector? He sido profesor de instituto veinte años y he presenciado mucha crueldad con alumnos que convivían con alguna desventaja o con profesores con alguna discapacidad, como un brazo encogido por la polio, una visión deficiente o una asimetría en las piernas. ¿No se deben contar estas cosas? ¿Es de mal gusto? ¿No será que la sociedad no quiere ver su rostro reflejado en un espejo? A nadie le gusta asomarse a una superficie reflectante y toparse con los rasgos de Calibán, el personaje que en *La tempestad* de Shakespeare encarna al hombre en su faceta más primitiva, carente de cualquier inhibición moral.

Mi hermana no albergaba malicia, pero el sufrimiento la había endurecido. Estar expuesta al maltrato acarrea un amargo peaje.

Aún recuerdo sus largos paseos con el coche al llegar a casa en busca de una plaza de aparcamiento. En los noventa, nadie respetaba las plazas reservadas a los conductores con discapacidades. Siempre tenía que aparcar lejos. Trescientos metros con un bolso repleto de libros constituía para ella una penosa travesía por el desierto. Su cara no expresaba enfado, sino perplejidad, agotamiento y frustración. Algo parecido le sucedía cuando los alumnos colocaban el borrador en la parte superior de la pizarra, sabiendo que no podría alcanzarlo ni subiéndose a una silla. Esas experiencias fueron dibujando en su mirada un paisaje de sueños rotos y hondos desengaños. Cuando se apagó su vida, los sueños rotos y los desengaños se quedaron flotando en el aire, como pecios de un naufragio.

Durante años, mi madre, mi mujer y yo acompañamos a mi hermana durante sus reiteradas estancias en el hospital. Sus hemangiomas recurrentes —bultos que de repente emergían en la piel— se convertían cada cierto tiempo en citas ineludibles con el quirófano. Mi hermana prefería fingir que no pasaba nada. Se llevaba sus libros de genética y los leía una y otra vez, buscando una explicación para la fatalidad que se había abatido sobre ella. En el hospital, la noche es un vestíbulo vacío donde no transcurre el tiempo. La ilusión de una quietud perpetua produce la sensación de esperar algo que nunca sucederá. Esa expectación nos impedía dormir bien. Mi hermana se despertaba y hablaba con mi madre, que estaba acostada en una cama, o nos interpelaba a mi mujer o a mí, aturdidos en un sillón. «¿Falta mucho para que se haga de día?», preguntaba una y otra vez. Todos queríamos huir de allí, y nos acechaba el temor de haber quedado atrapados en ese infinito malo del que habla Hegel.

Yo intento revivir a mi hermana con los recuerdos. Muchas veces, cuando me acerco al barrio de Argüelles, presiento que me espera en el paseo de Pintor Rosales, observando las praderas de césped donde corren los perros y los niños. Me la imagino con su muleta de colores, caminando muy despacito. Aunque ha desaparecido, yo intento que esa imagen no muera del todo. Con mis recuerdos y ensoñaciones, con estas palabras, con mis fantasías, que carecen de un correlato objetivo, pero que en sí mismas ya forman parte de lo real. Vivimos dos vidas: la que experimentamos día a día y la que soñamos. Y se necesitan mutuamente. Los sueños son la esclusa del dolor y la necesaria corrección de nuestras experiencias. Soñar nos ayuda a vivir. Los sueños nos acompañan tanto como las vivencias. Y en ellos sobreviven nuestros seres queridos.

Mi hermana falleció el 1 de enero de 2018. La sorprendió la muerte mientras dormía. Su cuerpo extenuado se apagó en silencio, como si no quisiera molestar a nadie, con esa delicadeza de los niños bien educados que piden permiso para salir de una habitación o coger un dulce. Durante sus últimas semanas, arrasada por una avalancha de infartos cerebrales, mi hermana preguntaba por sus dos perros, Bambi, un chihuahua, y Vilma, una perrita mestiza. Su mente, confusa, se alborozaba al recordarlos y lamentaba que el hospital no permitiera que se los lleváramos a la habitación para darles un último abrazo. Pensé en acercarme con ellos hasta la acera de enfrente para que pudiera verlos desde la ventana, pero había mucha distancia y no sabía si sería capaz de distinguirlos. Siempre lo pospuse para el día siguiente, pero cuando ya no hubo día siguiente, sentí que le había fallado estrepitosamente a mi hermana y lloré avergonzado. Bambi y Vilma ahora viven conmigo, y creo que no se han olvidado de Rosa, con la que dieron tantos paseos por el Parque del Oeste. Pienso que a ellos también les hubiera gustado despedirse de ella.

Rosa no descansa en una tumba, sino en una urna de cerámica. Sus cenizas están junto a las de mi madre. ¿Fin de viaje? ¿Hay que rendirse a las evidencias? Cuando las golondrinas vuelven en verano a mi jardín, construyen sus nidos bajo las cornisas de las ventanas abiertas al mar de Castilla, con sus planicies doradas por el sol, pero también cosen con su pico las heridas que aún palpitan en la memoria compartida con mi mujer. No es una cura indolora, sino un zarpazo de claridad. No es posible huir del sufrimiento, pero en el sufrimiento hay vida, esperanza, alegría. Nada puede ahogar la dicha que ya viaja con nosotros. El mundo sería peor si mi hermana no hubiera pasado por él. Nietzsche se equivocaba. Los menoscabados por la enfermedad no están de más. Al revés, añaden luz, ternura, sabiduría.

VI

El siglo XX:
del compromiso al escepticismo

La crisis de la razón

Aunque vivo en el siglo XXI, yo siempre tendré la impresión de pertenecer al siglo XX. El siglo XX es el siglo de Auschwitz, de Hiroshima y del gulag, pero también de la teoría general de la relatividad, la mecánica cuántica, la electrónica, la radio y la televisión, los ordenadores, las vacunas, la penicilina, el descubrimiento de la estructura del ADN, los trasplantes de corazón y el borrador del genoma humano. Quizás una de las épocas más trágicas y más fecundas. Durante ese tiempo, la filosofía sufrió un curioso cisma. En el mundo anglosajón, se impuso lo que se ha llamado filosofía analítica, centrada en problemas lógicos, lingüísticos, psicológicos, científicos y morales. Bertrand Russell y G. E. Moore fueron los creadores de esa corriente, que pretendía liquidar la metafísica, pues entendía que no solo no era una ciencia, sino que sus proposiciones carecían de sentido. En la Europa continental, prevalecieron las preocupaciones clásicas de la filosofía: la pregunta por el ser, la fundamentación de la ética, la teoría política. En esta corriente despuntó el compromiso político y social, la urgencia de transformar el mundo, tal como había pedido Marx. Jean-Paul Sartre se convirtió en una figura de referencia para las nuevas generaciones, hambrientas de un cambio radical, pese a que Europa vivía una de las épocas de mayor bienestar. La Escuela de Frankfurt profundizó en la crítica al capitalismo de Marx, pero prefirió hablar de «teoría crítica» y no de marxismo para así distanciarse del autoritarismo de los países con regímenes comunistas. En esas naciones, el marxismo había devenido ideología, dogma, saber oficial, doctrina carente de libertad y creatividad. En la filosofía continental, hay que incluir a Sigmund Freud y Henri

Bergson. Freud no suele aparecer en las historias de la filosofía, pero su obra posee un indudable valor filosófico. No se limita a crear un método psicoterapéutico, sino que elabora una sugestiva teoría sobre la condición humana, la sociedad, la historia y el arte. En cuanto a Henri Bergson, injustamente olvidado, fue el último filósofo clásico. Reivindicó la dimensión espiritual de la vida humana y explicó la realidad con aliento poético, despertando el interés de literatos como Marcel Proust y Antonio Machado.

Después de 1989, la caída del Muro de Berlín propagó una oleada de escepticismo, especialmente entre los que habían depositado en el marxismo sus expectativas de cambio social. Surgieron voces como Gianni Vattimo y Jean-François Lyotard, que anunciaron el fin de la modernidad y de los grandes relatos. Ya no era posible explicar la realidad mediante un sistema y no se podía hablar de valores permanentes e intemporales. Solo cabía desmontar («deconstruir») los viejos ídolos de la razón, la moral y el arte y sustituirlos por un saber fragmentario y provisional. Esta perspectiva se conoce con el nombre de posmodernidad o pensamiento débil. ¿Tiene todo esto algo que ver con el optimismo y la felicidad? Pienso que sí. La filosofía analítica aventuraba que si se lograba determinar con claridad en qué consistía la certeza y la verdad, el ser humano podría organizar su vida de una forma más satisfactoria. Detrás de sus especulaciones, latía la convicción de que la razón, sabiamente orientada, nos ayudaría a vivir mejor. No es posible ser feliz creyendo en mitos y falacias. Sartre y la Escuela de Frankfurt, herederos intelectuales de Marx, también dirigieron sus esfuerzos a construir un porvenir más humano. No escogieron la vía del irracionalismo, pero consideraron que la razón científica y el pensamiento lógico producían un efecto deshumanizador cuando se convertían en el único criterio de la verdad. *El final de la utopía*, de Herbert Marcuse, una de las obras predilectas de los jóvenes inconformistas del Mayo del 68, sostenía que ya era posible construir una sociedad totalmente libre, próspera y solidaria, y que para lograrlo solo hacía falta voluntad política. El psicoanálisis añadiría que sin libertad sexual no habría dicha perfecta. Había que educar la libido y liberarse de represiones absurdas. Sigmund Freud no era un libertino y, de hecho, albergaba muchos prejuicios, como la idea de que las mujeres envidiaban los genitales masculinos, pero sus investigaciones alumbraron una nueva imagen del sexo que contribuyó a superar los prejuicios victorianos y preparó el terreno a la revolución sexual de los sesenta. Por lo que respecta a la posmodernidad, constituyó una invitación a la humildad y al respeto hacia otras culturas. Su relativismo propició algunas confusiones, pero también hizo retroceder la arrogancia de la razón occidental.

Yo, como hombre del siglo XX, participé en las inquietudes que manifestaron las distintas escuelas filosóficas. Alenté esperanzas utópicas, luché contra la represión sexual —muy aguda entre los que nos educamos en la dictadura del general Franco—, confié en la razón para discernir cuestiones esenciales, pero también descubrí sus límites, lo cual hizo que dejara en mi interior un hueco para un saludable escepticismo. La escasa andadura del siglo XXI no nos permite apreciar con claridad los frutos engendrados por la filosofía. A veces, los siglos no coinciden con las fechas que marcan su inicio. Muchos historiadores han afirmado que el siglo XX comienza en 1914 y finaliza en 1989. Pienso que nosotros aún vivimos en la época que comenzó con la caída del Muro de Berlín y que adquirió un timbre trágico el 11 de septiembre de 2001. Nos hallamos en una especie de tierra de nadie, donde no hay nada sólido y aún no está muy claro cómo será el porvenir.

El papel del espíritu

> Lo que hacemos depende de lo que somos, pero debe añadirse que somos, en cierta medida, lo que hacemos y que nos creamos continuamente a nosotros mismos.
>
> Henri Bergson, *La evolución creadora*

Bergson: materia y memoria

Henri Bergson, premio Nobel de Literatura en 1927, es un autor al que hoy apenas se lee. Algunos manuales de *Historia de la filosofía*, como el de A. C. Grayling, solo lo citan de pasada; otros lo ignoran. ¿Quizás porque dedicó su vida a reivindicar el papel del espíritu en la vida del ser humano? Frente a los que proclamaban la muerte de la metafísica asegurando que era un saber tan caduco y estéril como la teología, Bergson afirmó que los progresos de la ciencia solo mostraban su sentido último en la reflexión filosófica, un ejercicio de síntesis que elabora una perspectiva global, trascendiendo la inmediatez y la dispersión del dato empírico. No empleó el lenguaje especializado de los filósofos, sino una prosa de enorme claridad y belleza. Lejos de cualquier escolástica, su estilo combatió la esclerosis conceptual sin renunciar al rigor. Su intención fue captar el movimiento sinuoso de la vida a partir de los últimos avances de la biología. La vida no es simple materia organizada por leyes. Hay un dinamismo interno que solo se revela a la intuición. La introspección no es una divagación subjetiva, sino un valioso camino hacia la comprensión del ser como totalidad viviente y en perpetua transformación. Bergson no quiso alumbrar un nuevo sistema filosófico, sino incrementar la inteligibilidad de lo real. Influido por el evolucionismo de Spencer, cuestionó el positivismo y la filosofía kantiana recurriendo a imágenes poéticas, siempre más fluidas que los conceptos. Su beligerancia siempre fue elegante. En ella, Merleau-Ponty apreció una «rebelde dulzura».

Bergson quiso demostrar que la auténtica vida está más allá de los símbolos densos, estáticos e inflexibles. La existencia es duración, no un continuo espacio-tiempo. Solo podremos ser libres si hacemos un esfuerzo y logramos vivir conforme al ritmo de la duración. En la duración está nuestro yo profundo, que no se halla sujeto a los determinismos que nos condicionan en la vida diaria. Los estados de conciencia no se suceden de forma lineal y homogénea. Son variables, heterogéneos, penetran unos en otros y cada uno expresa la totalidad del alma. La duración no es cuantificable. Creemos que es posible medir el tiempo porque lo proyectamos en el espacio, como hizo Zenón de Elea en sus paradojas. Somos duración, lo cual significa que somos un ser en progreso: cambio perpetuo. En su *Ensayo sobre los datos inmediatos de la conciencia* (1889), Bergson señala que el positivismo no es fiel a los hechos. Altera la realidad para que su interpretación coincida con los instrumentos de medición del saber empírico. El tiempo de la mecánica es un tiempo «espacializado». Hace coincidir el movimiento de un objeto en un espacio determinado con el movimiento de las agujas del reloj en un cuadrante. Ese procedimiento iguala todos los instantes como si fueran unidades que se suceden mecánicamente, fragmentos homogéneos que desfilan a un paso uniforme. La conciencia no percibe así el tiempo, sino como rememoración del pasado y anticipación del futuro. Solo la conciencia es capaz de enlazar lo ya acaecido y lo que está por suceder. Esa vivencia es lo que Bergson llama «duración». Fuera de la duración, el pasado y el futuro no existen. La unidad del ser desaparece. Se desintegra en una sucesión de instantes discontinuos. En la duración, cada instante posee una significación diferente. Algunos se desvanecen sin dejar huella y otros perduran, incidiendo en el futuro. Es lo que sucede en el remordimiento, donde el pasado no deja de condicionar el presente. No es posible recobrar el tiempo perdido, pero sí mantenerlo vivo. En definitiva, el tiempo es duración, vida irreversible que se renueva a cada instante: «Nuestro pasado nos sigue y va acrecentándose sin pausa a través del presente que recoge a lo largo del sendero».

El tiempo «espacializado» es útil para la ciencia. Permite elaborar teorías y realizar predicciones, pero solo se trata de un modelo orientado a registrar regularidades y periodicidades. En el caso del ser humano, no existen dos acontecimientos idénticos. La conciencia alberga la huella de su propio pasado y una previsión del porvenir. Nuestro yo es una unidad en devenir, con una personalidad indivisible. Cuando nuestros actos son costumbres adquiridas, obramos de forma mecánica y no somos libres, pero cuando proceden de nuestra personalidad como conjunto, de la vida en tanto duración, alcanzamos la genuina libertad, que no es simple voluntarismo, sino una síntesis de todo lo vivido. Cuanto más profundicemos en la duración, más libres e imprevisibles serán nuestros actos. Bergson, con su elegancia y fino razonar, no es un pensador recluido en la pura especulación, sino un hombre atento a su tiempo y comprometido con su transformación: «Mis libros han sido siempre la expresión de un descontento, de una protesta. Hubiera podido escribir muchos otros, pero no escribí más que para protestar contra lo que me parecía falso».

Henri Bergson nació en París en 1859, y fue el segundo de siete hermanos. Su padre, Michael Bergson, judío de origen polaco, era compositor y pianista, y recorrió Europa sobreviviendo a base de clases y conciertos. Su mujer, Katherine Lewison, procedía de Doncaster, Yorkshire. Bergson mostró indiferencia hacia la religión judía en su juventud, y adoptó una perspectiva agnóstica, pero heredó de su madre la sensibilidad espiritual. En su madurez, evocó su figura con enorme ternura: «Mi madre fue una mujer de una inteligencia superior, un alma religiosa en el sentido más elevado de la palabra cuya bondad, devoción y serenidad, podría decir casi cuya santidad, causaron la admiración de todos los que la conocieron». En 1870, los padres de Bergson se instalan en Londres y dejan a Henri interno en el Liceo Bonaparte, donde enseguida se manifiesta su inteligencia excepcional. Destaca en todas las asignaturas, pero sobre todo despunta en matemáticas. En 1877 obtiene un premio por resolver un problema de Pascal sobre círculos tangentes. Estudia filosofía en la Escuela Normal Superior, donde coincide con Durkheim y Jean Jaurés. Sus compañeros lo recordarán siempre por su cortesía y su pudor.

Fue profesor de enseñanza secundaria durante varios años y, en 1896, publica *Materia y memoria*, que obtiene un gran éxito. En 1900, ocupa la cátedra de filosofía del Colegio de Francia, donde ejercerá la docencia hasta 1924. Ese mismo año aparece *La risa. Ensayo sobre el significado de lo cómico*. Bergson sostiene que «no existe nada cómico fuera de aquello que es propiamente humano». La risa no se dirige al corazón, sino a la inteligencia. En 1907 aparece *La evolución creadora*, su obra más sistemática y ambiciosa. Elegido miembro de la Academia Francesa y galardonado con el Nobel, publica en 1932 *Las dos fuentes de la moral y la religión*.

En sus últimos años, Bergson se acercó al catolicismo, pues estimaba que era el complemento necesario del judaísmo. Sin embargo, renunció a la posibilidad de la conversión por solidaridad con las víctimas de las políticas antisemitas del Tercer Reich. En su testamento, escribió: «Quise permanecer entre aquellos que mañana serán perseguidos». Cuando los nazis ocuparon París, se abstuvieron de molestar a Bergson, una vieja celebridad gravemente enferma. Nunca le enviaron la orden de inscribirse en el registro creado para controlar —y, más tarde, deportar— a la población judía. Lejos de aprovechar la dispensa, el filósofo se presentó personalmente en el registro para ser fichado. Su presencia causó una verdadera conmoción. Bergson murió en 1941, sin saber qué suerte aguardaba a una Europa sojuzgada por la bota nazi.

La filosofía de Bergson fue muy popular. A sus clases acudía la alta sociedad. Algunas damas enviaban a sus criadas para que ocupasen un asiento en el aula horas antes de la aparición de Bergson. Cuando al fin subía al estrado, se extendía un silencio reverencial. Menudo, elegante, serio, no solía llevar notas ni libros. Se sentaba detrás de una mesa y comenzaba a hablar con las manos entrelazadas. Su frente enorme, sus ojos claros bajo unas espesas cejas, los rasgos delicados del rostro, transmitían una enorme fuerza espiritual. Su lucha contra el positivismo nunca implicó el desprecio de la ciencia o el desinterés por el universo físico. En *La evolución creadora*, Bergson advierte: «El gran error de las doctrinas espiritualistas ha sido el creer que aislando la vida espiritual de todo lo demás, suspendiéndola tan alto como fuese posible por encima de la tierra, la ponían a salvo de todo peligro o menoscabo». Esa operación solo restaba inteligibilidad a la vida espiritual, rebajándola casi a la categoría de espejismo. Fiel a la realidad, Bergson explicó la vida como la interacción entre la energía espiritual y la materia. La materia opone obstáculos, frena y degrada, pero también crea las posibilidades que permiten engendrar nuevas formas.

En *Materia y memoria*, Bergson se propone «captar con más claridad la distinción entre cuerpo y espíritu, penetrando más íntimamente en el mecanismo de su unión». El pensamiento no es una simple función del cerebro; la conciencia no es un epifenómeno. El cerebro no explica el espíritu y la conciencia contiene infinitamente más cosas que el órgano ocupado de centralizar la actividad del sistema nervioso. Bergson distingue entre memoria, recuerdo y percepción. La memoria hace posible que nuestro pasado nos acompañe en su totalidad a cada momento. Todo lo que hemos vivido está ahí, inclinado sobre el presente y dispuesto a absorberlo. Sin embargo, el día a día nos exige ser selectivos, escoger solo los recuerdos que nos son útiles para abordar los retos del presente. La percepción se ocupa de ese trabajo, lo cual explica que el cerebro solo recoja una pequeña parte del proceso de la conciencia. La observación empírica no es capaz de captar la compleja actividad de la conciencia, su memoria espiritual, que es la verdadera fuente de nuestros actos más significativos, los que expresan nuestra manera de ser y nuestra visión del mundo. La percepción se ocupa del presente, de lo inmediato, del instante; la memoria, del pasado, que siempre permanece abierto y fundido con la totalidad de nuestro existir. La memoria es espíritu; la percepción, movimiento. Bergson opina que el espíritu rebasa en todo momento los límites del tiempo, lanzándonos hacia el futuro. La esencia de la vida es el crecimiento del espíritu mediante su lucha contra la resistencia de la materia.

En *La evolución creadora*, Bergson se opone a la interpretación del universo de Descartes, que divide lo real en *res cogitans* y *res ex-*

tensa. La vida no es materia y espíritu, sino una totalidad viva, duración, creatividad sin fin, *élan vital*, impulso libre e imprevisible. La vida no es mera recombinación de un número limitado de elementos y posibilidades. La vida es «acción que de manera continua se crea y se enriquece», mientras que la materia «es acción que se disuelve y se desgasta», tal como atestigua la segunda ley de la termodinámica. La materia carece de creatividad. Es impulso vital degradado, mera resistencia. La vida es «fuerza explosiva», «una granada que explota en fragmentos». Cada fragmento es una nueva granada, que estalla a su vez, multiplicando la diversidad de la vida. No es un proceso uniforme, sino un abanico con direcciones divergentes. La conciencia se abrió paso en la materia hasta engendrar al ser humano, donde prevalece la inteligencia, pero pervive «un halo de instinto». Ni el instinto ni la inteligencia nos muestran la realidad en toda su complejidad: «Hay cosas que solo la inteligencia es capaz de buscar, pero que no hallará jamás por sí sola; únicamente podría descubrirlas el instinto, pero este nunca las buscará». Solo la intuición, que es instinto iluminado por la inteligencia, puede conducirnos al interior de la vida. La intuición es «la visión del espíritu desde el espíritu». Es comprensión inmediata y, al mismo tiempo, consciente. La intuición es el fundamento de la metafísica. Nos eleva por encima de la condición humana. Si su vuelo es muy alto, puede llevarnos hasta la experiencia mística. La inteligencia divide el devenir en momentos sucesivos y desemboca en las paradojas de Zenón de Elea, que niegan el movimiento. La intuición nos sumerge en el río de la vida, revelando su unidad indivisible. Gracias a ella, comprendemos que la vida es «una ola inmensa que se propaga a partir de un centro».

Bergson fue sepultado por la fenomenología, el positivismo lógico, el existencialismo y el estructuralismo. Su pensamiento se consideró vago, impreciso, poético. Dejó de ser un autor de moda para convertirse en un filósofo prematuramente caduco. Aún no se ha revertido ese juicio, pero la idea de duración puede ayudarnos a superar el estrecho horizonte del positivismo, que se ha convertido en el dogma de nuestro tiempo. Debemos abrirnos a lo espiritual. Lo místico no es un hecho fantástico, sino una comprensión inmediata de la fuerza creadora que explica la diversidad del ser. Nuestro creciente dominio de la naturaleza mediante la técnica ha hipertrofiado la dimensión corporal, desdibujando lo espiritual. Por eso necesitamos «un suplemento de alma». «La mecánica —escribe Bergson— exige una mística». El mundo contemporáneo sufre una indigencia espiritual que le impide apreciar la fuerza creadora de la vida. La mística no es un privilegio de las grandes almas. Hay un místico escondido en cada ser humano: «Si las palabras de un gran místico —escribe Bergson, que admiraba a Teresa de Jesús, pero también el misticismo oriental y judío— hallan una resonancia en nosotros, ¿no será acaso porque existe en cada uno de nosotros un místico algo adormecido, que espera únicamente la ocasión para despertar de ese sueño?».

Sigmund Freud: la palabra cura

> El ser humano no puede permanecer eternamente niño; tiene que salir algún día a la vida.
>
> SIGMUND FREUD, *El porvenir de una ilusión*

Después de Henri Bergson, la filosofía adopta un tono menos literario y se centra en cuestiones más técnicas. Sin embargo, la mayoría de los pensadores participan de un anhelo común: acabar con los viejos prejuicios, incrementar la libertad individual, descargar las conciencias de mitos dañinos, impulsar la felicidad, exaltar la dignidad humana y la vida terrenal. El pensamiento de Sigmund Freud se inscribe en esa tendencia. Nacido en 1856 en el seno de una familia judía de Freiberg (Moravia), Freud estudió medicina y se doctoró en Viena en 1881. Aunque empezó investigando anatomía cerebral, acabó especializándose en enfermedades nerviosas. La hipnosis le reveló la importancia del inconsciente, y llegó a la conclusión de que la mayoría de las patologías mentales procedían de experiencias traumáticas cuyo recuerdo se ha reprimido pero que perviven como una fuente de malestar. La mente humana se estratifica en tres niveles: el ello, de carácter inconsciente y donde residen las pulsiones elementales; el yo, que se corresponde con nuestra vida consciente; y el superyó, que aloja las exigencias morales de cada cultura, interiorizadas por la influencia del paradigma dominante. El yo se debate entre las pulsiones del ello y las demandas del superyó. Cuando no consigue un equilibrio entre esas dos tendencias, surgen los conflictos psíquicos.

Freud se hace eco del pesimismo judeocristiano cuando afirma que las pulsiones básicas del ser humano son la búsqueda de placer sexual (Eros) y el instinto de muerte (Thanatos). Somos un péndulo que oscila entre el sexo y la violencia, pero el «principio de realidad», que vela por nuestra supervivencia, nos ha enseñado que dejarse llevar por el «principio de placer», puramente compulsivo, puede ser tremendamente perjudicial. La censura que ejercemos sobre el principio de placer es necesaria, pero produce un agudo malestar, ya que las pulsiones no desaparecen. Freud describe ese malestar como una patología colectiva que explota en circunstancias excepcionales, como las guerras, donde quedan en suspenso las normas y personas de conducta intachable cometen actos deleznables. En *El malestar en la cultura* (1930), sostiene que esas personas no «caen», sino que se limitan a obrar sin las inhibiciones y represiones gracias a las cuales podemos convivir pacíficamente.

No comparto el pesimismo de Freud. El ser humano está más inclinado a la compasión que a la violencia. En la sierra de Atapuerca (Burgos), se ha descubierto en la Sima de los Huesos el cráneo de un niño con craneosinostosis, una rara enfermedad que se produce cuando los huesos del cráneo se cierran antes de tiempo, sin esperar a que el cerebro haya alcanzado su volumen definitivo. El cráneo hallado es muy asimétrico, lo cual es sinónimo de problemas motores y cognitivos. En las condiciones del Pleistoceno, no hay posibilidades de sobrevivir con una patología semejante sin los cuidados del grupo, lo cual evidencia que hace 530.000 años, los humanos no abandonaban a los enfermos a su suerte. Los grandes crímenes de la historia no obedecen a nuestras pulsiones naturales, sino a ideologías que deshumanizan a sus adversarios. Para los colonizadores blancos, los nativos africanos, asiáticos o americanos no eran humanos. Los nazis opinaban lo mismo de los judíos. Un genocidio no sería posible sin esa deshumanización que nace de consideraciones ideológicas y no de impulsos naturales.

A pesar de su pesimismo antropológico, Freud aportó una idea altamente esperanzadora: la palabra «cura». Los conflictos inconscientes se resuelven al aflorar a la conciencia y producirse una experiencia de comprensión o catarsis. Freud pensaba que los sueños eran la llave del inconsciente. Saber interpretarlos prepara el camino a la curación. Pienso que la clave de nuestras emociones y conflictos no está en los sueños, y creo que la sexualidad, indudablemente importante, no constituye lo más esencial o característico del ser humano, como apuntaba el psicoanálisis en sus inicios, pero sí entiendo que la palabra inicia la sanación y la comprensión la completa. La palabra es quizás la mejor invención de nuestra especie. No menosprecio otros lenguajes, como la música, la pintura o las matemáticas, pero creo que la palabra es un poderoso faro que nos permite unir los distintos momentos de nuestra vida, imprimiéndole ese sentido sin el cual nos sentimos perdidos.

Freud, con sus sombras y errores, contribuyó a liberar al hombre de mitos y servidumbres. Su confianza en la palabra abrió un nuevo camino para sellar las heridas de la mente. En una época lastrada por el abuso de los psicofármacos, conviene volver a sus libros para recordar que no somos mera biología, sino seres dotados de inteligencia, libertad y voluntad. Podemos superar la insatisfacción y disfrutar de las cosas. Cuando estaba enfermo de cáncer y sabía que sus días estaban contados, Freud observó una flor y comentó que la inminencia de la muerte no había logrado arrebatarle el placer de contemplar y celebrar la belleza.

El positivismo lógico

El saludable escepticismo de Bertrand Russell

> Y el amor no solo es una fuente de placer, sino que su ausencia es una fuente de dolor.
>
> BERTRAND RUSSELL, *La conquista de la felicidad*

*B*ertrand Russell también dedicó su pensamiento a destruir prejuicios y promover la felicidad del ser humano. Descendiente de una de las familias aristocráticas más ilustres de Reino Unido, fue galardonado con el Premio Nobel de Literatura en 1950. Ahijado del filósofo utilitarista John Stuart Mill, al que siempre admiró como pensador y ser humano, Russell fue un pacifista militante que se opuso a la guerra y al imperialismo. Fue encarcelado durante la Primera Guerra Mundial por sus declaraciones a favor de la paz y condenó indistintamente el totalitarismo soviético y la intervención estadounidense en Vietnam. Huérfano de padre y madre desde los seis años, su abuela, lady Russell, una mujer liberal en política pero con ideas morales muy estrictas, asumió su educación y lo acogió en Pembroke Lodge, una hermosa mansión de estilo georgiano. Durante mucho tiempo, su hermano Frank fue el único niño con el que se relacionó. Bertrand, tímido, solitario y reservado, pasaba muchas horas leyendo en la biblioteca de su abuelo, lord John. Enseguida desarrolló un gran amor por la literatura y la historia. Educado por preceptores privados, aprendió francés y alemán. Cuando su hermano Frank le enseñó geometría euclidiana, le disgustó que esta se basara en axiomas indemostrables.

Russell estudió matemáticas en el Trinity College de Cambridge. Allí hizo amistad con Alfred North Whitehead y George Moore. Con Whitehead escribió los tres volúmenes de los *Principia Mathematica*, que pretenden reducir la matemática a la lógica. En los años siguientes, viajó a Alemania, Estados Unidos y Rusia, donde conoció a Lenin. Contemplar cómo se transformaba el imperio de los zares en la Unión Soviética destruyó las esperanzas que había depositado en el comunismo. Su estancia en China fue mucho más fructífera, pues descubrió una cultura que exaltaba la vida, la belleza, la cortesía y el placer. A su regreso, creó con su segunda esposa una escuela infantil basada en una pedagogía tolerante y progresista donde se respetaba la libertad del niño para elegir materias y forjar sus propias opiniones. La Segunda Guerra Mundial lo sorprendió en la Universidad de Chicago, impartiendo clases de filosofía. Esta vez no se opuso a la guerra, pues consideraba que el triunfo del nazismo significaría el fin de la civilización. Durante la posguerra, participó en las protestas contra el armamento nuclear. Su invitación a la desobediencia civil no violenta le costó un nuevo encarcelamiento a los noventa años. En 1950 recibió el Premio Nobel de Literatura y dos años más tarde se casó por cuarta vez. Murió a los noventa y siete años en brazos de su última esposa. Su cuerpo fue incinerado y sus cenizas se esparcieron por las montañas de Gales.

Bertrand Russell se volcó en las matemáticas, la lógica, la teoría del conocimiento y la filosofía de la ciencia, pero su magisterio teórico no le impidió desarrollar el papel de intelectual comprometido que apoyó la igualdad de derechos entre razas y sexos, la despenalización de la homosexualidad, la libertad sexual, el desarme nuclear y la creación de un tribunal internacional e independiente para juzgar los crímenes de guerra de Estados Unidos en Vietnam, un proyecto que contó con el apoyo de Jean-Paul Sartre. Nunca creyó la versión oficial del asesinato de John F. Kennedy, y razonó sus dudas en una obra que tituló *16 preguntas sobre el asesinato*, donde expuso las incongruencias de las explicaciones proporcionadas por las autoridades. En *Por qué no soy cristiano* (1957), argumentó que la religión nacía del miedo a lo desconocido y de la necesidad de amparo: «El miedo es la base de todo: el miedo a lo misterioso, el miedo a la derrota, el miedo a la muerte. El miedo es el padre de la crueldad y, por lo tanto, no es de extrañar que la crueldad y la religión vayan de la mano». Russell afirma que el ateísmo es una actitud saludable, pues mira al mundo a la cara, aceptando las cosas buenas y las cosas malas. No podemos cambiar las leyes de la biología, pero podemos conquistar el mundo por medio de la inteligencia, sin sucumbir al miedo. Hay que olvidar las viejas supersticiones que describen la vida como un valle de lágrimas. Ciertamente, existen el dolor y la injusticia, pero también la alegría y la bondad.

En *La conquista de la felicidad* (1930), Russell atribuye la infelicidad común a las pasiones dañinas como la envidia, la ambición desmedida, el miedo, la autocompasión, la soberbia, la incapacidad de amar, la insensibilidad, la indiferencia, la pereza, el egocentrismo, las expectativas desmedidas, el sentimiento de pecado o la fascinación morbosa por el sufrimiento. Nadie puede ser feliz si pierde a todos sus hijos, si sufre una grave enfermedad o si vive en la indigencia, pero tampoco es posible estar satisfecho sin un proyecto vital, sin un trabajo vocacional o sin lazos afectivos. Russell aconseja salir de uno mismo, abrirse a los otros. La felicidad no cae del cielo. Hay que conquistarla.

Pienso que la mayor aportación de Russell al noble ideal de una existencia feliz y saludable se halla en su vida y, en menor medida, en su obra. Su activismo incansable y su optimismo indestructible son un ejemplo de vitalidad y alegría. Melancólico y pesimista en su juventud, la pasión por el conocimiento lo salvó de sus demonios interiores y se mantuvo viva hasta el final de su existencia. Su labor como intelectual no le confinó en una biblioteca, sino que lo arrojó a la calle para luchar por un mundo más libre y pacífico. Como escribió Fernando Savater en su *Apología del sofista*: «Era un filósofo con rostro, entre tantos profesores de cara redonda y gafas burocráticas; había conseguido modelarse una cabeza que expresara tanto como diez libros, lo que según Nietzsche es la primera obligación del pensador».

Wittgenstein: pasión por la vida

> Sentimos que aun cuando todas las posibles cuestiones científicas hayan recibido respuesta, nuestros problemas vitales todavía no se han rozado en lo más mínimo.
>
> Ludwig Wittgenstein, *Tractatus Logico-Philosophicus*

Ludwig Wittgenstein (Viena, 1889-Cambridge, 1951) es una de las personalidades más seductoras del siglo XX. Parecía un actor del Hollywood de los años treinta. Delgado, con los ojos azules y el pelo castaño, su rostro anguloso, granítico, evocaba esas tempestades interiores que afectan a los grandes héroes románticos, como el Heathcliff de *Cumbres borrascosas*. Eso sí, no había nacido pobre, sino en el seno de una de las familias más ricas del Imperio austrohúngaro. De orígenes judíos, su peripecia biográfica incluye episodios que corroboran su aspecto de galán trágico: cuatro de sus hermanos varones se quitaron la vida, combatió en la Gran Guerra, permaneció dos años en un campo italiano de prisioneros, pasó una temporada en solitario en una cabaña que construyó con sus manos en lo más profundo del fiordo noruego de Sogn, renunció a su herencia familiar —que repartió entre sus hermanos, a los que hizo prometer que no le devolverían el dinero—, abandonó su plaza de profesor universitario en Cambridge para ejercer de maestro de escuela, diseñó la casa de una de sus hermanas en Viena.

Se le ha descrito como inestable, tímido y apasionado. Su vocación inicial no fue la filosofía, sino la ciencia. De hecho, se licenció en Ingeniería Aeronáutica y patentó un motor a reacción que se utilizó más adelante para fabricar helicópteros. Tenía un carácter difícil e imprevisible, solo mostró interés por la ciencia, la música y la filosofía, y desdeñaba los bienes materiales. Su hermano Paul fue un brillante concertista de piano que perdió el brazo derecho en el frente, tras lo cual Maurice Ravel compuso para él el *Concierto para la mano izquierda en re mayor*. Los nueve hermanos Wittgenstein crecieron en un hogar con grandes inquietudes artísticas y musicales. Gustav Mahler solía visitar su casa. Ludwig llegó a afirmar que «la música era la más refinada de todas las artes» y aseguró que el *adagio* de un cuarteto de Brahms había sido su principal freno contra el suicidio. Neurótico, tartamudo y homosexual, el filósofo vienés halló cierta paz en *El Evangelio abreviado* de Lev Tolstói, lo cual imprimió a su pensamiento un giro místico, algo que exasperó a su amigo Bertrand Russell, que lo acusó de dilapidar su talento como ya había hecho Pascal al renunciar a la ciencia para convertirse en apologista del cristianismo. Murió a los sesenta y dos años en Cambridge, víctima de un cáncer de próstata que no quiso tratarse. Mientras agonizaba, murmuró: «Díganles a todos que he tenido una vida feliz». Todo sugiere que no fue así.

Se conoce a Wittgenstein por sus reflexiones sobre el lenguaje, pero también se ocupó de cuestiones éticas. Definir el bien mediante una proposición con sentido le pareció una tarea imposible, pues, como apuntó en su *Diario filosófico* (1914-1916): «La ética no trata del mundo». En todo caso, ha de ser «una condición del mundo, como la lógica», pero lo cierto es que «no resulta expresable». La ética «es trascendente». Está situada más allá de los hechos susceptibles de ser descritos mediante proposiciones. En 1930, Wittgenstein impartió en inglés una breve conferencia sobre el tema en una sociedad conocida como The Heretics. Nueve años antes, había publicado el *Tractatus Logico-Philosophicus*, explicando a su editor que su obra se dividía en dos partes: «La expuesta, más todo lo que no he escrito. Y esa segunda parte, la no escrita, es realmente la importante». Wittgenstein se propuso en el *Tractatus* averiguar «lo que puede ser dicho con sentido». Al igual que Kant, opina que la metafísica no es una ciencia y, después de examinar los eventos, las imágenes y el lenguaje, concluye que las proposiciones filosóficas no revelan nada sobre el mundo, pues la mayoría son absurdas y no se corresponden con ningún hecho. La función principal de la filosofía es delimitar el ámbito de lo que puede conocerse y expresarse. Eso no significa que lo que no puede decirse no sea importante. De hecho, Wittgenstein se interesará vivamente por ese dominio que escapa a la ciencia y el lenguaje y en el que presumiblemente se halla el sentido del mundo.

El *Tractatus* finaliza con una frase tajante: «De lo que no se puede hablar hay que callar». Para comprender esta frase hay que rescatar la distinción kantiana entre conocer y pensar. Hay ciertas cosas que pueden ser conocidas: las verdades matemáticas, los fenómenos físicos, los hechos históricos. Otras solo podemos pensarlas: la existencia de Dios, la libertad, el ser como totalidad, la inmortalidad. Así como Kant pretende definir los límites del conocimiento para hacerle un sitio a la fe racional, Wittgenstein intenta averiguar de qué se puede hablar para de ese modo poder especular (pensar) sobre lo que no se puede explicar mediante proposiciones, como la ética o la religión. Los positivistas lógicos celebraron las tesis del *Tractatus*, interpretándolas como un argumento definitivo para organizar el sepelio de la filosofía. Olvidaban que en la proposición 6.52 Wittgenstein apuntaba: «Sentimos que aun cuando todas las posibles cuestiones científicas hayan recibido respuesta nuestros problemas vitales todavía no se han rozado en lo más mínimo». Lo inexpresable no puede decirse, pero sí mostrarse. «Es lo místico» (6.522). En su *Diario filosófico*, Wittgenstein apunta que «considerado en sí mismo, el mundo no es bueno ni malo». Las proposiciones de la ética valoran el mundo, pero lo cierto es que en el mundo no hay valor alguno. El bien no es un hecho contrastable.

En la conferencia de 1930, Wittgenstein apunta que «ningún enunciado de hecho puede nunca ser ni implicar un juicio de valor absoluto». Los términos del lenguaje científico son recipientes que contienen y transmiten «significado y sentido, significado y sentido natural [...]. La ética, de ser algo, es sobrenatural». No porque venga de Dios, sino porque no expresa hechos del mundo. Siempre apunta a un más allá inverificable. Del mismo modo que una taza de té solo puede contener una cantidad limitada de agua, el lenguaje no puede albergar lo que trasciende lo empírico y contingente. El lenguaje hace referencia a lo que se puede comprobar universalmente. Cualquiera puede apreciar que la línea recta es el trayecto más corto entre dos puntos, pero jamás habrá un consenso universal sobre qué es el bien. Pensar lo contrario es «una quimera». Las expresiones éticas y religiosas se basan en símiles, no en significados precisos. Decimos que algo es correcto, pero si prescindimos de ese calificativo y describimos la situación a la que se refiere, no encontramos ningún hecho. Los valores no son cosas del mundo. Ciertamente, «es una paradoja que una experiencia, un hecho, parezca tener un valor sobrenatural». Wittgenstein concluye que la ética nunca podrá ser una ciencia, pues «no añade nada a nuestro conocimiento». Eso no significa que deba ser menospreciada. «Es un testimonio de una tendencia del espíritu humano que yo personalmente no puedo sino respetar profundamente y que por nada del mundo ridiculizaría».

Wittgenstein protagonizó un famoso incidente con Karl R. Popper. Popper compartía tres características muy significativas con el autor del *Tractatus*. Ambos nacieron en Viena, los dos eran judíos y en sus hogares se respiraba amor a la música y el saber. Como Wittgenstein, Popper no realizó estudios de filosofía. Prefirió licenciarse en Matemáticas y Física. Los dos filósofos se relacionaron con el Círculo de Viena, pero desde una perspectiva crítica. En 1937, Popper se exilió en Nueva Zelanda huyendo del nazismo. Durante su exilio, escribió *La sociedad abierta y sus enemigos*, uno de los grandes clásicos de la ciencia política. Tras la guerra, regresó a Europa y logró una plaza de profesor de filosofía en la London School of Economics and Political Science. Murió en Londres en 1994 rodeado de honores, con noventa y dos años. La reina Isabel II lo nombró caballero del Imperio británico por sus investigaciones. Popper y Wittgenstein reunían suficientes afinidades para entenderse. Los contrastes no eran tan agudos como para alimentar la enemistad. ¿Por qué entonces el autor del *Tractatus* llegó a amenazar a su compatriota y colega con un atizador de chimenea?

Durante una conferencia en el Moral Science Club de la Universidad de Cambridge, Popper sostuvo que las tesis metafísicas no podían ser refutadas, lo cual no significaba que carecieran de significado. Simplemente, no pertenecían al dominio de la ciencia. Podía aplicarse el mismo razonamiento a la ética, cuyas proposiciones son meramente especulativas. Al finalizar la conferencia, Wittgenstein se acercó a Popper y le pidió que le diera un ejemplo de proposición moral con significado. La respuesta no le satisfizo y cuando Popper deslizó un comentario irónico, agarró un atizador de chimenea y lo alzó amenazador. Bertrand Russell, que se hallaba presente, intervino y le pidió enérgicamente que soltara el atizador.

—Usted no me entiende, Russell —chilló Wittgenstein—. Usted no entiende nunca lo que digo.

—Usted lo está confundiendo todo, Wittgenstein —replicó Russell, visiblemente irritado—. Usted siempre lo confunde todo. Suelte el atizador.

—¿Quiere una proposición moral con significado? —preguntó Popper, con cierta malicia en la mirada—. Aquí tiene una: «No amenazar a un profesor visitante con un atizador».

Wittgenstein arrojó al suelo el atizador y se marchó dando un portazo. ¿Sucedieron realmente las cosas así? Algunos sostienen que Popper lanzó su frase cuando su oponente se había marchado, no en mitad de la discusión. ¿Le habría preocupado a Wittgenstein pasar a la posteridad como un energúmeno? Probablemente no. Siempre repitió que le resultaba indiferente la opinión de sus colegas. Su única inquietud era la claridad, la transparencia. A pesar de esa declaración, hay algo hermético y oscuro en esa filosofía según la cual el sentido del mundo está fuera de este. Aunque lleguemos a contestar todas las posibles preguntas científicas, los problemas esenciales seguirán sin respuesta. Somos impotentes frente al enigma de la vida. Describir el mundo es sencillo. En cambio, no somos capaces de explicar por qué existe.

La apasionada trayectoria de Wittgenstein pone de manifiesto que el ser humano es un buscador infatigable. Salvo que anonade su conciencia, necesita saber, comprender, hallar un sentido a las cosas. Si no amara la vida, si no entendiera su importancia, si no anhelara la felicidad, no se haría preguntas. Esta inquietud ha existido desde los albores de la filosofía y todo sugiere que nunca se extinguirá. Es un buen motivo para mirar a nuestra especie con optimismo. Quizás desaparezcamos algún día, pero hemos aportado algo extraordinario a la historia del cosmos.

Fenomenología y filosofía de la existencia

Edmund Husserl en busca de la certeza

Edmund Husserl (Prossnitz, Chequia, 1859-Friburgo, 1938) y su discípulo Martin Heidegger (Messkirch, Baden-Wurtemberg, 1889-Friburgo, Baden-Wurtemberg, 1976) no cultivaron la claridad, sino el rigor. Su prosa no hace concesiones al lector. Deambular por sus libros se parece a escalar el último tramo de un ocho mil. Es inevitable experimentar fatiga y, en algunos momentos, desánimo, pero al llegar a la cumbre se experimenta la euforia que solo proporciona haber superado un difícil reto. La filosofía de Husserl se concentra en la búsqueda de una certeza indubitable capaz de superar el escepticismo y el relativismo. Quiere fundamentar el saber, determinar con nitidez qué es verdadero y qué es falso. No cree que el conocimiento sea simplemente la forma en que nuestra especie procesa la información proporcionada por los sentidos, sino una aproximación objetiva a la verdad. Husserl pretende hacer ciencia y por ciencia entiende las leyes de la razón, no las evidencias empíricas. No necesitamos la experiencia para comprender ciertas verdades autoevidentes. Las leyes lógicas y matemáticas no son tautologías o convenciones formales. Enuncian certezas incuestionables, apodícticas.

En su búsqueda de la verdad, Husserl no se restringe al ámbito de los lenguajes formales, sino que aspira a crear una metodología aplicable a todas las formas de experiencia. Con ese objeto, plantea una fenomenología basada en «regresar a las cosas mismas». No será posible sin suspender los prejuicios *(epojé)* que condicionan nuestras percepciones, extendiendo un velo que oculta o difumina la verdad. Entre esos prejuicios se halla ese yo al que Descartes atribuye una concepción clara y distinta de su propio existir y de su actividad cognoscitiva. Debemos aplicar la *epojé* a ese yo empírico y buscar la perspectiva del yo trascendental, que es común en todos y que se corresponde con la facultad abstracta de conocer. El siguiente paso será desarrollar una intuición que nos permita captar el *eidos*, la esencia.

La fenomenología de Husserl constituye un regreso a la filosofía platónica, pues postula una intuición intelectual de los universales, que —a su entender— no son abstracciones, sino esencias. La intuición intelectual es el grado más alto de conocimiento, según Platón, y, en cierto sentido, representa una experiencia mística, pues es la vía de acceso definitiva a la verdadera realidad. La intuición eidética es de aplicación universal. Puede emplearse para describir la esencia de la religión, la arquitectura, el amor, el Estado o el color rojo. Sin embargo, Husserl no proporciona un criterio para validar la intuición eidética y apenas ofrece ejemplos. A veces, habla como si se tratara de una experiencia incomunicable, lo cual contrasta con su anhelo de rigor. La filosofía de Husserl parece muy alejada de la búsqueda de la felicidad, pero su presunción de que es posible conocer la esencia de las cosas es sumamente optimista. Nunca podremos gozar de una vida plena sin saber claramente qué son la belleza, el amor, el bien. Que Husserl no lograra un método definitivo y certero para averiguarlo no resta valor a su trabajo, sumamente necesario.

Heidegger y la vida auténtica

> Todo preguntar es una búsqueda.
>
> Martin Heidegger, *Ser y tiempo*

Heidegger fue más ambicioso que Husserl. No se conformó con establecer un criterio de certeza. Quiso entender qué es eso que llamamos «ser». *Ser y tiempo* (1927) es uno de los libros más originales e inspiradores del siglo XX, pero también uno de los más herméticos. Pertenece a la historia de la filosofía occidental, pero su intención última es demoler esa tradición. Es una obra «radical y patética, impulsada por una apasionada seriedad», según Karl Löwith. Su oscuridad no significa que sus proposiciones carezcan de sentido, como pretendió la Escuela de Viena, que acusó a Heidegger de limitarse a jugar con el lenguaje. *Ser y tiempo* es tan impenetrable porque aborda los mismos problemas que los primeros filósofos, que se vieron obligados a inventar un lenguaje para explicar el universo. ¿Cómo hablar del ser como totalidad cuando se trata de algo inabarcable? ¿Es posible encerrar el tiempo en un concepto?

Ser y tiempo comienza con una cita de Platón extraída del *Sofista*: «Pues, sin duda, ya estáis familiarizados desde tiempos con lo que propiamente opináis cuando utilizáis la expresión "ente"; nosotros, en cambio, otrora ciertamente creíamos entenderlo, pero ahora somos presas de la perplejidad». Esta perplejidad no se ha desvanecido. Aún somos incapaces de explicar qué es el ente. «Lo buscado desde antiguo, ahora y siempre, y aquello en lo que la investigación fracasa una y otra vez es qué es el ser», escribe Aristóteles en su *Metafísica*. Este fracaso se ha disfrazado de saber empírico, provocando el olvido del ser e incluso el olvido de ese olvido. La pregunta por el ser solo puede plantearla el único ente capaz de interrogarse sobre esta cuestión. Heidegger declaró: «El pensamiento fundamental de mi pensar es precisamente que el ser o, lo que es lo mismo, la apertura del ser necesita al ser humano y, al contrario, que el ser humano es solo ser humano en tanto que está en la apertura del ser». Esa apertura se produce en el tiempo, que es «el horizonte de la comprensión del ser». El hombre es el único ente que busca y pregunta, pero solo tenemos una pre-comprensión del ser. No somos capaces de explicar qué es y sería un error reducirlo al ente, a la presencia objetiva que estudian las ciencias. «El ser del ente no es un ente», advierte Heidegger. El ser no es Dios, ni una idea o un espíritu. El ser está en los entes, pero solo hay un ente que es consciente de ello: el hombre. El análisis del ser exige como paso previo el análisis del único ente que puede preguntarse por su sentido. Heidegger elude la palabra *Mensch*, equivalente al genérico «hombre» en castellano, y en su lugar usa *Dasein*. El *Dasein*, que se ha traducido como «ser-ahí», no es una mera presencia, sino una existencia arrojada a una situación y en relación activa con respecto a ella. El hombre está entre las cosas, pero no como la parte en el todo o «como el agua en el vaso», sino como apertura. El hombre «abre mundos». Por eso no es un ente más. El *Dasein* es el horizonte en el cual las cosas se hacen presentes y se constituyen como un mundo con un significado y un valor.

Los animales, incapaces de experimentar asombro ante la existencia o de interrogarse sobre su sentido, solo poseen entorno, pero no mundo, que es un carácter o modo de ser de la capacidad reflexiva del *Dasein*. Esta es la causa de que no exista un «en-sí» o esencia de las cosas, pues estas adquieren su ser al convertirse en utensilios del *Dasein* e insertarse en una totalidad de significados cuyo sentido solo se manifiesta en el marco del proyectar humano. El mundo *es* porque es utilizable. El hombre no es un espectador, sino la condición de posibilidad del mundo. La relación del *Dasein* con las cosas se realiza fundamentalmente mediante la comprensión. El hombre comprende las cosas cuando descubre su uso. Ese proceso también le afecta a su relación consigo mismo, pues no se entiende a sí mismo hasta que averigua qué posibilidades se abren a su acción. La libertad del *Dasein* consiste en transformar el mundo en proyecto de sus acciones y de sus posibilidades. Esta libertad también implica una limitación, pues el hombre solo puede disponer del conjunto de instrumentos constituidos por el mundo. De ahí que estar en el mundo implique el cuidado *(Sorge)* de las cosas, sin las cuales no podríamos realizar nuestras acciones y proyectos.

La perspectiva del uso revela la existencia de otros posibles usuarios, de otros *Dasein*. No hay un mundo que sea pura disponibilidad ante mis necesidades individuales, sino un «mundo con» *(Mitwelt)*. El *Dasein* es un *Mitdasein* («estar-aquí-con»). No hay «un sujeto sin mundo» ni «un yo aislado sin los otros», lo cual revela que el problema del solipsismo solo es un falso problema. Heidegger no se refiere tan solo a la convivencia empírica, sino al carácter estructural de la existencia. Si «ser-en-el-mundo» implica estar en relación con las cosas, la apertura del *Dasein* no puede prescindir del otro. Su existencia no surge como una forma de resistencia a nuestro proyecto, sino como un ente que aparece en el horizonte de mi apertura. El cuidado de las cosas se convierte en preocuparse por los otros, una actitud que puede adoptar diferentes manifestaciones. Si nos limitamos a substraer a los otros de sus problemas, incurriremos en una forma inauténtica de coexistencia, en un simple «estar juntos», mientras que si ayudamos a los otros a adquirir la libertad de asumir sus propios cuidados, lograremos establecer un auténtico coexistir.

Aunque el *Dasein* abre y funda el mundo, eso no significa que pueda disponer de la apertura que él mismo configura, pues siempre está arrojado a ella en un determinado estado de disponibilidad (alegría, miedo, apatía, tedio) e históricamente situado en su proyectar sobre las cosas. El *Dasein*, por tanto, es finito, y su existencia será auténtica o inauténtica, propia o impropia, según la clase de relación que establezca con las cosas y con otros hombres. La existencia inauténtica consiste en comprender el mundo de acuerdo con la interpretación de la opinión común, con el «se» piensa anónimo e impersonal de la mentalidad pública. La existencia inauténtica desfigura y oculta el sentido original del ser en el mundo. Nuestra relación con las cosas es intransitiva, pues «nadie ha decidido libremente si quiere venir a la existencia», pero la capacidad inherente al *Dasein* de proyectar establece que cada uno pueda asumir la responsabilidad de realizar sus posibilidades.

En la existencia inauténtica, el lenguaje se transforma en habladuría, en el decir de la existencia anónima que impone la perspectiva de la opinión común, y suplanta el proyecto propio por un vacío que intenta disfrazar su insatisfacción mediante la avidez de novedades y la ambigüedad. Ya no se puede hablar de una existencia propia, sino de una existencia que «se dice» y que «se hace» anónimamente. Es lo que Heidegger llama estado de caída, en el que el hombre ve las cosas con los ojos impersonales de la multitud y percibe el ente como cosa-presente y a sí mismo como la cosa-yo, subjetividad aislada e incapaz de fundar un mundo. Heidegger se refiere a esta situación como «estado de-yecto», frente al «estado yecto» del ser-ahí arrojado entre las cosas.

Al «torbellino del estado de caída», Heidegger opone la posibilidad de la existencia auténtica, en la que el hombre trasciende la impersonalidad de las habladurías cotidianas mediante un proyecto propio. La existencia auténtica se realiza mediante la voz de la conciencia, que actúa como una llamada a aceptar nuestra finitud. La finitud no es un destino impuesto, sino nuestra posibilidad más propia. Su anticipación abre la existencia a vivir auténticamente todas las posibilidades que se encuentran más acá del no-ser. La muerte no es un hecho más que se agrega al devenir del *Dasein*, sino el fin de la apertura instaurada por el estar-aquí. La muerte es la posibilidad de la imposibilidad de todo proyecto y, en consecuencia, de toda existencia. Es una posibilidad que siempre permanece abierta, pues no se realiza ni se realizará mientras el *Dasein* mantenga su apertura. La anticipación de la muerte pone de manifiesto que ninguna de las posibilidades concretas de la vida es definitiva. Por eso la acción humana siempre se proyecta más allá, abriendo continuamente nuevos horizontes.

La existencia auténtica es un «ser-para-la-muerte». Es una posibilidad que pertenece exclusivamente al individuo, pues «nadie puede asumir el morir de otro». La experiencia de esa imposibilidad futura no se obtiene mediante la especulación abstracta, sino a través de un sentimiento: la angustia, que surge ante la perspectiva del propio no-ser. Esta angustia, que en la vida auténtica nos impulsa a no detenernos en ninguna concreción, se convierte en temor en la vida inauténtica. En la vida inauténtica, el tiempo está dominado por la expectativa del éxito y el apego a los logros mundanos. En cambio, en la vida auténtica, que asume la perspectiva de la muerte como la condición absoluta de la libertad humana, se mantiene la apertura del *Dasein*, actualizando el pasado como rememoración de lo ya sido, y vivificando el presente como instante, donde el hombre repudia lo impropio (las habladurías, la curiosidad, la ambigüedad) y se apropia de su destino mediante su capacidad de elaborar y realizar proyectos, sin solidificar su acción en ninguna posibilidad. La actitud de Heidegger hacia el pasado no es de ruptura, sino de querer lo que ha sido, de regresar a las posibilidades que constituyeron el presente. Esta especie de *amor fati* (Heidegger cita aquí a Nietzsche) salva el pasado de su estado atemporal y abstracto y lo inserta en una relación crítica con el presente, pues la vida auténtica, al repetir las posibilidades que constituyeron su ser actual, establece un trato respetuoso con lo anterior y muestra que el hoy no es una superación de lo precedente, sino su continuación.

Ser y tiempo quedó inconcluso. La ontología general que justificaba las páginas precedentes nunca se desarrolló. Posteriormente, Heidegger explicaría esta interrupción como el reconocimiento implícito de que no era posible proseguir su análisis con el lenguaje heredado de la tradición metafísica. La diferencia ontológica (esto es, la diferencia entre el ser y lo ente) apenas puede explicarse con los conceptos de una tradición que desde Platón identifica el ser con lo ente. Esta conclusión imprimirá un giro *(Kehre)* al pensamiento de Heidegger y marca el inicio de una segunda etapa, donde ya no se tratará de analizar el ente para acceder al ser, sino de buscar el claro *(Lichtung)* donde se produce su manifestación o autorrevelación. El ser no se puede explicar ni nombrar. Solo cabe escucharlo. En sus últimos escritos, Heidegger tachará el verbo *sein* como reconocimiento del fracaso de la metafísica, dejando en el aire la idea de que el silencio quizás es más fructífero. La palabra solo es un límite que hay que traspasar.

La filosofía del siglo XX apenas se explica en un centro de enseñanza secundaria. Heidegger no aparece en el programa, salvo como mención aislada. Muchos opinarán que el carácter sumamente abstracto de su pensamiento justifica su exclusión y objetarán que tal vez no pueda aportar nada en cuestiones como la felicidad o el optimismo. No comparto esa opinión. Admito que la prosa de Heidegger a veces me fatiga, pero creo que contiene grandes intuiciones. En primer lugar, nos pide respeto hacia la naturaleza. Nuestra obligación es cuidarla *(Sorge)*, pues sin ella no podríamos realizarnos como seres humanos. No somos un cerebro en una bañera, sino seres biológicos que interaccionan con las cosas. En segundo lugar, nos recuerda la importancia de elaborar un proyecto personal. Cuando nos limitamos a satisfacer las expectativas ajenas, nuestra existencia se vuelve vacía, inauténtica. Solo al construir un proyecto propio y luchar por su materialización, adquirimos esa autenticidad que nos permite distinguirnos de los demás. No se trata de ser mejor que los otros, sino de ser uno mismo. Por último, nos revela que no podremos sacar nuestro proyecto adelante sin colaborar con nuestros semejantes. El individuo que no se relaciona con sus iguales de una forma fructífera y solidaria no puede presumir de una existencia genuinamente humana.

A pesar de sus quejas contra la metafísica, Heidegger es optimista, pues cree que la vida constituye una magnífica oportunidad. El ser humano no se limita a habitar en la naturaleza. Con su actividad y su pensamiento, la transforma en mundo, es decir, en un orbe pleno de significado. La muerte no es una desgracia, sino una necesidad. No podríamos plasmar un proyecto en un tiempo ilimitado, donde la repetición destruiría el sentido de nuestros actos, valiosos por su carácter novedoso e innovador. Saber que Heidegger militó en el partido nazi produce tristeza, pero nos enseña una vez más que la obra y su creador no siempre están a la misma altura. Sería absurdo dejar de leer a Shakespeare por sus comentarios antisemitas o a Cervantes por sus diatribas contra los gitanos. Heidegger no fue un hombre ejemplar, pero su filosofía está al margen de sus miserias y en ningún caso expresa una cosmovisión nazi.

La Escuela de Frankfurt

La Escuela de Frankfurt dedicó todos sus esfuerzos a emancipar al ser humano de todo lo que lo esclaviza y lo hace infeliz. Surgió a partir del Instituto para la Investigación Social, fundado con el legado de Felix Klein, un hombre acaudalado de ideas progresistas. En 1931, Max Horkheimer (Stuttgart, 1895-Núremberg, 1973) asumió la dirección del Instituto y fijó las directrices: elaborar una teoría crítica de la sociedad que pusiera fin a la explotación del hombre por el hombre. No sería posible sin denunciar y disolver las estructuras opresivas que han sembrado la injusticia y la desigualdad. La Escuela de Frankfurt prolonga el espíritu del Siglo de las Luces y la crítica de Marx al capitalismo, pero sin convertir la ciencia en la antorcha del progreso humano. Theodor W. Adorno (Frankfurt, 1903-Viège, Valais, Suiza, 1969) afirmó que ya no se podía continuar sosteniendo la supuesta excelencia de la civilización occidental, ni la ficción de un progreso indefinido hacia lo mejor. Nos lo impedían los cadáveres carbonizados de Hiroshima, las cenizas de los hornos crematorios de Dachau, los restos de las víctimas de las fosas de Katyn.

En 1944, Adorno publica con Max Horkheimer *Dialéctica de la Ilustración*, un análisis de la sociedad tecnológica moderna. La razón tecnológica o instrumental, movida por el afán de dominio, ha propagado el infortunio por toda la faz de la Tierra. Su única preocupación es producir bienes y servicios, sin pensar en los fines. Las consideraciones éticas son ignoradas. Solo importan el poder, la productividad, el control de los recursos. El individuo se ha vuelto irrelevante. La sociedad ha devenido masa acrítica y amorfa. Un totalitarismo difuso impera sobre las conciencias y abole las diferencias.

No es un fenómeno que afecte tan solo al sistema capitalista. En los países socialistas sucede lo mismo. *Dialéctica de la Ilustración* es un título engañoso, pues Adorno y Horkheimer no limitan su crítica a la filosofía de las Luces, sino al conjunto de la civilización occidental. Desde su punto de vista, Odiseo es el primer mito de una tradición que pretende reinar sobre la naturaleza explotando las posibilidades de la técnica. Frente al belicismo de los héroes de la *Ilíada*, Odiseo es un burgués que sortea los problemas mediante el ingenio. No es un héroe trágico, sino un hombre práctico. No le interesa comprender, sino obtener resultados, culminar retos.

Esta mentalidad ha llegado hasta nuestros días. Parece inofensiva, pero lo cierto es que ha cosificado al ser humano y lo ha convertido en un medio para algo y no en un fin en sí mismo. La técnica ya no es un mero recurso, sino ideología y metafísica. El *cogito* cartesiano, uno de los hitos de razón instrumental, ha subordinado la existencia al pensamiento. Únicamente existe lo mensurable, lo que puede tocarse, medirse, explotarse, y el ser humano no escapa a ese planteamiento. El totalitarismo político nace de esa perspectiva, que reduce al ser humano a materia fungible. Todo lo que no es productivo, todo lo que no incrementa el dominio sobre la naturaleza y produce beneficios, constituye un lastre y su eliminación es un imperativo ético. ¿Cómo invertir esta tendencia? ¿Cómo establecer unos fines más humanos?

Theodor W. Adorno: poesía después de Auschwitz

> En cuanto abandona voluntariamente su elemento crítico y se convierte en mero instrumento al servicio de lo existente, [la filosofía] contribuye sin querer a transformar lo positivo que había hecho suyo en algo negativo y destructor.
>
> T. W. Adorno y Max Horkheimer,
> *Dialéctica de la Ilustración*

Adorno adquirió esa fama paradójica que se obtiene con la propagación de una frase lapidaria pero cuyo verdadero significado apenas se conoce. Cuando afirmó que «después de Auschwitz, la poesía ya no era posible», no pretendía liquidar un género literario o calificarlo de banal e innecesario, sino llamar la atención sobre la necesidad de un arte que se hiciera eco del horror acontecido. Al final de la *Dialéctica negativa*, Adorno escribió: «Después de Auschwitz, la sensibilidad no puede menos de ver en toda afirmación de la positividad de la existencia una charlatanería, una injusticia para con las víctimas, y tiene que rebelarse contra la extracción de un sentido, por abstracto que sea, de aquel trágico destino». Adorno no pedía a los poetas que enmudecieran, sino que desecharan definitivamente el triunfalismo. La vida no posee un significado oculto; la historia del ser humano no es una historia de progreso; no es posible hallar una redención o un sentido a tragedias como la Shoá. El intelectual que celebra el mundo es un charlatán que se mofa de las víctimas. Si el terremoto de Lisboa alejó a Voltaire de la teodicea de Leibniz, según la cual vivimos en el mejor de los mundos posibles, Auschwitz debería disipar definitivamente cualquier ilusión de vivir en un mundo donde el bien sobrepasa al mal.

La poesía que ignora el sufrimiento extremo de las víctimas apenas difiere de la música que hacían sonar las SS en los *Lager* para relajar la tensión de los prisioneros. «Auschwitz demostró irrefutablemente el fracaso de la cultura». ¿Tiene razón Adorno cuando afirma que nuestra cultura apunta desde sus orígenes al espanto de Auschwitz? No niego sus aspectos represivos y excluyentes, pero no creo que la Shoá revele la esencia de nuestra civilización. La razón instrumental ahoga los aspectos más creativos y espirituales del ser humano, pero no lleva necesariamente a las políticas de exterminio. Pienso que las fantasías nacionalistas, las ideologías políticas o el fanatismo religioso son mucho más peligrosos. La técnica se vuelve dañina cuando produce efectos que no podemos imaginar o representar, como sucedió con las bombas de Hiroshima y Nagasaki, pero también es nuestra segunda naturaleza, lo que nos ha permitido habitar el mundo y convertirlo en un lugar confortable. Así lo vio Ortega y Gasset. Después de Auschwitz, ¿el arte solo puede ser un grito airado? Evidentemente, hay una obligación moral hacia las víctimas, pero lo oscuro y desgarrador no es la única alternativa para honrar su memoria o, menos aún, para cerrar las heridas. La luz, el equilibrio, la alegría, no son opciones frívolas, sino una forma legítima de apostar por la vida y un acto de beligerancia contra la mística sombría del totalitarismo.

En *Anhelo de justicia. Teoría y crítica de la religión*, Horkheimer admite que con el progreso tecnológico han mejorado las condiciones de vida de la clase trabajadora, pero eso no significa que las injusticias hayan concluido. Aún persisten las desigualdades y muchas personas viven en la precariedad y la miseria. Gracias a las mejoras salariales, los obreros han renunciado a la revolución. La lucha de clases ya no es el motor de la historia, pero no se ha desvanecido esa solidaridad elemental entre los seres humanos que nace del hecho de que todos los hombres sufren por su finitud y por estar expuestos a toda clase de penalidades. Todos compartimos el anhelo de una vida más hermosa, más dilatada, menos vulnerable al dolor y, según Horkheimer, «más favorable al desarrollo del espíritu». La vieja idea platónica de que el mundo físico no es la realidad absoluta sigue agitándose en nuestro interior. La esperanza de una realidad última nace del imperativo moral que pide la última palabra para la felicidad, la justicia, el equilibrio, que impugnan el reinado del infortunio y la injusticia. Horkheimer reivindica la teología, no ya como una disciplina que especula sobre lo sobrenatural, sino como un aliento utópico que expresa el deseo de una existencia mejor. Su optimismo le impide aceptar que el mundo pueda estancarse en una situación de infelicidad, frustración e injusticia. Las utopías son peligrosas cuando intentan imponer una idea, pero son extremadamente necesarias como sueño, impulso, estímulo. Aunque no esté a nuestro alcance la perfección, el ser humano no puede resignarse a pensar que el porvenir será una simple reiteración de un presente insatisfactorio.

Herbert Marcuse: en busca de la imaginación creadora

> Solo gracias a aquellos sin esperanza nos es dada la esperanza.
>
> Herbert Marcuse, *El hombre unidimensional*

Herbert Marcuse (Berlín, 1898-Starnberg, 1979) fue un pensador muy popular entre los jóvenes estudiantes franceses que con sus protestas casi hicieron colapsar la Francia del general De Gaulle. Freud había escrito: «La felicidad no es un valor cultural». La civilización se basa en la represión de nuestros instintos básicos. Marcuse añadió que la moderna sociedad industrial había subordinado la felicidad a un trabajo que ocupaba toda la jornada, la creación de una familia orientada a la reproducción y la obediencia a las leyes. El objetivo de ese estilo de vida no era otro que garantizar el orden establecido. La historia del hombre es la historia de la represión de todo lo que produce una satisfacción inmediata: el placer, la alegría, el juego, la espontaneidad. La ausencia de libertad —o, si se prefiere, la infelicidad— es el precio que pagamos por nuestra seguridad. En *Eros y civilización* (1955), Marcuse aboga por una sociedad no represiva donde el ser humano recupere su libertad y pueda disfrutar del tiempo libre que podría proporcionar el progreso tecnológico. Se trataría de pasar de la producción alienante al juego liberador, del pragmatismo ciego a la fantasía, del cálculo interesado a la imaginación creadora. Según Marcuse, ya existen los medios necesarios para llevar a cabo una transformación radical de la sociedad, pero el poder político y económico perpetúa un estilo de vida que esclaviza al ser humano. La utopía parece inalcanzable porque vivimos en una sociedad unidimensional que ha neutralizado el espíritu crítico mediante la propagación de un cierto grado de bienestar. Los trabajadores, con sus salarios y sus apartamentos, ya no son un agente de transformación social. El cambio solo puede venir de los inmigrantes, los parados, los incapacitados. Es decir, la esperanza ha de brotar de los que carecen de esperanza, tal como señalaba Walter Benjamin, uno de los pensadores más originales del siglo xx y famoso por su trágica muerte. Estrecho colaborador de la Escuela de Frankfurt, si bien nunca estuvo asociado a ella, Benjamin se suicidó en 1940 en Portbou, un municipio del Alto Ampurdán. No le permitieron cruzar la frontera española, alegando que sus papeles no estaban en regla. Judío y marxista, ingirió una dosis letal de morfina para no caer en manos de la Gestapo. Su dramático fin lo convirtió en un nuevo Sócrates, pero lo cierto es que nunca albergó la esperanza de un alma inmortal.

Marcuse y Benjamin rescatan a los excluidos del vertedero al que han sido arrojados. Aunque no lo sepan, son la esperanza de una sociedad alienada y desencantada. Pocas veces la filosofía ha mostrado tanto respeto por aquellos que son objeto de toda clase de agravios y menosprecios.

Erich Fromm: el arte de amar

> Vivir es nacer a cada instante.
>
> ERICH FROMM, *El arte de amar*

Erich Fromm es un pensador particularmente optimista. Vinculado a la Escuela de Frankfurt durante su primera etapa, sostiene que el amor es una poderosa fuerza transformadora. Eso sí, advierte en *El arte de amar* (1956), «el amor no es un sentimiento fácil para nadie». Amar significa incorporar otra vida a nuestra existencia, fundir la carne y el corazón, dilatar nuestra experiencia, ser dos sin renunciar a nuestra identidad. El amor no consiste en encerrarse en una burbuja con la persona amada, sino en abrirse al mundo y al conocimiento. Amar implica arriesgarse a abandonar la seguridad que nos proporciona la rutina. «El amor es un arte», no una transacción. El verdadero amor no consiste en ser amado, sino en amar. Y no debe confundirse con el «enamoramiento» o fascinación que nos produce una persona física y socialmente atractiva. En la sociedad de consumo, se tiende a mercantilizar las relaciones sociales y sentimentales. Amar no es poseer un objeto, sino adentrarse en la intimidad de otra persona, sin expectativas irracionales que conducirían inevitablemente al fracaso.

Amar no es enredarse en un frenesí sexual irreflexivo, sino caminar hacia la unión interpersonal: «El sexo sin amor solo alivia el abismo que existe entre dos seres humanos de forma momentánea». El amor no es sumisión ni dominancia, sino libertad y autonomía. No debe confundirse con la dependencia, pues en «el amor se da la paradoja de dos seres que se convierten en uno y, no obstante, siguen siendo dos». El «amor maduro» se plasma en una pareja cuando cada uno conserva «la propia integridad, la propia individualidad». Si nos aman de verdad, respetarán nuestra forma de ser. Amar es fundamentalmente dar, no pedir o exigir. «En el acto mismo de dar, experimento mi fuerza, mi riqueza, mi poder. Tal experiencia de vitalidad y potencia exaltadas me llena de dicha». El amor es una forma de crecimiento personal que nos hace más humanos y solidarios: «La persona que ama responde». Se siente tan responsable de los otros como de su propio bienestar. El «amor maduro» nunca es posesividad: «Si amo a otra persona, me siento uno con ella, pero con ella tal cual es, no como yo necesito que sea».

Según Fromm, no hay amor verdadero, maduro, si el afecto se restringe a la pareja. Esa clase de relaciones no expresan amor, sino una relación simbiótica y de profunda dependencia. Se puede decir que es un egoísmo extendido. «Si amo realmente a una persona, amo a todas las personas, amo al mundo, amo a la vida». Erich Fromm afirma que amar a los de nuestra propia carne no representa una hazaña. El amor debe extenderse a todos los seres humanos. Solo entonces se transforma en «amor fraternal», que es un amor caracterizado por su falta de exclusividad. «En el amor fraternal se realiza la experiencia de unión con todos los hombres, de solidaridad humana, de reparación humana». En esta forma de amar, prevalece el amor al pobre, al paria, al enfermo y al extranjero. El amor erótico también es una experiencia de unión. Fromm no cree que la ternura sea una sublimación del amor físico, sino una consecuencia directa de experimentar la cercanía de otra persona, el tacto de su piel y la proximidad de su mirada. «Amar a alguien no es simplemente un sentimiento poderoso. Es una decisión, un juicio, una promesa». Fromm cree en el amor eterno. Cuando dos personas empiezan a amarse, sueñan con una relación para siempre.

Para amar a una persona, necesitamos amarnos a nosotros mismos. El amor a uno mismo no es un acto egoísta, sino la base de una autoestima que nos permite darnos a los otros. El que se desprecia a sí mismo es incapaz de amar. Y el que solo se ama a sí mismo suele ser infeliz, pues contempla a los otros con indiferencia, hostilidad y miedo. Fromm, de origen judío, entiende que el amor a Dios es sumamente enriquecedor, pero ese amor no es la adoración de una figura patriarcal, sino el deseo de sentir un vínculo profundo con la totalidad, con el ser, con la vida. Fromm piensa que solo se puede hablar de Dios en un sentido poético y simbólico. Dios es amor y justicia, no un ser todopoderoso que exige obediencia ciega y sumisión absoluta. Esta idea de Dios es infantil e incompatible con la dignidad humana, pues incita a resignarse ante las injusticias y las humillaciones.

El amor no significa ausencia de conflictos. El amor no es un lugar de reposo, sino «un desafío constante, un moverse, crecer, trabajar juntos». El amor no puede ser una simple huida de la soledad. De hecho, no sabremos amar si no aprendemos a estar solos sin experimentar vacío o malestar: «Si estoy ligado a otra persona porque no soy capaz de enfrentarme al mundo con mis propios recursos, no hay amor, sino dependencia, miedo, inseguridad». La persona amada no debe ser un salvavidas, sino alguien que camina a mi lado. Cada uno tiene sus propias metas, que pueden ser complementarias o totalmente diferentes. Para amar hay que tener fe y respeto. Fromm no se refiere a la fe de carácter religioso, y menos aún a creencias determinadas: «La fe es la cualidad de certeza y firmeza que poseen nuestras convicciones». Es imprescindible «tener fe» en los amigos y en nosotros mismos para adquirir compromisos y realizar proyectos. Al llegar a la edad adulta, «la presencia de esa fe es lo que determina la diferencia entre educación y manipulación». Educar significa ayudar al niño a desarrollar sus potencialidades, respetando su personalidad. Solo el que ha sido «educado» podrá amar, asumiendo la posibilidad del dolor y la pérdida. «Amar significa comprometerse sin garantías, entregarse totalmente con la esperanza de producir amor en la persona amada. El amor es un acto de fe, y quien tenga poca fe también tiene poco amor». Según Fromm, nunca es tarde para amar, pues «vivir es nacer a cada instante».

Si alguien me pidiera una sola prueba que justificara mi optimismo, respondería que el ser humano, pese a sus miserias, posee la capacidad de amar, y eso demuestra que nuestra especie no es una anomalía dañina, como sostienen algunos, sino un prodigio. El amor no es solo una expresión de afecto, sino un poderoso impulso que une vidas, teje proyectos, sana heridas y multiplica los vínculos. Las ideologías convirtieron el siglo XX en un infierno. Todas las revoluciones fracasaron, quizás porque su credo implicaba división y enfrentamiento. El amor verdadero, que siempre busca el encuentro, podría ser un fecundo punto de partida hacia una sociedad mejor. Suena ingenuo, pero después de los abismos por los que hemos deambulado (guerras, genocidios, hambrunas, armas de destrucción masiva), tal vez sea necesario rescatar algo de inocencia y pensar que la fraternidad no es una quimera irrealizable, sino lo único que puede alejarnos definitivamente de la violencia y la iniquidad.

Del existencialismo a la rebeldía

Albert Camus y Sísifo liberado

> ¿Qué es un hombre rebelde? Un hombre que dice no. Pero, si niega, no renuncia: es también un hombre que dice sí, desde su primer movimiento.
>
> Albert Camus, *El hombre rebelde*

Se dijo que el siglo XX sería el siglo de Sartre, pero lo cierto es que la posteridad ha vapuleado al autor de *La náusea*, ha rebajado su importancia y ha prodigado un reconocimiento cada vez mayor a Albert Camus, al que casi ha convertido en un «santo laico». Es imposible no simpatizar con Camus. Con el cigarrillo eternamente suspendido entre los labios y el cuello de la gabardina alzado, recuerda a los galanes de la *nouvelle vague*, que seducen sin esfuerzo y deambulan por los paisajes urbanos acosados por la angustia y el vacío interior. Nacido en 1913 en Mondovi, Argelia, en el seno de una humilde familia de *pieds-noirs*, Camus mantuvo un vínculo muy estrecho con su madre, que era analfabeta y estaba casi sorda. Su padre murió en 1914 en la batalla del Marne, que se cobró medio millón de vidas. El pequeño Albert solo conservará una fotografía y un pequeño relato que insinúa el linaje moral de su progenitor: este fue testigo de una ejecución pública y recordó siempre la escena con horror y vergüenza. El maestro de primaria Louis Germain advirtió en la escuela el talento del joven Albert y lo alentó a continuar sus estudios dirigiendo sus lecturas y corrigiendo sus primeros escritos. Camus se lo agradeció con una novela inacabada (*El primer hombre*, publicada póstumamente) y con una emotiva mención en el discurso pronunciado al recoger el Premio Nobel de Literatura en 1957.

Camus inicia su carrera en el teatro y el periodismo. Denunciar la miseria que afligía a la mayoría de los argelinos le cuesta su puesto de trabajo. Se traslada a París y el pacto germano-soviético le distancia para siempre del comunismo. Cuando Alemania ocupa Francia, se incorpora a la Resistencia y se convierte en jefe de redacción de *Combat*. Esta publicación, fiel a Charles de Gaulle, al que se consideraba símbolo de la Francia que no se resignaba al espectáculo de una sumisión vergonzosa, no era un periódico de partido, sino un espacio de debate donde confluían las distintas perspectivas de la Resistencia. Estaba próximo al socialismo y se mostraba crítico con el marxismo y el cristianismo, pero siempre se mantenía abierto al diálogo. Por sus páginas desfilaron marxistas como Sartre, liberales como Raymond Aron, pragmáticos como Malraux y cristianos como Mounier.

En 1942 llega la consagración de Camus con *El extranjero*. Meursault, el protagonista, trasciende su condición de personaje de ficción y se convierte en la encarnación de un desengaño colectivo. Condenado a muerte por un crimen absurdo sin motivación aparente, no se inquieta por la inminente ejecución, pues «desde que uno sabe que debe morir, no importa ni dónde ni cuándo». Además, «la vida no vale la pena de ser vivida». No hay otra certeza que la muerte y la existencia de Dios es irrelevante comparada con «el cabello de una mujer». Cuando Albert Camus publicó *El extranjero*, la Francia de Vichy colaboraba con el invasor alemán en la deportación de las familias judías, el saqueo de los recursos nacionales y la represión de la Resistencia. No había muchos motivos para contemplar el porvenir con optimismo. El ideal ilustrado de progreso indefinido hacia lo mejor parecía refutado por la historia, que había liberado grandes dosis de odio y crueldad, y había concedido un poder absoluto a los heraldos del autoritarismo, la violencia y la discriminación. *El extranjero* no es la reflexión del día después, sino el grito del hombre atrapado por una crisis que sacude los cimientos morales de la sociedad europea. ¿Qué le cabe esperar al género humano tras los salvajes bombardeos de la población civil, los campos de concentración, los asesinatos en masa y el uso generalizado de la tortura? En esas fechas, aún se desconocía la magnitud de la Shoá y la capacidad de destrucción de las armas atómicas, pero se percibía claramente la podredumbre moral que había conducido a una catástrofe colectiva en la que se pisoteaban y escarnecían los ideales de libertad, dignidad y fraternidad que habían servido de inspiración a las generaciones anteriores.

Si *El extranjero* despunta por su pesimismo, *El mito de Sísifo*, también de 1942, plantea una alternativa. La vida es absurda, sí, pero la conciencia de ese hecho ya implica un progreso, y el ser humano, en la medida de lo posible, debe esforzarse en transformar la realidad combatiendo el mal moral y social. En 1945, Camus estrena *Calígula*, una obra teatral que había compuesto entre 1938 y 1942, el período más trágico de la historia de Europa. Hitler parecía invencible y la causa de la libertad había quedado reducida a una débil ensoñación. Ese clima explica el hondo pesimismo de la obra. Para Calígula, el cosmos carece de sentido. Es ridículo hablar de leyes naturales o morales. Solo hay una certeza incontrovertible: «Los hombres mueren y no son felices». Llega a esa conclusión después de la muerte de Drusilla, su hermana y amante. Esa pérdida desata en su interior una rebelión metafísica contra el orden de las cosas: «No soporto este mundo. No me gusta tal como es. Por lo tanto necesito la luna, o la felicidad, o la inmortalidad, algo que, por demencial que parezca, no sea de este mundo». Pero si no es posible cambiar el mundo, habrá que destruirlo, mostrando que «lo imposible» es la única alternativa razonable para una conciencia infeliz. De nuevo, Camus solo esboza una salida: aceptar la finitud, comprometerse con el ahora, trabajar con los hombres para crear un mundo mejor.

En 1947, Camus publica *La peste*, una alegoría sobre las sociedades infectadas por el totalitarismo. La ciudad de Orán sufre una epidemia de peste y el doctor Rieux, escéptico y racionalista, emplea todos sus conocimientos para luchar contra ella sin que lo paralice el miedo a contagiarse. No se insensibiliza. Cada muerte le afecta y piensa que la inteligencia del ser humano constituye una maldición, pues solo le muestra el carácter absurdo de la existencia. No hay dioses. El universo se halla en manos del azar. Vivir es «una interminable derrota», pues ningún éxito nos exime de la muerte. Rieux se pregunta qué es lo ético en mitad de una epidemia y cree encontrar la respuesta: luchar por el ser humano, aliviar su sufrimiento, olvidarse de uno mismo. No hay que dejarse vencer por la fatalidad, que nos hunde en la apatía y la indiferencia, ni por el egoísmo, que aniquila los valores y nos rebaja a lo puramente instintivo. Para Camus, el sufrimiento de los más pequeños es especialmente insoportable. Cuando el doctor Rieux presencia la agonía de un niño, reacciona con indignación y rabia. El dolor de un inocente siempre es un escándalo. El padre Paneloux intenta consolarle, comentando que deberíamos amar «lo que no podemos comprender». El médico repudia esa reflexión: «Yo tengo otra idea del amor, y estoy dispuesto a negarme hasta la muerte a amar esta creación donde los niños son torturados». No le interesa entender la providencia de un Dios que permite la muerte de un niño y piensa que esa injusticia no se compensa con la expectativa del paraíso. El padre Paneloux responde que «el sufrimiento de los niños es nuestro pan amargo, pero sin ese pan nuestras almas perecerían de hambre espiritual». Dicho de otra forma: nos ofrece la posibilidad de alcanzar la santidad. Rieux contesta que nunca ha deseado ser santo ni héroe. Únicamente le preocupa ser hombre y actuar solidariamente con los vencidos. No es posible derrotar a la muerte, pero sí hacerla más soportable mediante el recuerdo y la ternura. Nuestro destino individual es similar al de Sísifo. Subimos una pendiente que nos conduce al vacío, pero todos somos hermanos en el sufrimiento. Camus, humanista sincero, no se avergüenza de nuestra especie: «Hay en los hombres más cosas dignas de admiración que de desprecio». Rieux solo actúa por amor a sus semejantes, sin esperar ninguna recompensa terrenal o sobrenatural. Camus cifra su esperanza en el anhelo universal de fraternidad: «Hay una cosa que se desea siempre y se obtiene a veces: la ternura».

En *El hombre rebelde* (1951), Camus cuestiona la filosofía de la historia de Hegel y Marx, que reemplazan a Dios por el Estado. El intelectual debe moverse en la escala de lo humano y no en el nivel de las grandes abstracciones. Por eso nunca debe formar parte de un ejército regular, sino actuar como «un francotirador». Hay que rescatar los valores humanistas, ultrajados y denigrados por las ideologías totalitarias. El hombre es un fin en sí mismo, nunca un medio. Cuando se atenta contra su libertad y contra su dignidad, la rebeldía adquiere la dimensión de un imperativo ético. Sin embargo, la rebeldía pierde su legitimidad si cae en la tentación de emplear cualquier medio para lograr su objetivo. No hay que pensar demasiado en el mañana, sino en las situaciones que requieren una intervención inmediata: «La verdadera generosidad para con el porvenir consiste en darlo todo ahora». Solo los rebeldes tienen esa generosidad. «¿Qué es un hombre rebelde?», se pregunta Camus. «Un hombre que dice que no. Pero aunque se niega, no renuncia: es también un hombre que dice que sí, desde su primer movimiento». Dice sí a la libertad, a la justicia, a la solidaridad. La vida es un «combate perpetuo». Y eso es lo que nos ayuda a vivir y a morir.

Albert Camus solía decir que morir en un accidente de tráfico era una de las formas más idiotas de dejar este mundo. No podía imaginar que ese sería su final. El 4 de enero de 1960 viajaba en coche con su amigo y editor Michel Gallimard, que conducía su Facel Vega Facellia FV3B por una recta cerca de Le Petit-Villeblevin. Un neumático reventó y se estrellaron contra un árbol. Camus ocupaba el asiento del copiloto. El impacto fue tan violento que el coche se partió en tres y el escritor murió en el acto. Tenía cuarenta y siete años y solo tres antes había recibido el Nobel de Literatura, convirtiéndose en el segundo escritor más joven de la historia en obtener el galardón después del inglés Rudyard Kipling, que fue premiado en 1907 con cuarenta y dos años. A pesar de describir en sus libros el lado absurdo de la existencia, Camus era un optimista, pues creía en el ser humano y nunca se cansó de abogar por la acción. Pensaba que el sentido de la vida se hallaba en luchar por la libertad, la justicia y la solidaridad. Jamás he experimentado desaliento leyendo sus libros. El teólogo e historiador de la literatura Charles Moeller señala que la angustia no es el punto de partida de Camus. Su origen filosófico y vital no es «la galera del existencialismo». En sus primeras obras (como «El minotauro o alto de Orán», un ensayo incluido en la colección *El verano*), el tema central es la dicha. En esa época, Camus es un joven mediterráneo que rinde culto a lo solar. Aunque ha crecido en un hogar pobre, con una madre viuda que trabajaba duramente para sacar adelante a sus dos hijos, nunca ha oído exclamaciones de envidia, amargura o rencor. «No he comenzado mi vida por el desgarramiento», aclara. Su motivación inicial ha sido «la admiración»: el amor por la literatura y por el milagro de la existencia. Se deja llevar por la naturaleza, el mar, el sol, los besos, los perfumes de la naturaleza. No necesita justificar su alegría: «No hay por qué avergonzarse de ser dichoso». Ama a Argelia, su tierra natal, donde todo se da por los ojos y la vida parece hecha a la medida de la belleza. Disfruta del sol y del instante, sin hacerse ilusiones sobre la eternidad: «No hay eternidad fuera de la curva de los días». Ese amor por la vida nunca desaparecerá de sus textos, donde despunta la melancolía, pero no hay desesperación. Como dije al principio, es imposible no simpatizar con Camus, un escritor al que muchos han adjudicado el papel de conciencia ética de su tiempo.

Jean-Paul Sartre, moralista y agitador

> El hombre es ante todo un proyecto que se vive subjetivamente.
>
> JEAN-PAUL SARTRE,
El existencialismo es un humanismo

Albert Camus protagonizó un famoso enfrentamiento con Jean-Paul Sartre, uno de los últimos mandarines de la cultura europea. Durante décadas, Sartre fue la referencia indiscutible de varias generaciones, siempre pendientes de sus opiniones para utilizarlas como guía moral, política o estética. Su leyenda se incrementó cuando rechazó la Legión de Honor en 1945 y el Nobel de Literatura en 1964. No era un simple filósofo con pluma y talento de literato, sino un moralista de la envergadura de Nietzsche. Su intención fue desmontar la tradición heredada para inaugurar una nueva era en la que el hombre pudiera emanciparse definitivamente de la tutela de los dioses y de la opresión capitalista, el nuevo becerro de oro. Para Sartre, la violencia era un recurso legítimo. En su prólogo a *Los condenados de la tierra*, de Frantz Fanon, escribe: «El arma de un combatiente es su humanidad. Porque, en los primeros momentos de la rebelión, hay que matar: matar a un europeo es matar dos pájaros de un tiro, suprimir a la vez a un opresor y a un oprimido: quedan un hombre muerto y un hombre libre; el superviviente, por primera vez, siente un suelo nacional bajo la planta de los pies».

La hegemonía de Sartre comenzó a resquebrajarse cuando la faz del comunismo fue definitivamente desenmascarada. Detrás de sus promesas de igualdad y fraternidad, se escondían las alambradas del gulag y los carros blindados cerrando el paso a cualquier apertura. Sartre nunca se afilió al partido comunista, criticó abiertamente el estalinismo y lamentó que el humanismo marxista se hubiera esclerotizado en la Unión Soviética. Fue director de *Les Temps Modernes*, apoyó a los independentistas argelinos, elogió los kibutz israelíes y colaboró con Bertrand Russell en la creación del Tribunal Internacional sobre Crímenes de Guerra, un organismo independiente y sin jurisdicción real cuyo objetivo era sacar a la luz las violaciones de derechos humanos cometidas por Estados Unidos en la guerra de Vietnam. Sartre se solidarizó con la Revolución cubana, con la Revolución Cultural china y con el Mayo del 68. Con el fervor del que —tras perder la fe en Dios— descubre una nueva forma de trascendencia, abrazó el marxismo, en el que atisbó —según palabras de Roger Scruton— «una promesa de redención». Eso le hizo triturar su propia concepción de la libertad en la que el individuo quedaba sumido en una existencia inauténtica subordinada a una utopía colectiva. Aunque rechaza el materialismo dialéctico, suscribe las tesis del materialismo histórico y asegura que el capitalismo cosifica al trabajador y que solo cabe su superación mediante la praxis revolucionaria. Sartre asume el profetismo milenarista del marxismo y pontifica que la «democracia burguesa» es un ejercicio de enajenación colectiva donde la libertad se rebaja a mero espejismo o simulacro. La libertad humana solo se realiza en el socialismo. La brutalidad bolchevique nos horroriza, dice, pero era necesaria en su contexto. La intervención de la Unión Soviética en Checoslovaquia al frustrar la Primavera de Praga no invalida el potencial liberador del marxismo. Solo muestra que cada pueblo debe avanzar hacia el socialismo por un camino propio. Sartre pide a la opinión pública que juzgue el comunismo «por sus intenciones y no por sus acciones». Ese razonamiento perverso —¿acaso las acciones no son el reflejo inequívoco de las intenciones?— propicia juicios tan aberrantes como la justificación del asesinato de once miembros del equipo israelí que iba a participar en los Juegos Olímpicos de Múnich de 1972. En cuanto al juicio favorable a la Unión Soviética, ¿se puede disculpar a Sartre arguyendo que desconocía lo que realmente sucedía? Póstumamente, Antoine Burnier recopiló inéditos de Sartre (*L'Adieu a Sartre*, 2000) en los que se descubren frases que disipaban cualquier intento exculpatorio. «Gracias a documentos irrefutables —escribe el autor de *La náusea*— conocimos la existencia de auténticos campos de concentración en la Unión Soviética». Pese a esa reflexión, Sartre visitó Moscú en 1954 y, a su regreso, afirmó que «había libertad total de crítica».

Sartre agitó la bandera del compromiso y proclamó que los intelectuales debían pronunciarse. No se refería a militar en un partido, sino a tomar conciencia de la realidad de su tiempo y apoyar las causas justas. No hacerlo significaba obrar de «mala fe». Si Flaubert y Goncourt hubieran apoyado la Comuna, quizás la represión no habría sido tan feroz. Su silencio es una forma de complicidad, una culpa que mancha su obra y le resta grandeza. Evidentemente, ese argumento prepara la defenestración del propio Sartre, pues guardó silencio sabiendo que encubría hechos deleznables. Pidió responsabilidad, pero actuó de forma irresponsable al justificar el despotismo soviético, los crímenes de la Revolución Cultural china y el terrorismo de Septiembre Negro. Según Sartre, estamos obligados a querer la libertad de los otros, pero la mirada de los otros nos paraliza, nos cosifica y amenaza nuestra propia libertad. Por eso afirma en su pieza teatral *A puerta cerrada*: «El infierno son los otros». Este pesimismo revela una honda desconfianza hacia el hombre. Quizás eso explica su posibilismo. Cuando Camus denunció la existencia de los campos de concentración en la Unión Soviética, Sartre contestó: «La existencia de estos campos puede indignarnos, causarnos horror; pueden obsesionarnos, pero ¿por qué habrían de embarazarnos?... Creo inadmisibles esos campos; pero tan inadmisibles como el uso que, día tras día, hace de ellos la Prensa llamada burguesa. Yo no digo el malgache antes que el turcomano; digo que no hay que explotar los sufrimientos infligidos a los turcomanos para justificar los que hacemos soportar a los malgaches». Sartre concluyó su respuesta ironizando sobre la equidistancia de Camus: «Usted condena al proletariado europeo porque este no ha reprobado públicamente a los sóviets, pero también condena a los gobiernos de Europa porque admitirán a España en la Unesco; en este caso, solo veo una solución para usted: las Galápagos. En cambio a mí, al contrario, me parece que la única manera de acudir en ayuda de los esclavos de allá es tomando el partido de los de aquí».

Sería injusto no reconocer que Sartre también trabajó a favor del ser humano y que formuló ideas de gran valor. En *El existencialismo es un humanismo*, destacó la libertad de nuestra especie para elegir. Al nacer, el hombre no es nada, pues no hay una esencia previa, una naturaleza humana, sino un vacío que se llena con la experiencia. Sartre niega la existencia de Dios. Nada nos define salvo nuestra voluntad y nuestros actos: «El hombre no es otra cosa que lo que él hace». No estamos en el mundo como una piedra o una mesa, cuyo existir es fruto de contingencias externas: «El hombre es ante todo un proyecto que se vive subjetivamente, en lugar de ser un musgo, una podredumbre o una coliflor; nada existe previamente a este proyecto; nada hay en el cielo inteligible, y el hombre será ante todo lo que haya proyectado ser». Nuestra capacidad de elegir nos convierte en responsables. No solo de nuestra vida, sino también de las vidas ajenas, pues nuestras elecciones afectan a los demás. Sartre no se refiere tan solo a las consecuencias directas o indirectas, sino fundamentalmente al carácter paradigmático de nuestros actos. Si hacemos algo es porque pensamos que es bueno y que, por tanto, debería ser un modelo universal. Elegir implica crear un ejemplo. Sartre niega que estemos determinados: «El hombre es libre, el hombre es libertad». No hay un decálogo que nos obligue desde fuera. Somos nosotros quienes creamos los valores, las normas: «Estamos condenados a ser libres». Negarlo es un acto de mala fe. No podemos alegar que las pasiones a veces nos arrastran a cometer actos opuestos a nuestra voluntad. Nosotros creamos esas pasiones. «Hay un porvenir por hacer». Un porvenir que nos espera. Un «porvenir virgen» que nos inspira angustia y desamparo, pues no nos deja otra alternativa que elegir.

Sartre pide que no se nos juzgue por un solo acto, sino por el compromiso total que asumimos. El cobarde puede comportarse de repente como un héroe y el héroe puede flaquear y huir del peligro. Según Sartre, no hay doctrina más optimista que el existencialismo, pues nos revela que el porvenir está en nuestras manos. No estamos sujetos al destino o el azar. Es imposible no elegir. El nihilismo —abstenerse de actuar, no querer— es en sí mismo una elección. Nuestra existencia es una obra de arte que creamos día a día. Nuestra vida no tiene sentido *a priori*. Somos nosotros quienes le asignamos un sentido. Algunos opinarán que Sartre es poco comprensivo con las debilidades humanas, pero su punto de vista me parece más alentador que el fatalismo según el cual nuestra conducta se reduce al binomio estímulo-respuesta. Evidentemente, el entorno nos condiciona, pero ninguna tiranía ha logrado abolir la libertad del ser humano. Aunque el poder controle la educación, la prensa y la economía, siempre surge alguien que se desvía del camino impuesto. El acoso de una enfermedad parece más insalvable, pero no aniquila la libertad. Ya vimos que Kant, con la salud maltrecha y los días contados, se esforzó hasta el final en respetar las normas de cortesía, levantándose de su butaca para saludar al médico. Sartre merece un lugar destacado en la historia del optimismo, pues nos animó a construir el porvenir a partir de nuestra libertad y nos rescató del ciego determinismo que nos condena a vivir en la impotencia y la resignación. Sus equivocaciones políticas no deberían hacernos olvidar sus ideas liberadoras.

Michel Foucault: el sexo y la libertad

> El alma, prisión del cuerpo.
>
> Michel Foucault, *Vigilar y castigar*

Michel Foucault ocupó el trono de Sartre al convertirse en el filósofo más influyente de su tiempo. Fue una de las primeras víctimas ilustres del sida. Murió en 1984 en París a los cincuenta y ocho años. Durante más de dos décadas, había mantenido una relación de pareja con Daniel Defert. Cuando se conocieron, Defert estudiaba filosofía y Foucault preparaba su tesis doctoral. Amantes, amigos, cómplices, desafiaron a una época que aún concebía la homosexualidad como una enfermedad psiquiátrica. En 1981, Foucault declaró: «Desde hace mucho tiempo vivo en estado de pasión con una persona; es algo que está más allá del amor, de la razón, de todo; solo puedo llamarlo pasión». Defert heredó los archivos de Foucault, que contenían una sorprendente confesión: «Estoy feliz con mi vida, pero no tanto conmigo mismo». Es probable que la dicha de Foucault procediera de una ambición intelectual sin límites. Escribió sobre sexualidad, psiquiatría, sociología, instituciones penitenciarias, literatura, medicina. Sus análisis rompían en mil pedazos la mentalidad dominante y lo situaban en una posición marginal. Su pasión por el saber nacía de su inquebrantable idilio con la libertad. Nunca ignoró el precio de discrepar y de enfrentarse a la mayoría: «Hay que ser un héroe para no seguir la moralidad de tu tiempo». Su sentido de la libertad le impidió estancarse en una identidad inmutable: «No me preguntéis quién soy, ni me pidáis que siga siendo yo mismo». Para Foucault, el saber no era simple erudición, sino una mirada penetrante que destruye mitos y prejuicios y que invita al ser humano a recuperar la inocencia de la niñez, cuando la conciencia aún no se ha convertido en una cárcel del pensamiento.

Foucault sostenía que la conciencia es una vidriera superficial. Las motivaciones reales de nuestra vida psíquica están ocultas. Esa convicción le empujó a escribir tres obras sobre la aparición de la psiquiatría en el mundo occidental: *Enfermedad mental y psicología*, *Historia de la locura en la época clásica* (1961) y *Nacimiento de la clínica* (1963). Su interés por el tema no era puramente teórico, sino fruto de su experiencia como paciente. Foucault necesitó largas sesiones de psicoterapia para aceptar su identidad como homosexual. Fascinado por el poder curativo de la palabra, se licenció en Psicología, no sin antes cursar filosofía. En sus ensayos sobre los orígenes de la psiquiatría, sostiene que el loco ha ocupado el lugar del leproso. En el siglo XVIII, aparecen los primeros manicomios, cuya función es esencialmente represiva. No se busca curar, sino apartar, segregar, excluir. No es casual que en esas mismas fechas aparezcan las primeras escuelas obligatorias y las prisiones mejoren sus métodos de vigilancia mediante el panóptico de Jeremy Bentham: «Las cárceles, los hospitales y las escuelas presentan similitudes porque sirven para la intención primera de la civilización: la coacción». La tarima del maestro y la torre de vigilancia del panóptico provocan una poderosa intimidación al actuar como un gigantesco ojo que capta y escruta cualquier movimiento. La sensación es tan abrumadora que se interioriza y se automatiza la sumisión, que reprime cualquier gesto o idea que cuestione el orden establecido. En el caso del enfermo mental, la coacción es más compleja, pues su mente es particularmente rebelde. Por eso se recurren a supuestas terapias con un alto grado de violencia física y psíquica. Además, se asocia la locura al crimen, el libertinaje y la inmoralidad. El objetivo último no es tan solo alienar (separar) al enfermo mental de la sociedad, sino recluir en manicomios a rebeldes, extravagantes e inadaptados.

El manicomio y la enseñanza reglada no existirían sin un discurso dominante. El poder necesita controlar las ideas, monopolizar el saber, imponer su visión del ser humano y la realidad. Si queremos cambiar las cosas, debemos elaborar ideas diferentes, apropiarnos del conocimiento, desarrollar visiones alternativas del mundo. Identificamos el poder con el Estado, pero el poder real no se ejerce solo desde las instituciones. Foucault habla de la «microfísica del poder» para explicar que el poder configura aspectos básicos de nuestra vida cotidiana y nos indica cómo debemos vivir nuestra sexualidad, qué podemos comer o cuál es la forma correcta de vestirse. En su *Historia de la sexualidad* (1976), investiga la coerción ejercida sobre nuestros impulsos en nombre del orden social. A partir del siglo XVIII, se invoca la razón para radicalizar el sacramento católico de la confesión, convirtiendo así la minuciosa expiación de los pecados en una experiencia terrorífica. Al igual que el panóptico, el confesionario somete al individuo y viola su intimidad. «En Occidente —escribe Foucault— el hombre se ha convertido en una bestia de confesión». Se bendice el sexo reproductivo, pero se persigue implacablemente a «la mujer histérica, al niño masturbador y al adulto perverso». El deseo sexual de las mujeres se interpreta como un desarreglo neurótico. La exploración del propio cuerpo se prohíbe de forma tajante, especialmente durante la pubertad. Las fantasías sexuales se consideran aberrantes, pues incumplen la expectativa de procrear. Se podría esperar que Foucault celebrara la «liberación sexual» de las últimas décadas, pero no es así, pues entiende que el sexo se ha reducido a una compulsión. Se estimula la búsqueda del placer, pero lo esencial es el encuentro entre los cuerpos. Si orientamos nuestra vida sexual al orgasmo, vivimos hipnotizados por un clímax que muchas veces solo produce un placer insuficiente. Los cuerpos deben encontrarse libremente, sin ideas preconcebidas. Lo verdaderamente liberador es no saber cómo discurrirá cada encuentro.

En *Las palabras y las cosas* (1966), Michel Foucault sustituye el concepto de «época» por el de *episteme*. Cada etapa histórica se desarrolla de acuerdo con un paradigma o modelo. Foucault divide la historia de la humanidad en tres *epistemes*: renacentista, clásica, moderna. Cada una representa una ruptura con la mentalidad anterior. Nuestra época se caracteriza —entre otras cosas— por la medicalización del comportamiento humano. La medicina no cura, sino que vigila, clasifica y castiga. Al igual que el maestro o el policía, el médico ejerce una estrecha vigilancia sobre el individuo, reprimiendo cualquier conducta que se desvíe de la norma. Michel Foucault califica de «biopolítica» la alianza entre la medicina y el poder: «El control de la sociedad sobre los individuos no solo se efectúa mediante la conciencia, sino también en el cuerpo y con el cuerpo. El cuerpo es una entidad biopolítica, la medicina es una estrategia política». La sobremedicación y la psiquiatrización del comportamiento son mecanismos para controlar al individuo, que desactivan cualquier forma de resistencia o rebeldía. El primer paso para gozar de una auténtica libertad consistiría en rescatar nuestro cuerpo y nuestra mente de esa trama y reivindicar nuestro derecho a ser diferentes y a no ser castigados por ello.

En sus últimos escritos, Foucault habla de la necesidad de reinventar y reelaborar nuestro yo: «Debemos promover nuevas formas de subjetividad, renegando del tipo de individualidad que nos ha sido impuesto durante muchos siglos». Una muerte prematura y particularmente cruel dejó incompleta la obra de Foucault, pero no hay que lamentarlo. No me refiero, por supuesto, a la trágica extinción de su vida, sino al final abierto de un pensamiento que siempre reivindicó el cambio, la paradoja y la incertidumbre: «Nunca sé, cuando comienzo un trabajo, qué pensaré al concluirlo. Cuando escribo, lo hago sobre todo para cambiarme a mí mismo y para no pensar lo mismo que antes».

La filosofía de Michel Foucault es una invitación a la libertad. Lejos de planteamientos pesimistas, sostiene que el ser humano puede liberarse de los prejuicios y normas concebidos para ahogar su espontaneidad. Nada es definitivo. Todos podemos reinventarnos, elegir y corregir nuestro rumbo. Nada es irreversible. Ni siquiera la locura. Eso sí, la libertad no es algo gratuito, sino una conquista. La visión de la escuela de Foucault puede chocarnos, pero conviene recordar que hasta 1988 el Reino Unido no prohibió los castigos corporales. La violencia nunca es pedagógica. Casi nadie cuestiona esa idea hoy en día, pero ha costado trabajo conseguirlo. Las prisiones y los manicomios no fueron menos opresivos que las escuelas victorianas. No se pretendía reinsertar o curar, sino castigar y aislar. Desde la muerte de Foucault, han cambiado mucho las cosas. Las escuelas y los manicomios, que ahora se llaman «hospitales de salud mental», ya no son espacios terroríficos donde se ejerce la violencia, sino instituciones que trabajan por la educación de los más jóvenes y el bienestar de los enfermos. Las prisiones también se han humanizado, lo cual molesta a una parte de la sociedad, que añora las mazmorras medievales. Las ideas de Foucault, como las de Cesare Beccaria en el siglo XVIII, han contribuido a poner fin a muchos abusos. Ambos contemplaban al ser humano con optimismo. Pensaban que no se trataba de una criatura perversa a la que era necesario reprimir, sino una mezcla de libertad y pasión que merecía el máximo respeto. Sus esfuerzos a favor de los derechos humanos evidencian una vez más que la filosofía no es palabrería gratuita, sino una proveedora de felicidad.

La condición humana

Viktor Frankl y la logoterapia

> El hombre que se hace consciente de su responsabilidad ante el ser humano que le espera con todo su afecto o ante una obra inconclusa no podrá nunca tirar su vida por la borda.
>
> VIKTOR FRANKL, *El hombre en busca de sentido*

Se conoce a Viktor Frankl por su trágica experiencia en distintos campos de concentración nazis, pero conviene recordar que no solo fue un testigo particularmente lúcido, sino un psiquiatra y neurólogo que inventó la logoterapia, un método curativo orientado a superar el dolor psíquico mediante la elaboración de metas y objetivos. La logoterapia, menos retrospectiva y menos introspectiva que el psicoanálisis, está orientada al futuro. La apertura al porvenir rompe el ensimismamiento neurótico, que vuelve una y otra vez a sus obsesiones, reforzándolas con sus pensamientos recurrentes. La logoterapia considera que la principal motivación del ser humano no es la búsqueda de placer o poder, sino la búsqueda de sentido. Esta no es una sublimación del instinto, sino algo primario. Frankl señala que las personas viven y mueren por sus ideales y principios. La logoterapia estima que su cometido es ayudar al paciente a hallar el sentido de la vida. «Cuando se acepta la imposibilidad de reemplazar a una persona —escribe Frankl—, se advierte en toda su magnitud la responsabilidad que el hombre asume ante su existencia. El hombre que se hace consciente de su responsabilidad ante el ser humano que le espera con todo su afecto o ante una obra inconclusa no podrá nunca tirar su vida por la borda. Conoce el porqué de su existencia y podrá soportar casi cualquier cómo». El equilibrio psíquico no reside en la ausencia de tensiones, sino en la tensión entre lo que somos y lo que queremos ser. Sin ese conflicto, caemos en el vacío existencial. La esencia íntima del ser humano es su capacidad para enfrentarse con responsabilidad a su finitud y vincularla a una finalidad. El sufrimiento se hace tolerable cuando adquiere un sentido, como cuando cuidamos a un enfermo.

La logoterapia despliega una técnica denominada «intención paradójica». Hay que perseguir una meta, pero sin ansiedad anticipatoria. «La felicidad es como una mariposa. Cuanto más la persigues, más huye. Pero si vuelves la atención hacia otras cosas, ella viene y suavemente se posa en tu hombro. La felicidad no es una posada en el camino, sino una forma de caminar por la vida». Si la perspectiva del fracaso nos inspira un temor patológico, hay más posibilidades de fracasar. La angustia atrae los fallos y descalabros. Si experimentamos una impaciencia infantil y nos obsesionamos con un objetivo, perdemos la calma necesaria para triunfar. Siempre debemos estar dispuestos a reírnos de nosotros mismos, pues el humor nos relaja y nos ayuda a controlar nuestras emociones. El neurótico cae en un círculo vicioso porque es incapaz de relativizar sus problemas y contemplarlos con cierta ironía. La logoterapia subraya la libertad de la mente humana para superar condicionamientos y determinaciones. «El hombre es hijo de su pasado mas no su esclavo, y es padre de su porvenir». El hombre no es una cosa entre las cosas, sino un sujeto racional. No se limita a existir, sino que decide. Rectificar también es una forma de decidir, pues implica una reelaboración de la meta establecida. La libertad solo es verdadera cuando está ligada a la responsabilidad.

Viktor Frankl exclamó desde las detrás de las alambradas: «¡Qué bello podría ser el mundo!». Esa expresión podría sonar ingenua en otros labios, pero desprende clarividencia al proceder de una víctima de la Shoá. Casi todas las miserias de la historia surgen del miedo a la libertad. Imagino que si desapareciera ese temor, el mundo sería realmente hermoso.

Hannah Arendt y el poder de la vida

> Que el hombre es capaz de acción significa que cabe esperarse de él lo inesperado, que es capaz de realizar lo que es infinitamente improbable.
>
> HANNAH ARENDT, *La condición humana*

No es posible escribir una historia de la filosofía que sitúe a las mujeres en un plano igualitario. Evidentemente, si en Atenas no hubo el equivalente femenino a Platón o Sócrates no fue porque la biología implique diferencias cualitativas entre los sexos, sino por la hegemonía masculina, que estaba basada en la fuerza y no en la excelencia. Hasta el 8 de marzo de 1910, las universidades españolas no permitieron a las mujeres matricularse en sus facultades. Ya hemos visto que los obstáculos no impidieron que surgieran mujeres notables en el terreno del pensamiento durante la Ilustración o el siglo XIX, como Lou Andreas-Salomé, autora del primer estudio sobre Nietzsche y la primera mujer en ser aceptada en el círculo psicoanalítico de Viena. Ya en el siglo XX, nos topamos con grandes pensadoras: Simone Weil, marxista y mística cristiana; Edith Stein, fenomenóloga y carmelita descalza asesinada en Auschwitz; Simone de Beauvoir, precursora del movimiento feminista; María Zambrano, artífice de la razón poética como forma intuitiva de conocimiento; y, sobre todo, Hannah Arendt, una mujer optimista y de gran fortaleza interior y una de las pensadoras más influyentes del siglo XX. Arendt nació el 14 de octubre de 1906 en Hannover en el seno de una familia judía, pero a los dos años se trasladó a Königsberg, la ciudad de Kant. Perdió a su padre tempranamente, por lo que se encargó de su educación su madre, Martha, una mujer valerosa y ferozmente independiente. A los catorce años, Hannah lee la *Crítica de la razón pura*. Poco después, se familiariza con el pensamiento de Kierkegaard y estudia griego en profundidad. Matriculada en la Universidad de Marburgo, asiste a las clases de Heidegger, con el que mantiene un idilio a pesar de la diferencia de edad. En 1925 se desplaza a la Universidad de Friburgo para intentar olvidar su romance. Escucha las lecciones de Husserl y Karl Jaspers, que dirige su tesis (publicada más tarde con el título *El concepto de amor en san Agustín*) y con el que establece una relación de amistad y admiración recíproca. La política antisemita del régimen nazi la obligará a abandonar Alemania. Se instala en París, conoce a Walter Benjamin y asume la custodia del manuscrito *Tesis sobre la historia de la filosofía*, que viajará con ella a Nueva York tras lograr huir del campo de internamiento de Gurs. En Estados Unidos, comienza a trabajar de periodista y, privada de su nacionalidad alemana por el régimen nazi, pide la creación de un ejército judío para luchar por la supervivencia de su pueblo. Sin embargo, años después se opondrá a la idea de Estado de Israel de David Ben-Gurión y planteará como alternativa una federación binacional que garantice la igualdad de derechos de árabes y judíos. En 1951, obtiene la nacionalidad estadounidense y ese mismo año publica la obra que le proporcionará fama internacional: *Los orígenes del totalitarismo*. En 1958, aparece *La condición humana* y en 1963, *Eichmann en Jerusalén: un estudio sobre la banalidad del mal*. Su prestigio no cesa de crecer, pero también la oposición que provocan algunas de sus ideas, como presentar a Eichmann, criminal de guerra nazi y uno de los arquitectos de la Shoá, como un simple funcionario que obedeció órdenes, o equiparar nazismo y estalinismo, afirmando que ambos son máscaras del totalitarismo. Fumadora empedernida, murió en 1975 de un infarto de miocardio.

La experiencia de la persecución por su condición de judía provocará que abogue toda su vida por un mundo plural y diverso donde las diferencias no sean causa de discriminación o exclusión. No es posible permanecer al margen de la historia. Frente a las situaciones de opresión, hay que protestar. El objetivo del totalitarismo es aniquilar a la persona y transformar la sociedad en una masa indiferenciada. El poder absoluto implica la extinción del individuo, la desaparición de la peculiaridad que acompaña a cada vida humana. Las dictaduras promueven el gregarismo, el sometimiento a consignas incompatibles con los proyectos personales, pues entienden que lo general está por encima de lo particular. Todos, incluidos los artistas y los intelectuales, deben renunciar a sus propias metas para ponerse al servicio de un objetivo supremo. La creatividad se considera un elemento perturbador, pues introduce en el mundo lo imprevisible y subjetivo. No se puede invocar lo privado como una legítima esfera de intimidad, pues todos los aspectos de la existencia individual deben de estar al servicio de los fines públicos. El totalitarismo pondrá en marcha las políticas de exterminio para garantizar la homogeneidad social, cultural, política y racial, alegando que hay individuos superfluos, personas que sobran y cuya mera existencia atenta contra el bienestar general.

A pesar de la Shoá y del gulag, Hannah Arendt es optimista. Confía en el ser humano. Piensa que este dispone de dos recursos infalibles para cambiar el curso de la historia, neutralizando las tendencias destructivas. En primer lugar, la natalidad. Cada vez que nace un niño, la humanidad vuelve a comenzar, pues irrumpe en el mundo alguien totalmente diferente y con un gran potencial transformador. La natalidad no se limita a sumar. Renueva, transforma, pone en marcha procesos de consecuencias imprevisibles. Gracias a ella, la historia no se paraliza. Mientras exista la posibilidad de nuevos nacimientos, habrá motivos para la esperanza. Es lo que sucede en *Terminator* con la figura de John Connor, líder de la resistencia de los humanos contra las máquinas, capaz de alumbrar un nuevo futuro. En segundo lugar, Hannah Arendt destaca la creatividad de nuestra especie. La perversión totalitaria aspira a convertir a los hombres en autómatas, pero el anhelo de libertad siempre acaba despuntando por algún lugar. No somos cosas, sino conciencias que tejen mundos. Los animales no modifican su entorno ni inventan significados. En cambio, nosotros aportamos sentido y transformamos la realidad, adaptándola a nuestras necesidades y a nuestros sueños. No nos conformamos con estar. Queremos tener un nombre, una identidad, algo que nos diferencie y que deje huella en la posteridad. Nuestra creatividad es la mejor garantía de que los nudos de la historia nunca nos asfixiarán del todo. Siempre hallaremos la forma de deshacerlos e instaurar la libertad.

El interés por Hannah Arendt no ha cesado de crecer y, aunque ella no se consideraba filósofa sino politóloga, su interpretación del hombre y la historia constituye una magnífica lección para construir una existencia digna y feliz.

Posmodernidad:
la historia en un acelerador de partículas

Jean Baudrillard afirmó que, desde la caída del Muro de Berlín, la realidad se parecía a un acelerador de partículas. Los hechos, sometidos al tratamiento de los medios de comunicación de masas, se habían convertido en imágenes efímeras. La abundancia de información y su vertiginosa circulación nos había expulsado de la órbita de lo real. Ya no teníamos contacto con las cosas, sino con simulacros y representaciones. Las sombras de la caverna platónica habían abolido definitivamente la luz del mundo exterior. La fábula borgiana sobre el mapa que usurpa el territorio representado se había consumado. Ya no podíamos discriminar entre el bien y el mal, lo verdadero y lo falso, lo bello y lo deforme. A partir de ahora, ya no sería posible hablar sobre el sentido de la historia o el fundamento de la moral. Silenciosa e inadvertidamente, habíamos desembocado en una rebelión contra los padres del pensamiento moderno: Descartes, Locke, Kant, incluso Marx. Las grandes palabras —verdad, libertad, justicia, racionalidad— ya solo eran conceptos vacíos, construcciones teóricas y relativas. El desencanto había reemplazado a la ilusión de un progreso indefinido. Ya no había espacio para discursos globales. Había comenzado la era de los pequeños relatos o, si se prefiere, de la posmodernidad.

La posmodernidad puso de manifiesto que la razón occidental podía ser un instrumento de dominación y represión. Existían otras formas de interpretar la realidad y otros valores. Jean François Lyotard afirmó que en un mundo con pluralidad de reglas y distintos contextos vitales no era viable ni deseable establecer valores universales. El porvenir solo podía ser «heteromorfo y heterogéneo», con consensos locales y provisionales. Gianni Vattimo apuntó que la historia había dejado de ser una entidad unitaria. El nacimiento de Cristo ya no era el centro del devenir histórico, el acontecimiento crucial que establecía un calendario planetario. Como apuntó Walter Benjamin en sus *Tesis sobre la filosofía de la historia*, la historia oficial, una creación de las clases y naciones dominantes, había excluido e ignorado las culturas de otros continentes. Se presuponía que Occidente era el único modelo de civilización, sin reparar en que «el ideal europeo de humanidad es un ideal más entre otros muchos, no necesariamente peor, pero que no puede pretender, sin violencia, el derecho de ser la esencia verdadera del hombre, de todo hombre...».

Para la posmodernidad, el pasado no es un modelo, sino un discurso más con un interés relativo. Todas las culturas merecen un reconocimiento similar. Y no solo las culturas, sino también las distintas formas de arte popular, muchas veces menospreciadas, como el pop, el cómic o el grafiti. En el terreno de la filosofía, el fragmento conspira contra el sistema y se cuestiona la metafísica, presuntamente uno de los inventos de la razón para someter al ser, reduciéndolo a magnitudes mensurables. Ese procedimiento ha cosificado al ser humano. La posmodernidad libera al hombre de ese trato y le ofrece la oportunidad de vivir como un nómada en un mundo de dialectos donde la verdad siempre es contingente, finita y relativa. Ser conscientes de que nuestro dialecto no es la verdad absoluta nos exime de caer en el dogmatismo y nos impone el diálogo y el desarraigo. El desarraigo no es una desgracia, sino la oportunidad de permanecer siempre en movimiento y elaborando nuevas ideas.

No se reparó en que ese «vagabundeo incierto», por utilizar una expresión de Vattimo, puede dejar indefenso al ser humano frente a la barbarie, inerme ante la seducción de los falsos mitos. Sin convicciones ni certezas, el individuo carece de argumentos que oponer a la violencia y la manipulación. Despersonalizado, se diluye poco a poco en la masa, arrastrado por una mayoría vociferante y ciega, tal como temía Elias Canetti. ¿Acaso la libertad y la justicia no son bienes universales, ideas con un valor que trasciende los consensos locales? ¿Se equivoca John Rawls cuando define la justicia como una situación en la que todos deberían partir de unos derechos elementales que excluyeran las discriminaciones y garantizaran la equidad? ¿Acaso no se deberían establecer medidas globales para corregir las desventajas de los que nacen en familias o países con menos oportunidades?

Max Scheler y Gadamer: la superación de la posmodernidad

> En escuchar lo que nos dice algo, y en dejar que se nos diga, reside la exigencia más elevada que se propone al ser humano.
>
> HANS-GEORG GADAMER, «La misión de la filosofía»

La posmodernidad hizo retroceder el dogmatismo, pero a costa de dejar al ser humano suspendido en el vacío. Nos guste o no, somos posmodernos, pues desconfiamos de los valores universales. Sin embargo, no cesamos de pedir la universalización de los derechos humanos y la globalización de la democracia. Max Scheler (Múnich, 1874-Frankfurt del Meno, 1928) afirmó que existía una jerarquía de valores. El mundo físico es necesario, pues es lo que da coherencia y continuidad a la vida, pero no es menos necesario un mundo espiritual que aporta sentido. En ese mundo se hallan los valores, que nunca nos dejan indiferentes. No son meras representaciones o imágenes, sino algo que «viene a nosotros» por sí mismo.

Scheler sostiene que nos diferenciamos de los animales porque, más allá de lo biológico, poseemos una vida espiritual cuyo centro activo es la persona. El acto esencial del espíritu es la intuición de los valores. Aunque estos se reflejan en las cosas, no deben confundirse con ellas. La belleza no es un cuadro de Botticelli; el bien no es un gesto de solidaridad o indulgencia. El bien y la belleza son trascendentes. Pertenecen a un reino autónomo que solo puede ser conocido por el ser humano. Frente a las éticas formales, Scheler reivindica una ética basada en valores objetivos con un orden jerárquico propio, es decir, no fijados convencionalmente por el ser humano. En los tramos superiores de esa jerarquía, se hallan la belleza, la justicia y la verdad. Y en la cúspide, la beatitud, la paz espiritual reservada a los que contemplan a Dios, que no es una persona omnipotente, sino el Ser primordial que adquiere conciencia de sí mismo en el hombre y que este contempla como el origen de su existir.

Al igual que Max Scheler, Hans-Georg Gadamer (Marburgo 1900-Heidelberg, 2002) afirma que la verdad no es una convención, sino algo objetivo. El problema de la razón occidental es que buscó la verdad de forma individual, sin comprender que siempre es fruto del encuentro. Al evocar una discusión con varios colegas, Gadamer destaca la trascendencia del diálogo: «... lo que al parecer pretendíamos es que el otro nos comprendiese, y quizás algo más. Queríamos reunirnos con el otro, obtener su aprobación o, por lo menos, que se retomara lo dicho, aun cuando fuese a modo de réplica u oposición. En una palabra: queremos encontrar un lenguaje común. A esto se lo llama conversación».

La filosofía es conversación y por eso es una excelente herramienta contra la incomprensión y la barbarie. No podemos desperdiciar su potencial esclarecedor, su capacidad de humanizar los problemas y abordarlos desde la raíz, eludiendo tópicos y simplificaciones. Escribe Gadamer: «No deberíamos hablar de un fin de la filosofía hasta que no se produzca un fin del preguntar. Aunque es cierto que si un día se acaba el preguntar, se habrá acabado también el pensamiento». Y si se acaba el pensamiento, la humanidad, lejos de dialogar, perderá la esperanza de vivir en paz. Las fronteras y los ejércitos no acabarán con los conflictos. Solo la ética puede fundamentar una convivencia más humana. «La ética —afirma el filósofo judío Emmanuel Lévinas— no es un momento del ser, sino que es algo más y mejor que ser». La ética es el momento en que me hago responsable del otro y acepto su derecho a la diferencia, a la alteridad. Gadamer apunta que «tal vez sobrevivamos como humanidad si conseguimos aprender que no solo debemos aprovechar nuestros recursos y posibilidades de acción, sino aprender a detenernos ante el Otro y su diferencia, así como ante la naturaleza y las culturas orgánicas de pueblos y Estados, y a conocer a lo Otro y los Otros como a los Otros de Nosotros mismos, a fin de lograr una participación recíproca». Jürgen Habermas, el máximo representante de la segunda generación de la Escuela de Frankfurt, apunta que Kant se equivocó al fundamentar su imperativo categórico en la subjetividad. Una norma moral universal siempre debe ser fruto del diálogo. «Tolerar al otro —añade Gadamer— no significa en absoluto perder la plena conciencia de la irreductible esencia propia. Es más bien la propia fuerza, ante todo la fuerza de la propia certeza de existir, lo que da capacidad para la tolerancia».

El siglo xx fue devastador, pero la filosofía siguió trabajando a favor de la vida. Algunos pensadores, como Heidegger o Sartre, cometieron el error de Platón, que se alió con el tirano de Siracusa pensando que la libertad constituía un estorbo para realizar un gran proyecto político, pero otros lucharon incansablemente por un mundo más libre, más luminoso, más feliz. Es el caso de Hannah Arendt o Albert Camus. La historia de la filosofía me ha acompañado desde hace cuarenta y cinco años, cuando leí por primera vez el *Fedón*. El ejemplo de Sócrates me ha ayudado en las horas más amargas. Saber que un ser humano puede afrontar la muerte con serenidad y esperanza me dio fuerzas para superar la depresión. Siempre protestaré contra el fatalismo que cuestiona nuestra libertad. Julián, mi alumno, dio la vuelta a su vida. Yo también lo conseguí, pese a las previsiones pesimistas de los médicos. Y me gustaría transmitir a todos los que han perdido la esperanza que el ser humano posee más recursos de los que cree. El cuerpo y la mente son más fuertes de lo que imaginamos. Albert Camus nació en una familia humildísima, pero eso no le impidió estudiar y convertirse en un escritor galardonado con el Nobel. Hannah Arendt soportó desde niña el acoso del antisemitismo, pero no se dejó envenenar por el odio. Su independencia y su inteligencia privilegiada le permitieron sobrevivir al exilio, el confinamiento en un campo de prisioneros, la condición de apátrida y la incomprensión despertada por algunas de sus ideas. A pesar de Auschwitz, a pesar de Hiroshima, a pesar del gulag y de la depresión, la vida es una oportunidad extraordinaria. Quizás a algún lector le parecerá frívolo emparentar la depresión con las grandes catástrofes del siglo XX, pero Primo Levi, superviviente de Auschwitz, confesó que la depresión le había hecho sufrir más que los barracones y las alambradas. El ser humano puede construir un infierno en su interior, pero también puede escapar de él. Si tuviera que salvar una palabra, sería sin duda la «esperanza». Espero que estas páginas contribuyan a preservarla y a menoscabar todo lo que conspira contra ella.

Interludio final:
La escritura desafía al olvido

No quisiera finalizar este libro evocando a mis seres queridos desde la tristeza. Al mirar hacia atrás, reparo en que he dedicado varias páginas a la muerte de mis padres, de mis hermanos y de algunos de mis perros. No deseo que su recuerdo esté asociado al dolor de la pérdida, sino a la alegría de haber compartido con ellos momentos que no se han borrado de mi memoria. La memoria no se limita a registrar el pasado. También lo mantiene vivo. La escritura desafía al olvido, perpetuando vivencias que viajan con nosotros, ayudándonos a sortear la sensación de vacío que nos deja la muerte. Yo atesoro vivencias particularmente hermosas con mis hermanos y mis padres. Perdí a mi hermano Juan Luis con veinte años y nunca llegué a convivir con él, pues nos separaban dos décadas. De hecho, ya se había marchado de casa cuando yo nací. Siempre le asociaré a Tintín, el reportero de mechón pelirrojo creado por Hergé. Mi hermano viajaba mucho, y de niño yo pensaba que era un explorador, siempre dispuesto a cruzar las fronteras más remotas para adentrarse en territorios exóticos. Cuando yo tenía seis o siete años, me regaló mi primer álbum de Tintín. Por entonces, Juan Luis vivía en París y no disponía de mucho dinero. Apasionado por la literatura y la filosofía, compraba novelas, ensayos y obras de teatro a los libreros que situaban sus puestos a orillas del Sena y ofrecían libros de segunda mano a precios de saldo. Imagino a Juan Luis, con ese flequillo rebelde que caía sobre su frente, hojeando títulos con la esperanza de hallar algo de Kafka, Faulkner, Sartre, Bertolt Brecht o Joyce. Era la época del existencialismo y de la rebeldía contra el sistema capitalista, al que se describía como un nuevo Moloch. Allí compró *Tintín en América*, mi primer álbum de una serie que nunca he dejado de frecuentar y que completé con los años. Para mí, Tintín no es un personaje de ficción, sino un entrañable y querido amigo.

Durante sus viajes, mi hermano nunca desperdiciaba la ocasión de guardar monedas y billetes de los países visitados. Para mí, era una especie de Marco Polo que se desplazaba en largas caravanas con camellos, elefantes y corceles. Ahora sé que viajó en autobuses y trenes, adquiriendo los billetes más baratos, y que practicó el autoestop. En esos años, muchos conductores aún admitían a pasajeros desconocidos, pues no se había propagado el miedo que hoy nos oprime y que fomenta que vivamos en burbujas incomunicadas. Me sorprende que mi hermano lograra viajar hasta Albania en los tiempos de Enver Hoxha, cuando los pasaportes españoles incluían esta advertencia: «Válido para todos los países excepto para Albania, Corea del Norte y Mongolia Exterior». Aún conservo los billetes albaneses que mi hermano me regaló. En uno de ellos aparece un barco que mi imaginación infantil confundía con el Aurora, el navío donde viaja el profesor Calys para estudiar el aerolito caído en el océano glaciar Ártico, según *La isla misteriosa*, el décimo álbum de Tintín.

No recuerdo qué día de la semana era, pero sé que una tarde, mientras yo hacía los deberes acompañado por un tazón de Nesquik y unas galletas, apareció Juan Luis. Como siempre, no avisó. Aún le recuerdo entrando en mi cuarto, agitando un ejemplar de *Tintín en América* publicado por Casterman. Yo no conocía a Tintín y no sabía casi nada de francés, pero me enamoré de inmediato de la portada, donde aparecía un jefe indio con un penacho de plumas y un *tomahawk*. Un joven, casi un niño, atado a un poste y con un traje de cowboy, sudaba con cara de miedo y, detrás, un fox terrier asomaba tímidamente la cabeza. Mi hermano me leyó el álbum en voz alta, traduciendo los diálogos. A partir de entonces, dejé de asociarle con Marco Polo para identificarlo con el reportero de *Le Petit Vingtième*. Cuando leía los álbumes de Tintín, fantaseaba con que Juan Luis había salvado el Reino de Syldavia o lo imaginaba corriendo con el cetro de Ottokar. En otras ocasiones, pensaba que había viajado a la Luna y descendido al fondo del océano Atlántico para explorar los restos del Unicornio, el galeón capitaneado por Francisco de Hadoque y asaltado por el temible pirata Rackham el Rojo.

Con los años, comprendí que mi hermano no era Tintín, pero me reconfortó saber que poseía un espíritu aventurero. Había recorrido muchos países y no parecía dispuesto a renunciar a esa existencia itinerante. Sus largas ausencias me impidieron conocerlo a fondo, pero conservo un recuerdo especialmente grato de una tarde que pasamos juntos. Antes de cumplir los dieciocho, me dejó conducir su Mini Cooper verde. A finales de los sesenta, aún era frecuente que los padres o los hermanos mayores enseñaran a conducir a los adolescentes de su entorno familiar, ignorando las prohibiciones legales. Durante dos semanas, recorrí las carreteras de la Casa de Campo con mi hermano, aprendiendo a girar el volante, a introducir las marchas y a controlar los espejos retrovisores. Circulábamos despacio, escuchando canciones de los Beatles e intercambiando bromas. Mi hermano no se enfadaba cuando yo me equivocaba. En una curva, nos topamos con un ciclista sentado en un arcén que se había caído y que hacía muecas de dolor. Tenía más o menos la misma edad que yo. Nos detuvimos y Juan Luis, que llevaba un pequeño botiquín en la guantera, le curó las heridas que se había hecho en las rodillas y el codo. Dado que no parecía en condiciones de seguir pedaleando, lo invitó a subir al coche y colocó su bicicleta en la baca del Mini, sujetándola con unos pulpos. Volvimos a Madrid charlando animadamente. Recuerdo la expresión de Juan Luis, que había cogido el volante y hablaba con su voz grave y profunda, tan similar a la de nuestro padre. Parecía feliz y relajado. Quiero conservar esa imagen, una estampa de otra época, donde dos adolescentes y un hombre de casi cuarenta años disfrutaron de una camaradería sincera, satisfechos de comprobar que los seres humanos, lejos de contemplar con indiferencia el sufrimiento, casi siempre experimentan el impulso de aliviarlo.

Mi hermana Rosa era bióloga y le apasionaba la botánica. Dado que vivíamos al filo del Parque del Oeste, solíamos pasear por sus caminos de tierra acompañados por una perrita que se divertía espantando a las palomas. La perrita se llamaba Julieta y era un *border collie*. Increíblemente, había sido abandonada en la España de los años ochenta, cuando la raza no había llegado a nuestro país. Tenía un antifaz negro sobre un manto blanco, y mi hermana decía que parecía un pirata. Rosa conocía el nombre de todos los árboles. Le gustaba citar sus nombres en latín y describir sus características. Sentía predilección por los cedros, de gran tamaño y con una madera olorosa. Me decía que podían vivir más de dos mil años y que su aceite poseía propiedades medicinales. A pesar de sus problemas de salud, Rosa sabía disfrutar de una mañana soleada. Aunque le costaba caminar, subía y bajaba cuestas con determinación. Yo no le preguntaba si se cansaba, pues sabía que esa clase de comentarios le producían frustración. Cuando llegábamos a la Rosaleda, un enorme jardín al que se accedía mediante unas escaleras de piedra sinuosas y empinadas, bajaba con pasitos cortos, midiendo la distancia, pero sin dejarse intimidar. Cada primavera presenciaba con fervor la floración de los seiscientos tipos de rosas reunidos en ese pequeño rincón de Madrid. Aquella paleta de colores, que circundaba un estanque central adornado con nenúfares y la estatua de una ninfa, le causaba un enorme regocijo. «Es como si la naturaleza pintara óleos y acuarelas. O con ceras», decía, examinando las rosas. El mundo no consideraba que mi hermana, con sus limitaciones físicas, fuera una rosa, pero a mí sí me lo parecía. Un rosa tímida y discreta que deseaba pasar desapercibida, pero que irradiaba una belleza misteriosa y tristemente inadvertida. No he olvidado cómo escrutaba las rosas con sus ojos castaños para explicarme sus peculiaridades y cómo sonreía cada vez que una abeja sobrevolaba los macizos, pues le gustaban esas pequeñas criaturas, con su zumbido suave y su resplandor dorado. Nunca pasábamos mucho rato en la Rosaleda, pues no dejaban entrar a los perros. Julieta nos esperaba en la puerta, sin perdernos de vista. Cuando nos reuníamos otra vez con ella, Rosa se agachaba y la abrazaba. Esa es la imagen que quiero conservar de mi hermana.

Solo vi una vez a mis padres besarse en público. En aquellos años, los matrimonios reservaban las manifestaciones de cariño para su intimidad. Se consideraba de mal gusto exhibir los afectos o prodigar gestos que podían crear incomodidad. Sin embargo, una calurosa tarde de verano mis padres se besaron en la playa. Protegidos del sol por una sombrilla de rayas blancas y azules, sonreían observando cómo mi hermana y yo corríamos por la orilla. Mi madre llevaba unas enormes gafas de sol, semejantes a las que usaba Maria Callas. Yo solía pedírselas, pues me gustaba contemplar el mundo desde sus cristales de color verde. Con ellas, tenía la impresión de que la realidad adquiría la tonalidad de un sueño. Ese día estaba demasiado ocupado salpicando de agua a mi hermana para anhelar esa perspectiva mágica, pero cuando, agotado, me senté en la arena y sorprendí a mis padres intercambiando un beso discreto y breve, sentí que me había adentrado en una visión onírica de la vida. Una estampa modulada por la moda de la época, pues mi madre llevaba un bañador de una sola pieza, con dos tirantes y con forma de pantalón, y mi padre, un bañador negro, grande y con una banda blanca, semejante al que exhibía Cary Grant en *Me siento rejuvenecer* (*Monkey Business*, Howard Hawks, 1952) cuando acude a una piscina con Marilyn Monroe y se da un planchazo en el agua al saltar desde un trampolín. Como todos los matrimonios, mis padres pasaron malos momentos, algo que no supe hasta muchos años después, pero a pesar de todo se querían y me gusta recordarlos así, besándose tímidamente en una playa.

Todos nos preguntamos a menudo qué es la felicidad. El ser humano ha convivido durante siglos con la idea de que fue expulsado del paraíso, sin advertir que tal vez nunca salió de él. He pasado muchos veranos con mi mujer en un pueblecito del Levante español. Solíamos recorrer la costa en una Triumph Bonneville semejante a la que conduce Steve McQueen en *La gran evasión* (*The Great Escape*, John Sturges, 1963), pero con el depósito rojo y blanco. Pido excusas a los lectores más jóvenes por citar las películas de mi juventud, pero creo que es inevitable. Cada uno es hijo de su tiempo y nada nos produce una impresión tan profunda como lo que vivimos durante nuestras dos primeras décadas de vida, cuando cada experiencia constituye un hallazgo y no una variación de algo ya vivido. Piedad, mi mujer, y yo nos sentíamos muy felices a lomos de la Triumph. Nunca comprendimos a esos motoristas que recorrían las carreteras a una velocidad vertiginosa. No solo porque nos parecía una conducta peligrosa e irresponsable, sino porque circular a ese ritmo impedía contemplar el paisaje con calma. Con una marcha tranquila y relajada, la motocicleta parece una góndola sobre un río de asfalto. O una calesa de caballos con la capota descubierta. En los años noventa, los pueblos de Levante aún conservaban su fisonomía, pese al turismo: casas bajas con un patio trasero, palmeras, paseos marítimos, plazas tranquilas con una pequeña iglesia y un campanario, bares con mesas en el exterior, restos de alguna fortaleza. Todavía era posible toparse con una tertulia improvisada de personas mayores que sacaban sus sillas a la puerta y no se recogían hasta última hora de la noche. Todo eso no ha desaparecido, pero se ha diluido por culpa de una nueva forma de vivir, más apresurada y funcional.

Mi mujer y yo solíamos acercarnos a Santiago de la Ribera. Aparcábamos la motocicleta y caminábamos por el paseo marítimo, fijando nuestra mirada en el embarcadero y sus casetas de madera, vestigios de otra época, cuando las gentes del Levante vivían de la pesca y aún no se habían levantado torres de doce plantas para los turistas. Después de unos minutos, nos sentábamos en una terraza y pedíamos unas cervezas. El sabor amargo del lúpulo y la infinita variedad del mar, con sus pinceladas verdes y lilas flotando sobre un azul con pequeñas crestas blancas, nos proporcionaban una dicha tranquila y sencilla. Las gaviotas que cruzaban el cielo añadían una sensación de ligereza y creaban la ilusión de que todo estaba concertado: el latido del mar, la claridad del cielo, la respiración de la tierra, los anhelos humanos, tan frágiles como hermosos. ¿Quién puede asegurarme que no disfrutábamos de un rincón del paraíso? Teníamos todo lo esencial: belleza, luminosidad, amor. Quizás el ser humano fue expulsado del Edén por amar poco. No concibo falta más grave. Gracias a mi mujer, yo podía añadir a las sensaciones que me producía un breve tramo de la costa levantina la certeza de ser amado. El paraíso está en la tierra, pero alteramos su equilibrio y destruimos su inequívoca belleza cada vez que nos olvidamos de amar. Vivir es una rutina; amar, como dijo, Erich Fromm, un arte. Un arte para el que no hace falta talento, sino delicadeza.

La felicidad de amar no desaparece con la muerte. Yo sigo sonriendo al pensar en los seres queridos que ya no me acompañan, pues no los asocio al vacío o la pérdida, sino a la vida. Cuando abro un álbum de Tintín, pienso en mi hermano Juan Luis. Al llegar la primavera, las rosas de mi jardín reavivan en mi memoria la imagen de mi hermana Rosa, otra flor tenaz y valiente. Si viajo a Levante, en cuanto percibo el olor del mar rescato la imagen de mis padres besándose en la playa. Afortunadamente, mi mujer es algo más que un recuerdo. Al caer la tarde solemos pasear por la estepa castellana acompañados por algunos de nuestros perros, cada vez más mayores pero aún con ganas de disfrutar del aire libre y de las caricias de los paseantes que se acercan a ellos. Dicen que el paraíso era un hermoso huerto, con árboles frutales y bañado por ríos de aguas cristalinas, pero yo creo que el paraíso no es un lugar, sino un estado de ánimo. Eso sí, aunque no tiene árboles ni plantas, necesita que lo cuidemos con ternura y paciencia. Este libro es mi forma de regar ese huerto que desatendí durante tanto tiempo.

Epílogo

> Un alienado es en realidad un hombre al que la sociedad se niega a escuchar, y al que quiere impedir que exprese determinadas verdades insoportables.
>
> ANTONIN ARTAUD, *Van Gogh, el suicidado por la sociedad*

El 30 de septiembre de 2012 acabó mi carrera como profesor de filosofía. Pocas semanas después de pedir una baja por una crisis depresiva, recibí una carta por correo ordinario en la que me comunicaban que se habían iniciado los trámites de mi jubilación forzosa. En mi baja, el psiquiatra había utilizado una palabra de consecuencias fatales: bipolaridad. La psiquiatría trabaja con síntomas, no con evidencias. No hay ninguna prueba específica que avale un diagnóstico. Ninguna radiografía, ninguna analítica, ninguna exploración que justifique inequívocamente alguna de las patologías que se describen en los manuales. Se dice que la depresión está causada por una bajada de la serotonina, pero investigaciones recientes han cuestionado esa hipótesis. Se afirma que el trastorno afectivo bipolar es genético, hereditario e incurable, pero no hay ninguna prueba objetiva que lo acredite. Desde los años ochenta, la psiquiatría trabaja con un paradigma biologicista, según el cual todas las enfermedades mentales tienen una base fisiológica. Esta teoría ha provocado que millones de personas consuman antidepresivos, neurolépticos y benzodiacepinas durante largos períodos, sin experimentar en muchas ocasiones mejorías significativas. Algunos médicos y psiquiatras (Joanna Moncrieff, Peter C. Gøtzsche, James Davies) han comenzado a pedir un cambio de paradigma para abordar los problemas de salud mental, apuntando que se tiende a medicalizar el sufrimiento. Muchas de las supuestas patologías que se diagnostican son simples cuadros de dolor psíquico agudo, susceptibles de curación con apoyo psicológico y social. Decirle a una persona que sufre una patología irreversible con una base bioquímica suele provocar que se hunda en el desaliento y el pesimismo.

Ser un enfermo crónico dibuja un horizonte desolador. Es como haber naufragado en una isla desierta y saber que nadie acudirá a rescatarte. Puedes sobrevivir con frutos y bayas silvestres, beber agua de un arroyo, protegerte de las tormentas y el sol abrasador escondiéndote en una cueva, pero no ignoras que una costa llena de arrecifes mantendrá a los barcos alejados. El panorama se agrava si la distancia hasta la isla habitada más cercana es tan grande que no te serviría de nada construir una pequeña embarcación, pues no sobrevivirías al viaje. Estás condenado. De alguna forma, ya no perteneces a la especie humana.

Yo me sentí así en algún momento. Había aprobado las oposiciones de profesor de filosofía de la Comunidad de Madrid con el número uno, pero la Administración se deshacía de mí de una forma fría e impersonal. Nunca vi a un inspector médico. Nunca pasé por un tribunal. Todo el trámite se realizó mediante cartas certificadas. Años más tarde, conocí otro caso similar. Sospecho que se ha establecido el criterio de apartar de la docencia y de otros cuerpos con responsabilidades sociales importantes, como la policía o la medicina, a todos los funcionarios a los que se diagnostica una enfermedad mental grave. Parece un criterio razonable, pero al mismo tiempo desprende algo inhumano, pues implica una dolorosa exclusión de trabajadores que podrían aportar o ya han aportado valiosos servicios a la sociedad. Mis alumnos organizaron en las redes sociales varios grupos pidiendo que continuara en la enseñanza, pero la Administración no repara en esas cosas. Yo no opuse resistencia, pues me encontraba muy abatido y preferí aceptar mi destino, como Joseph K., que desconoce los cargos que se le imputan y admite su condena con la misma resignación que se acepta un cataclismo de la naturaleza.

El automatismo de escribir me mantuvo vivo. Seguí publicando artículos en los medios con los que colaboraba habitualmente desde el año 2000, pero me aislé. Salir de casa me producía una enorme incomodidad. El sonido del teléfono me causaba malestar y evitaba descolgarlo. Me convertí en una especie de Robinson que en vez de sobrevivir en una isla habita una casa de las afueras de un pueblo. Todos los días repetía la misma rutina. A primera hora, después de hacer un esfuerzo sobrehumano para abandonar la cama, salía a pasear por el campo. Recorría un yermo sin un solo árbol. Sentía que estaba solo entre la tierra y el cielo. Caminos pedregosos, jaras y matorrales, conejos y liebres corriendo o paralizados bajo el sol implacable de Castilla, milanos planeando con su vientre pardo rojizo y unas alas donde se alterna el blanco y el negro, de vez en cuando dos o tres corzos alzando sus colas blancas sobre los campos de trigo y cebada. Eso era todo. Pensaba en la muerte a menudo, pero no quería repetir el trágico fin de mi hermano Juan Luis. Un suicidio deja un rastro terrible. Es una herida que nunca se cierra. Todos los que querían al que se quitó la vida mueren un poco con él. Mueren y mueren. Nunca dejan de morir. El duelo nunca concluye, pues el que se suicidó no se marchó en paz. Se puede aceptar que alguien muera por causas naturales, incluso de forma prematura, pero resulta casi imposible saber que alguien al que querías se ha retorcido de dolor durante días, semanas, meses, hasta agotar su resistencia psicológica. Nadie elige suicidarse. El suicidio no es una elección libre, sino una experiencia similar a quedarse colgado de una cornisa y, tras horas interminables apretando los dedos contra una superficie dura y fría, caer al vacío. Algunos pensarán que has saltado, pero en realidad solo has continuado el descenso que había comenzado tiempo atrás.

¿Cuándo empezó el descenso de mi hermano Juan Luis? He fantaseado muchas veces con sus últimas horas. ¿Qué hizo la noche en que puso fin a todo? En su piso de Marqués de Urquijo, quizás escuchó algo de música por última vez. ¿Tal vez Mahler? Le gustaba mucho *La Canción de la Tierra*, especialmente el sexto movimiento, que se titula «La despedida». ¿Eligió ese pasaje para despedirse del mundo? Vuelvo a plantearme si no estoy incurriendo en lo morboso, como hice cuando hablé de mi hermana Rosa. He escuchado a varios amigos escritores comentar que jamás abordarían esta clase de cuestiones en sus textos, pero lo cierto es que ninguno ha pasado por experiencias similares. Sus vidas son ordenadas y satisfactorias, y nunca han conocido de cerca los abismos que devoran a otras personas. El dolor solo es para ellos algo lejano e impreciso, casi un territorio desconocido. Los que, en cambio, hemos pasado mucho tiempo en esa región sentimos que la escritura es como un chorro imparable, un géiser que escupe sin cesar recuerdos, emociones, miedos, esperanzas. Sería imposible silenciar lo que ha circulado no solo por nuestras mentes, sino también por nuestros sueños. Una melodía obsesiva que solo se aplaca adoptando una perspectiva racional, semejante a la del superviviente de una catástrofe que logra ordenar sus sentimientos, eliminando su carga traumática. Escribir sobre estas cosas no es fácil. Es como desangrarse en público, pero la escritura no se interrumpe por eso, quizás porque sabes que si cesara de fluir, volverías a ese territorio que tanto te ha costado abandonar.

No sé cómo pasó sus últimas horas mi hermano, pero yo no quería vivir unas horas parecidas. Horas terribles que nadie debería soportar. Algo me empujaba a vivir. Me han preguntado muchas veces cómo logré dejar atrás la depresión, la ansiedad y los cuadros de agitación. La respuesta no puede reducirse a una frase. No cabe en un tuit de 280 caracteres. Hay que sumar circunstancias y decisiones para alcanzar la explicación definitiva. Comencemos. No estaba completamente solo. Tenía a mi mujer, que nunca se separó de mi lado. Ella también había sufrido el zarpazo de la depresión y yo la había ayudado a superarlo. Por lo tanto, no se enfrentaba a algo desconocido. El dolor psíquico inspira mucho miedo, pero mi mujer lo conocía muy bien. Parece que dos personas heridas no pueden ayudarse, pero en nuestro caso fue así. Primero yo la mantuve a flote, impidiendo que se ahogara, pero cuando mis fuerzas fallaron, ella hizo de salvavidas para que yo no me fuera a pique. Además de mi mujer, contaba con la escritura. Tal vez provocará escepticismo lo que voy a decir, pero escribiendo sin parar, de la mañana a la noche, sin levantarme de la mesa a veces durante períodos de diez o doce horas, sentí que daba los primeros pasos hacia la recuperación de mi salud. Algunos dirán que es imposible escribir en mitad de la depresión, pero lo que yo sufría era un cuadro mixto de depresión e hiperactividad, dos estados que a veces se alternaban con una diferencia de pocos minutos. Pero yo no solo era eso. El ser humano es mucho más de lo que pretende la ciencia. La psiquiatría reduce al individuo a una serie de síntomas, excluyendo todo lo que no encaja en la descripción de un diagnóstico. Un diagnóstico que —en mi caso— había sido fruto de una mala praxis.

Mientras luchaba contra la depresión y la euforia, leía estudios de psiquiatría. Recorrí de arriba abajo el DSM, el Manual Diagnóstico y Estadístico de Trastornos Mentales de la Asociación de Psiquiatría Americana, pero también a los clásicos de la antipsiquiatría que cuestionan el modelo biologicista. Pasé por varios psiquiatras. Algunos honestos y de gran corazón. Otros mezquinos o casi tan desequilibrados como sus pacientes. Lo he contado en mi primer libro, *Miedo de ser dos*. No pienso que las enfermedades mentales sean imaginarias y sé que los neurolépticos son eficaces para erradicar los síntomas positivos de un brote psicótico, como las alucinaciones, los delirios y las paranoias, pero también he descubierto que los psicofármacos pueden ser peligrosos y producir graves alteraciones de la personalidad. Eric Harris y Dylan Klebod, los adolescentes que cometieron la matanza de la Escuela Secundaria de Columbine, habían sufrido acoso escolar y habían desarrollado sentimientos de ira y depresión. A los dos se les habían recetado antidepresivos. Eric tomaba fluvoxamina y a Dylan le habían prescrito paroxetina después de unos meses de tratamiento con sertralina. Lejos de mejorar, los jóvenes comenzaron a comportarse de una manera más agresiva y desafiante. No es un caso aislado. Solo hay que rastrear un poco por internet para descubrir que docenas de tiroteos en centros de enseñanza de Estados Unidos y Europa han sido provocados por adolescentes o adultos que consumían algún tipo de medicamento psiquiátrico. Parece imposible que un fármaco aprobado por las autoridades sanitarias pueda resultar dañino, pero ahí están los casos de la talidomida, el fentanilo o el depakine, cuyos estragos son de dominio público.

Cuando desbordado por el sufrimiento, yo acudí a un psiquiatra me recetaron amitriptilina, un antidepresivo tricíclico. Seis semanas después, sufrí un brote de manía. Apenas dormía, no podía parar de hablar, hice compras irresponsables, cambié de forma de vestir, me irritaba por cualquier motivo. Empecé a albergar fantasías suicidas y mis ideas políticas se radicalizaron. Cuando se lo comenté al psiquiatra, afirmó que en realidad no sufría una depresión, sino trastorno bipolar y aumentó la dosis de amitriptilina, añadiendo oxcarbazepina, un antiepiléptico, y lormetazepam, una benzodiacepina. Empeoré dramáticamente hasta el punto de que no pude continuar con mi vida normal. Después llegaría la baja que me apeó de la enseñanza y me convirtió en un jubilado prematuro.

Tras leer varios estudios sobre los riesgos de los psicofármacos y el error que representaba medicalizar el sufrimiento, decidí retirarme la medicación poco a poco. Primero, prescindí del lormetazepam. Después de la oxcarbazepina y, finalmente, de amitriptilina. La retirada del antidepresivo, que me llevó dos años, restableció mi equilibrio. Desaparecieron el mal humor, la agitación, los cambios bruscos de ánimo, las conductas irresponsables. Prescindir de los psicofármacos fue una experiencia durísima, pues —aunque la industria farmacéutica sostenga lo contario— crean dependencia. No son drogas recreativas que produzcan el deseo compulsivo de consumirlas, pero el organismo se acostumbra a depender de estímulos químicos, y cuando se suprimen aparecen síntomas como insomnio, cefaleas, dolores musculares, agitación psicomotriz, ansiedad. A fin de cuentas, los psicofármacos, como señala la psiquiatra Joanna Moncrieff, intoxican el cerebro y alteran el sistema nervioso central. Aún tengo problemas para conciliar el sueño y mantenerlo, pero poco a poco estoy consiguiendo volver a dormir de forma natural. No pretendo generalizar mi experiencia y mucho menos recomendar a nadie que interrumpa su medicación, pero sería deshonesto ocultar lo que he vivido. Pienso que acudí al psiquiatra, como millones de personas, buscando huir del sufrimiento y, erróneamente, se trató mi dolor como una patología biológica y se me recetaron unos psicofármacos que solo me hicieron daño. Mi supuesta bipolaridad fue un efecto de la medicación. Antes de tomar antidepresivos, nunca había sufrido cuadros de manía, y ahora que llevo cinco años sin medicación, no he vuelto a experimentar esa clase de síntomas. A veces se apodera de mí la melancolía, pero eso no es una enfermedad, sino una reacción emocional o una forma de ser. No abogo por suprimir en todos los casos los tratamientos psicofarmacológicos, pero sí creo firmemente que muchas personas que los consumen habitualmente no sufren un trastorno biológico y que, por tanto, no necesitan las pastillas comercializadas por los laboratorios. En el Reino Unido, hay casi cinco millones de personas que llevan más de dos años tomando un antidepresivo. España es el país de la Unión Europea donde se consumen más benzodiacepinas y antidepresivos. En Finlandia y Noruega se está abriendo paso un nuevo paradigma psiquiátrico que reduce la medicación al mínimo imprescindible, prefiriendo explorar la vía psicoterapéutica y la intervención en el entorno. Además, se ha impuesto por ley la obligación de informar al paciente sobre los riesgos de la medicación y la necesidad de obtener su consentimiento. Creo que ese es el camino.

Cuidar de mi madre y mi hermana también me ayudó a alejar al «perro negro», expresión que utilizaba Churchill, presunto bipolar, para referirse a la depresión. El yo pasa a segundo plano cuando un ser muy querido se halla en una situación de desamparo y necesita que lo atiendan. Mi autoestima mejoró bañando a mi madre, peinándola, vistiéndola con ayuda de mi mujer. Hice lo mismo con mi hermana y nunca sentí que realizaba algo penoso e incómodo. Fue doloroso perderlas con solo veinte días de diferencia, pero las dos, desde su indefensión, tiraron de mí y me proporcionaron la energía necesaria para librarme de la depresión. El amor es la fuerza más poderosa del cosmos. Quizás no sea una afirmación muy original, pero yo he comprobado que nada posee un poder curativo semejante. Y no me refiero solo al amor que se recibe, sino también al amor que se da. Amar desinteresadamente es un bálsamo que cierra heridas particularmente reacias a cicatrizar. El sufrimiento exacerba el yo. No reparamos en los otros. No por egoísmo, sino por una angustia tan aguda que casi te impide respirar. Cuando las circunstancias te obligan a volcarte en alguien que te necesita, la soledad inherente al dolor psíquico se atenúa. Ya no estás solo, sino en un escenario donde la opción más ética consiste en salir de uno mismo. Cuidar es una forma de descentrarse. Te expandes, creas o acentúas vínculos, disuelves las obsesiones. El trabajo físico te ayuda a ello. Mientras pasaba la esponja por la piel envejecida de mi madre, mi tristeza retrocedía, eclipsada por la ternura. Como ha sucedido muchas veces, la situación se había invertido. Ya no era ella quien garantizaba mi supervivencia, sino yo quien se preocupaba de que la vejez no acabara con su vida. El cansancio, lejos de irritarme, me relajaba. Con mi hermana experimenté algo parecido, pues ella se había ocupado de mí cuando yo era pequeño. Cuidar es terapéutico. Es mi experiencia. Fue uno de los escalones que subí para dejar atrás el malestar psíquico y recuperar el placer de vivir.

Personalmente, no creo que la depresión sea un «perro negro». De hecho, los perros también desempeñaron un importante papel en mi recuperación. Hace dos décadas aún eran frecuente toparse con perros abandonados. Yo, incapaz de mirar hacia otro lado, recogí a nueve de esas criaturas desdichadas y a cuatro gatos. En carreteras, descampados, casas en ruinas, polígonos industriales. Algunos me los trajeron a clase mis alumnos y no titubeé en acogerlos. No sufría el síndrome de Noé, pues en ningún caso descuidé la higiene, los cuidados veterinarios o la alimentación de mis amigos de cuatro patas. A veces pasaba por mi cabeza el deseo de no vivir, pero la angustia que me provocaba dejar a mis animales en una situación de desamparo espantaba ese pensamiento. Pensaba que los humanos de mi entorno superarían mi pérdida, pero no sabía qué sucedería con mis perros y mis gatos, casi todos con un historial de abandono y maltrato. Gracias a ellos, entendí que la existencia individual no es una partícula aislada, sino parte de una totalidad que sufre una grave perturbación cuando experimenta una pérdida. Si hubiera cometido la insensatez de suicidarme, no habría podido cuidar a mi madre durante su alzhéimer ni de mi hermana. No podría haber compartido con mi mujer los años de felicidad que nos reservaba el porvenir y que yo había excluido como posibilidad, pues pensaba que el sufrimiento psíquico se prolongaría indefinidamente. Ahora, cada vez que reparo en la mirada humanísima de mis perros y mis gatos, siempre cerca de mi mujer o de mí, recuerdo la deuda que he contraído con ellos.

Me indigno al pensar en las palabras de Descartes sobre los animales, que los asimilaba a simples máquinas. Cualquiera que haya convivido con un perro o un gato sabe que poseen emociones similares a las nuestras: alegría, tristeza, afecto, necesidad de amparo, intolerancia a la soledad. Vicente Aleixandre escribió una hermosa oda en versículos a su perro Sirio, incluida en *Retratos con nombre*. «A mi perro» comienza con una confesión de complicidad: «Oh, sí, lo sé, buen Sirio, cuando me miras con tus grandes ojos profundos». Son ojos profundos porque atisban lo que se escapa a la razón: que la salvación siempre brota del amor, del afecto y no de abstracciones. «Yo bajo a donde tú estás, o asciendo a donde tú estás / y en tu reino me mezclo contigo, buen Sirio, buen perro mío, y me salvo contigo». Sirio, como cualquier perro, afronta el devenir sin miedo. Vive en lo alto y en lo profundo. Su reino es un infinito que reconcilia y salva. «Aquí en tu reino de serenidad y silencio, donde la voz humana nunca se oye, / converso en el oscurecer y entro profundamente en tu mediodía». En el profundo mediodía de Sirio, no hay zozobra, ni incertidumbre, sino serenidad y silencio. El infinito se insinúa en su mirada: «Oh, cuán profundos ojos conocedores». Para el ser humano, el mundo es un lecho de desconsuelo; para Sirio, «todo es cenit». La plenitud está concertada con su respiración. Su «cuerpo de soberanía y de fuerza» camina o dormita sobre «la materia del mundo», con la calma del que sabe que su hogar está en todas partes, que nunca será un extraño, que jamás conocerá el desarraigo. Al reparar en ese bienestar, que raramente acontece en la conciencia humana, el poeta reacciona con una alegría dionisíaca: «Todo era fiesta en mi corazón, que saltaba en tu derredor». ¿Quién no desearía participar en la eternidad de Sirio, que no exhibe la majestad de un dios, sino la ternura de un niño? Su mirada limpia, purísima, no abandona al ser humano en su vulnerabilidad, sino que le prodiga su callada comprensión y su inaudita claridad: «Residido en tu luz, inmóvil en tu seguridad, no pudiste más que entenderme».

Sirio no es un pretexto, ni una anécdota, sino un ser querido con unas «largas orejas suavísimas». El poeta tuvo tres perros, a los que bautizó Sirio I, Sirio II y Sirio III. «A mi perro» está dedicado a Sirio I. También hubo varios Platero, pero eso no significa que Juan Ramón Jiménez se limitara a realizar una síntesis con una intención puramente estética o moral. El afecto hacia cada borriquillo era verdadero. Tan verdadero como el de Aleixandre hacia su perro Sirio. O como el mío hacia mis perros o mis gatos, injustamente acusados de traicioneros y ariscos. Los animales son grandes maestros, pues nos enseñan a vivir en la inmediatez. Solo necesitan algo de sol, comida y un poco de afecto para ser felices. Saben paladear el instante, sin angustiarse por el mañana. Definitivamente, la depresión no es un «perro negro», sino barro que se pega a nuestros ojos y nos impide disfrutar de todas las maravillas que nos presenta el mundo a diario: la primera luz del día, el murmullo de los árboles agitados por el viento, el incendio de colores del crepúsculo, el silencio de la noche, la caricia de un ser querido, el frescor de unas sábanas recién lavadas.

Dejar atrás ciertas lecturas y reemplazarlas por otras culminó mi proceso de recuperación. Durante años, había leído selectivamente las obras que expresaban una visión trágica y pesimista de la existencia. Pensaba que Cioran tenía razón cuando describía al ser humano como una marioneta con los ojos hundidos hacia dentro. Estaba de acuerdo con Schopenhauer, según el cual la vida es esencialmente sufrimiento e insatisfacción. Me identificaba con la desesperación de los poetas suicidas, como Pizarnik, Georg Trakl, Sylvia Plath o Anne Sexton. Entendía que Jean Améry, superviviente de Auschwitz, se hubiera quitado la vida. No solo por el trauma de la deportación y la tortura, sino porque no hallaba sentido a las cosas y se rebelaba contra la experiencia de la vejez. Cuidando a mi madre y a mi hermana, paseando con mi mujer, jugando con mis perros, disfrutando del paisaje de la meseta castellana, cuya desnudez desprende la belleza de lo sencillo y elemental, comencé a pensar que el pesimismo siempre constituye la tentación más fácil. La esperanza exige esfuerzo, ilusión, tenacidad, imaginación. No me refiero a la expectativa de lo sobrenatural, sino al simple hecho de concebir el futuro como un abanico de posibilidades. Yo siempre había percibido el futuro como algo pequeño y miserable, como un lugar que no merecía la pena conocer, pues solo albergaba desengaños e infortunios, pero empecé a descubrir que no era así, que el tiempo, lejos de ser un flujo estéril, componía un riquísimo caudal en el que casi todo era posible. Escribir no dejaba de depararme sorpresas. No creo en el talento, sino en el trabajo, y mi rutina de escribir sin interrupción me demostró que la literatura es un oficio agradecido. Si eres constante, mejoras poco a poco, adquiriendo la destreza del artesano que trabaja la madera, el cuero o los mecanismos internos de un reloj. Lo esencial es trabajar con alegría. Cualquier actividad pone a nuestro alcance grandes logros.

Mejorar mi estado de ánimo tuvo una repercusión inmediata en mi entorno. Recobrar la pasión por vivir representó una inyección de optimismo para mis seres queridos. Advirtieron que no experimentaba euforia, siempre pasajera y artificial, sino la alegría tranquila del que ha realizado una penosa ascensión y ha sobrevivido a avalanchas, grietas, desprendimientos, pasos en falso y tormentas. Había estado a punto de caer al vacío muchas veces, pero ahora me hallaba en la cumbre. La filosofía me había sostenido durante el ascenso. Heráclito me había enseñado que la vida representa un aprendizaje interminable. Sócrates me había revelado que la verdadera sabiduría siempre pasa por conocerse mejor a uno mismo y que el mal y el error son fruto de la ignorancia. Platón me había mostrado que el alma es el aspecto esencial del ser humano, lo cual significa que no somos mera biología condicionada por impulsos instintivos. Con Aristóteles había asimilado la importancia de la prudencia, y con los epicúreos, el efecto terapéutico del placer moderado. Los estoicos me inculcaron serenidad frente a la adversidad. La tradición judeocristiana me recordó la trascendencia de la compasión, sin la cual nuestra especie pierde su rasgo diferencial. Los filósofos renacentistas me recordaron que el ser humano solo está limitado por su voluntad y su inteligencia. Spinoza me ayudó a no pensar en la muerte y Kant me hizo comprender que la felicidad no es un derecho, sino algo que debemos merecer. Con Nietzsche acepté que debemos amar la vida con sus imperfecciones y evitar renegar de ella cada vez que algo nos hiere.

Miro hacia atrás y no sé si he conseguido materializar el propósito de este libro: exaltar la vida, mostrar que el ser humano puede elegir, que no es una marioneta en manos de la fatalidad, que es posible salir de esas regiones sombrías donde a veces deambulamos sin esperanza, que el dolor psíquico puede superarse, que el optimismo no es una ingenuidad, sino un ejercicio de lucidez, que la filosofía, lejos de ser una disciplina inútil, nos ayuda a vivir mejor. Vuelvo a citar la frase de Nietzsche que destacó Viktor Frankl: «Quien tiene un porqué para vivir casi siempre encontrará un cómo». Es quizás el aforismo más famoso del autor de *Así habló Zaratustra*, lo cual es perfectamente comprensible, pues todos buscamos un porqué. No es posible circular por el mundo sin una meta, sin un objetivo, sin un proyecto. O tal vez sí, pero solo a condición de retroceder en nuestra humanidad o de caer en la apatía y el desánimo. Yo encontré muchos porqués: el amor a mis seres queridos, el amor a la literatura, el amor al mundo. El mundo nos prodiga milagros a diario, como las hojas otoñales, las noches de verano o el vuelo de un pájaro, pero muchas veces, cegados por la tristeza o la ira, no los apreciamos. Un simple instante de felicidad ya es un buen motivo para vivir. No es algo puntual, sino un foco de claridad que iluminará el porvenir. Gracias a la memoria, el pasado perdura. En mi cotidianidad, están mis padres, mis hermanos, mi viaje a Lisboa con mi mujer poco después de casarnos, los veranos a orillas del Mediterráneo, mis paseos adolescentes por el Parque del Oeste, la impresión que me produjo Heidelberg desde un mirador bañado por una lluvia suave y nada molesta. El tiempo no es una línea discontinua, sino una melodía que regresa una y otra vez. Marcel Proust recobró su pasado a partir del sabor de una magdalena mojada en una taza de té. La muerte parece definitiva e irreversible, pero lo cierto es que el tiempo perdido resucita a diario y transforma el mundo. ¿Acaso la obra de Proust no ha cambiado la vida de miles de personas? ¿Contemplamos la realidad con los mismos ojos después de recorrer el camino de Swann o de pasar unas semanas en Balbec?

Reconciliarme con la vida, recibir con gratitud sus dones, celebrar mi presencia en el mundo, me devolvió un amor que había olvidado: el amor a mí mismo. Una persona deprimida se odia hasta el extremo de anhelar su propia muerte. Antes no soportaba mirarme al espejo, pero ahora cada vez que lo hago sonrío con indulgencia. Sé que albergo muchas imperfecciones. En eso no me diferencio de mis semejantes. No hay nadie que pueda alardear de no haber cometido alguna indignidad. Todos hemos sido mezquinos o cobardes en alguna ocasión. Es inevitable. Somos humanos, no dioses. Y ¡ay! de los que se consideran dioses, pues esos suelen ser los autores de las mayores fechorías. ¿A quién no le gustaría cambiar aspectos de su pasado? Dado que es imposible, debemos aprender a convivir con ellos y a no ser implacables con nosotros mismos, lo cual no significa eludir responsabilidades, sino asumir los errores de forma racional. Si es posible arreglar algo, adelante, pero si no es así, hay que transformar esa equivocación en una enseñanza valiosa para el futuro. Lamento no haber aprendido estas cosas antes, pero sería peor no haberlas aprendido nunca.

Aún recuerdo con gratitud a la orquesta callejera que interpretaba piezas de música clásica en la plaza madrileña de Callao, cuando yo, con solo veinte años, había perdido la esperanza y me planteaba si no habría sido mejor no haber nacido. La música disipó mi tristeza, alejando de mi mente la idea de la muerte. Me pregunto qué habrá sido de esa orquesta y de los transeúntes que se congregaron alrededor y se fundieron en una inesperada fraternidad. Siempre fantaseamos con las vidas ajenas, pensando que son mejores que las nuestras. De noche, al observar una ventana con una luz encendida, imaginamos que al otro lado del cristal hay una familia feliz, pero lo cierto es que casi nadie se libra de sinsabores y desilusiones. La vida es así: inestable, incierta, irregular, llena de contrastes, con momentos de dicha y horas amargas. Lamentarse es absurdo. A pesar de sus deficiencias, hay que amar la vida, pues no seríamos nada sin ella. En *Al final de la escapada*, de Jean-Luc Godard, Patricia (Jean Seberg), una joven estadounidense de buena familia que aspira a ser escritora y vende el *New York Herald Tribune* por los Campos Elíseos, vive un idilio con Michel (Jean-Paul Belmondo), un pequeño y amoral delincuente. Después de pasar la noche en un hotel, mantienen un diálogo que revela dos formas diferentes de entender la vida: «¿Conoces a William Faulkner?», pregunta Patricia, con un libro en la mano. «No. ¿Quién es? ¿Te has acostado con él?». «La última frase de *Las palmeras salvajes* es muy bonita: "Entre el dolor y la nada, elijo el dolor". ¿Y tú?». «El dolor es una idiotez —responde Michel—. Elijo la nada».

Nadie elige el dolor por sí mismo. El dolor es un accidente, una fatalidad. No debería ser más que una estación de paso. Patricia elige el dolor porque elige la vida y esa es mi conclusión. Hay que elegir siempre la vida. La nada significa la abolición de todas las posibilidades. En el dolor hay posibilidades. Posibilidades de que el sufrimiento finalice, posibilidades de recobrar la felicidad, posibilidades de hacer algo extraordinario. Durante mucho tiempo, no vi esas posibilidades, pero acabé aprendiendo que la vida es fundamentalmente un campo fértil, un semillero que debemos cuidar y cultivar, pues ahí crecemos, maduramos, sufrimos, nos sacrificamos y, en cierto modo, resucitamos, como me ha sucedido a mí tras pasar años hundido en el légamo de la depresión. El optimismo es el fruto que yo he obtenido y quisiera compartirlo con todos. He necesitado mucho tiempo para que echara raíces y soportara esos días ásperos y fríos que matan la esperanza, pero ahora ese fruto es un majestuoso árbol que prodiga una sombra fresca y casi indestructible. Nada es comparable al asombro de vivir.

Agradecimientos

$\mathcal{N}$unca he creído que un libro, un cuadro o una película sean la obra de una sola persona. Detrás de cada creación artística o intelectual hay un esfuerzo colectivo, casi siempre invisible. Este ensayo no existiría sin la intervención de dos editores que han acabado convirtiéndose en dos buenos amigos. Martín Schifino, excelente crítico literario, fue el primero que me sugirió escribir una obra que exaltara al ser humano y celebrara la vida. Su sugerencia fue providencial, pues yo llevaba un tiempo con una idea parecida en la cabeza, pero no sabía cómo encauzarla. Entre los dos, llegamos a la conclusión de que combinar la historia de la filosofía con mi historia personal podría ser la fórmula adecuada para materializar el proyecto.

Durante dieciocho meses, hemos trabajado conjuntamente. Martín ha leído el manuscrito, realizando valiosas sugerencias y evitando que cometiera penosos errores. Siempre le estaré agradecido por su generosidad y clarividencia. El manuscrito adquirió su forma definitiva después de que Lucía Luengo lo leyera minuciosamente y apuntara cambios que implicaron notables mejorías. Su perspectiva aportó claridad y hondura. Contar con dos grandes lectores es un lujo, pero si, además, actúan con delicadeza y cortesía, resulta inevitable sentirse muy afortunado. Eso sí, los errores son solo míos. Me consuela pensar que ninguna obra humana es perfecta y que los dioses no suelen escribir, pues desconocen la insatisfacción, una de las motivaciones básicas de la temeraria manía de acumular palabras para expresar ideas y emociones.

La vanidad es el vicio capital de los escritores. Los que incurren en esa actitud tan fea suelen olvidar que no son nada sin sus lectores. Por eso agradezco por anticipado la atención de los que lean este libro. Que no les quepa ninguna duda: nunca he escrito para mí, sino para los demás.

Quienes quieran saber sobre las fuentes de este libro pueden escanear el siguiente código para leer una bibliografía comentada.

«Para viajar lejos no hay mejor nave que un libro».
EMILY DICKINSON

Gracias por tu lectura de este libro.

En **penguinlibros.club** encontrarás las mejores recomendaciones de lectura.

Únete a nuestra comunidad y viaja con nosotros.

penguinlibros.club